高祖本纪汇注

田秉锷 周骋 编著

史记会注考证卷八

高祖本纪第八

汉　太　史　令　司　马　迁　撰
宋　中　郎　外　兵　曹　参　军　裴　骃　集　解
唐　国　子　博　士　弘　文　馆　学　士　司　马　贞　索　隐
唐　诸　王　侍　读　率　府　长　史　张　守　节　正　义
日　本　出　云　泷　川　资　言　考　证

山西出版传媒集团
三晋出版社

图书在版编目(CIP)数据

高祖本纪汇注 / 田秉锷,周骋编著. —太原:三晋出版社,2021.1

ISBN 978-7-5457-2212-3

Ⅰ.①高… Ⅱ.①田… ②周… Ⅲ.①中国历史—古代史—纪传体 ②《史记》—研究 Ⅳ.①K204.2

中国版本图书馆 CIP 数据核字(2021)第 007579 号

高祖本纪汇注

编　　著：	田秉锷　周　骋
责任编辑：	任俊芳
出 版 者：	山西出版传媒集团 三晋出版社(山西古籍出版社有限责任公司)
地　　址：	太原市建设南路 21 号
电　　话：	0351—4956036(总编室) 0351—4922203(印制部)
网　　址：	http://www.sjcbs.cn
经 销 者：	新华书店
承 印 者：	南京百花彩色印刷广告制作有限责任公司
开　　本：	720mm×1020mm　　1/16
印　　张：	17.75
字　　数：	360 千字
版　　次：	2021 年 2 月　第 1 版
印　　次：	2021 年 2 月　第 1 次印刷
书　　号：	ISBN 978-7-5457-2212-3
定　　价：	80.00 元

如有印装质量问题,请与本社发行部联系　电话:0351—4922268

序　言

作为"沛公"的刘邦,是推翻暴秦统治的英雄,这是毫无疑义的。

作为"汉王"的刘邦,是"楚汉相争"的胜出者,是"秦楚之际"国家分裂的终结者、国家统一的推动者,这也是毫无疑义的。

作为"汉高皇帝""汉高祖"的刘邦,是"汉王朝"的缔造者、"汉民族"的抟聚者、"汉文化"的奠基者,这也是不可撼动、不可置疑的。

就一生经历而论,汉高祖的功业,自然也是一个可以粗说、又可以细数的"常数"——人生奄忽间,大说百来年,日夜劳瘁,谁又能填得了东海？搬得了泰山？

当中国人检点中国历史、中国文化,尤其是检点那个全世界最大民族"汉民族"的"汉文化"时,对汉高祖刘邦历史功业、文化功业的再认识就是一道绕不过去的思维关口。

基于这一思维常识,人们对汉高祖刘邦历史贡献、文化贡献的认识,似乎就不该局限于"反秦""剪楚"或"布衣亭长"的"皇袍加身"了,甚至也不该局限于为"刘姓帝室"打下了四百年江山。

如果允许,我们可以对汉高祖刘邦作出最粗线条的判定：

其一,在中国"帝王"群体里,刘邦是历史上难以企及的好皇帝。

其二,从中国作为"千年帝国"的"大一统"格局看,刘邦无疑又是这一政治范式的推进者和定型者。

其三,因为四百年的文化抟聚消弭了地方自闭、地方隔阂,所以"汉民族"得以做大、"汉文化"得以普及,汉高祖自然又是"汉民族"及"汉文化"的双重催生者。

因为出了个汉高祖，后世的君王、臣子甚至庶民百姓遂获取了陵越一朝一代的政治遗产和文化遗产。

是不是饮水思源的缘故呢？总之，从汉朝开始，到现代之前，两千多年间，人们对汉高祖刘邦的评价基本上是以褒扬为主流的，贬损者极少。

对汉高祖评价最高者，又当推汉朝史学大家司马迁。在《史记》的《高祖本纪赞》及《秦楚之际月表序》中，司马迁认为刘邦是"得天统"的"大圣"。

尽管司马迁对汉高祖有这样高的评价，今天仍有相当多的聪明人以为，司马迁的《史记》在"虚高"的评价之外，《高祖本纪》才是对刘邦无赖嘴脸的无情揭露。司马迁的精神与《史记》的精神，被这些人作了"二元分割"。

经过认真考比，我们只能说，持有这种认识者大都是误读了《史记》，误读了司马迁，且常常狂热地将自己的小肚鸡肠和历史偏执强加给了司马迁，从而造成极坏的社会影响。

推翻清朝之后，这种误读又有加速、加大的倾向。特别是李宗吾氏《厚黑学》一书问世后，汉高祖刘邦的形象彻底变坏，甚至成了伪君子、真小人的化身。近年，网络传媒又走红了一批"百家学者"，其中凡有说汉史者，多以矮化、丑化刘邦为表演噱头。

这让我们警思：当学术清醒弱化，历史戏说即行走强；当悲剧精神消解，小品逗笑就大肆泛滥；当诚信正直消解，巧言谎话就会飞天；当家国不再需要英雄，骗子就会夸口高台……

让老实人始料未及的还有，所有冒名学术的喧嚣及坚持戏说的固执，都还有个与时俱进的借口。究其缘由，邪亵文化所以大行其道，多与正大文化的萎靡不振有关；如果再大事小说，则又与当今社会读书风气的衰歇有关——一书不读，一事不知，盲从愚弄，岂有不人云亦云的呢！

本来，我们并不忧虑刘邦评价的"负面发酵"。毕竟，对于汉高祖刘邦而言，这所有的矮化、丑化都不会再起作用了——斯人已逝，万劫皆空，后生小子，谁又动得了他的一丝毫发？但对于作为汉高祖故乡的沛县、丰县、徐州而言，及非汉高祖故乡的海内九州而言，这种"文化内伤"则又是不可承受的。小了说，丑化汉高祖毁伤的是一个地方的文化传统、文化自信；大了说，矮化汉高祖毁伤的则是汉文化的理性、汉文化的精神。

既然原本不应有问题的汉高祖评价发生了问题，解决这一问题就成了汉史研究的当务之急。汉代人，包括司马迁本人在内，对汉高祖历史功绩的评价均是"拨乱世，反之正"。"拨乱世，反之正"，那可是一件关乎国家、民族的历史功德，今天，岂能因几个文人的快意夸嘴而一笔抹杀呢？因而，站在"文化自卫"的立场，针对着关于汉高祖评价的污名化倾向，也应该来一次拨乱反正。而拨乱反正的根据，不是靠口诛笔伐，而是靠历史资料。在历史资料中，又以司马迁的《高祖本纪》最为原始，最为周详。如此一来，重新整理《高祖本纪》就成了拨乱反正的必然选项。

用司马迁《高祖本纪》的资料，还原汉高祖刘邦的本来面目，将颠倒了的认识再重新颠倒过来，即是此次《高祖本纪汇注》编纂出版的学术目标。

因果互生，因果互证，谁能想到，是《厚黑学》的轰传与电视学者的宣讲，激发起我们为汉高祖"正名"的兴趣呢！而厘清基本史料，便成为认定汉高祖功过的基础性工作。

《史记》之《高祖本纪》是研究刘邦的最基本材料。《汉书》之《高帝纪》虽然增加了《本纪》没有的一些诏令，但基本框架没有变化。因而，后人对刘邦的评价只能在不背离《高祖本纪》的基础上推演。

此外，《高祖本纪汇注》对司马迁《高祖本纪》的整理，也是汉高祖的乡人在对前辈尽一份责任。

《高祖本纪汇注》的编纂,是一件"笨活"。笨就笨在将《高祖本纪》所系附的相关资料,无论褒贬,均行列出。《史记》三家注——裴骃"集解"、司马贞"索引"、张守节"正义"与日人泷川资言的"考证"之外,本书编者复将《史记》中与汉高祖生平、言行及其关系、功过的相关资料,尽行搜求、排比、罗列,以"新注"相提领,一一标示,并与前人的"传统阐释"相"互证",所以这次推出的本子成为"汇注本",其终极的学术设定仍然是:让材料说话,听历史发声。

　　无论是沛县人、丰县人,还是徐州人,都会把汉高祖刘邦看成是自己引以为荣的先人,这是一份可以理解的历史亲情。实际影响则更有哲学意味和社会学意味,刘邦不仅仅是沛县的、丰县的、徐州的,他更应该是整个汉民族的,是千年传统的,是中国的,是世界的。所以认识刘邦,评价刘邦,必然又要跳出狭小的地域局限。只有如此,才能真正理解汉高祖、汉高帝的这个"高"字。对于刘邦而言,这个"高"字,无论是放在两汉四百年,还是放在整个的中国历史长河中,他都是当之无愧的。

　　我们深信:历史的罪案与历史的功绩,都是不可磨灭的。虚说的历史,如影随形,形亡影灭;真实的历史,天证地证,人神无欺,一定具有永恒的启迪。

田秉锷

2018年2月19日

前 言

《高祖本纪汇注》的编纂、出版,经历了十多年的等待。

就一部书的编务而言,是无须如此旷日持久的。

事情的酝酿,始于二十多年前。鉴于"秦楚之际"——即从陈涉发难,历楚汉相争,再到汉高祖刘邦登基,这一时段的历史事变复杂纷繁,诡谲朦胧,周骋先生遂与我相约参照司马光《资治通鉴》模式,作《秦楚纲鉴》。原初的设定是,将"秦楚之际"的人物、事件、典章、制度之发生、发展以年、月、日为序,作"嵌入式"排列。其目的仅仅是为了厘清线索,勘明隐曲,还那段朦胧的历史以清晰面目。

《秦楚纲鉴》的案头工作,都是周骋先生在编务闲暇细细理清的。

大概在十四五年前,我与周骋南京闲话,他突发奇想提出,何不将整理《秦楚纲鉴》时得出的新认知,在《高祖本纪》的叙述脉络中再呈现一下!毕竟《秦楚纲鉴》只是一次"梳理",以著作论,算是"新撰";而《高祖本纪》作为《史记》名篇,则为"老名牌",其主要内容亦多发生、发展在"秦楚之际"这一特定时段,若将对"秦楚之际"的新认知植入《高祖本纪》中,必然会深化世人对《高祖本纪》的接受和领悟。诚所谓"我倚名族,亡秦必也"。

以《史记》整个秦楚时段之资料,注解《高祖本纪》一篇之阃奥,成《高祖本纪汇注》,这一创意体现了周骋先生在搞基础性研究工作方面的学术敏锐。

我意识到,此举已经不止是"秦楚之际"历史研究的基础性工作,她也是"汉文化"研究的基础性工作。尤其是这种举一反三的工作方式,也会让我们都很熟悉的编撰业务能力得以充分施展。所以当场拍板,就按这一设想,开始这项工作。

对坐云楼,远眺钟山,俯视玄武湖的烟波红尘,当时即有心旷神怡之慨。杯酒抒怀,我就粗粗地预想了此役的前景——以《高祖本纪》为纲,吸附《史记》相关史料,即可达成将刘邦生活的时代做全景呈现之目的,这一构想,也真的只有诗人气质的人才会萌生啊。

实际运作,一如《秦楚纲鉴》的编纂,我仍然处在甩手掌柜的位置上,主要的案头工作还是由周骋先生来做。我的借口是,你电脑录入迅捷,编辑业务能力也强,快马三刀,总比我笨手笨脚强啊。此后多年的实际情况是,每见面,必说汉高祖,必论汉文化,必以"成事"相激励。从周骋先生的视点来看,有一个顶着老师虚衔的年长者视之"可为",这让他多少也就摆脱了孤军奋战的寂寥,或者更能放胆去做事。

在这个过程中,周骋先生常常会去做别的课题;但都没有跑远,基本上还是在作与汉初历史相关的研究,待取得了新成果,回头再用于《高祖本纪汇注》的编务。寒来暑往,数易其稿,终于成帙,说"十年磨一剑",当不为过誉。

十年岁月,青灯黄卷,屡屡作跨越两千年的精神回游,局外人是不能体验其中艰辛的。我知周骋,我信周骋,所以我所谓的学术把关,常常体现为以呼应性介入,首肯他的学术探究和学术发现。

出乎尊重,在《高祖本纪汇注》出版之际,周骋坚持要联合署名。而今,我已经跳出了眷恋虚誉的烦恼,最忌惮的倒是无功受禄。周骋还是坚持着他的署名主张。当我署上自己的名字时,公诸于世的表白仅仅是:这是一份无私的情谊,又是一份共同的承担。

《高祖本纪汇注》即将刊行,我由刘邦功业想到了刘邦文化的时代接受。

那是二十五年之前,沛县举办首届"刘邦文化节"。其时,一个杂文写手在高端报纸刊文嘲讽:刘邦无赖出身,他会有什么文化呢?

四分之一世纪过去,刘邦文化节在继续举办,刘邦文化亦渐渐眉目清晰,并得到世人的认可。刘邦还是那个刘邦,但沛县人、丰县人、徐州人,乃至中国人对刘邦的认识、评价当已今非昔比。不论是我们走近了汉高祖,还是汉高祖走近了我们,一个重要的启迪还是促成了我们对历史传统的回归、对汉文化的关注。今天,之所以重提那位杂文写手,目的还是为了表示对他的感谢。因为他的质疑,我们开始关注汉高祖,开始关注汉文化,尤其是关注汉文化的源头性研究。《高祖本纪汇注》即是汉文化源头性研究的成果之一。

这一成果,实际上也可以归入"刘邦学"的范畴。"汉文化"与"刘邦学"两者当是源与流的关系、是时代研究与人物研究的关系。时至今天,"刘邦学"的推出,条件似乎已经成熟,而基础性的工作必然是原始资料的准确与完备。

《高祖本纪汇注》本的整理,是建立"刘邦学"的先期工程,是拓展"刘邦学"的基础工作,相信,在彻底厘清了汉高祖一生的战略情节和战术情节之后,我们对汉文化赖以产生的历史因素、人文因素、时代因素等,也一定会有更加清明的体认,对汉文化的体系研究、价值研究也一定可以推向高端。

编纂《高祖本纪汇注》的工作底本,在做了反复勘比后,我们没有用中华书局"点校本二十四史修订本"《史记》为母本,而是选择了日本学者泷川资言的《史记会注考证》(以下简称《考证》本)为底本,因为此底本是讹错最少的版本,且收载的〔宋〕裴骃"集解"、〔唐〕司马贞"索隐"、〔唐〕张守节"正义"也胜过中华本。更可贵者,《考证》本增加的"考证"资料,基本上把唐代以后有关《史记》研究的成果都收罗进去了,此精神与本次整理精神相通。所以,如果沿用旧式著作形式,本次整理的落款方式应该是"汉·司马迁撰,宋·裴骃集解,唐·司马贞索隐,唐·张守节正义,〔日〕泷川资言考证,田秉锷、周骋新注"。

关于编纂《高祖本纪汇注》的学术考量,自然还有为汉高祖"正名"的初衷。其中思考,见本书"序言",本文不再复述。

中华民族是以汉族为主要构成的民族群体,至今兄弟民族已达五十六个之多。徐州作为汉王朝、汉文化的生成之地,其对汉文化的研究亦算得上是"本土工作"。近年来,我一直呼吁徐州人暂息汉文化的口号传播,而在"汉文化寻源"方面多用心力。文化"寻源"既是对一种文化全盘把握的起点,也是对其深入认识的门径;就文化研究而言,"寻源"是一项不可或缺的基础性工程。基于这一体认,徐州人对汉文化的"寻根""探源"工作,也应该是一件"必须的"、严肃的学术考量。从历史研究的层面看,《高祖本纪汇注》的出版当是汉文化"寻源"工作的一个侧面,如果作一些拔高,该书在为汉文化研究提供原始资料的同时,也是在为这一时代的"刘邦学"奠定局部的资料基础。

反观徐州的文化环境,我从来不敢盲目乐观。就空间而论,无论是学院派的学术,还是江湖派的学术,在铺天盖地的文化口号放大之后,对"汉文化"本土研究的基础性工作总是迟迟不能到位。此情此景总不免心头时常泛起感慨:原来那些罔顾原始资料,曲解原始记录的架空炫说、虚张声势是因此才总能够大张旗鼓、大行其道啊!

当下,这部《高祖本纪汇注》是呈献给徐州人民的,是呈献给徐州汉文化研究的,而在无界的阅读领域,她又是呈献给每一个关注汉文化的读者的,因而她也一定是历史的、未来的,是中国的,也是世界的。

田秉锷

2018 年 2 月 22 日于彭城

凡　例

一、本书以日人泷川资言的《史记会注考证》(以下简称《考证》本)为底本。学界公认,此本是继"三家注"之后,对《史记》研究成果最重要的总结和梳理,集《史记》问世以来,两千年来注家、学者对其研究之大成。经勘比,此底本也确实比人们用惯了的中华本更优。

二、本书根据刘邦生平分为十六个时段,每一个时段为一个部分。其中秦元年前为一部,其余十五部自秦元年(秦二世元年)起到汉十二年,每一年为一部。各部之间自然衔接,不另起。

三、本书以原文、注文、基本史料、相关史料组成,并以此为序。附注、附录接排于全书之末。

四、原文即《高祖本纪》,是此次整理的原始材料,其文本将以宋体四号字形式出现,参照中华书局本的整理形式分段,不另标《高祖本纪》。原文的标点,参照《考证》本的句读。虽然《考证》本的句读亦有不尽人意处,但经通盘勘比,较之现有的通行本更为合理,故所涉《史记》内容全遵《考证》本标点,不合理处亦悉数保留。

五、注释的范围只针对《高祖本纪》的原文。注文将三家注及《考证》注及本次整理之新注,分别以 集解 、 索隐 、 正义 、 考证 、 新注 形式标注,用小五号字缀于相应的段落下。三家注亦以《考证》本为底本。三家注中只有单一引文的,原则上不加引号。

六、《考证》本基本覆盖了三家注及《汉书·高帝纪》,当属昔时研究之最具功力者,故不避其长,不做割舍。因高祖的重要事迹与

《项羽本纪》多有重合，故后者的重要考证资料，以 项羽本纪考证 形式酌情收入。《史记》相关篇章的三家注及《考证》有必要借鉴者，亦以类似形式标示，如 项羽本纪正义 、 陈丞相世家考证 等。

七、有关本纪原文史实的考辨，是新注的重要整理内容，以简略形式安放在注文的相应部位。对同步史料的考释，另行以数字编号形式标示，具体内容集中于书末。

八、新注原则上不对"三家注"内容作补充，只对原文及《考证》资料作相应补充。

九、基本史料为《汉书·高帝纪》，作为正文以楷体五号字形式前缀"高帝纪"，放置于相应注文之后。不另行出注。

十、《汉书·高帝纪》与《高祖本纪》并不完全重合，尤其是汉五年后的资料，《汉书·高帝纪》超出了《高祖本纪》，为了保持资料的完整性，超出部分不另行分割。

十一、《汉书·高帝纪》是对《高祖本纪》最初梳理，融合了整个时代的史料，故其顺序与《高祖本纪》有异，同一事件，在时间顺序上不能一一对应。为保证基本史料的完整性，凡遇此情况，将基本史料置于事件发生之末。

十二、基本史料需要甄别时，以数字编号形式标示于相应段落，注码以时段为单位为序，与该时段其他部分序号相连贯，以附注的形式集中放置在全书之末。

十三、附注是对原文以外的史料的甄别，以年为单元编码，集中放置于全书之末，附录之前。

十四、相关史料为相应原文的同步史料，为原文相应段落提及的人或事，以及发生在原文相应段落时段中的人和事。史料以《史记》为主，间或采用其他文献有价值者，以五号宋体列于基本史料之后。各资料以单一篇章为单位，各单位内原则上不做分段。行文保留其原有格式,相关标点原则上不做调整。

十五、相关史料较多时,首先依与本纪内容的远近关系排列,然后依事件发生的顺序排列。相同事件的史料,依表、本纪、世家、列传顺序排列。

十六、相关史料一般不进行考证。若遇特别需要甄别说明者,以数字编号形式标示于相应段落,注码以时段为单位为序,与该时段其他部分序号相连贯,以附注的形式集中放置在全书之末。

十七、附录是与高祖生活时代相关的史料文字,有助于理解高祖生活的时代,及高祖作为的意义。放置在书末。其中汉高之文为网络所辑,虽然内容已基本在正文中体现,但辑为一处,亦不多余,更能反映高祖的思想及为人,故附于篇末。

十八、本书全部使用简体字。特定的人名地名,如"陈馀""钜鹿"等,不作"陈余""巨鹿"。照排字库有而《现代汉语词典》没有的繁体字,偏旁不类推简化,即原则上不造字。

十九、相关版本及名称如《汉书·高帝纪》等行文中以原格式《汉书高帝纪》标注,以示原文原貌,不再以现代标准统一,方便研究者对校。

二十、段末引用之书名,单列句号断开,不以括号统一,以使结构简明。

目 录

秦元年前	1
秦元年	16
秦二年	25
秦三年	46
汉元年	70
汉二年	105
汉三年	121
汉四年	141
汉五年	156
汉六年	176
汉七年	183
汉八年	190
汉九年	192
汉十年	195
汉十一年	200
汉十二年	209

附注	229
附录	253
1. 汉高之文	253
2. 秦楚之际月表序	259
3. 汉兴以来诸侯王年表序	259
4. 高祖功臣侯者年表序	260
5. 高惠高后文功臣表序	261
6. 外戚恩泽侯表序	261
7. 太史公自序(节录)	261
8. 秦楚之际诸侯王*	264
9. 西汉异姓诸侯王*	266

---

* 出自《文献通考》卷二百六十五《封建考》六。

秦元年前

[考证]史公自序曰:子羽暴虐,汉行功德。愤发蜀汉,还定三秦,诛籍业帝,天下惟宁。改制易俗,作高祖本纪第八。赵翼曰:《史记高祖本纪》,先总叙高祖一段。及述其初起事,则称刘季,得沛后称沛公,王汉后称汉王,即帝位后则称上。后代诸史皆因之。其实此法本于《舜典》。未即位以前称舜,即位之后,分命九官,即称帝曰。古时虽朴略,而史笔谨严如此。分命九官之前,初咨四岳,尚有一舜曰者,正以起下文帝曰之例。谓此帝乃舜也。又《顾命》康王未即位以前称子钊,即位后即称王。亦是此例。

高祖①,沛丰邑中阳里人②。姓刘氏③,字季④。父曰太公⑤。母曰刘媪⑥。其先刘媪,尝息大泽之陂,梦与神遇。是时雷电晦冥。太公往视,则见蛟龙于其上⑦。已而有身。遂产高祖。

① [集解]《汉书音义》曰:"讳邦。"张晏曰:"《礼》谥法无'高',以为功最高而为汉帝之太祖,故特起名焉。"[考证]姚范曰:《礼记丧服四》制云:武丁者,殷之贤王。继世即位,而慈良于丧,当此之时,殷衰而复兴,礼废而复起。故善之。善之,故载之书而高之,故谓之高宗。《尚书》孔《传》云:德高可宗。孝惠即位之初,叔孙通为奉常,定宗庙仪法,则高祖之谥,当属稷嗣君所定,因殷之谥耳,非特起也。《尚书盘庚》:"肆上帝将复我高祖之德。"孔《传》斥《汤》《顾命》无坏我高祖寡命。孔《传》,高德之祖,寡有之教命。王肃亦言,谓文王也。孔王之说,皆汉后注经之言,予疑祖之通称高祖,犹孙之通称曾

孙也。非必以其功德言之。

②［考证］沛，江苏徐州府沛县。丰，徐州府丰县。颜师古曰：沛者，本秦泗川郡之属县。丰者，沛之聚邑耳。［新注］颜师古误。丰亦为秦县，刘邦同时代人多丰沛并称。本纪沛公攻丰不下还沛一事可征。收砀兵拔下邑还军丰一事亦可征，其时雍齿仍在丰。此句的意思是：沛郡丰县中阳里人。又《汉书注校补》卷一：《艺文类聚》引《述征记》曰：丰坼，丰水西九十里，有汉高祖宅。

③［集解］李斐曰："沛，小沛也。刘氏随魏徙大梁，移在丰，居中阳里。"孟康曰："后沛为郡，丰为县。"［索隐］按，高祖，刘累之后，别食邑于范，士会之裔，留秦不反，更为刘氏。刘氏随魏徙大梁，后居丰，今言"姓刘氏"者是。《左传》"天子建德，因生以赐姓，胙之土，命之氏。诸侯以字为谥，因以为族"说者，以为天子赐姓命氏，诸侯命族，族者氏之别名也。然则因生赐姓，若舜生姚墟以为姚姓，封之于虞，即号有虞氏是也。若其后子孙，更不得赐姓，即遂以虞为姓，云"姓虞氏"。今此云"姓刘氏"，亦其义也。故姓者，所以统系百代，使不别也。氏者，所以别子孙之所出。又《系本篇》，言姓则在上，言氏则在下，故《五帝本纪》云"禹，姓姒氏。契，姓子氏。弃，姓姬氏"是也。按，汉改泗水为沛郡，治相城，故注以沛为小沛也。［考证］中井积德曰：《史记》之称姓氏，混合不别，不得据《左氏》作解。钱大昕曰：战国氏族之学废，秦改封建，虽公族无议贵之律。民知有氏，不知有姓。高帝起布衣，太公以上，名字且无考，何知族姓所出。故项伯、娄敬赐姓刘氏，以氏为姓，遂为一代之制。《史记》书姓刘氏，此汉制异于三代者。后人谓汉尧后，本祁姓，讥于史公昧于姓氏之别，斯为诞矣。汉为尧后，说本向、歆。史公时本无此议。即云曾见《左传》而刘夏、刘卷，亦载《春秋》，安知汉刘必为祁姓？

④［索隐］按，《汉书》"名邦，字季"，此单云字，亦又可疑。按，汉高祖长兄名伯，次名仲，不见别名，则季亦是名也。故项岱云："高祖小字季，即位易名邦，后因讳邦不讳季，所以季布犹称姓也。"［考证］中井积德曰：《索隐》云《汉书》名邦字季。今《汉书》无此四字。王先谦曰：《索隐》所云，殆《汉纪》之误。梁玉绳曰：季乃是行。高祖长兄伯，次兄仲，亦行也。史以季为字，与《索隐》以季为名并非。王鸣盛曰：《史记》于高祖云字季，不云讳某。余帝则讳与字皆不书，《汉

书》本纪因之。马、班自以为汉臣耳。其余各史则皆书讳某字某。夫史以纪实也。帝王之尊,当时为臣子者,固不敢书其名字。若史而不书,后何观焉。各史不袭班、马,是也。

⑤ 索隐 皇甫谧云:"名执嘉。"王符云:"太上皇名煓。"与湍同音。 正义《春秋握成图》云:刘媪梦赤乌如龙戏己,生执嘉。 新注《高帝纪赞》引刘向云:战国时,刘氏自秦获于魏。秦灭魏,迁大梁,都于丰。故周市说雍齿曰,丰,故梁徙也。是以颂高祖云:汉帝本系,出自唐帝。降及于周,在秦作刘。涉魏而东,遂为丰公。丰公盖太上皇父。其迁日浅,坟墓在丰,鲜焉。按,据此说,刘邦祖上在丰沛一带即颇有势力。故刘邦在当地颇张狂,其为众人推为首领,亦非无缘无故。宋洪迈《容斋四笔》卷十一《汉高帝祖称丰公》曰:"案上六语,皆韵语,不知何人作此颂,诸家注释,大抵阙如。予少时读班史,今六七十年,何啻百遍,用朱点句,亦须十本,初不记高帝之祖称丰公,经再阅之,恍然若昧平生,聊表见于此。旧书不厌百回读,信哉!"

⑥ 集解 文颖曰:"幽州及汉中,皆谓老妪为媪。"孟康曰:"长老尊称也。左师谓太后曰'媪爱燕后贤长安君'。《礼乐志》'地神曰媪'。媪,母别名也,音乌老反。" 索隐 韦昭云:"媪,妇人长老之称。"皇甫谧云:"媪盖姓王氏。"又据《春秋握成图》以为执嘉妻含始,游洛池生刘季。《诗含神雾》亦云。姓字皆非正史所出,盖无可取。今近有人云"母温氏"。贞时打得班固泗水亭长古石碑文,其字分明作"温"字,云"母温氏"。贞与贾膺复、徐彦伯、魏奉古等执对反覆,沉叹古人未闻,聊记异见,于何取实也?孟康注"地神曰媪"者,《礼乐志》云"后土富媪",张晏曰"坤为母,故称媪"是也。 正义《帝王世纪》云:"汉昭灵后含始游洛池,有宝鸡衔赤珠出,炫日后吞之,生高祖。"《诗含神雾》亦云。含始即昭灵后也。《陈留风俗传》云:"沛公起兵野战,丧皇妣于黄乡,天下平定,使使者以梓宫招幽魂,于是丹蛇在水,自洒跃入梓宫,其浴处有遗发,谥曰昭灵夫人。"《汉仪注》云:"高帝母起兵时死小黄城,后于小黄立陵庙。"《括地志》云:"小黄故城在汴州陈留县东北三十三里。"颜师古云:"皇甫谧等妄引谶记,好奇骋博,强为高祖父母名字,皆非正史所说,盖无取焉。宁有刘媪本姓实存,史迁肯不详载?即理而言,断可知矣。" 考证《汉书高纪》无"曰刘"二字。梁玉绳曰:"马、班以汉人纪汉事,焉有不知高祖父母

姓名之理。乃太公不书名,母媪不书姓,岂讳而不书,如诸帝之不书名邪?"李笠曰:"父曰太公,母曰刘媪。二句对举,不得省去。《汉书高纪》母媪二字,连下'尝息大泽之陂'为一句。《史记》则别有其先刘媪四字属下句。不可同论也。《论衡·吉验篇》云:'高皇帝母曰刘媪。'《奇怪篇》云:'《高祖本纪》言刘媪尝息大泽之陂。'皆有刘字可证。"

⑦ 索隐 按,《诗含神雾》云:"赤龙感女媪,刘季兴。"又《广雅》云:"有鳞曰蛟龙。"考证 其先,犹言其初。《诗大雅生民》"厥初生民,时维姜嫄"。俞樾曰:《五帝纪》云:择其尤雅者。故唐虞二纪,悉本《尚书》。高辛以上,无稽则略。《禹本纪》《山海经》所有怪物,不以入史。至《高帝纪》乃有刘媪梦神,白帝化蛇之事。盖当时方以为受命之符,不可略而削也。世以史公为好奇,过矣。新注 《茶香室续钞》卷三《汉高帝生日》引国朝王士禛《居易录》云:滁州丰山有汉高帝庙。偶读《老学庵笔记》,见所录碑阴,云:滁之西曰丰山,有汉高帝庙,至今土俗以五月十七日为高帝生日,远近毕集,荐肴觔焉。

高帝纪 高祖,沛丰邑中阳里人也,姓刘氏。母媪尝息大泽之陂,梦与神遇。是时雷电晦冥,父太公往视,则见交龙于上。已而有娠,遂产高祖。

相关史料 (高皇后吕氏七年)夏五月辛未,诏曰:昭灵夫人,太上皇妃也。武哀侯,宣夫人,高皇帝兄姊也。号谥不称,其议尊号。丞相臣平等请尊昭灵夫人曰昭灵后,武哀侯曰武哀王,宣夫人曰昭哀后。《高后纪》。

皇皇圣汉,兆自沛丰。乾降著符,精感赤龙。承黜流裔,袭唐末风。寸天尺土,无竢斯亭。建号宣基,维以沛公。扬威斩蛇,金精催伤。涉关陵郊,系获秦王。应门造势,斗璧纳忠。天期乘祚,受爵汉中。勒陈东征,剗擒三秦。灵威神佑,鸿沟是乘。汉军改歌,楚众易心。诛项讨羽,诸夏以康。陈张画策,萧勃翼终。出爵褒贤,裂土封功。炎火之德,弥光以明。源清流洁,本盛末荣。叙将十八,赞述股肱。休勋显祚,永永无疆。国宁家安,我君是升。根生叶茂,旧邑是仍。于皇旧亭,苗嗣是承。天之福祐,万年是兴。《班孟坚高祖泗水亭碑铭》(出自《骈体文钞》卷一)。

高祖为人隆准而龙颜①,美须髯,左股有七十二黑子②。仁而爱人,喜施③。意豁如也④。常有大度,不事家人生产作业。及壮试为吏⑤,为泗水亭长⑥。廷中吏,无所不狎侮⑦。好酒及色,常从王媪、武负贳酒⑧。醉卧,武负、王媪,见其上常有龙怪之⑨。高祖每酤留饮,酒雠数倍⑩,及见怪,岁竟此两家常折券弃责⑪。

① 集解 服虔曰:"准,音拙。"应劭曰:"隆,高也。准,颊权准也。颜,雒颡也,齐人谓之颡,汝南、淮泗之间曰颜。"文颖曰:"准,鼻也。"索隐 李斐云:"准,鼻也。始皇蜂目长准,盖鼻高起。"《尔雅》:"颜,额也。"文颖曰:"高祖感龙而生,故其颜貌似龙,长颈而高鼻。"考证 文颖曰:准,音准的之准。颜师古曰:服音应说,皆失之。张文虎曰:据《汉书注》及《索隐》《集解》,文颖当作李斐。

② 正义《河图》云:"帝刘季,口角戴胜,斗胸龟背龙股,长七尺八寸。"《合诚图》云:"赤帝体为朱鸟,其表龙颜,多黑子。"按,左,阳也。七十二黑子者,赤帝七十二日之数也。木火土金水各居一方,一岁三百六十,四方分之,各得九十日,土居中央,并索四季各十八日,俱成七十二日,故高祖七十二黑子者,应火德七十二日之徵也。有一本"七十"者,非也。许北人呼为"魘子",吴楚谓之"志"。志,记也。考证 颜师古曰:在颐曰须,在颊曰髯。

③ 正义 喜,许记反。施,尸豉反。

④ 集解 服虔曰:豁,达也。

⑤ 集解 应劭曰:试补吏。考证《卢绾传》云:高祖与卢绾学书,此所以其能为吏。

⑥ 正义 秦法,十里一亭,十亭一乡。亭长,主亭之吏。高祖为泗水亭长也。《国语》有"寓室",即今之亭也。亭长,盖今里长也。民有讼诤,吏留平辨,得成其政。《括地志》云:泗水亭在徐州沛东百步,有高祖庙也。考证 王念孙曰:《类聚》《御览》引,泗水作泗上。与《汉书》合。新注《水经注·泗水》:泗水

南迳小沛县东。县治故城南坨上。东岸有泗水亭。汉祖为亭长,即此亭也。故亭今有高祖庙,庙前有碑,延熹十年(延熹,汉桓帝年号,此年为公元167年)立。庙阙崩褫,略无全者。

⑦ [正义]廷中吏,泗水及沛县之廷也。狎,轻俳也。侮,慢也。府县之吏,高祖皆轻慢也。[考证]中井积德曰:廷,谓县廷也。

⑧ [集解]韦昭曰:贳,赊也。[索隐]邹诞生:"贳,音世,与《字林》《声韵》并同。又音时夜反。"《广雅》云:"贳,赊也。"《说文》云:"贳,贷也。"临淮有贳阳县。《汉书·功臣表》"贳阳侯刘缠",而此纪作"射阳",则"贳"亦"射"也。[正义]王媪者,王家母。武负者,魏大夫如耳之母也。[考证]《汉书注》云:如淳曰,武,姓也。俗谓老大母为阿负。颜师古曰:刘向《列女传》云:魏曲沃负者,魏大夫如耳之母也。此则古语谓老母为负耳。王媪,王家之媪也。武负,武家之母也。愚按,如、颜二说是。又按《正义》依幻云钞补,文有讹脱。

⑨ [考证]秘阁古钞本《类聚》引,醉上有饮字,《御览》引作时醉卧,与《汉书》合。

⑩ [集解]如淳曰:雠亦售。[索隐]乐彦云:借"雠"为"售",盖古字少,假借耳。今亦依字读。盖高祖大度,既贳饮,且雠其数倍价也。[正义]按言圣帝所至,皆有福佑,故酒雠数倍,及众惊怪。[考证]秘阁、枫山、三条、南化本,高祖上有属字。赵翼曰:雠与售同。卖物受直也。武负、王媪皆酒家,每值高祖酤饮,则人竞买之,其获利较倍于常也。宣帝少时,从民间买饼,所从买家辄大雠。正与此相类。盖《高祖本纪》,自泽陂遇神至芒砀云气,皆记高祖微时符瑞。而此特其一端耳。《索隐》乃谓贳饮而偿厚价,则下文折券句,又何说也。愚按,陈仁锡、中井积德亦有此说。

⑪ [索隐]《周礼小宰》"听称责以傅别"。郑司农云:"傅别,券书也。"郑玄云:"傅别,谓大手书于札中而别之也。"然则古用简札书,故可折。至岁终,总弃不责也。[考证]责,读为债。

[高帝纪]高祖为人,隆准而龙颜,美须髯,左股有七十二黑子。宽仁爱人,意豁如也。常有大度,不事家人生产作业。及壮,试吏,为泗上亭长,廷中吏无所不狎侮。好酒及色。常从王媪、武负贳酒,时饮醉卧,武负、王媪见其上

常有怪。高祖每酤留饮,酒雠数倍。及见怪,岁竟,此两家常折券弃责。

高祖常繇咸阳①纵观,观秦皇帝②,喟然太息曰:"嗟乎,大丈夫当如此也。"③

① 集解 应劭曰:繇,役也。索隐 韦昭云:"秦所都,武帝更名渭城。"应劭云:"今长安也。"按,《关中记》云:"孝公都咸阳,今渭城,是在渭北。始皇都咸阳,今城南大城是也。"名咸阳者,山南曰阳,水北亦曰阳,其地在渭水之北,又在九嵕诸山之南,故曰咸阳也。考证 秘阁本,常作尝。

② 正义 包恺云:观,上音馆,下音官。恣意故纵观。考证 杨慎曰:当时车驾出则禁观者,此时则纵民观。故曰纵观。愚按,《汉高纪》少一观字。义异。

③ 考证 凌稚隆曰:高祖观秦帝之言,较之项羽,气象自是迥别。王鸣盛曰:项之言,悍而戾;刘之言,则津津不胜其歆羡矣。新注 按,项羽观秦始皇谓项梁曰:彼可取而代也。

高帝纪 高祖常繇咸阳,纵观秦皇帝,喟然大息曰:"嗟乎,大丈夫当如此矣!"

相关史料 秦始皇帝者,秦庄襄王子也。庄襄王为秦质子于赵。见吕不韦姬,悦而取之。生始皇。以秦昭王四十八年正月生于邯郸。及生名为政。姓赵氏。年十三岁,庄襄王死。政代立为秦王。《秦始皇本纪》。

秦王政立二十六年,初并天下为三十六郡。号为始皇帝。始皇帝五十一年而崩。《秦本纪》。注1

单父人吕公,善沛令①。避仇,从之客。因家沛焉。沛中豪桀吏,闻令有重客,皆往贺。萧何为主吏②。主进③。令诸大夫曰:"进不满千钱,坐之堂下。"④高祖为亭长。素易诸吏。乃绐为谒曰:"贺钱万。"实不持一钱⑤。谒入。吕公大惊，起迎之门。吕公者好相人。见高祖状貌，因重敬之，引入坐⑥。萧何曰："刘季固多大言，少成事。"高祖因狎侮诸客，遂坐上坐，无所诎⑦。酒阑，吕公因目，固留高祖⑧。高祖竟酒后，吕公曰："臣少好相人⑨。相人多矣。无如季相。愿季自爱。臣有息女。愿为季箕帚妾。"⑩酒罢。吕媪怒吕公曰："公始常欲奇此女与贵人⑪。沛令善公，求之不与。何自妄许与刘季？"吕公曰："此非儿女子所知也。"卒与刘季。吕公女乃吕后也，生孝惠帝、鲁元公主⑫。

① 集解《汉书音义》曰：单，音善。父，音斧。索隐 韦昭云："单父，县名，属山阳。"崔浩云："史失其名，但举姓而言公。"又按《汉书旧仪》云："吕公，汝南新蔡人。"又《相经》云："魏人吕公，名文，字叔平也。" 新注 单父，秦县。在今山东单县南。

② 集解 孟康曰：主吏，功曹也。

③ 集解 文颖曰：主赋敛礼进为之帅。 索隐 郑氏云："主赋敛礼钱也。"颜师古曰："进者会礼之财。字本作'赆'，声转为'进'。'宣帝数负进'，义与此同。" 考证 进，犹献也。贺客所进之财，不必读为赆。中井积德曰：主进，谓是时掌贺进之事也，非平生职掌。

④ 正义 大夫，客之贵者，总称之。 考证 秘阁本，无进字、之字。何焯曰：《汉书高祖纪》诏书有云：秦民爵公大夫以上，令丞与亢礼。诸大夫当谓此也。赵翼曰：沛中豪杰吏，盖不过乡豪及健吏之类。盖秦制赐民爵，有大夫、官大夫、公大夫、五大夫、七大夫诸称。度其时，民之有此爵者，人即以其爵呼之。相沿日久，遂以为尊奉之语。故乡豪及健吏皆得称耳。

⑤ 集解 应劭曰：绐，欺也。音殆。 索隐 韦昭云："绐，诈也。"刘氏云："绐，欺负也。"何休云："绐，疑也。"谓高祖素狎易诸吏，乃诈为谒。谒谓以札书姓名，若今之通刺，而兼载钱谷也。

⑥ 考证 秘阁本，人下有上字。枫、三、南本，坐下有上坐二字。

⑦ 正义 坐上坐，上，在果反。下，在卧反。讪，音丘忽反。

⑧ 集解 文颖曰：阑，言希也。谓饮酒者半罢半在，谓之阑。正义 目，言故目动而留之，不敢对众显。

⑨ 集解 张晏曰：古人相与语，多自称臣，自卑下之道。若今人相与语，皆自称仆。考证 顾炎武曰："汉初人，对人多称臣，乃战国之余习。《史记·高祖纪》吕公曰，臣少好相人。张晏曰：古人相与语，多自称臣，若今人相与言仆也。天下已定，则稍在差等，而臣之称，惟施之诸侯王。故韩信过樊将军哙，哙趋拜送迎，言称臣，曰，大王乃肯临臣。至文景以后，则此风渐衰。而《贾谊新书》有尊天子逊嫌疑，不敢称臣之说。《王子侯表》有利侯钉坐遗淮南王书称臣，弃市。《功臣侯表》安平侯鄂但，坐与淮南王女陵通，遗淮南王书，称臣尽力，弃市。平棘侯薛穰，坐受淮南王赂称臣，在赦前免。皆在元狩年。而《严助传》，天子令助谕意淮南王，一则曰，臣助，再则臣助。史因而书之，未尝以为罪。则知钉等三人所坐者，交通之罪，而自此以后，廷臣之与诸侯王，遂不复称臣者尔。"新注 今人陈直《汉书新解》曰：汉代大官僚对朝廷称臣，人民对长官亦称臣。高祖为泗上亭长，与少内相等，故吕公自称为臣。《史记季布传》，"濮阳周氏谓季布曰，迹且至臣家"，因季布曾官将军也。又《韩信传》云：尝过樊将军哙，哙趋拜送迎，言称臣，曰大王乃肯临臣。"足证官资相等者，并不自称臣。汉印凡称臣某某者，只用于穿带印及子母印。"

⑩ 正义 息，生也。谓所生之女也。

⑪ 考证 颜师古曰：奇，异也。谓显而异之。嫁于贵人也。中井积德曰：奇是奇货可居之奇。谓欲以此女为奇货而与贵人以钓利。卢文弨曰：欲奇云者，吕公自以己意奇而异之也。《外戚世家》，王太后母臧儿，卜两女，皆当贵，曰欲奇两女云云。文法正同。王念孙曰：《汉外戚传》霍光夫人显谓淳于衍云：将军素爱小女成君，欲奇贵之。语意相似。凤曾叙曰：欲奇此女者，言始欲显异此女，而嫁贵人也。欲字在奇字上，语意甚明。冈白驹曰：与上省一欲字，史文此类多。愚按，犹言欲与贵人以奇此女。奇字颜说是。不必读为奇货之奇。新注 吕后嫁刘邦一事或者为传说。吕后之妹嫁给了樊哙，吕后嫁刘邦则算不上下嫁。根据鲁元公主嫁张敖时间当为汉四年计，吕后嫁刘邦或者是秦灭楚

之初，其时刘邦或者不是亭长。

⑫ [集解]服虔曰："元，长也。食邑于鲁。"韦昭曰："元，谥也。"[正义]汉制，帝女曰"公主"，仪比诸侯；姊妹曰"长公主"，仪比诸侯王；姑曰"大长公主"，仪比诸侯王。[考证]张文虎曰：《类聚》引，乃作即，与《汉书》合。又曰：中统本，惠下有帝字，与《汉书》合。《类聚》及《班马异同》引俱有。今补。

高帝纪 单父人吕公善沛令，辟仇，从之客，因家焉。沛中豪桀吏闻令有重客，皆往贺。萧何为主吏，主进，令诸大夫曰："进不满千钱，坐之堂下。"高祖为亭长，素易诸吏，乃绐为谒曰"贺钱万"，实不持一钱。谒入，吕公大惊，起，迎之门。吕公者，好相人，见高祖状貌，因重敬之，引入坐上坐。萧何曰："刘季固多大言，少成事。"高祖因狎侮诸客，遂坐上坐，无所诎。酒阑，吕公因目固留高祖。竟酒后，吕公曰："臣少好相人，相人多矣，无如季相，愿季自爱。臣有息女，愿为箕帚妾。"酒罢，吕媪怒吕公曰："公始常欲奇此女，与贵人。沛令善公，求之不与，何自妄许与刘季？"吕公曰："此非儿女子所知。"卒与高祖。吕公女即吕后也，生孝惠帝、鲁元公主。

相关史料 萧相国何者，沛丰人也。以文无害为沛主吏掾。高祖为布衣时，何数以吏事护高祖。高祖为亭长，常左右之。高祖以吏繇咸阳。吏皆送奉钱三。何独以五。秦御史监郡者，与从事常辨之。何乃给泗水卒史事。第一。秦御史欲入言徵何。何固请得毋行。《萧相国世家》。

吕太后者，高祖微时妃也。生孝惠帝、女鲁元太后。及高祖为汉王，得定陶戚姬。爱幸，生赵隐王如意。《吕太后本纪》。

高祖为亭长，时常告归之田①。吕后与两子居田中耨。有一老父，过请饮，吕后因餔之②。老父相吕后曰："夫人天下贵人。"令相两子。见孝惠曰："夫人所以贵者，乃此男也。"相鲁元，亦皆贵③。老父已去。高祖适从旁舍来。吕后具言："客有过相我子母。皆大贵。"高祖问。曰："未远。"乃追及问老父。老父曰："乡者夫人婴儿皆似君。君相贵不可言。"④高祖乃谢曰："诚如父言，不敢忘德。"及高祖贵，遂不知老父处⑤。

① 集解 服虔曰："告，音如'嗥呼'之'嗥'。"李斐曰："休谒之名也。吉曰告，凶曰宁。"孟康曰："古者名吏休假曰告。告又音誉。汉律，吏二千石，有予告、赐告。予告者，在官有功最，法所当得者也。赐告者，病满三月，当免，天子优赐复其告，使得带印绶，将官属归家治疾也。" 索隐 韦昭云："告，请归乞假也。音'告语'之'告'。故《战国策》曰'商君告归'，廷笃以为告归，今之归宁也。"刘伯庄、颜师古，并音古笃反，非号誉两音也。按，《东观汉记田邑传》云："邑年三十，历卿大夫，号归罢，厌事，少所嗜欲。"寻号与嗥同，古者当有此语，故服氏云"如号呼之号"，音豪。今以服虔虽据田邑"号归"，亦恐未得。然此"告"字当音诰，诰号声相近，故后"告归""号归"遂变耳。 考证 古钞本，常作尝，与《汉书》合。

② 正义 餔，必捕反，以食饲人也。父本请饮，吕后因饲之。《国语》云：国中童子无不餔。

③ 考证 秘阁本，无也字。

④ 考证 秘阁本，婴儿作儿子。

⑤ 考证 《类聚》引，人下有也。惠下有帝。元下有公主。婴儿作儿子。皆与《汉书》合。《汉书》似作以。《论衡骨相篇》作似。《宋书符瑞志》作以。如淳曰：言并得君之贵相也，是从似字。颜师古曰：言夫人及儿子，以君之故，因得贵耳。是从以字。钱大昭申如说云：盖言相之大贵皆似君耳。非谓吕后之貌有类高祖也。愚按，如钱二说是。李笠曰：老父以相法告人，而不责报，所以为德。 新注 《古今考》卷一，鹤山先生曰：古者，邦君之妻曰夫人，人称之曰君夫人；卿大夫妻曰内子，人亦曰内子。夫人之号无敢窃也。今亭长之妻，客称之曰夫人，则过相称谓不知始于何时。虽春秋时，亦未有此。流及后世，则夫人遂为贵贱之通称。又曰：吕公能相高祖之当贵，而不能相吕后之覆宗。此《大学》曰，人莫知其子之恶。其是之谓欤？另，汉王元年惠帝五岁，其生当在秦始

皇三十七年。其时刘邦已逃亡。故此记载不实。

高帝纪 高祖尝告归之田。吕后与两子居田中，有一老父过，请饮，吕后因餔之。老父相后曰："夫人天下贵人也。"令相两子，见孝惠帝，曰："夫人所以贵者，乃此男也。"相鲁元公主，亦皆贵。老父已去，高祖适从旁舍来，吕后具言："客有过，相我子母皆大贵。"高祖问，曰："未远。"乃追及，问老父。老父曰："乡者夫人儿子皆以君，君相贵不可言。"高祖乃谢曰："诚如父言，不敢忘德。"及高祖贵，遂不知老父处。

高祖为亭长，乃以竹皮为冠，令求盗之薛治之。时时冠之①。及贵常冠。所谓刘氏冠乃是也②。

① 集解 应劭曰：以竹始生皮作冠，今鹊尾冠是也。求盗者，旧时亭有两卒，其一为亭父，掌开闭扫除；一为求盗，掌逐捕盗贼。薛，鲁国县也。有作冠师，故往治之。索隐 应劭云："一名长冠。侧竹皮裹以纵前，高七寸，广三寸，如板。"又蔡邕《独断》云："长冠，楚制也。高祖以竹皮为之，谓之刘氏冠。"司马彪《舆服志》亦以"刘氏冠"为鹊尾冠也。应劭云："旧亭卒名弩父，陈、楚谓之亭父，或云亭部，淮、泗谓之求盗也。"正义 冠，音馆，下同。考证 薛，山东兖州府滕县。新注《汉书注校补》卷一引《汉旧仪》云：亭长皆调五兵，言弩戟弓剑铠也。

② 正义 冠音官。颜师古云：后号为"刘氏冠"。其后诏曰"爵非公乘以上，不得冠刘氏冠"，即此也。

高帝纪 高祖为亭长，乃以竹皮为冠，令求盗之薛治，时时冠之，及贵常冠，所谓"刘氏冠"也。

高祖以亭长为县送徒郦山。徒多道亡。自度比至皆亡之①。到丰西泽中止饮。夜乃解纵所送徒曰："公等皆去。吾亦从此逝矣。"徒中壮士,愿从者十余人。高祖被酒夜径泽中②。令一人行前③。行前者还报曰:"前有大蛇当径。愿还④。"高祖醉曰:"壮士行。何畏?"乃前,拔剑击斩蛇⑤。蛇遂分为两⑥,径开。行数里,醉因卧⑦。后人来至蛇所。有一老妪夜哭。人问何哭。妪曰:"人杀吾子。故哭之。"人曰:"妪子何为见杀?"妪曰:"吾子白帝子也。化为蛇当道。今为赤帝子斩之。故哭。"⑧人乃以妪为不诚,欲告之⑨。妪因忽不见。后人至,高祖觉⑩。后人告高祖。高祖乃心独喜自负⑪。诸从者日益畏之⑫。

① 正义 度,田洛反。比,必寐反。考证 应劭曰:"秦始皇葬于骊山。故郡国送徒往作。"姚范曰:"始皇初即位,即穿治骊山,及并天下,徒诣送者七十余万。"贾山亦云:"吏徒数十万人,旷十年。"此送徒,当在始皇之初。故下云:始皇东游。应劭以为始皇葬于骊山。语未晰。新注 按,此以刘邦送徒在秦始皇之初,误。刘邦早年观秦始皇,当为送徒徭役时。此云之初,则刘已逃亡,不待见秦始皇。陈景云《两汉订误》以为:"高祖送徒骊山时,始皇尚在。观下幸东南及隐芒砀事自明。始皇骊山之役在三十五年。高祖所部送者,皆应输作骊山之人也。"其说可鉴。

② 索隐 旧音经。按,《广雅》云:"径,斜过也。"《字林》云:"径,小道也,音古定反。"言酒后放徒,夜径行泽中,不敢由正路,且从而求疾也。正义 被,加也。

③ 正义 行,音下孟反。

④ 索隐 音迳。郑玄曰:步道曰径也。

⑤ 索隐 《汉旧仪》云:斩蛇剑,长七尺。"又高祖云:"吾以布衣提三尺剑取天下。"二文不同者,崔豹《古今注》"当高祖为亭长,理应提三尺剑耳;及贵,当别得七尺宝剑",故《旧仪》因言之。正义 按,其蛇大,理须别求是剑斩之。三

尺剑者,常佩之剑。《括地志》云:斩蛇沟,源出徐州丰县中平地,故老云高祖斩蛇处,至县西十五里入泡水也。[新注]《汉书注校补》卷一:《三辅黄图》云:太上皇微时佩一刀,长三尺,上有铭字难识。传云高宗伐鬼方时所作也。上皇游丰沛山中,寓居穷谷。有人冶铸。上皇息其旁问曰:铸何器。工笑曰:为天子铸剑,慎勿言。曰:得公佩剑杂冶之,即成神器,可克定天下。昴星精为辅佐,木衰火盛,此为异兆。上皇解匕首投炉中,剑成。杀三牲以衅祭之。工问何时得此。上皇曰:秦昭襄王时,予得陌上,一野人授予,云是殷时灵物。工即持剑授上皇。上皇以赐高祖。高祖佩之,斩蛇剑是也。及定天下,藏于宝库,守藏者见气如云出户外,状如龙蛇。吕后改库曰灵金藏。惠帝即位,以此库贮禁兵器,名曰灵金内府。

⑥ [索隐]谓斩蛇分为两段也。[新注]《水经注·泗水》:故《地理志》曰:平乐,侯国也。泡水所出。又迳丰西泽,谓之丰水。《汉书》称高祖送徒丽山,徒多亡。到丰西泽,有大蛇当径,拔剑斩之。此即汉高祖斩蛇处也。

⑦ [考证]《汉书》一本因作困。周寿昌曰:据文义,始曰被酒,中曰醉,末曰醉困卧,情事明有次第。醉后行数里而困,故卧也。困字较因为胜。

⑧ [集解]应劭曰:秦襄公自以居西戎,主少昊之神,作西畤祠白帝。至献公时,栎阳雨金,以为瑞,又作畦畤祠白帝。少昊,金德也。赤帝,尧后,谓汉也。杀之者,明汉当灭秦也。秦自谓水,汉初自谓土,皆失之。至光武乃改定。[索隐]按,《太康地理志》云:"畤在栎阳故城内。其畤如畦,故曰畦畤。"畦,音户圭反。应注云"秦自谓水"者,按秦文公获黑龙,命河为德水是也。又按,《春秋合诚图》云:"水神哭,子襄败。"宋均以为高祖斩白蛇,而神母哭,则此母水精也。此皆谬说。又注云"至光武乃改"者,谓改汉为火德,秦为金德,与雨金及赤帝子之理合也。[考证]秘阁本,人问下有妪字,今下为无为字。义长。

⑨ [集解]徐广曰:一作苦。[索隐]《汉书》作苦,谓欲困苦辱之。一本或作笞。《说文》云:笞,击也。[考证]秘阁本、枫山、三条本,妪下有言字。

⑩ [索隐]包恺、刘伯庄,音古孝反。

⑪ [集解]应劭曰:负,恃也。[索隐]晋灼云:自恃斩蛇事。

⑫ [考证]杨循吉曰:斩蛇事,沛公自托以为神灵其身,而骇天下之愚夫妇

耳。大虹大霓,苍龙赤龙,流火之乌,跃舟之鱼,皆所以兆帝王之兴起者。此斩蛇之计所由设也。

高帝纪 高祖以亭长为县送徒骊山,徒多道亡。自度比至皆亡之,到丰西泽中亭,止饮,夜皆解纵所送徒,曰:"公等皆去,吾亦从此逝矣!"徒中壮士愿从者十余人。高祖被酒,夜径泽中,令一人行前。行前者还报曰:"前有大蛇当径,愿还。"高祖醉曰:"壮士行,何畏?"乃前,拔剑斩蛇。蛇分为两,道开。行数里,醉困卧。后人来至蛇所,有一老妪夜哭。人问妪何哭,妪曰:"人杀吾子。"人曰:"妪子何为见杀?"妪曰:"吾子,白帝子也,化为蛇当道,今者,赤帝子斩之,故哭。"人乃以妪为不诚,欲苦之,妪因忽不见。后人至,高祖觉。告高祖,高祖乃心独喜,自负。诸从者日益畏之。

相关史料 汉兴,高祖之微时,尝杀大蛇。有物曰,蛇,白帝子也。而杀者,赤帝子。《封禅书》。

秦始皇帝常曰:"东南有天子气。"于是因东游以厌之①。高祖即自疑。亡匿隐于芒砀山泽岩石之间②。吕后与人俱求。常得之。高祖怪问之。吕后曰:"季所居,上常有云气。故从往,常得季。"高祖心喜③。沛中子弟或闻之,多欲附者矣。

① 索隐 厌,音一涉反,又一冉反。《广雅》云:厌,镇也。 考证 秘阁本,无因字。《汉书宣帝纪》,后元二年,武帝疾,望气者曰:长安狱中有天子气。 新注 据《晋书·天文志中》,天子气,"内赤外黄,四方所发之处当有王者。若天子欲有游往处,其地亦先发此气。或如城门隐隐在气雾中,恒带杀气森森然。或如华盖在气雾中,或气象青衣人无手,在日西,或如龙马,或杂色郁郁冲天者,此皆帝王气"。此论或可资古时天子气之理解。

② 集解 徐广曰:"芒,今临淮县也。砀县在梁。"骃案,应劭曰:"二县之界

有山泽之固,故隐于其间也。"正义《括地志》云:宋州砀山县在州东一百五十里,本汉砀县也。砀山在县东。考证赵翼曰:即自疑三字,高祖匹夫,而以天子自疑,正见其志气不凡。《汉书》删之。愚按,上云,心独喜自负。下云,心喜。此亦不可无即自疑三字。

③ 正义京房易兆候云:"何以知贤人隐?"颜师古曰:"四方常有大云,五色具而不雨,其下有贤人隐矣。故吕后望云气而得之。"考证徐孚远曰:高祖隐处,岂不阴语吕后耶? 隐而求,求而怪,皆所以动众也。

高帝纪　秦始皇帝尝曰:"东南有天子气。"于是东游以厌当之。高祖隐于芒砀山泽间,吕后与人俱求,常得之。高祖怪问之。吕后曰:"季所居上常有云气,故从往,常得季。"高祖又喜。沛中子弟或闻之,多欲附者矣。

秦元年

秦二世元年,秋,陈胜等起蕲,至陈而王。号为"张楚"①,诸郡县皆多杀其长吏,以应陈涉②。沛令恐,欲以沛应涉。掾主吏萧何、曹参③乃曰:"君为秦吏。今欲背之。率沛子弟,恐不听。愿君召诸亡在外者。可得数百人。因劫众,众不敢不听。"④乃令樊哙召刘季。刘季之众,已数十百人矣⑤。

① 集解徐广曰:高祖时年四十八。索隐应劭云:"始皇欲以一至万,示不相袭。始者一,故至子称二世。"崔浩云:"二世,始皇子胡亥。"又按,善文称隐士云"赵高为二世杀十七兄,而立今王",则二世是第十八子也。蕲,县名,属沛,音机,又音旂。考证秘阁本,起作越,非是。蕲,安徽凤阳宿州。陈,河南

陈州。[新注]蕲,秦县。在今安徽宿县南蕲县集。陈,秦县,在今河南淮阳。有以陈为秦陈郡治,误。秦无陈郡。《水经注·淮水》:淮水又东,蕲水注之。水首受睢水于谷熟城东北,东迳建城县北。蕲水又东南迳蕲县。县有大泽乡。陈涉起兵于此,篝火为狐鸣处也。

② [考证]张文虎曰:上作陈胜,此作陈涉,当有一误。

③ [索隐]按《汉书萧曹传》,参为狱掾,何为主吏也。

④ [索隐]《说文》云"以力胁之云劫"也。[考证]秘阁本,重子弟二字。颜师古曰:时苦秦虐政,赋役烦多,故有逃亡辟吏。

⑤ [索隐]《汉书》作"数百人"。刘伯庄曰:"言数十人或至百人,则是百人已下也。"[新注]《汉书》作"数百人",是。因为高祖此时已占领丰,非数百人不可。

[高帝纪] 秦二世元年秋七月,陈涉起蕲。至陈,自立为楚王,遣武臣、张耳、陈馀略赵地。八月,武臣自立为赵王。郡县多杀长吏以应涉。九月,沛令欲以沛应之。掾主吏萧何、曹参曰:"君为秦吏,今欲背之,帅沛子弟,恐不听。愿君召诸亡在外者,可得数百人,因以劫众,众不敢不听。"乃令樊哙召高祖。高祖之众已数百人矣。

[相关史料] (二世元年七月)楚隐王陈涉起兵入秦。八月。葛婴为涉徇九江,立襄彊为王。武臣始至邯郸,自立为赵王。始。《秦楚之际月表》。

(始皇帝三十七年)子胡亥立,为二世皇帝。 (二世元年)其九月,郡县皆反。《六国年表》。

始皇帝五十一年而崩。子胡亥立。是为二世皇帝。《秦本纪》。

太子胡亥袭位,为二世皇帝。 (秦二世元年)七月。戍卒陈胜等反故荆地,为张楚。胜自立为楚王,居陈。遣诸将徇地山东。郡县少年苦秦吏,皆杀其守尉令丞,反以应陈涉。相立为侯王,合从西乡,名为伐秦,不可胜数也。谒者使东方来,以反者闻二世。二世怒,下吏。后使者至,上问。对曰:"群盗,郡守尉方逐捕,今尽得。不足忧。"上悦。武臣自立为赵王,魏咎为魏王,田儋为齐王。沛公起沛。项梁举兵会稽郡。《秦始皇本纪》。

始皇三十七年十月，行出游会稽，并海上，北抵琅邪。丞相斯、中车府令赵高，兼行符玺令事。皆从。始皇有二十余子。长子扶苏，以数直谏上，上使监兵上郡。蒙恬为将。少子胡亥爱。请从。上许之。余子莫从。《李斯列传》。

　　始皇至沙丘崩。秘之。群臣莫知。是时丞相李斯、少子胡亥、中车府令赵高常从。高雅得幸于胡亥，欲立之。又怨蒙毅法治之，而不为己也。因有贼心。乃与丞相李斯、少子胡亥阴谋，立胡亥为太子。太子已立，遣使者以罪赐公子扶苏、蒙恬死。扶苏已死。蒙恬疑而复请之。使者以蒙恬属吏。更置胡亥以李斯舍人为护军。使者还报。胡亥已闻扶苏死，即欲释蒙恬。赵高恐蒙氏复贵而用事，怨之。《蒙恬列传》。

　　陈胜者，阳城人也。字涉。吴广者，阳夏人也。字叔。陈涉少时尝与人佣耕。辍耕之垄上，怅恨久之。曰："苟富贵，无相忘。"佣者笑而应曰："若为佣耕，何富贵也？"陈涉太息曰："嗟乎！燕雀安知鸿鹄之志哉？"二世元年七月，发闾左。適戍渔阳九百人，屯大泽乡。陈胜、吴广皆次当行，为屯长。会天大雨，道不通。度已失期。失期，法皆斩。陈胜、吴广乃谋曰："今亡亦死。举大计亦死。等死。死国可乎？"陈胜曰："天下苦秦久矣。吾闻二世，少子也。不当立。当立者乃公子扶苏。扶苏以数谏故上使外将兵。今或闻无罪，二世杀之。[注1]百姓多闻其贤，未知其死也。项燕为楚将，数有功，爱士卒。楚人怜之。或以为死。或以为亡。今诚以吾众诈自称公子扶苏、项燕，为天下唱，宜多应者。"吴广以为然。乃行卜。卜者知其指意曰："足下事皆成有功。然足下卜之鬼乎？"陈胜、吴广喜念鬼。曰："此教我先威众耳。"乃丹书帛曰"陈胜王"。置人所罾鱼腹中。卒买鱼烹食，得鱼腹中书，固以怪之矣。又间令吴广之次近所旁丛祠中，夜篝火，狐鸣呼曰："大楚兴。陈胜王。"卒皆夜惊恐。且日卒中往往语，皆指目陈胜。吴广素爱人。士卒多为用者。将尉醉。广故数言欲亡，忿恚尉，令辱之，以激怒其众。尉果笞广。尉剑挺。广起夺而杀尉。陈胜佐之，并杀两尉。召令徒属曰："公等遇雨。皆已失期。失期当斩。藉弟令毋斩，而戍死者固十六七。且壮士不死即已。死即举大名耳。王侯将相，宁有种乎？"徒属皆曰："敬受命。"乃诈称公子扶苏、项燕。从民欲也。袒右，称大楚。为坛而盟，祭以尉首。陈胜自立为将军，吴广为都尉。攻大泽乡，收而攻蕲。蕲下。乃令符离人葛婴将兵徇蕲以东。攻铚、酇、苦、柘、谯，皆下之。行收兵，比至陈，车六七百乘，骑千余，卒数万人。攻陈。陈守令皆不在。独守丞与战谯门中。弗胜,守丞死。乃入据陈数日。号令召三老、豪杰,与皆来会计事。三老、豪杰皆曰:"将军身被坚执锐,伐无道,诛暴秦,复立楚国之社稷。功宜为王。"陈涉乃立为王。号为"张楚"。当此时,诸郡县苦秦吏者,皆刑其长吏,杀之以应陈涉。乃以吴叔为假王,监诸将,以西击荥阳。令陈人武臣、张耳、陈馀徇赵地,令汝阴人邓宗徇九江郡。当此时,楚兵数千人为聚者不可胜数。《陈涉世家》。

张耳者,大梁人也。其少时及魏公子毋忌为客。张耳尝亡命游外黄。外黄富人女甚美,嫁庸奴。亡其夫,去抵父客。父客素知张耳。乃谓女曰:"必欲求贤夫从张耳。"女听。乃卒为请决,嫁之张耳。张耳是时脱身游。女家厚奉给张耳。张耳以故致千里客。乃宦魏为外黄令。名由此益贤。陈馀者,亦大梁人也。好儒术,数游赵苦陉。富人公乘氏以其女妻之。亦知陈馀非庸人也。馀年少,父事张耳。两人相与为刎颈交。秦之灭大梁也,张耳家外黄。高祖为布衣时,尝数从张耳游,客数月。秦灭魏数岁,已闻此两人魏之名士也。购求有得张耳千金,陈馀五百金。张耳、陈馀,乃变名姓,俱之陈,为里监门以自食。两人相对。里吏尝有过笞陈馀。陈馀欲起。张耳蹑之使受笞。吏去。张耳乃引陈馀之桑下而数之曰:"始吾与公言何如?今见小辱而欲死一吏乎?"陈馀然之。秦诏书购求两人。两人亦反用门者以令里中。陈涉起蕲。至入陈,兵数万。张耳、陈馀,上谒陈涉。涉及左右,生平数闻张耳、陈馀贤,未尝见。见即大喜。陈中豪杰父老,乃说陈涉曰:"将军身被坚执锐,率士卒以诛暴秦,复立楚社稷。存亡继绝,功德宜为王。且夫监临天下诸将,不为王不可,愿将军立为楚王也。"陈涉问此两人。两人对曰:"夫秦为无道,破人国家,灭亡人社稷,绝人后世,罢百姓之力,尽百姓之财。将军瞋目张胆,出万死不顾一生之计,为天下除残也。今始至陈而王之,示天下私。愿将军毋王,急引兵而西,遣人立六国后。自为树党,为秦益敌也。敌多则力分。与众则兵彊。如此野无交兵,县无守城。诛暴秦,据咸阳,以令诸侯。诸侯亡而得立,以德服之。如此则帝业成矣。今独王陈,恐天下解也。"陈涉不听。遂立为王。《张耳陈馀列传》。

昔秦绝圣人之道,杀术士,燔诗书,弃礼义,尚诈力,任刑罚,转负海之粟,致之西河。当是之时,男子疾耕,不足于糟糠,女子纺绩,不足于盖形。遣蒙恬筑长城,东西数千里,暴兵露师,常数十万,死者不可胜数,僵尸千里,流血顷亩。百姓力竭,欲为乱者十家而五。又使徐福入海求神异物。还为伪辞曰:"臣见海中大神。言曰:'汝西皇之使邪?'臣答曰:'然。''汝何求?'曰:'原请延年益寿药。'神曰:'汝秦王之礼薄。得观而不得取。'即从臣东南至蓬莱山,见芝成宫阙。有使者,铜色而龙形,光上照天。于是臣再拜问曰:'宜何资以献?'海神曰:'以令名男子,若振女,与百工之事,即得之矣。'"秦皇帝大说,遣振男女三千人,资之五谷种种百工而行。徐福得平原广泽,止王不来。于是百姓悲痛相思,欲为乱者十家而六。又使尉佗逾五岭攻百越。尉佗知中国劳极,止王不来。使人上书,求女无夫家者三万人,以为士卒衣补。秦皇帝可其万五千人。于是百姓离心瓦解,欲为乱者十家而七。客谓高皇帝曰:"时可矣。"高皇帝曰:"待之。圣人当起东南。"间不一年,陈胜、吴广发矣。高皇始于丰沛一倡,天下不期而响应者,不可胜数也。此所谓蹈瑕候间,因秦之亡而动者也。百姓愿之,若旱之望雨。故起于行陈之中,而立为天子,功高三王,德传无穷。 往者秦为无道,残贼天下,兴万乘之驾,作阿房之宫,收太半之赋,发闾左之戍。父不宁子,兄不便弟,政苛刑峻,天下熬然若焦。民皆引领而望,倾耳而听,悲号仰天,叩心而怨上。故陈胜大呼,天下响应。《淮南衡山列传》引伍被语。

陈涉之王也,而鲁诸儒,持孔氏之礼器,往归陈王。 陈涉起匹夫,驱瓦合適戍,旬月以王楚,不满半岁,竟灭亡。其事至微浅,然而缙绅先生之徒,负孔子礼器,往委质为臣者,何也?以秦焚其业,积怨而发愤于陈王也。《儒林列传》。

于是樊哙从刘季来。沛令后悔,恐其有变,乃闭城城①守,欲诛萧、曹。萧、曹恐,踰城保刘季②。刘季乃书帛射城上,谓沛父老曰:"天下苦秦久矣。今父老虽为沛令守,诸侯并起,今屠沛③。沛今共诛令,择子弟可立者立之,以应诸侯,则家室完。不然,父子俱屠。无为也。"父老乃率子弟共杀沛令,开城门迎刘季,欲以为沛令。刘季曰:"天下方扰,诸侯并起。今置将不善,壹败涂地④。吾非敢自爱。恐能薄不能完父兄子弟⑤。此大事。愿更相推择可者。"⑥萧、曹等皆文吏自爱。恐事不就后,秦种族其家,尽让刘季。诸父老皆曰："平生所闻刘季诸珍怪当贵。且卜筮之，莫如刘季最吉。"⑦于是刘季数让。众莫敢为。乃立季为沛公⑧。祠黄帝，祭蚩尤于沛庭⑨，而衅鼓⑩。旗帜皆赤⑪。由所杀蛇白帝子，杀者赤帝子，故上赤。于是少年豪吏如萧、曹、樊哙等，皆为收沛子弟二三千人，攻胡陵、方与，还守丰⑫。

① 考证 中井积德曰：衍一城字。愚按，《汉书》亦有。

② 集解 韦昭曰：以为保障。考证 王念孙曰：保者，依也。《左传僖二年》"保于逆旅"。杜注，训保为依。《史记》《周本纪》"百姓怀之，多从而保归焉"。《荆燕世家》"与彭越相保"。《庄子列御寇篇》"人将保汝"。保字义同。新注《水经注·泗水》：泡水又东迳沛县故城南。秦末兵起，萧何、曹参迎汉祖于此城。高帝十一年，封合阳侯刘仲子为侯国。城内有汉高祖庙。庙基以青石为之，阶陛尚存。

③ 索隐 按，范晔云：克城多所诛杀，故云屠也。

④ 索隐 言一朝破败，使肝脑涂地。考证 《汉书》，壹作一。涂地，犹言委地。事业一败，不可复收拾。

⑤ 正义 能，才能也。高祖谦言材能薄劣，不能完全其众。能者，兽形色似熊，足似鹿。为物坚中而强力，人之有贤才者，皆谓之能也。

⑥ 考证 词婉礼恭，不似平生大言。推择二字连读，《淮阴侯传》"不得推择为吏"，《汉书》删推字。

⑦ 考证 枫、三本，无珍字。张文虎曰：《御览》引，珍怪作奇怪。与《汉书》合。

⑧ 集解 徐广曰："九月也。"骃案，《汉书音义》曰："旧楚僭称王，其县宰为公。陈涉为楚王，沛公起应涉，故从楚制称曰公。"考证 秘阁本，立下无季字。楚人称令曰公，非公侯之公。

⑨ 集解 应劭曰:"《左传》曰黄帝战于阪泉,以定天下。蚩尤好五兵,故祠祭之求福祥也。"瓒曰:"管仲云:'割卢山交而出水,金从之出,蚩尤受之以作剑戟。'"索隐 按,《管子》云"葛卢之山,发而出金",今注引"发"作"交"及"割",皆误也。

⑩ 集解 应劭曰:"衅,祭也。杀牲以血涂鼓曰衅。"瓒曰:"案《礼记》及《大戴礼》有衅庙之礼,皆无祭事。"索隐《说文》云:"衅,血祭也。"《司马法》曰:"血于鼙鼓者,神戎器也。"颜师古曰:"凡杀牲以血祭者,皆名为衅。"臣瓒以为"皆无祭事",非也。又古人新成钟鼎,亦必衅之。应劭云:"衅呼为釁。"马融注《周礼》灼龟之兆云:"谓其象似玉、瓦、原之衅墢,是用名之。"此说皆非。墢音火稼反。

⑪ 索隐 墨翟云:"帜,帛长丈五,广半幅。"《字诂》云:"帜,标也。"《字林》云:"熊旗五斿,谓与士卒为期于其下,故曰旗也。"帜,或作"识",或作"志"。嵇康音试。萧该音炽。

⑫ 集解 郑德曰:方与,音房豫,属山阳郡。索隐 邓展曰:"胡陵,县名,属山阳,章帝改曰胡陆。"郑玄曰:"方与,属山阳也。"考证 胡陵、方与,山东济宁州鱼台县。《汉书高纪》,二作得。攻胡陵以下事,属二世二年十月,本史《月表》同,此疑脱。新注《历代名人论刘邦》引《二程遗书》卷十八《伊川先生语四》:古者子弟从父兄,今父兄从子弟。由不知本也。且如汉高祖欲下沛时,只是以帛书与沛父老,其父老便能率子弟从之。沛公攻胡陵等战斗《秦楚之际月表》记为下月,即次年,《汉书》《通鉴》同。其实,沛公攻胡陵两次。根据加入沛公部的人员构成,本年除起义外,沛公部还另有战斗。另,沛公还守丰,表示丰不如沛重要,沛公不敢据沛,只能以丰为根据地。

高帝纪 于是樊哙从高祖来。沛令后悔,恐其有变,乃闭城城守,欲诛萧、曹。萧、曹恐,逾城保高祖。高祖乃书帛射城上,与沛父老曰:"天下同苦秦久矣。今父老虽为沛令守,诸侯并起,今屠沛。沛今共诛令,择可立立之,以应诸侯,即室家完。不然,父子俱屠,无为也。"父老乃帅子弟共杀沛令,开城门迎高祖,欲以为沛令。高祖曰:"天下方扰,诸侯并起,今置将不善,一败涂地。吾非敢自爱,恐能薄,不能完父兄子弟。此大事,愿更择可者。"萧、曹等皆文吏,自爱,恐事不就,后秦种族其家,尽让高祖。诸父老皆曰:"平生所闻刘季奇怪,当贵,且卜筮之,莫如刘季最吉。"高祖数让,众莫肯为,高祖乃立为沛公。祠黄帝,祭蚩尤于沛廷,而衅鼓。旗帜皆赤,由所杀蛇白帝子,所杀者赤帝子故也。于是少年豪吏如萧、曹、樊哙等皆为收沛子弟,得三千人。

是月,项梁与兄子羽起吴。田儋与从弟荣、横起齐,自立为齐王。韩广自立为燕王。魏咎自立为魏王。陈涉之将周章西入关,至戏,秦将章邯距破之。

相关史料 (二世元年九月)楚兵至戏。 周文兵至戏败。而陈婴闻涉王,即杀彊。(**考证**陈婴当作葛婴。) 项梁号武信君。 齐王田儋始。儋,狄人,诸田,宗彊。从弟荣,荣弟横。 沛公初起。 韩广为赵略地至蓟,自立为燕王,始。 魏王咎始。咎在陈,不得归国。《秦楚之际月表》。

高祖初起,祷丰枌榆社。徇沛为沛公。则祠蚩尤,衅鼓旗。《封禅书》。注2

平阳侯曹参者,沛人也。秦时为沛狱掾。而萧何为主吏。居县为豪吏矣。高祖为沛公而初起也,参以中涓从。将击胡陵、方与,攻秦监公军,大破之。《曹相国世家》。

绛侯周勃者,沛人也。其先卷人。徙沛。勃以织薄曲为生。常为人吹箫给丧事。材官引彊。高祖之为沛公初起,勃以中涓从攻胡陵,下方与。《绛侯周勃世家》。

舞阳侯樊哙者,沛人也。以屠狗为事。与高祖俱隐。初从高祖起丰,攻下沛。高祖为沛公,以哙为舍人。从攻胡陵、方与,还守丰,击泗水监丰下,破之。汝阴侯夏侯婴,沛人也。为沛厩司御。每送使客,还过沛泗上亭,与高祖语,未尝不移日也。婴已而试补县吏,与高祖相爱。高祖戏而伤婴。人有告高祖。高祖时为亭长。重坐伤人。告故不伤婴。婴证之。后狱覆。婴坐高祖系岁余。掠笞数百。终以是脱高祖。高祖之初与徒属欲攻沛也,婴时以县令史为高祖使。上降沛一日。高祖为沛公,赐婴爵七大夫,以为太仆。从攻胡陵。婴与萧何降泗水监平。平以胡陵降。赐婴爵五大夫。《樊郦滕灌列传》。

(樊哙)后与高祖俱隐芒砀山泽间。《樊郦滕傅靳周传》。注3

任敖者故沛狱吏。高祖尝辟吏。吏系吕后,遇之不谨。任敖素善高祖。怒击伤主吕后吏。及高祖初起,敖以客从,为御史守丰。《张丞相列传》。

蒯成侯緤者,沛人也。姓周氏。常为高祖参乘,以舍人从起沛。《傅靳蒯成列传》。

（戴侯彭祖）以卒从起沛。以卒开沛城门。（平阳侯曹参）（广严侯召欧）（绛侯周勃）（堂阳侯孙赤）以中涓从起沛。（汝阴侯夏侯婴）以令史从降沛。（周吕侯吕泽）（建成侯吕释之）以吕后兄初起。（酂侯萧何）以客初起。（舞阳侯樊哙）（蒯成侯周緤）以舍人起沛。（魏其侯周定）以舍人从沛。（都昌侯朱轸）以舍人前元年从起沛。（广阿侯任敖）（下相侯冷耳）以客从起沛。（中牟侯单父圣）以卒从起沛。（临辕侯戚鳃）初起从为郎。（故市侯阎泽赤）以执盾初起。（成侯董渫）兵初起以舍人从击秦为都尉。（平侯沛嘉）兵初起以舍人从击秦。（故城侯尹恢）兵初起以谒者从。（梁邹侯武儒）兵初起以谒者从击破秦。（高苑侯丙倩）初起以舍人从。（辟阳侯审食其）以舍人初起，侍吕后、孝惠沛。（彊侯留胜）以客吏初起。（襄平侯纪通）兵初起纪成以将军从击破秦。（清侯空中）以弩将初起从入汉。（清阳侯王吸）（纪信侯陈仓）以中涓从起丰。（煮枣侯赤）以越连敖从起丰，别以郎将入汉。（广平侯薛欧）（斥丘侯唐厉）（猗氏侯陈遬）以舍人从起丰。（合阳侯刘仲）高祖兄，兵初起侍太公守丰。（博阳侯周聚）（鄡陵侯朱濞）以卒从起丰。（安国侯王陵）以客从起丰。（张侯毛泽）以中涓骑从起丰。（颍阴侯灌婴）以中涓从起砀。（曲城侯蛊逢）以曲城户将卒三十七人初从起砀。（芒侯昭）前元年初起砀。（甯侯魏选）以舍人从起砀。（蓼侯孔藂）以执盾前元年从起砀。（费侯陈贺）以舍人前元年从起砀。（隆虑侯周灶）以卒从起砀。（河阳侯陈涓）以卒前元年起砀。（棘丘侯襄）以执盾队史前元年从起砀。（东茅侯刘钊）以舍人从砀。（博阳侯陈濞）（台侯戴野）以舍人从起砀。（乐成侯丁礼）以中涓骑从砀中。（阿陵侯郭亭）以连敖前元年从单父。（菌侯张平）以中涓前元年从起单父。（厌次侯元顷）以慎将前元年从起留。（阳夏侯陈豨）以特将将五百人前元年从起宛朐。（棘阳侯杜得臣）以卒从起胡陵。（安丘侯张说）以卒从起方与，属魏豹二岁。《高祖功臣侯者年表》。[注4]

（乐平侯卫无择）以队卒从高祖起沛。（松兹侯徐厉）兵初起以舍人从起沛。（博成侯冯无择）以悼武王郎中兵初起从高祖起丰。（平定侯齐受）以卒从高祖起留。（樊侯蔡寅）以睢阳令高祖初起从阿。《惠景间侯者年表》。

沛人杀其令，高祖为沛公，萧何为丞相，曹参、周勃以中涓从，夏侯婴、樊哙为舍人。萧何，即沛主狱吏；曹参，沛狱掾；婴，沛厩；驺勃，以织簿为产；哙，以屠狗为事,皆公之旧也。　是时沛公在外黄,兵众数百人。萧何等欲应陈胜,故召沛公立之。收沛子弟得三千人。《汉纪》卷一。

秦二年

秦二世二年,陈涉之将周章军,西至戏而还①。燕、赵、齐、魏皆自立为王②。项氏起吴。秦泗川监平,将兵围丰二日。出与战破之③。命雍齿守丰,引兵之薛。泗川守壮败于薛,走至戚④。沛公左司马得泗川守壮杀之⑤。沛公还军亢父,至方与⑥。周市来攻方与。未战。陈王使魏人周市略地⑦。周市使人谓雍齿曰:"丰,故梁徙也⑧。今魏地已定者数十城。齿今下魏,魏以齿为侯。守丰不下,且屠丰。"雍齿雅不欲属沛公⑨。及魏招之,即反为魏守丰。沛公引兵攻丰。不能取。沛公病,还之沛。

① 索隐 应劭云:"章字文,陈人。"文颖云:"戏,在新丰东二十里戏亭北。"孟康云:"水名也。"又《述征记》云:"戏水,自骊山冯公谷北流,历戏亭,东入渭。"按,今其水东惟有戏驿存。章为章邯所破而还。邯音酣。 考证 戏,陕西西安临潼县东北。中井积德曰:戏,水亦名焉。其本末不必论。梁玉绳曰:周章为章邯所破,自刭而死。非还也。

② 索隐 按《汉书高纪》,二世二年八月,武臣自立为赵王,田儋自立为齐王,韩广自立为燕王,魏咎自立为魏王也。 考证 梁玉绳曰:赵为王在元年八月,燕、魏在九月,与沛、项并起。此并叙于二年,非也。又考《陈涉世家》及《魏豹传》,魏咎之立,出于周市,非若燕赵诸人之自立也。

③ 集解 文颖曰:泗川今沛郡也,高祖更名沛。秦时御史监郡,若今刺史。

平,名也。[索隐]如淳云:秦并天下为三十六郡,置守、尉、监,故此有监平,下有守壮,则平、壮,皆名也。[考证]《汉地理志》,泗川作泗水。钱大昕曰:《曹参世家》、樊哙、周昌传,俱作泗水。而《汉高纪》亦作泗川。颜师古曰:泗川郡,川字或为水。其实一也。王先谦曰:郡有定名,无两作者,川、水隶写相似而讹耳。

④ [集解]如淳曰:壮,名也。戚,音将毒反。[索隐]晋灼云:"东海县也。"郑德、包恺并如字读。李登音千笠反。[正义]《括地志》云:"沂州临沂县有汉戚县故城。"《地理志》云:"临沂县属东海郡。"[考证]《索隐》《正义》以戚为东海郡戚县。以地理考之,与沛郡相去甚远。壮兵败走,未必能至。胡三省以为沛郡广戚。王先谦以为砀郡辕戚。亦未知孰是。张文虎曰:《索隐》千笠反,当作千竺反。[新注]戚,秦县名。在今山东微山。

⑤ [索隐]颜师古云"得,司马之名",非也。按,后云"左司马曹无伤",自此已下,更不见替易处,盖是左司马无伤,得泗川守壮而杀之耳。[考证]《汉书》无泗川守壮四字。颜师古因有此说。《史》《汉》不同,宜依文作解。周寿昌曰:沛公此时左司马尚有孔聚、陈贺、唐厉,不止曹无伤一人。《功臣表》可证。王鸣盛曰:秦泗川守不言姓,似守不当言姓矣。然下文三川守李由,则言姓;南阳守齮则又不言姓。高武侯鳃、襄侯王陵,鳃不言姓,王陵则言姓。皆是随便言之,并无义例。又如《项羽纪》中,会稽守通。注引《楚汉春秋》是殷通。如此之类,不言姓者甚多,皆随便言之。若曰史失其传,亦非也。[新注]按,孔聚当作孔藂。颜说为臆测。然此左司马应该是曹无伤,因此功为不得泯灭者,而曹无伤又实为有罪不得显名者,故军功作此处理。另外,曹无伤之左司马当为吕泽部下。沛公体系无此职务。

⑥ [集解]郑德曰:亢音人相亢答,父音甫。属任城郡。[索隐]旧音刚。刘伯庄、包恺,并同,音苦浪反。[正义]音刚,又苦浪反。《括地志》云:亢父,县也,沛公屯军于此也。[考证]亢父,山东济宁州西南。

⑦ [考证]《汉书高纪》无"周市来攻方与,未战,陈王使"十一字。梁玉绳曰:余有丁云:此一周市也,书法如此,疑误。《史诠》谓是两周市,故下加魏人以别之。《汉书》作魏人周市略地丰沛,无周市来攻以下十一字,或以为衍者,皆非

也。赵太常云:未战二字,乃不了语。沛公因闻丰反,遂引兵去方与,而往攻丰也。陈王使魏人周市略地九字,当移在周市来攻方与之上,则文顺而明矣。

⑧ [集解]文颖曰:梁惠王孙假,为秦所灭,转东徙于丰,故曰"丰,梁徙"。

⑨ [集解]服虔曰:"雅,故也。"苏林曰:"雅,素也。"

高帝纪 秦二年十月,沛公攻胡陵、方与,还守丰。秦泗川监平将兵围丰。二日,出与战,破之。令雍齿守丰。十一月,沛公引兵之薛。秦泗川守壮兵败于薛,走至戚,沛公左司马得杀之。沛公还军亢父,至方与。赵王武臣为其将所杀。十二月,楚王陈涉为其御庄贾所杀。魏人周市略地丰、沛,使人谓雍齿曰:"丰,故梁徙也。今魏地已定者数十城,齿今下魏,魏以齿为侯守丰;不下,且屠丰。"雍齿雅不欲属沛公,及魏招之,即反为魏守丰。沛公攻丰,不能取。沛公还之沛,怨雍齿与丰子弟畔之。

相关史料 (二世二年十月 陈胜)诛葛婴。 (田)儋之起,杀狄令自王。(沛公)击胡陵方与,破秦监军。(二世二年十一月) 周文死。 李良杀武臣,张耳、陈馀走。赵王歇始。 (沛公)杀泗水守,拔薛西。周市东略地丰沛间。齐赵共立周市。市不肯,曰必立魏咎云。(二世二年十二月) 陈涉死。([考证]各本有五字:武臣此见杀。当衍。今阙。) 雍齿叛沛公,以丰降魏。沛公还攻丰不能下。 (魏)咎自陈归立。《秦楚之际月表》。

二年冬,陈涉所遣周章等,将西至戏。兵数十万。二世大惊,与群臣谋曰:"奈何?"少府章邯曰:"盗已至众疆。今发近县不及矣。郦山徒多。请赦之,授兵以击之。"二世乃大赦天下,使章邯将。击破周章军而走。遂杀章曹阳。《秦始皇本纪》。

于是楚戍卒陈胜、吴广等乃作乱,起于山东,杰俊相立,自置为侯王叛秦。兵至鸿门而卻。《李斯列传》。

葛婴至东城。立襄彊为楚王。婴后闻陈王已立,因杀襄彊,还报至陈。陈王诛杀葛婴。陈王令魏人周市北徇魏地。吴广围荥阳。李由为三川守,守荥阳。吴叔弗能下。陈王徵国之豪杰与计。以上蔡人房君蔡赐为上柱国。周文,陈之贤人也。尝为项燕军视日,事春申君。自言习兵。陈王与之将军印,西击秦。行收兵至关。车千乘,卒数十万。至戏军焉。秦令少府章邯免郦山徒人、奴产子生,悉发以击楚大军,尽败之。周文败走出关,止次曹阳二三月。章邯追败之,复走次渑池十余日。章邯击大破之。周文自刭。军遂不战。武臣到邯郸,自立为赵王。陈馀为大将军,张耳、召骚为左右丞相。陈王怒,捕系武臣等家室欲诛之。柱国曰:"秦未亡,而诛赵王将相家属,此生一秦也。不如因而立之。"陈王乃遣使者贺赵,而徙系武臣等家属宫中,而封其子张敖为成都君,趣赵兵,亟入关。赵王将相相与谋曰:"王王赵,非楚意也。楚已诛秦,必加兵于赵。计莫如毋西兵,使使北徇燕地以自广也。赵南据大河,北有燕、代,楚虽胜秦,不敢制赵。若楚不胜秦,必重赵。赵乘秦之弊,可以得志于天下。"赵王以为然,因不西兵,而遣故上谷卒史韩广,将兵北徇燕地。燕故贵人豪杰,谓韩广曰:"楚已立王。赵又已立王。燕虽小,亦万乘之国也。愿将军立为燕王。"韩广曰:"广母在赵。不可。"燕人曰:"赵方西忧秦,南忧楚,其力不能禁我。且以楚之彊,不敢害赵王将相之家。赵独安敢害将军之家?"韩广以为然,乃自立为燕王。居数月,赵奉燕王母及家属归之燕。当此之时,诸将之徇地者,不可胜数。　将军田臧等相与谋曰:"周章军已破矣。秦兵旦暮至,我围荥阳,城弗能下,秦军至,必大败。不如少遣兵,足以守荥阳,悉精兵迎秦军。今假王骄,不知兵权。不可与计。非诛之,事恐败。"因相与矫王令,以诛吴叔,献其首于陈王。陈王使使赐田臧楚令尹印,使为上将。田臧乃使诸将李归等守荥阳城,自以精兵西迎秦军于敖仓,与战。田臧死,军破。章邯进兵,击李归等荥阳下破之。李归等死。阳城人邓说,将兵居郯。章邯别将击破之。邓说军散走陈。铚人伍徐,将兵居许。章邯击破之。伍徐军皆散走陈。陈王诛邓说。

　　章邯已破伍徐,击陈。柱国房君死。章邯又进兵,击陈西张贺军。陈王出监战。军破。张贺死。腊月,陈王之汝阴。还至下城父。其御庄贾杀以降秦。陈胜葬砀。谥曰隐王。陈王故涓人将军吕臣,为仓头军,起新阳,攻陈,下之,杀庄贾,复以陈为楚。初,陈王至陈,令铚人宋留将兵定南阳,入武关。留已徇南阳。闻陈王死,南阳复为秦。宋留不能入武关。乃东至新蔡,遇秦军。宋留以军降秦。秦传留至咸阳,车裂留以徇。　秦左右校复攻陈,下之。吕将军走。收兵复聚。鄱盗当阳君黥布之兵相收,复击秦左右校,破之青波,复以陈为楚。会项梁立怀王孙心为楚王。陈胜王凡六月。已为王,王陈。其故人尝与佣耕者闻之,之陈扣宫门曰:"吾欲见涉。"宫门令欲缚之。自辩数。乃置。

不肯为通。陈王出。遮道而呼涉。陈王闻之,乃召见,载与俱归。入宫见殿屋帷帐。客曰:"夥颐!涉之为王。沈沈者!"楚人谓多为夥。故天下传之,夥涉为王。由陈涉始。客出入愈益发舒,言陈王故情。或说陈王曰:"客愚无知,颛妄言轻威。"陈王斩之。诸陈王故人,皆自引去。由是无亲陈王者。陈王以朱房为中正,胡武为司过,主司群臣。诸将徇地,至令之不是者,系而罪之,以苛察为忠。其所不善者,弗下吏,辄自治之。陈王信用之。诸将以其故不亲附。此其所以败也。陈胜虽已死,其所置遣侯王将相,竟亡秦,由涉首事也。高祖时,为陈涉置守冢三十家砀。至今血食。褚先生曰:地形险阻,所以为固也。兵革刑法,所以为治也。犹未足恃也。夫先王以仁义为本,而以固塞文法为枝叶。岂不然哉？吾闻贾生之称曰:秦孝公据殽、函之固,拥雍州之地,君臣固守,以窥周室,有席卷天下,包举宇内,囊括四海之意,并吞八荒之心。当是时也,商君佐之,内立法度,务耕织,修守战之备,外连衡而斗诸侯。于是,秦人拱手而取西河之外。孝公既没,惠文王、武王、昭王,蒙故业因遗策,南取汉中,西举巴、蜀,东割膏腴之地,收要害之郡。诸侯恐惧,会盟而谋弱秦,不爱珍器重宝肥饶之地,以致天下之士,合从缔交,相与为一。当此之时,齐有孟尝,赵有平原,楚有春申,魏有信陵。此四君者,皆明智而忠信,宽厚而爱人,尊贤而重士,约从连衡,兼韩、魏、燕、赵、宋、卫、中山之众。于是,六国之士,有宁越、徐尚、苏秦、杜赫之属,为之谋,齐明、周最、陈轸、邵滑、楼缓、翟景、苏厉、乐毅之徒,通其意,吴起、孙膑、带他、兒良、王廖、田忌、廉颇、赵奢之伦,制其兵,尝以十倍之地,百万之师,仰关而攻秦。秦人开关而延敌,九国之师,遁逃而不敢进。秦无亡矢遗镞之费,而天下固已困矣。于是从散约败,争割地而赂秦。秦有余力而制其弊,追亡逐北,伏尸百万,流血飘橹,因利乘便,宰割天下,分裂河山,彊国请服,弱国入朝。施及孝文王、庄襄王,享国之日浅,国家无事。及至始皇,奋六世之余烈,振长策而御宇内,吞二周而亡诸侯,履至尊而制六合,执敲朴以鞭笞天下,威振四海。南取百越之地,以为桂林、象郡。百越之君,俛首系颈,委命下吏。乃使蒙恬北筑长城而守藩篱,却匈奴七百余里。胡人不敢南下而牧马。士亦不敢贯弓而报怨。于是废先王之道,燔百家之言,以愚黔首;隳名城,杀豪俊,收天下之兵,聚之咸阳,销锋镝,铸以为金人十二,以弱天下之民;然后践华为城,因河为池,据亿丈之城、临不测之谿,以为固。良将劲弩,守要害之处;信臣精卒,陈利兵而谁何。天下已定,始皇之心,自以为关中之固,金城千里，子孙帝王万世之业也。始皇既没，余威振于殊俗。然而陈涉，瓮牖绳枢之子，甿隶之人，而迁徙之徒也。材能不及中人。非有仲尼、墨翟之贤，陶朱、猗顿之富也。蹑足行伍之间，俛仰仟佰之中，率罢散之卒，将数百之众，转而攻秦，斩木为兵，揭竿为旗，天下云会响应，赢粮而景从。山东豪俊遂并起，而亡秦族矣。且天下非小弱也。雍州之地，殽、函之固，自若也。陈涉之位，非尊于齐、楚、燕、赵、韩、魏、宋、卫、中山之君也。且耰、棘、矜，非銛于句、戟、长鎩也。適戍之众，非俦于九国之师也。深谋远虑，行军用兵之道，非及乡时之士也。然而成败异变，功业相反。尝试使山东之国，与陈涉度长絜大，比权量力，则不可同年而语矣。然而秦以区区之地，致万乘之势，招八州而朝同列，百有余年矣。然后以六合为家，殽、函为宫，一夫作难，而七庙堕，身死人手，为天下笑者，何也？仁义不施，而攻守之势异也。《陈涉世家》。

（穀水）东迳安山北，即砀北山也。山有陈胜墓。秦乱首兵伐秦，弗终，厥谋，死葬于砀，谥曰隐王也。《水经注·获水》。

子慎生鲋。年五十七。为陈王涉博士。死于陈下。《孔子世家》。

陈胜、吴广，无立锥之地，千人之聚，起于大泽，奋臂大呼而天下响应，西至于戏，而兵百二十万。《淮南衡山列传》淮南王刘安语。

陈馀乃复说陈王曰："大王举梁、楚而西。务在入关。未及收河北也。臣尝游赵，知其豪桀及地形。愿请奇兵，北略赵地。"于是陈王以故所善陈人武臣为将军，邵骚为护军，以张耳、陈馀为左右校尉，予卒三千人，北略赵地。武臣等从白马渡河，至诸县，说其豪桀曰："秦为乱政虐刑，以残贼天下，数十年矣。北有长城之役，南有五岭之戍。外内骚动，百姓罢敝，头会箕敛，以供军费。财匮力尽，民不聊生。重之以苛法峻刑，使天下父子不相安。陈王奋臂，为天下倡，始王楚之地。方二千里，莫不响应。家自为怒，人自为斗，各报其怨而攻其仇，县杀其令丞，郡杀其守尉。今已张大楚王陈。使吴广、周文将卒百万西击秦。于此时而不成封侯之业者，非人豪也。诸君试相与计之。夫天下同心而苦秦久矣。因天下之力，而攻无道之君，报父兄之怨，而成割地有土之业。此士之一时也。"豪杰皆然其言。乃行收兵得数万人。号武臣为武信君，下赵十城。余皆城守，莫肯下。乃引兵东北击范阳。范阳人蒯通，说范阳令曰："窃闻公之将死，故吊。虽然，贺公得通而生。"范阳令曰："何以吊之？"对曰："秦法重。足下为范阳令十年矣。杀人之父，孤人之子，断人之足，黥人之首，不可胜数。然而慈父孝子,莫敢偟刃公之腹中者,畏秦法耳。今天下大乱,秦法不施。然则慈父孝子,且偟刃公之腹中以成其名。此臣之所以吊公也。今诸侯畔秦矣。武信君兵且至。而君坚守范阳。少年皆争杀君下武信君。君急遣臣见武信君,可转祸为福,在今矣。"范阳令乃使蒯通见武信君曰:"足下必将战胜然后略地,攻得然后下城。臣窃以为过矣。诚听臣之计,可不攻而降城,不战而略地,传檄而千里定。可乎?"武信君曰:"何谓也?"蒯通曰:"今范阳令宜整顿其士卒以守战者也。怯而畏死,贪而重富贵。故欲先天下降。畏君以为秦所置吏,诛杀如前十城也。然今范阳少年,亦方杀其令,自以城距君。君何不赍臣侯印,拜范阳令。范阳令则以城下君。少年亦不敢杀其令。令范阳令乘朱轮华毂,使驱驰燕、赵郊。燕赵郊见之,皆曰:'此范阳令先下者也。'即喜矣。燕、赵城可毋战而降也。此臣之所谓传檄而千里定者也。"武信君从其计,因使蒯通赐范阳令侯印。赵地闻之,不战以城下者三十余城。至邯郸。张耳、陈馀闻周章军入关,至戏却,又闻诸将为陈王徇地,多以谗毁得罪诛,怨陈王不用其策,不以为将,而以为校尉。乃说武臣曰:"陈王起蕲,至陈而王。非必立六国后。将军今以三千人下赵数十城,独介居河北。不王无以填之。且陈王听谗,还报,恐不脱于祸。又不如立其兄弟;不,即立赵后。将军毋失时。时间不容息。"武臣乃听之,遂立为赵王,以陈馀为大将军,张耳为右丞相,邵骚为左丞相,使人报陈王。陈王大怒,欲尽族武臣等家,而发兵击赵。陈王相国房君谏曰:"秦未亡,而诛武臣等家,此又生一秦也。不如因而贺之,使急引兵西击秦。"陈王然之,从其计,徙系武臣等家宫中,封张耳子敖为成都君。陈王使使者贺赵,令趣发兵西入关。张耳、陈馀说武臣曰:"王王赵,非楚意。特以计贺王。楚已灭秦,必加兵于赵。愿王毋西兵,北徇燕、代,南收河内,以自广赵。南据大河,北有燕、代,楚虽胜秦,必不敢制赵。"赵王以为然,因不西兵,而使韩广略燕,李良略常山,张黡略上党。韩广至燕。燕人因立广为燕王。赵王乃与张耳、陈馀北略地燕界。赵王间出,为燕军所得。燕将囚之,欲与分赵地半,乃归王。使者往。燕辄杀之,以求地。张耳、陈馀患之。有厮养卒,谢其舍中曰:"吾为公说燕,与赵王载归。"舍中皆笑曰:"使者往十余辈,辄死。若何以能得王?"乃走燕壁。燕将见之。问燕将曰:"知臣何欲?"燕将曰:"若欲得赵王耳。"曰:"君知张耳、陈馀何如人也?"燕将曰:"贤人也。"曰:"知其志何欲?"曰:"欲得其王耳。"赵养卒乃笑曰:"君未知此两人所欲也。夫武臣、张耳、陈馀,杖马箠下赵数十城。此亦各欲南面而王。岂欲为卿相终已邪？夫臣与主，岂可同日而道哉？顾其势初定，未敢参分而王。且以少长先立武臣为王，以持赵心。今赵地已服。此两人亦欲分赵而王。时未可耳。今君乃囚赵王。此两人名为求赵王，实欲燕杀之。此两人分赵自立。夫以一赵尚易燕。况以两贤王左提右挈，而责杀王之罪，灭燕易矣。"燕将以为然。乃归赵王。养卒为御而归。《张耳陈馀列传》。

田儋者，狄人也。故齐王田氏族也。儋从弟田荣，荣弟田横，皆豪，宗彊，能得人。陈涉之初起王楚也，使周市略定魏地。北至狄。狄城守。田儋详为缚其奴，从少年之廷，欲谒杀奴。见狄令，因击杀令，而召豪吏子弟曰："诸侯皆反秦自立。齐，古之建国。儋，田氏。当王。"遂自立为齐王。发兵以击周市。周市军还去。田儋因率兵东略定齐地。《田儋列传》。

魏豹者，故魏诸公子也。其兄咎，故魏时封为甯陵君。秦灭魏，迁咎为家人。陈胜之起王也，咎往从之。陈王使魏人周市徇魏地。魏地已下，欲相与立周市为魏王。周市曰："天下昏乱，忠臣乃见。今天下共畔秦。其义必立魏王后，乃可。"齐、赵使车各五十乘，立周市为魏王。市辞不受。迎魏咎于陈，五反。陈王乃遣立咎为魏王。《魏豹彭越列传》。

项籍者，下相人也。字羽，初起时，年二十四。其季父项梁。梁父，即楚将项燕。为秦将王翦所戮者也。项氏世世为楚将，封于项。故姓项氏。项籍少时学书不成。去学剑。又不成。项梁怒之。籍曰："书足以记名姓而已。剑一人敌，不足学。学万人敌。"于是项梁乃教籍兵法。籍大喜，略知其意。又不肯竟学。项梁尝有栎阳逮，乃请蕲狱掾曹咎书，抵栎阳狱掾司马欣以故事得已。项梁杀人。与籍避仇于吴中。吴中贤士大夫，皆出项梁下。每吴中有大繇役及丧，项梁常为主办。阴以兵法部勒宾客及子弟，以是知其能。秦始皇帝，游会稽，渡浙江。梁与籍俱观。籍曰："彼可取而代也。"梁掩其口曰："毋妄言。族矣。"梁以此奇籍。籍长八尺余，力能扛鼎，才气过人。虽吴中子弟，皆已惮籍矣。秦二世元年七月，陈涉等起大泽中。其九月，会稽守通谓梁曰："江西皆反。此亦天亡秦之时也。吾闻先即制人，后则为人所制。吾欲发兵使公及桓楚将。"是时桓楚亡在泽中。梁曰："桓楚亡，人莫知其处。独籍知之耳。"梁乃出诫籍，持剑居外待。梁复入，与守坐曰："请召籍使受命召桓楚。"守曰："诺。"梁召籍入。须臾梁眴籍曰："可行矣。"于是籍遂拔剑斩守头。项梁持守头佩其印绶。门下大惊扰乱。籍所击杀数十百人。一府中皆慴服。莫敢起。梁乃召故所知豪吏,谕以所为起大事。遂举吴中兵。使人收下县,得精兵八千人。梁部署吴中豪杰,为校尉候司马。有一人不得用。自言于梁。梁曰:"前时某丧。使公主某事。不能办。以此不任用公。"众乃皆伏。于是梁为会稽守,籍为裨将,徇下县。《项羽本纪》。

东下薛。击泗水守军薛郭西,复攻胡陵取之。徙守方与。方与反为魏。击之。丰反为魏。攻之。赐爵七大夫。《曹相国世家》。

方与反。与战,卻適攻丰。《绛侯周勃世家》。

(樊哙)复东定沛,破泗水守薛西。《樊郦滕灌列传》。

周昌者,沛人也。其从兄曰周苛。秦时皆为泗水卒史。及高祖起沛,击破泗水守监。于是周昌、周苛自卒史从沛公。沛公以周昌为职志,周苛为客。从入关破秦。《张丞相列传》。

(平棘侯执)以客从起亢父。(东武侯郭蒙)以户卫起薛。属悼武王。(汾阴侯周昌)初起以职志击破秦。(柳丘侯戎赐)以连敖从起薛。(复阳侯陈胥)以卒从起薛。(朝阳侯华寄)以舍人从起薛。(彭侯秦同)以卒从起薛。《高祖功臣侯者年表》。

(煮枣端侯革朱)以越连敖从起薛。别以越将入汉击诸侯。《高惠高后文功臣表》。

沛公怨雍齿与丰子弟叛之①。闻东阳甯君秦嘉立景驹为假王在留,乃往从之,欲请兵以攻丰②。是时秦将章邯,从陈别将司马㦷,将兵北定楚地③。屠相至砀④。东阳甯君、沛公,引兵西,与战萧西。不利⑤。还收兵聚留,引兵攻砀⑥。三日,乃取砀。因收砀兵得五六千人,攻下邑拔之⑦。还军丰⑧。闻项梁在薛,从骑百余往见之⑨。项梁益沛公卒五千人,五大夫将十人⑩。沛公还,引兵攻丰⑪。

① 考证 秘阁本,叛作畔。下同。

② ⌜集解⌝文颖曰:"秦嘉,东阳郡人也,为甯县君。"瓒曰:"《陈胜传》曰'广陵人秦嘉',然则嘉非东阳人也。秦嘉初起兵于郯,号曰大司马,又不为甯县君。东阳甯君自一人,秦嘉又自一人。"⌜索隐⌝臣瓒以为二人。按,下文直云"东阳甯君",又别言"秦嘉",明臣瓒之说为得。颜师古以甯是姓,君者,时人号曰君耳。韦昭云:"留,今彭城留县也。"⌜正义⌝《括地志》云:留城,在徐州沛县东南五十里,即张良所封处。

③ ⌜集解⌝如淳曰:从陈涉将也。涉在陈,其将相别在他许,皆称陈。尸,章邯司马。⌜索隐⌝谓章邯从陈别将,将兵向他处,而遣司马尸将领兵士,北定楚地,故如淳云"尸,章邯司马"也。孔文祥亦曰"邯别遣尸屠相"。又一说云:"从,谓追逐之,言章邯讨逐陈别将,而司马尸别将兵北定楚。"亦通。⌜考证⌝周寿昌曰:尸,疑亦秦将,司马其姓,非官称。若章邯之司马。当以章邯冠于上。《樊哙传》,哙与司马尸战砀东,并无章邯事。梁玉绳曰:陈别将司马尸,与下文赵别将司马卬同一句法。愚按,尸,陈别将,梁说是。从,服从之从。

④ ⌜索隐⌝韦昭云:"相,沛县。"应劭曰:"砀,属梁国。"苏林音唐,又音宕。⌜正义⌝《括地志》云:故相城,在徐州符离县西北九十里。砀,在宋州东一百五十里。⌜考证⌝相,江苏宿州。砀,徐州砀山县。⌜新注⌝宿州、砀山,今属安徽。

⑤ ⌜索隐⌝韦昭云:萧,沛之县名,谓在萧县之西也。⌜考证⌝徐州萧县。⌜新注⌝萧县今属安徽。沛公等与秦军战萧西不利一说未必属实。根据曹参、樊哙的传记,沛公部在砀东是取得了胜利。砀东也就是萧西,此不利之"不",或许就是《项羽本纪》中当阳君渡河战少利之"少"之误。另外,秦将司马尼之名,《馆本考证》本有作司马尼、司马尸者,与中华书局点校本作司马尸有所不同。

⑥ ⌜考证⌝《汉书高纪》,引兵上,补二月二字。

⑦ ⌜索隐⌝韦昭云:"下邑,县名,属梁国。"按范晔云:得城为拔,是也。⌜考证⌝下邑,河南归德府下邑县。⌜新注⌝下邑,秦县。今安徽砀山县东。

⑧ ⌜考证⌝枫、三本,丰上有攻字。《汉书高纪》,作还击丰不下。⌜新注⌝此时丰还为雍齿占据,此举表明雍齿只占据了丰之要害位置,广大地区则可任由沛公

出入。

⑨ [集解]徐广曰：三月。[正义]今徐州滕县，故薛城也。[新注]滕县，今属山东。

⑩ [集解]苏林曰：五大夫，第九爵也。以五大夫为将，凡十人也。

⑪ [集解]徐广曰：表云"拔之，雍齿奔魏"。[考证]《汉书高纪》，与《月表》同。中井积德曰：此错脱耳。徐孚远曰：汉祖起事，欲以丰、沛为根本，丰反属魏，大势几失，故数借兵复之。及入关以后，则势力又在关中，而丰、沛非所须也。

[高帝纪] 正月，张耳等立赵后赵歇为赵王。东阳宁君秦嘉立景驹为楚王，在留。沛公往从之，道得张良，遂与俱见景驹，请兵以攻丰。时章邯从陈，别将司马尼将兵北定楚地，屠相，至砀。东阳宁君、沛公引兵西，与战萧西，不利，还收兵聚留。

二月，攻砀，三日拔之。收砀兵，得六千人，与故合九千人。三月，攻下邑，拔之。还击丰，不下。四月，项梁击杀景驹、秦嘉，止薛，沛公往见之。项梁益沛公卒五千人，五大夫将十人。沛公还，引兵攻丰，拔之。雍齿奔魏。

[相关史料] （二世二年端月）楚王景驹始，秦嘉立之。 （陈）涉将召平矫拜项梁为楚柱国，急西击秦。 赵王歇始。张耳、陈馀立之。（齐）让景驹以擅自王，不请我。 沛公闻景驹王在留，往从。与击秦军砀西。 章邯已破（陈）涉，围（魏）咎临济。（二世二年二月秦）嘉为上将军。 （项）梁渡江，陈婴、黥布皆属。 景驹使公孙庆让齐。诛庆。 （沛公）攻下砀，收得兵六千，与故凡九千人。（二世二年三月 沛公）攻拔下邑，遂击丰，丰不拔，闻项梁兵众，往请击丰。（二世二年四月 项）梁击杀景驹、秦嘉。遂入薛。兵十余万众。 沛公如薛见项梁。梁益沛公卒五千人，击丰，拔之。雍齿奔魏。（[考证]雍齿奔魏，各本入九月。今移。） 临济急，周市如齐楚请救。《秦楚之际月表》。

周市北徇地至狄。狄人田儋，杀狄令，自立为齐王，以齐反击周市。市军散。还至魏地，欲立魏后故宁陵君咎为魏王。时咎在陈王所。不得之魏。魏地已定，欲相与立周市为魏王。周市不肯。使者五反。陈王乃立宁陵君咎为魏王，遣之国。周市卒为相。 陈王初立时，陵人秦嘉、铚人董缗、符离人朱鸡石、取虑人郑布、徐人丁疾等皆特起，将兵围东海守庆于郯。陈王闻，乃使武平君畔为将军，监郯下军。秦嘉不受命。嘉自立为大司马，恶属武平君，告军吏曰："武平君年少，不知兵事。勿听。"因矫以王命，杀武平君畔。　秦嘉等闻陈王军破，出走。乃立景驹为楚王，引兵之方与，欲击秦军定陶下，使公孙庆使齐王，欲与并力俱进。齐王曰："闻陈王战败，不知其死生。楚安得不请而立王。"公孙庆曰："齐不请楚而立王。楚何故请齐而立王。且楚首事。当令于天下。"田儋诛杀公孙庆。《陈涉世家》。

臣闻天下之患，在于土崩，不在于瓦解。古今一也。何谓土崩？秦之末世是也。陈涉无千乘之尊，尺土之地，身非王公大人名族之后，无乡曲之誉，非有孔、墨、曾子之贤，陶朱、猗顿之富也。然起穷巷，奋棘矜，偏袒大呼，而天下从风。此其故何也？由民困而主不恤，下怨而上不知也。俗已乱，而政不修。此三者，陈涉之所以为资也。是之谓土崩。《平津侯主父列传》引徐乐语。

击秦司马尼军砀东，破之，取砀狐父、祁善置。又攻下邑以西至虞。击章邯车骑，攻爰戚及亢父，先登。《曹相国世家》。

击秦军砀东，还军留及萧。复攻砀破之，下下邑。先登。赐爵五大夫。攻蒙、虞，取之。击章邯车骑。殿。定魏地。攻爰戚、东缗。以往至栗。取之。攻齧桑。先登。《绛侯周勃世家》。

（樊哙）与司马尼战砀东，卻敌，斩首十五级。赐爵国大夫。（夏侯婴）从击秦军砀东。《樊郦滕灌列传》。

（留侯张良）以厩将从起下邳。（宣曲侯丁义）以卒从起留。（绛阳侯华无害）以越将从起留。（祝阿侯高邑）以客从起齧桑。《高祖功臣侯者年表》。

高祖既为沛公，景驹自立为楚王。高祖使（高祖次兄）仲与审食其留侍太上皇，（高祖弟）交与萧曹等俱从高祖见景驹。《楚元王传》。

秦将章邯围魏王咎于临济，急。魏王请救于齐。《田儋列传》。

李良已定常山，还报。赵王复使良略太原，至石邑。秦兵塞井陉，未能前。秦将诈称二世使人，遗李良书，不封。曰："良尝事我得显幸。良诚能反赵为秦，赦良罪，贵良。"良得书，疑不信。乃还之邯郸，益请兵。未至。道逢赵王姊出饮，从百余骑。李良望见以为王，伏谒道旁。王姊醉不知其将。使骑谢李良。李良素贵。起惭其从官。从官有一人曰："天下畔秦。能者先立。且赵王素出将军下。今女儿乃不为将军下车。请追杀之。"李良已得秦书，固欲反赵，未决。因此怒，遣人追杀王姊道中，乃遂将其兵袭邯郸。邯郸不知。竟杀武臣、邵骚。赵人多为张耳、陈馀耳目者。以故得脱出。收其兵得数万人。客有说张耳曰："两君羁旅，而欲附赵。难。独立赵后，扶以义，可就功。"乃求得赵歇，立为赵王。居信都。李良进兵击陈馀。陈馀败李良。李良走归章邯。《张耳陈馀列传》。注1

广陵人召平，于是为陈王徇广陵。未能下。闻陈王败走，秦兵又且至，乃渡江矫陈王命，拜（项）梁为楚王上柱国。曰："江东已定。急引兵西击秦。"项梁乃以八千人，渡江而西。闻陈婴已下东阳，使使欲与连和俱西。陈婴者，故东阳令史。居县中素信谨。称为长者。东阳少年，杀其令相，聚数千人，欲置长。无适用。乃请陈婴。婴谢不能。遂彊立婴为长。县中从者，得二万人。少年欲立婴便为王，异军苍头特起。陈婴母谓婴曰："自我为汝家妇，未尝闻汝先古之有贵者。今暴得大名不祥。不如有所属。事成犹得封侯。事败易以亡。非世所指名也。"婴乃不敢为王。谓其军吏曰："项氏世世将家，有名于楚。今欲举大事，将非其人不可。我倚名族，亡秦必矣。"于是众从其言，以兵属项梁。项梁渡淮。黥布、蒲将军亦以兵属焉。凡六七万人。军下邳。当是时秦嘉已立景驹为楚王，军彭城东。欲距项梁。项梁谓军吏曰："陈王先首事，战不利。未闻所在。注2 今秦嘉倍陈王而立景驹。大逆无道。"乃进兵击秦嘉。秦嘉军败走。追之至胡陵。嘉还战。一日嘉死，军降。景驹走死梁地。项梁已并秦嘉军，军胡陵，将引军而西。章邯军至栗。项梁使别将朱鸡石、馀樊君与战。馀樊君死，朱鸡石军败，亡走胡陵。项梁乃引兵入薛，诛鸡石。《项羽本纪》。

从项梁月余，项羽已拔襄城还①。项梁尽召别将居薛。闻陈王定死，因立楚后怀王孙心为楚王，治盱台②。项梁号武信君。居数月北攻亢父，救东阿，破秦军③。齐军归。楚独追北④，使沛公、项羽别攻城阳，屠之，军濮阳之东，与秦军战，破之⑤。

① 索隐 韦昭云：颖川县。 正义 襄城，许州县。 考证 河南许州襄城县。
② 索隐 韦昭云：临淮县。音于夷。 正义 楚县也。 考证 安徽泗州盱眙县。

[新注]盱眙,秦县。今属江苏。另按,项梁至此方称闻陈王定死,是有意隐瞒事实的。黥布与吕臣曾共同作战,吕臣诛杀害死陈王之庄贾,则项梁知陈王死讯不得到六月才知。[项羽本纪考证]凌稚隆曰:范增劝项氏第一事,惟立楚怀王心。不知项世楚将,怀王立,则项当终其身为驱驰。增谓羽能堪之乎?必不能堪,将置怀王于何地?卒之羽弑怀王,而汉之灭羽,因始终以怀王为说。是怀王之立,反为汉地耳。盖怀王立,则羽不能不弑逆;羽弑逆,则羽不容不灭。然则项之所以失天下,非增劝立怀王一事误之耶?中井积德曰:范增之策,非大豪杰所为也。项梁锐意于成事,亦不暇于熟意,乃为增所误耳。凡豪杰崛起之初,未为众人所奉戴者,难于自尊,恐失众心故也。

③[索隐]韦昭云:东阿,东郡之县名。[正义]济州县也。[考证]梁玉绳曰:《月表》及《汉纪》,立怀王在六月,攻亢父在七月。中间只隔数十日,安得谓居数月乎?月当作日。愚按,东阿在山东泰安府东阿县。《汉书高纪》云:章邯围田荣于东阿,沛公与项梁共救田荣,大破章邯东阿,田荣归。沛公、项羽追北至城阳。[新注]东阿,秦县。在今山东阳谷东北阿城镇。

④[集解]服虔曰:师败曰北。

⑤[索隐]按,城阳,《地理志》属济阴。濮阳,韦昭云:东郡之县名。[正义]濮阳故城,在濮州西八十六里,本汉濮阳县。[考证]濮阳,直隶大名府开州南。[新注]城阳,秦县,一作成阳。故治在今山东菏泽东北。濮阳,秦县。在今河南濮阳西南。另,《古今考》卷四:当是时,章邯方强;破杀魏王咎、齐王田儋于临济,围田荣于东阿。七月,沛公、项羽追北。章邯之战,未尝败也。至此始败。非刘项合势,不足以败之。

[高帝纪] 五月,项羽拔襄城还。项梁尽召别将。

六月,沛公如薛,与项梁共立楚怀王孙心为楚怀王。章邯破杀魏王咎、齐王田儋于临济。七月,大霖雨。沛公攻亢父。章邯围田荣于东阿。沛公与项梁共救田荣,大破章邯东阿。田荣归,沛公、项羽追北,至城阳,攻屠其城。军濮阳东,复与章邯战,又破之。

相关史料 （二世二年六月）楚怀王始。都盱台。（项）立之。 （项）梁求楚怀王孙,得之民间。立为楚王。 （田）儋救临济,章邯杀田儋,（田）荣走东阿。 沛公如薛,共立楚怀王。 （魏王）咎自杀。临济降秦。 韩王成始。（二世二年七月楚）陈婴为柱国。 天大雨,三月不见星。 齐立田假为王,秦急围东阿。 沛公与项羽北救东阿,破秦军濮阳,东屠城阳。 （魏）咎弟豹走东阿。（**考证**考《豹传》,东阿当作楚。）《秦楚之际月表》。

项梁前使项羽别攻襄城。襄城坚守不下。已拔,皆阬之。还报项梁。项梁闻陈王定死,召诸别将,会薛计事。此时沛公亦起沛往焉。居鄛人范增,年七十。素居家好奇计。往说项梁曰:"陈胜败固当。夫秦灭六国。楚最无罪。自怀王入秦不反,楚人怜之至今。故楚南公曰:'楚虽三户,亡秦必楚也。'今陈胜首事。不立楚后而自立。其势不长。今君起江东。楚蠭午之将皆争附君者,以君世世楚将,为能复立楚之后也。"于是项梁然其言,乃求楚怀王孙心,民间为人牧羊,立以为楚怀王。从民所望也。陈婴为上柱国,封五县。与怀王都盱台。项梁自号为武信君。居数月,引兵攻亢父,与齐田荣、司马龙且军救东阿,大破秦军于东阿。田荣即引兵归。逐其王假。假亡走楚。假相田角亡走赵。角弟田间故齐将。居赵不敢归。田荣立田儋子市为齐王。项梁已破东阿下军,遂追秦军,数使使趣齐兵,欲与俱西。田荣曰:"楚杀田假,赵杀田角、田间,乃发兵。"项梁曰:"田假为与国之王。穷来从我,不忍杀之。"赵亦不杀田角、田间,以市于齐。齐遂不肯发兵助楚。项梁使沛公及项羽,别攻城阳。屠之。西破秦军濮阳东。秦兵收入濮阳。《项羽本纪》。

章邯已破陈王,乃进兵击魏王于临济。魏王乃使周市出请救于齐、楚。齐、楚遣项它、田巴,将兵随市救魏。章邯遂击破杀周市等军,围临济。咎为其民约降。约定。咎自烧杀。魏豹亡走楚。《魏豹彭越列传》。

齐王田儋将兵救魏。章邯夜衔枚,击大破齐、魏军,杀田儋于临济下。儋弟田荣,收儋余兵,东走东阿。齐人闻王田儋死,乃立故齐王建之弟田假为齐王,田角为相,田间为将,以距诸侯。田荣之走东阿,章邯追围之。项梁闻田荣之急,乃引兵击破章邯军东阿下。章邯走而西。项梁因追之。而田荣怒齐之立假,乃引兵归,击逐齐王假。假亡走楚。齐相角亡走赵。角弟田间,前求救赵。因留不敢归。田荣乃立田儋子市为齐王。荣相之,田横为将,平齐地。项梁既追章邯。章邯兵益盛。项梁使使告赵、齐,发兵共击章邯。田荣曰:"使楚杀田假,赵杀田角、田间,乃肯出兵。"楚怀王曰:"田假与国之王,穷而归我。杀之不义。"赵亦不杀田角、田间以市于齐。齐曰:"蝮蛰手则斩手,蛰足则斩足。何者为害于身也?今田假、田角、田间于楚、赵,非直手足戚也。何故不杀?且秦复得志于天下,则龂龂用事者坟墓矣。"楚、赵不听。齐亦怒,终不肯出兵。《田儋列传》。

章邯既杀齐王田儋于临菑,田假复自立为齐王。《陈胜项籍传》。

迁为五大夫,北救阿,击章邯军陷阵,追至濮阳,攻定陶,取临济。《曹相国世家》。

击秦军阿下破之,追至濮阳,下甄城。《绛侯周勃世家》。

(樊哙)常从沛公,击章邯军濮阳,攻城先登,斩首二十三级。赐爵列大夫。复常从。从攻城阳,先登。 (夏侯婴)从击秦军砀东,攻济阳,下户牖,破李由军雍丘下,以兵车趣攻战疾,赐爵执帛,常以太仆奉车。《樊郦滕灌列传》。

秦军复振,守濮阳环水①。楚军去而攻定陶。定陶未下②。沛公与项羽西略地,至雍丘之下,与秦军战,大破之,斩李由③。还攻外黄。外黄未下④。

① 集解 李奇曰:"振,整也。"如淳曰:"振,起也。收败卒自振迅而复起也。"文颖曰:"决水以自环守为固也。"张晏曰:"依河水以自环绕作垒。" 正义 按,二说皆通。其濮阳县北临黄河,言秦军北阻黄河,南凿沟,引黄河水环绕作壁垒为固,楚军乃去。

② 索隐 按,《地理志》济阴之县也。 考证 山东曹州定陶县。

③ 索隐 韦昭云:雍丘,故杞国,今陈留之县。 考证 河南开封府杞县。由,秦三川守,李斯长子。 新注 沛公、项羽斩李由事,当时以为大事,然李由之战死,似乎又不是在三川守的岗位上。根据谭其骧先生的地理区划,雍丘不属于三川郡,当时属于砀郡。李由可能因为没能有效地阻挡楚兵西进,受弹劾而被贬斥到雍丘的。《李斯列传》称章邯等破吴广等兵使人验三川与敌通状。则李由之出三川到雍丘,或为受贬。陈胜败后,三川无战事,而砀郡战事频

仍。从日后秦将杨熊因战败被秦二世斩首一事来看,对李由的处罚,如果确有处罚的话,因为李斯的关系,还是轻的。李由之死与李斯之论罪似有一定关系,因李斯极有可能是此年七月与丞相去疾、将军劫一并论罪的。而李由即死于八月,或因失去朝中后台,被贬黜至雍丘一带。又因其时间较短,其具体委任已难得其详,故军功上仍以其为三川守。另,今人陈直《汉书新证》曰:"封泥考略卷四,二十七页有'参川尉印'封泥,三川为秦三十六郡之一,但封泥三川作参川。"

④ 索隐 韦昭云:上陈留县。 正义 在雍丘东。 新注 秦县。在今河南开封东南陈留。

高帝纪 章邯复振,守濮阳,环水。沛公、项羽去攻定陶。八月,田荣立田儋子市为齐王。定陶未下,沛公与项羽西略地至雍丘,与秦军战,大败之,斩三川守李由。还攻外黄,外黄未下。

相关史料 (二世二年八月 项)救东阿,破秦军,乘胜到定陶。项梁有骄色。 楚救(田)荣,得解,归,逐田假,立儋子市为齐王。始。 沛公与项羽西略地,斩三川守李由于雍丘。《秦楚之际月表》。

(二世二年)诛丞相斯、去疾,将军冯劫。《六国年表》。注3

三年,章邯等将其卒围钜鹿。楚上将军项羽,将楚卒往救钜鹿。冬,赵高为丞相,竟案李斯杀之。《秦始皇本纪》。

沛公、项羽乃攻定陶。定陶未下。去西略地至雍丘。大破秦军,斩李由。还攻外黄。外黄未下。《项羽本纪》。

南救雍丘,击李由军破之,杀李由,虏秦侯一人。《曹相国世家》。

攻都关、定陶,袭取宛朐,得单父令。夜袭取临济,攻张,以前至卷破之。击李由军雍丘下,攻开封,先至城下,为多。《绛侯周勃世家》。

(樊哙)下户牖,破李由军,斩首十六级。赐上间爵。 (夏侯婴)从击秦军砀东,攻济阳,下户牖,破李由军雍丘下,以兵车趣攻战疾,赐爵执帛。《樊郦滕灌列传》。

信武侯靳歙,以中涓从,起宛朐。攻济阳。破李由军。《傅靳蒯成列传》。

（博成侯冯无择）攻雍丘。《惠景间侯者年表》。

赵高说二世曰："先帝临制天下久。故群臣不敢为非进邪说。今陛下富于春秋，初即位。奈何与公卿廷决事？事即有误，示群臣短也。天子称朕，固不闻声。"于是二世常居禁中，与高决诸事。其后公卿希得朝见。盗贼益多。而关中卒发东击盗者毋已。右丞相去疾、左丞相斯、将军冯劫进谏曰："关东群盗并起，秦发兵诛击，所杀亡甚众。然犹不止。盗多，皆以戍漕转作事苦，赋税大也。请且止阿房宫作者，减省四边戍转。"二世曰："吾闻之韩子。曰：'尧舜采椽不刮，茅茨不剪，饭土塯啜土形。虽监门之养，不觳于此。禹凿龙门，通大夏，决河亭水放之海，身自持筑臿，胫毋毛，臣虏之劳，不烈于此矣。'凡所为贵有天下者，得肆意极欲，主重明法，下不敢为非，以制御海内矣。夫虞夏之主，贵为天子，亲处穷苦之实，以徇百姓。尚何于法？朕尊万乘，毋其实。吾欲造千乘之驾，万乘之属，充吾号名。且先帝起诸侯兼天下。天下已定，外攘四夷，以安边竟，作宫室以章得意。而君观先帝功业有绪。今朕即位二年之间，群盗并起，君不能禁。又欲罢先帝之所为。是上毋以报先帝，次不为朕尽忠力。何以在位？"下去疾、斯、劫吏，案责他罪。去疾、劫曰："将相不辱。"自杀。斯卒囚，就五刑。《秦始皇本纪》。

斯长男由，为三川守，诸男皆尚秦公主，女悉嫁秦诸公子。三川守李由，告归咸阳。李斯置酒于家，百官长皆前为寿。门廷车骑以千数。李斯喟然而叹曰："嗟乎！吾闻之荀卿。曰：物禁太盛。夫斯乃上蔡布衣，闾巷之黔首。上不知其驽下，遂擢至此。当今人臣之位，无居臣上者，可谓富贵极矣。物极则衰。吾未知所税驾也。" 李斯子由为三川守，群盗吴广等西略地，过去弗能禁。章邯已破逐广等兵，使者覆案三川相属，诮让斯居三公位，如何令盗如此。 初，赵高为郎中令，所杀及报私怨众多。恐大臣入朝奏事毁恶之，乃说二世曰："天子所以贵者，但以闻声，群臣莫得见其面。故号曰'朕'。且陛下富于春秋。未必尽通诸事，今坐朝廷，遣举有不当者，则见短于大臣，非所以示神明于天下也。且陛下深拱禁中，与臣及侍中习法者待事。事来，有以揆之。如此，则大臣不敢奏疑事，天下称圣主矣。"二世用其计，乃不坐朝廷见大臣。居禁中。赵高常侍中用事，事皆决于赵高。高闻李斯以为言，乃见丞相曰："关东群盗多。今上急益发繇治阿房宫，聚狗马无用之物。臣欲谏。为位贱。此真君侯之事。君何不谏？"李斯曰："固也。吾欲言之久矣。今时上不坐朝廷，上居深宫。吾有所言者，不可传也。欲见无间。"赵高谓曰："君诚能谏，请为君侯上间语君。"于是赵高待二世方燕乐，妇女居前，使人告丞相曰："上方间。可奏事。"丞相至宫门上谒。如此者三。二世怒曰："吾尝多间日，丞相不来。吾方燕私，丞相辄来请事。丞相岂少我哉？且固我哉？"赵高因曰："如此殆矣。夫沙丘之谋，丞相与焉。今陛下已立为帝，而丞相贵不益。此其意亦望裂地而王矣。且陛下不问臣，臣不敢言。丞相长男李由为三川守。楚盗陈胜等，皆丞相傍县之子，以故楚盗公行，过三川，城守不肯击。高闻其文书相往来，未得其审。故未敢以闻。且丞相居外，权重于陛下。"二世以为然，欲案丞相，恐其不审，乃使人案验三川守与盗通状。李斯闻之。是时二世在甘泉，方作觳抵优俳之观。李斯不得见。因上书言赵高之短曰："臣闻之，臣疑其君，无不危国。妾疑其夫，无不危家。今有大臣于陛下。擅利擅害，与陛下无异。此甚不便。昔者司城子罕相宋。身行刑罚，以威行之。期年遂劫其君。田常为简公臣，爵列无敌于国，私家之富，与公家均。布惠施德，下得百姓，上得群臣，阴取齐国，杀宰予于庭，即弑简公于朝，遂有齐国。此天下所明知也。今高有邪佚之志，危反之行。如子罕相宋也。私家之富，若田氏之于齐也。兼行田常、子罕之逆道，而劫陛下之威信。其志若韩玘为韩安相也，陛下不图。臣恐其为变也。"二世曰："何哉？夫高故宦人也。然不为安肆志，不以危易心，絜行修善，自使至此。以忠得进，以信守位。朕实贤之。而君疑之，何也？且朕少失先人，无所识知，不习治民。而君又老。恐与天下绝矣。朕非属赵君，当谁任哉？且赵君为人精廉彊力，下知人情，上能适朕。君其勿疑。"李斯曰："不然。夫高，故贱人也，无识于理，贪欲无厌，求利不止，列势次主，求欲无穷，臣故曰：殆。"二世已前信赵高，恐李斯杀之，乃私告赵高。高曰："丞相所患者独高。高已死，丞相即欲为田常所为。"于是二世曰："其以李斯属郎中。"令赵高案治李斯。李斯拘执束缚，居囹圄中，仰天而叹曰："嗟乎，悲夫！不道之君，何可为计哉？昔者桀杀关龙逢，纣杀王子比干，吴王夫差杀伍子胥。此三臣者，岂不忠哉？然而不免于死。身死而所忠者非也。今吾智不及三子，而二世之无道，过于桀、纣、夫差。吾以忠死，宜矣。且二世之治，岂不乱哉？日者夷其兄弟而自立也，杀忠臣而贵贱人，作为阿房之宫，赋敛天下。吾非不谏也。而不吾听也。凡古圣王，饮食有节，车器有数，宫室有度。出令造事，加费而无益于民利者禁。故能长久治安。今行逆于昆弟，不顾其咎。侵杀忠臣，不思其殃。大为宫室，厚赋天下，不爱其费。三者已行,天下不听。今反者已有天下之半矣。而心尚未寤也,而以赵高为佐。吾必见寇至咸阳,麋鹿游于朝也。"于是二世乃使高案丞相狱治罪,责斯与子由谋反状。皆收捕宗族宾客。赵高治斯,榜掠千余。不胜痛,自诬服。斯所以不死者,自负其辩有功,实无反心,幸得上书自陈,幸二世之寤而赦之。李斯乃从狱中上书曰:"臣为丞相,治民三十余年矣。逮秦地之陕隘。先王之时,秦地不过千里,兵数十万。臣尽薄材,谨秦法令,阴行谋臣,资之金玉,使游说诸侯,阴修甲兵,饰政教,官斗士,尊功臣,盛其爵禄。故终以胁韩弱魏,破燕、赵,夷齐、楚,卒兼六国,虏其王,立秦为天子。罪一矣。地非不广。又北逐胡、貉,南定百越,以见秦之彊。罪二矣。尊大臣,盛其爵位,以固其亲。罪三矣。立社稷,修宗庙,以明主之贤。罪四矣。更剋画,平斗斛,度量文章,布之天下,以树秦之名。罪五矣。治驰道,兴游观,以见主之得意。罪六矣。缓刑罚,薄赋敛,以遂主得众之心,万民戴主,死而不忘。罪七矣。若斯之为臣者,罪足以死固久矣。上幸尽其能力,乃得至今。愿陛下察之。"书上。赵高使吏弃去,不奏,曰:"囚安得上书?"赵高使其客十余辈诈为御史、谒者、侍中,更往复讯斯。斯更以其实对。辄使人复榜之。后二世使人验斯。斯以为如前。终不敢更言,辞服。奏当上。二世喜曰:"微赵君,几为丞相所卖。"及二世所使案三川之守。至则项梁已击杀之。使者来。会丞相下吏。赵高皆妄为反辞。二世二年七月,具斯五刑,论腰斩咸阳市。斯出狱,与其中子俱执。顾谓其中子曰:"吾欲与若复牵黄犬,俱出上蔡东门,逐狡兔,岂可得乎?"遂父子相哭,而夷三族。《李斯列传》。

项梁再破秦军,有骄色。宋义谏,不听①。秦益章邯兵,夜衔枚击项梁,大破之定陶。项梁死②。沛公与项羽方攻陈留。闻项梁死,引兵与吕将军俱东。吕臣军彭城东,项羽军彭城西,沛公军砀③。

① 索隐 荀悦《汉纪》云"故楚令尹宋义",当别有所出也。

② 集解《周礼》有衔枚氏。郑玄曰:"衔枚,止言语嚻謹也。枚状如箸,横衔之,繣结于项者。"繣音获。

③ 考证 《汉书》吕将军,作将军吕臣。彭城,江苏徐州铜山县。

相关史料 （二世二年九月楚）徙都彭城。章邯破杀项梁于定陶。　章邯破杀项梁于定陶。项羽恐。还军彭城。　田假走楚。楚趋齐救赵。田荣以假故不肯。谓楚杀假乃出兵。项羽怒田荣。　沛公闻项梁死。还军从怀王。军于砀。　魏豹自立为魏王。都平阳。始。《秦楚之际月表》。注4

二世益遣长史司马欣、董翳,佐章邯击盗。杀陈胜城父,破项梁定陶,灭魏咎临济。《秦始皇本纪》。

项梁起东阿西北至定陶,再破秦军。项羽等又斩李由,益轻秦,有骄色。宋义乃谏项梁曰:"战胜而将骄卒惰者败。今卒少惰矣,秦兵日益。臣为君畏之。"项梁弗听。乃使宋义使于齐。道遇齐使者高陵君显。曰:"公将见武信君乎?"曰:"然。"曰:"臣论武信君军必败。公徐行即免死。疾行则及祸。"秦果悉起兵益章邯。击楚军大破之定陶。项梁死。沛公、项羽,去外黄攻陈留。陈留坚守不能下。沛公、项羽相与谋曰:"今项梁军破,士卒恐。"乃与吕臣军俱引兵而东。吕臣军彭城东,项羽军彭城西,沛公军砀。《项羽本纪》。

后章邯破杀项梁。沛公与项羽引兵东如砀。自初起沛,还至砀,一岁二月。《绛侯周勃世家》。

章邯果败杀项梁,破楚兵。楚兵东走。而章邯渡河围赵于钜鹿。项羽往救赵。由此怨田荣。《田儋列传》。

颍阴侯灌婴者,睢阳贩缯者也。高祖之为沛公,略地至雍丘下。章邯败杀项梁。而沛公还军于砀。婴初以中涓从。《樊郦滕灌列传》。注5

（颍阴侯灌婴）以中涓从起砀。（汾阳侯靳彊）以郎中骑千人,前二年从起阳夏。《高祖功臣侯者年表》。

章邯已破项梁军,则以为楚地兵不足忧。乃渡河北击赵,大破之。当是之时,赵歇为王,秦将王离围之钜鹿城。此所谓河北之军也①。

① 索隐 歇,苏林音如字。郑德音"遏绝"之"遏"。徐广音乌辖反。今依字

读之也。考证 钜鹿，直隶顺德府平乡县。所谓河北之军，又见《项羽纪》。新注《项羽本纪考证》引冈白驹曰："当时有此成语。"有关河北之军，清人郭嵩焘《史记札记》之《项羽本纪》称："其云河北之军者，陈馀北收常山一军，张敖北收代一军，及燕、齐兵皆在钜鹿北，项羽独军漳南，与秦兵相拒。以为此即河北之军。"然司马迁数致意于此说，且在项羽等出师之前，尚无漳南之军，此河北之军似不当指陈馀部。当指赵地的军事形势。或有鉴于此，郭在《高祖本纪》又云："此云秦将王离围之钜鹿城，此所谓河北之军也，又似据秦军言之。疑必当时以河南、北俱有战事，故析言之。史公引旧言并载之《高祖本纪》也。"其说与本整理相通。

相关史料 楚地盗名将已死。章邯乃北渡河，击赵王歇等于钜鹿。《秦始皇本纪》。

章邯已破项梁军。则以为楚地兵不足忧。乃渡河击赵，大破之。当此时赵歇为王，陈馀为将，张耳为相。皆走入钜鹿城。章邯令王离、涉閒围钜鹿，章邯军其南，筑甬道而输之粟。陈馀为将，将卒数万人，而军钜鹿之北。此所谓河北之军也。《项羽本纪》。注6

章邯引兵至邯郸，皆徙其民河内，夷其城郭。张耳与赵王歇，走入钜鹿城。王离围之。陈馀北收常山兵，得数万人。军钜鹿北。章邯军钜鹿南棘原，筑甬道属河，饷王离。王离兵食多。急攻钜鹿。钜鹿城中食尽兵少。张耳数使人召前陈馀。陈馀自度兵少，不敌秦，不敢前数月。《张耳陈馀列传》。注7

秦三年

秦二世三年①，楚怀王见项梁军破，恐，徙盱台都彭城②。并吕臣、项羽军，自将之。以沛公为砀郡长③，封为武安侯，将砀郡兵，封项羽为长安侯，号为鲁公，吕臣为司徒，其父吕青为令尹④。

① 考证 梁玉绳曰：此当在后文沛公引兵西遇彭越昌邑句上，误书于此。新注 这样的笔法也符合司马迁追述某事的手法。

② 考证 古钞本、枫、三本，徙作从。《汉书》作自。义同。当依订。新注 刘、项二本纪均以楚怀王徙都为"怀王恐"，实则其从远离战线的盱台，前往贴近战线的彭城，与"恐"无涉。此恐的记录或者是日后项羽抹杀楚怀王之功而造的舆论。

③ 正义 《括地志》云："宋州本秦砀郡。"苏林云："长如郡守。"韦昭云："秦名曰守，是时改曰长。"新注 按，楚怀王以沛公为砀郡长事，或提示其籍贯丰属砀郡而非泗水郡。

④ 索隐 按表，青，封信阳侯。正义 应劭云："天子曰师尹，诸侯曰令尹。时去六国近，故置令尹。"瓒曰："诸侯之卿，唯楚称令尹，其余国不称。时立楚之后，故置官司皆如楚旧也。"考证 令尹，瓒说是。新注 吕臣之父吕青无功，楚怀王以为令尹，或可笼络住吕臣。吕臣是陈胜时期的老将，吕臣之归顺，有利于巩固承陈胜而来的法统。此举也可以看作为是对剥夺吕臣军权的补偿。吕青后降汉，受封为新阳侯。日后，刘邦为汉王封吕后父吕公为侯，亦是对吕泽在反秦战事中的功劳的补偿。《水经注·洧水》对其封地有考证。降汉之前为楚左令尹，则项羽对吕臣父子也较倚重。

相关史料 楚兵已破于定陶。怀王恐从盱台之彭城，并项羽、吕臣军自将之。以吕臣为司徒，以其父吕青为令尹。以沛公为砀郡长。封为武安侯，将砀郡兵。《项羽本纪》。

秦将章邯破杀项梁也，沛公与项羽引而东。楚怀王以沛公为砀郡长，将砀郡兵。于是乃封参为执帛，号曰建成君。迁为戚公，属砀郡。《曹相国世家》。

楚怀王封沛公号安武侯，为砀郡长。沛公拜勃为虎贲令。《绛侯周勃世家》。

楚怀王予魏豹数千人，复徇魏地。《魏豹彭越列传》。

魏王咎之弟豹复收众自立为魏王。楚怀王都彭城，约诸侯曰，先入咸阳者王之。《汉纪》卷一。

赵数请救。怀王乃以宋义为上将军，项羽为次将，范增为末将，北救赵。令沛公西略地入关。与诸将约，先入定关中者王之①。

① 索隐 韦昭云："函谷、武关也。"又《三辅旧事》云："西以散关为界，东以函谷为界，二关之中谓之关中。" 新注 先入定关中者王之，即关中之约，是针对所有人的。后世误以为是对沛公的倾斜，不实。

相关史料 （二世二年后九月　楚怀王）拜宋义为上将军。　怀王封项羽于鲁，为次将，属宋义，北救赵。　秦军围（赵）歇钜鹿。陈馀出救兵。（考证出上脱不字。）　怀王封沛公为武安侯，将砀郡兵西。约先至咸阳王之。《秦楚之际月表》。

初，宋义所遇齐使者高陵君显在楚军，见楚王。曰："宋义论武信君之军必败。居数日，军果败。兵未战而先见败徵。此可谓知兵矣。"王召宋义与计事，而大说之。因置以为上将军。项羽为鲁公为次将。范增为末将救赵。诸别将皆属宋义。号为卿子冠军。《项羽本纪》。

当是时秦兵彊，常乘胜逐北。诸将莫利先入关。独项羽怨秦破项梁军，奋愿与沛公西入关①。怀王诸老将皆曰："项羽为人僄悍猾贼②。项羽尝攻襄城。襄城无遗类，皆阬之，诸所过无不残灭③。且楚数进取④。前陈王、项梁皆败。不如更遣长者，扶义而西，告谕秦父兄矣⑤。秦父兄苦其主久矣。今诚得长者，往毋侵暴，宜可下。今项羽僄悍，今不可遣⑥。独沛公素宽大长者。可遣。"卒不许项羽，而遣沛公。西略地，收陈王、项梁散卒，乃道砀至成阳⑦，与杠里秦军夹壁，破魏二军⑧，楚军出兵，击王离大破之⑨。注1

① 索隐 韦昭云:奋,愤激也。考证 秘阁本,奋下有怒字。

② 索隐《说文》云:"僄,疾也。悍,勇也。"一云:"僄,轻也。"僄,音匹妙反。猾贼,《汉书》作祸贼也。考证 王念孙曰:猾,黠恶也。《酷吏传》"宁成猾贼任威"是也。猾贼与僄悍义相承。祸贼则非其义矣。愚按,怀王之立也,楚亡臣来归者必众,所谓诸老将是也。使怀王并吕臣、项羽军,以宋义为上将军,遣沛公入关者,概皆此等老将所为。新注《史记札记》卷一:所为与诸侯约者,通词也。齐、魏、韩、赵、燕皆已立王,皆得入关击秦,沛公故从项梁,怀王所能遣者独沛公耳。项羽北击赵,沛公西击秦,亦为牵制秦军之计。关东诸侯并起,而秦地关、河阻塞固无恙,其势犹强。沛公于是时兵力最弱,非能敌秦者,而乘赵高之乱一举而入咸阳,此天也,非人之所能为也。项羽之战章邯,事之至急者也,沛公以一军击秦,又人知其难也。是时项梁始死,怀王至彭城并吕臣、项羽军自将之,项羽凶暴之名未甚著也。史公事后追为之辞,以明楚、汉所以存亡,仁暴之分而已。又曰:其初遣救赵者,势也,亦项羽之所乐为也;追闻高祖西定咸阳,而忮心生焉,因追以为怨,亦人情之应然者也。史公因以附之怀王诸老将之谋,则非事实矣。

③ 集解 徐广曰:"遗,一作噍。噍,食也,音在妙反。"骃案,如淳曰:"类无复有活而噍食者也。青州俗言无子遗为无噍类。"正义 言项羽曾攻襄城。襄城之人,无问大小,尽杀之,无复遗余种类,皆坑之。《汉书》噍类,即依古义。

④ 集解 如淳曰:楚,谓陈涉也。数进,多所攻取。考证 颜师古曰:楚者,总言楚兵。陈涉、项梁皆是。

⑤ 集解《汉书音义》曰:陈王,陈涉也。正义 遣长者扶持仁义而西,告谕秦长少令降下也。考证 颜师古曰:扶,助也。以仁义助也。扶字或作杖,杖亦倚任之义。新注《两汉笔记》卷一:汤伐夏曰:与尔有众请命;武王伐商曰:元后作民父母。此万世君人之大法,吊民伐罪之深旨。秦为无道,群雄并逐,徯后来苏。此其时也。如避水火,益深益热,乌在其为民父母哉?愚观项羽,盗贼之雄耳。凡其失人心处,全在残忍。沛公脱秦民于水火者也,凡其得人心处,全在宽大。独遣长者扶义而西,而不许项羽,非怀王之贤不至是。然亦当时亲被苦祸与秦民同在水火之中,故其推择权量的当如是。向使从羽之请与

沛公俱遣，慓悍猾贼，如虎狼之求逞，必闷闷不快于长者之事，而卿子冠军之剑且转而之沛公矣。其祸可胜言乎？沛公入关，秦民大喜，而汉氏四百年之祚卒定于此日有以也。

⑥ 集解 徐广曰：一无今字。

⑦ 集解 《汉书音义》曰：道由砀也。考证 道，由也。新注 至此方为秦二世三年事。

⑧ 集解 《汉书音义》曰：成阳、杠里，二县名。索隐 成阳，在济阴，韦昭云"在颍川"，非也。服虔云："杠里，县名。"如淳云："秦军所别屯地名也。"考证 《方舆纪要》云：杠里，在成阳西。《汉书》魏作其。陈仁锡曰：监本与杠里属上句。误也。时秦军屯杠里，汉军与之对垒，故曰夹壁。破魏之魏，当作秦。愚按，陈说略得之。魏当从《汉书》作其。魏其音近而讹。成阳、杠里，山东曹州府濮州。新注 沛公为砀郡长，魏亦其管辖范围，亦不能排除略地时与魏军有所冲突。破魏与破王离是两回事。

⑨ 集解 徐广曰：表云三年十月，攻破东郡尉及王离军于成武南。考证 陈仁锡曰：此时王离围赵钜鹿在河北。沛公军杠里在河南。何由出兵相击。则破王离为项羽明矣。《汉书》削此十字。梁玉绳曰：方叙沛公入关，不应忽入楚军。十字当衍。新注 沛公攻破东郡尉及王离军于成武南事，并非误记，曹参、周勃的传记均有记载。樊哙传记河间守军。估计这部分秦军确实是隶属于王离。估计王离在赵地的战绩乏善可陈，故有部分军队南下寻找立功的机会，因此与沛公的北上先头部队交手。考据另见本年附注1。

高帝纪 项梁再破秦军，有骄色。宋义谏，不听。秦益章邯兵。九月，章邯夜衔枚击项梁定陶，大破之，杀项梁。时连雨自七月至九月。沛公、项羽方攻陈留，闻梁死，士卒恐，乃与将军吕臣引兵而东，徙怀王自盱台都彭城。吕臣军彭城东，项羽军彭城西，沛公军砀。魏咎弟豹自立为魏王。后九月，怀王并吕臣、项羽军自将之。以沛公为砀郡长，封武安侯，将砀郡兵。以羽为鲁公，封长安侯。吕臣为司徒，其父吕青为令尹。

章邯已破项梁，以为楚地兵不足忧，乃渡河北击赵王歇，大破之。歇保钜鹿城，秦将王离围之。赵数请救，怀王乃以宋义为上将，项羽为次将，范增为末将，北救赵。

初，怀王与诸将约，先入定关中者王之。当是时，秦兵强，常乘胜逐北，诸将莫利先入关。独羽怨秦破项梁，奋势，愿与沛公西入关。怀王诸老将皆曰："项羽为人僄悍祸贼，尝攻襄城，襄城无噍类，所过无不残灭。且楚数进取，前陈王、项梁皆败，不如更遣长者扶义而西，告谕秦父兄。秦父兄苦其主久矣，今诚得长者往，毋侵暴，宜可下。项羽不可遣，独沛公素宽大长者。"卒不许羽，而遣沛公西收陈王、项梁散卒。乃道砀至城阳与杠里，攻秦军壁，破其二军。

秦三年十月，齐将田都畔田荣，将兵助项羽救赵。沛公攻破东郡尉于成武。

十一月，项羽杀宋义，并其兵渡河，自立为上将军，诸将黥布等皆属。

十二月，沛公引兵至栗，遇刚武侯，夺其军四千余人，并之，与魏将皇欣、武满军合攻秦军破之。故齐王建孙田安下济北，从项羽救赵。羽大破秦军钜鹿下，虏王离，走章邯。

相关史料 （二世三年十月）章邯破邯郸，徙其民于河内。 齐将田都叛（田）荣，往助项羽救赵。 （沛公）攻破东郡尉及王离军于成武南。 （燕）使将臧荼救赵。（二世三年十一月，楚怀王）拜（项）籍上将军。 （项）羽矫杀宋义。将其兵渡河救钜鹿。（二世三年十二月）（项羽）大破秦军钜鹿下。诸侯将皆属项羽。 （赵）楚救至，秦围解。 故齐王建孙田安下济北，从项羽救赵。 （沛公）救赵至栗。得皇䜣、武蒲军，与秦军战破之。（魏）豹救赵。（二世三年端月　楚）虏秦将王离。 张耳怒，陈馀弃将印去。（**考证**各本衍项羽、田荣分齐为二国。今删。）《秦楚之际月表》。

其后从攻东郡尉军，破之成武南，击王离军成阳南，复攻之杠里，大破之。《曹相国世家》。

以令从沛公，定魏地，攻东郡尉于城武破之。击王离军破之。《绛侯周勃世家》。

（樊哙）从攻围东郡守尉于成武，却敌，斩首十四级，捕虏十一人，赐爵五大夫。从击秦军，出亳南。河间守军于杠里，破之。 （灌婴）击破东郡尉于成武，及秦军于杠里，疾斗。赐爵七大夫。《樊郦滕灌列传》。

（东武侯郭蒙　属悼武王）破秦军杠里。（高胡侯陈乞夫）以卒从起杠里。《高祖功臣侯者年表》。

沛公引兵，西遇彭越昌邑①。因与俱攻秦军。战不利。还至栗②。遇刚武侯，夺其军可四千余人并之③。与魏将皇欣、魏申徒武蒲之军④，并攻昌邑。昌邑未拔⑤。西过高阳⑥。郦食其谓监门曰⑦："诸将过此者多。吾视沛公大人长者。"乃求见说沛公。沛公方踞床，使两女子洗足。郦生不拜，长揖⑧。曰："足下必欲诛无道秦，不宜踞见长者。"于是沛公起，摄衣谢之，延上坐。食其说沛公袭陈留，得秦积粟⑨。乃以郦食其为广野君⑩。郦商为将⑪，将陈留兵，与偕攻开封⑫。开封未拔。西与秦将杨熊战白马⑬，又战曲遇东，大破之⑭。杨熊走之荥阳⑮。二世使使者斩以徇⑯。南攻颍阳屠之。因张良遂略韩地轘辕⑰。

①　[正义]《地理志》云：昌邑县属山阳。《括地志》云：在曹州成武县东北三十二里，有梁丘故城是也。[考证]昌邑，山东济宁州金乡县。

②　[索隐]韦昭云：县名，属沛。[考证]栗，河南归德府夏邑县。[新注]《月表》"救赵至栗"。救赵与至栗没有联系，但救赵二字却透露出沛公从属于宋义这一事实。楚上将军宋义可全权支配楚的全部武装力量，或沛公部至栗一事是楚国的全盘部署之一。其时，项羽已杀宋义，则此时楚上将军为项羽。沛公部为援赵楚军开辟通道，则项羽北上与沛公南下击栗或能一遇。大概以为沛公与救赵无涉，中华书局本的《月表》中删除了救赵二字，属臆改。

③　[集解]应劭曰："楚怀王将也。"《汉书音义》曰："《功臣表》云棘蒲刚侯陈武。武，一姓柴。'刚武侯'宜为'刚侯武'，魏将也。"瓒曰："《功臣表》柴武以将军起薛，别救东阿，至霸上，入汉中，非怀王将也，又非魏将也，例未称谥。"[正义]颜师古云："史失其名姓，唯识其爵号，不知谁也，不当改为'刚侯武'。应

氏以为怀王将,又云魏将,无据矣。"表六年三月封。孟、颜二人说是。

④ [正义]并魏将也。欣字或作"䜣",音许斤反。蒲,《汉书》作"满",并通也。[考证]齐召南曰:乐平侯卫无择以队卒从高祖起沛,属皇䜣。当即此皇欣。愚按,满、蒲不相通,必有一是。[新注]《功臣表》乐平侯属皇䜣,非高䜣。另,沛公并魏将之军,与并刚武侯军同。表明沛公此时取得了对盟国友军的处置权,亦表明魏与楚的从属关系。

⑤ [考证]梁玉绳曰:《月表》,秦三年十二月,沛公至栗,得皇欣、武蒲军,与秦战破之。二月,得彭越军昌邑。又《汉纪》十二月,沛公引兵至栗,遇刚武侯夺其军,与魏将皇欣、武满,合攻秦军,破之。二月,从砀北攻昌邑,遇彭越,越助攻昌邑,未下。然则先遇刚武,后遇彭越也。先至栗,后至昌邑也。先合兵破秦军,后攻昌邑未拔也。乃此谓遇彭越在遇刚武之前,误一。斯时无与秦战不利之事,误二。遇彭越昌邑,因与攻秦,不利还栗,似未曾夺刚武合魏将,而已攻昌邑,至后攻而未拔,为复攻昌邑,误三。以与彭越为攻秦,以夺刚武合魏将为攻昌邑,误四。准义验文,当云"秦二世三年,沛公引兵至栗,遇刚武侯,夺其军,可四千余人,并之。与魏将皇欣、魏申徒武蒲之军,俱攻秦军战破之。遂西,遇彭越昌邑,因与并攻昌邑,昌邑未拔"。[新注]栗(夏邑)与彭城东西平齐,"还至栗"的"还"字用得准确。表明沛公完成实现了战略意图,此举有回师休整意。另,昌邑一地,不当两次战斗。沛公还栗后,即当击陈留。

⑥ [集解]文颖曰:"聚邑名也,属陈留圉县。"瓒曰:"《陈留传》曰,在雍丘西南。"[考证]高阳,河南开封府杞县。

⑦ [集解]郑德曰:郦食其,音历异基。[考证]《汉书》作为里监门。与《郦生传》"为监门吏"合。秘阁本、古钞、枫、三本,无谓里监门三字。

⑧ [考证]秘阁本、枫山、三条本,不重沛公二字。枫、三本,无两字。秘阁本无足字。颜师古曰:长揖者,手自上而极下。

⑨ [集解]《汉书音义》曰:《春秋传》曰:轻行无钟鼓曰袭。[考证]秘阁本,无沛公二字。

⑩ [索隐]韦昭云:在山阳。[新注]广野,在今河南焦作东南。

⑪ 考证 《汉书》作其弟商。

⑫ 索隐 韦昭云：河南县。 考证 河南开封府祥符县南。

⑬ 索隐 韦昭云：东郡县。 正义 《括地志》云："白马故城在滑州卫南县西南二十四里。戴延之《西征记》云：白马城，故卫之漕邑。" 考证 河南卫辉府滑县东。

⑭ 索隐 徐广云：曲逆，在中牟。韦昭云"志不载"。司马彪《郡国志》中牟有曲遇聚也。 考证 开封府中牟县。

⑮ 索隐 韦昭云：故卫地，河南县也。 考证 荥阳，开封府荥泽县西南。

⑯ 集解 徐广曰：四月。

⑰ 集解 文颖曰："河南新郑南至颍川南北，皆韩地也。以良累世相韩，故因之。"瓒曰："轘辕，险道名，在缑氏东南。" 索隐 按，《十三州志》云河南缑氏县，以山为名。一云，轘辕凡九十二曲，是险道也。 考证 颍阳，河南许州西南。轘辕，河南偃师县东南。中井积德曰：《汉书》无轘辕二字。此疑衍。

高帝纪 二月，沛公从砀北攻昌邑，遇彭越。越助攻昌邑，未下。沛公西过高阳，郦食其为里监门，曰："诸将过此者多，吾视沛公大度。"乃求见沛公。沛公方踞床，使两女子洗。郦生不拜，长揖曰："足下必欲诛无道秦，不宜踞见长者。"于是沛公起，摄衣谢之，延上坐。食其说沛公袭陈留。沛公以为广野君，以其弟商为将，将陈留兵。

三月，攻开封，未拔。西与秦将杨熊会战白马，又战曲遇东，大破之。杨熊走之荥阳，二世使使斩之以徇。四月，南攻颍川，屠之。因张良遂略韩地。

相关史料 （二世三年二月　项羽）攻破章邯。章邯军却。（沛公）得彭越军昌邑。袭陈留，用郦食其策，军得积粟。（二世三年三月　沛公）攻开封，破秦将杨熊，熊走荥阳，秦斩熊以徇。（二世三年四月）楚急攻章邯，章邯恐，使长史欣归秦请兵，赵高让之。（沛公）攻颍阳，略韩地，北绝河津。（二世三年五月　楚怀王二年一月 考证 此表诸侯皆计月而不分年。而楚怀王独以年纪,以别于诸侯。) 赵高欲诛(长史)欣,欣恐,亡走告章邯,谋叛秦。《秦楚之际月表》。

彭越者,昌邑人也。字仲。常渔钜野泽中,为群盗。陈胜、项梁之起,少年或谓越曰:"诸豪桀相立畔秦。仲可以来亦效之。"彭越曰:"两龙方斗。且待之。"居岁余,泽间少年相聚百余人,往从彭越曰:"请仲为长。"越谢曰:"臣不愿与诸君。"少年彊请。乃许。与期旦日日出会。后期者斩。旦日日出。十余人后。后者至日中。于是越谢曰:"臣老。诸君彊以为长。今期而多后。不可尽诛。诛最后者一人。"令校长斩之。皆笑曰:"何至是？请后不敢。"于是越乃引一人斩之,设坛祭。乃令徒属。徒属皆大惊畏越,莫敢仰视。乃行略地,收诸侯散卒,得千余人。沛公之从砀北击昌邑,彭越助之。昌邑未下。沛公引兵西。彭越亦将其众居钜野中,收魏散卒。《魏豹彭越列传》。

(柏至侯许温)以骈怜从起昌邑,以说卫入汉。《高祖功臣侯者年表》。

郦生食其者,陈留高阳人也。好读书。家贫落魄,无以为衣食业。为里监门吏。然县中贤豪不敢役。县中皆谓之狂生。及陈胜、项梁等起,诸将徇地过高阳者数十人。郦生问其将。皆握龊好苛礼自用,不能听大度之言。郦生乃深自藏匿。后闻沛公将兵略地陈留郊。沛公麾下骑士,适郦生里中子也。沛公时时问邑中贤士豪俊。骑士归。郦生见谓之曰:"吾闻沛公慢而易人,多大略。此真吾所愿从游。莫为我先。若见沛公,谓曰:'臣里中有郦生。年六十余,长八尺。人皆谓之狂生。生自谓我非狂生。'"骑士曰:"沛公不好儒。诸客冠儒冠来者,沛公辄解其冠,溲溺其中。与人言,常大骂,未可以儒生说也。"郦生曰:"弟言之。"骑士从容言,如郦生所诫者。沛公至高阳传舍,使人召郦生。郦生至,入谒。沛公方倨床,使两女子洗足,而见郦生。郦生入。则长揖不拜。曰:"足下欲助秦攻诸侯乎？且欲率诸侯破秦也？"沛公骂曰:"竖儒！夫天下同苦秦久矣。故诸侯相率而攻秦。何谓助秦攻诸侯乎？"郦生曰:"必聚徒合义兵诛无道秦。不宜倨见长者。"于是沛公辍洗,起摄衣,延郦生上坐谢之。郦生因言六国从横时。沛公喜,赐郦生食。问曰:"计将安出？"郦生曰:"足下起纠合之众,收散乱之兵,不满万人,欲以径入彊秦。此所谓探虎口者也。夫陈留,天下之冲,四通五达之郊也。今其城又多积粟。臣善其令。请得使之,令下足下。即不听,足下举兵攻之。臣为内应。"于是遣郦生行,沛公引兵随之,遂下陈留。号郦食其为广野君。郦生言其弟郦商，使将数千人从沛公，西南略地。　初，沛公引兵过陈留。郦生踵军门上谒曰："高阳贱民郦食其，窃闻沛公暴露，将兵助楚讨不义，敬劳从者。愿得望见，口画天下便事。"使者入通。沛公方洗。问使者曰："何如人也？"使者对曰："状貌类大儒，衣儒衣冠侧注。"沛公曰："为我谢之，言我方以天下为事，未暇见儒人也。"使者出谢曰："沛公敬谢先生。方以天下为事。未暇见儒人也。"郦生瞋目案剑，叱使者曰："走复入言沛公。吾高阳酒徒也。非儒人也。"使者惧而失谒。跪拾谒还走，复入报曰："客天下壮士也。叱臣。臣恐，至失谒。曰'走复入，言而公高阳酒徒也'。"沛公遽雪足杖矛曰："延客入。"郦生入揖沛公曰："足下甚苦，暴衣露冠，将兵助楚讨不义。足下何不自喜也？臣愿以事见。而曰'吾方以天下为事。未暇见儒人也'。夫足下欲兴天下之大事，而成天下之大功，而以目皮相。恐失天下之能士。且吾度足下之智不如吾。勇又不如吾。若欲就天下而不相见。窃为足下失之。"沛公谢曰："乡者闻先生之容。今见先生之意矣。"乃延而坐之，问所以取天下者。郦生曰："夫足下欲成大功，不如止陈留。陈留者，天下之据冲也，兵之会地也。积粟数千万石。城守甚坚。臣素善其令。愿为足下说之。不听臣，臣请为足下杀之，而下陈留。足下将陈留之众，据陈留之城，而食其积粟，招天下之从兵。从兵已成，足下横行天下，莫能有害足下者矣。"沛公曰："敬闻命矣。"于是郦生乃夜见陈留令，说之曰："夫秦为无道，而天下畔之。今足下与天下从，则可以成大功。今独为亡秦婴城而坚守。臣窃为足下危之。"陈留令曰："秦法，至重也。不可以妄言。妄言者无类。吾不可以应。先生所以教臣者，非臣之意也。愿勿复道。"郦生留宿卧。夜半时斩陈留令首，逾城而下报沛公。沛公引兵攻城，县令首于长竿，以示城上人曰："趣下。而令头已断矣。今后下者必先斩之。"于是陈留人见令已死，遂相率而下沛公。沛公舍陈留南城门上。因其库兵，食积粟。留出入三月。从兵以万数。遂入破秦。太史公曰：世之传郦生书多。曰，汉王已拔三秦，东击项籍，而引军于巩、洛之间。郦生被儒衣往说汉王。乃非也。自沛公未入关，与项羽别而至高阳，得郦生兄弟。余读陆生《新语》书十二篇。固当世之辩士。至平原君子，与余善。是以得具论之。《郦生陆贾列传》。

曲周侯郦商者，高阳人。陈胜起时，商聚少年，东西略人得数千。沛公略地至陈留。六月余，商以将卒四千人，属沛公于岐。《樊郦滕灌列传》。

(安国侯王陵)以厩别将定东郡。(宁陵侯吕臣)以舍人从陈留以郎入汉。(阳都侯丁复)以赵将从起邺,至霸上。(东武侯郭蒙)破杨熊军曲遇。《高祖功臣侯者年表》。

追北西至开封,击赵贲军破之,围赵贲开封城中。西击秦将杨熊军于曲遇破之,虏秦司马及御史各一人。迁为执珪。《曹相国世家》。

(樊哙)击破赵贲军开封北,以卻敌先登,斩侯一人,首六十八级,捕虏二十七人,赐爵卿。从攻破杨熊军于曲遇。攻宛陵,先登,斩首八级,捕虏四十四人,赐爵封,号贤成君。 (夏侯婴)复常奉车。从击赵贲军开封、杨熊军曲遇,婴从捕虏六十八人,降卒八百五十人,得印一匮。 (灌婴)从攻秦军亳南、开封、曲遇,战疾力。赐爵执帛,号宣陵君。《樊郦滕灌列传》。

阳陵侯傅宽,以魏五大夫骑将。从为舍人,起横阳。从攻安阳、杠里,击赵贲军于开封,及击杨熊曲遇、阳武,斩首十二级,赐爵卿。 (靳歙)击秦军亳南、开封东北,斩骑千人将一人,首五十七级,捕虏七十三人,赐爵封号临平君。《傅靳蒯成列传》。

留侯张良者,其先韩人也。大父开地,相韩昭侯、宣惠王、襄哀王。父平,相釐王、悼惠王。悼惠王二十三年,平卒。卒二十岁,秦灭韩。良年少未宦事韩。韩破,良家僮三百人。弟死不葬。悉以家财求客,刺秦王,为韩报仇。以大父、父五世相韩故。良尝学礼淮阳。东见仓海君,得力士。为铁椎重百二十斤。秦皇帝东游,良与客狙,击秦皇帝博浪沙中。误中副车。秦皇帝大怒,大索天下,求贼甚急。为张良故也。良乃更名姓,亡匿下邳。良尝闲从容,步游下邳圯上。有一老父,衣褐至良所,直堕其履圯下。顾谓良曰:"孺子下取履。"良愕然欲殴之。为其老,彊忍,下取履。父曰:"履我。"良业为取履。因长跪履之。父以足受,笑而去。良殊大惊,随目之。父去里所,复还,曰:"孺子可教矣。后五日平明,与我会此。"良因怪之,跪曰:"诺。"五日平明良往。父已先在。怒曰:"与老人期,后何也?"去。曰:"后五日早会。"五日鸡鸣良往。父又先在。复怒曰:"后何也?"去。曰:"后五日复早来。"五日,良夜未半往。有顷,父亦来。喜曰:"当如是。"出一编书,曰:"读此则为王者师矣。后十年兴。十三年,孺子见我。济北谷城山下黄石,即我矣。"遂去无他言。不复见。旦日视其书,乃《太公兵法》也。良因异之,常习诵读之。居下邳为任侠。项伯常杀人,从良匿。后十年,陈涉等起兵。良亦聚少年百余人。景驹自立为楚假王在留。良欲往从之。道遇沛公。沛公将数千人，略地下邳西。遂属焉。沛公拜良为厩将。良数以《太公兵法》说沛公。沛公善之，常用其策。良为他人言。皆不省。良曰："沛公殆天授。"故遂从之。不去见景驹。注2 及沛公之薛见项梁，项梁立楚怀王。良乃说项梁曰："君已立楚后。而韩诸公子横阳君成贤。可立为王，益树党。"项梁使良求韩成，立以为韩王。以良为韩申徒。与韩王将千余人，西略韩地，得数城。秦辄复取之。往来为游兵颍川。沛公之从雒阳南出轘辕，良引兵从沛公，下韩十余城，击破杨熊军。沛公乃令韩王成留守阳翟。与良俱南攻下宛。《留侯世家》。注3

阳都敬侯丁复，以越将从起薛，至霸上，以楼烦将入汉。《高惠高后文功臣表》。注4

当是时，赵别将司马卬，方欲渡河入关。沛公乃北攻平阴①，绝河津，南战雒阳东，军不利。还至阳城②。收军中马骑，与南阳守齮③，战犨东破之④。略南阳郡。南阳守齮，走保城守宛⑤。沛公引兵过而西。张良谏曰："沛公虽欲急入关，秦兵尚众距险。今不下宛，宛从后击，彊秦在前。此危道也。"于是沛公乃夜引兵从他道还，更旗帜，黎明⑥，围宛城三匝⑦。南阳守欲自刭。其舍人陈恢曰："死未晚也。"⑧乃踰城见沛公曰："臣闻足下约先入咸阳者王之。今足下留守宛。宛，大郡之都也。连城数十，人民众，积蓄多。吏人自以为降必死。故皆坚守乘城⑨。今足下尽日止攻，士死伤者必多。引兵去宛，宛必随足下后。足下前则失咸阳之约，后又有彊宛之患。为足下计，莫若约降封其守，因使止守，引其甲卒与之西。诸城未下者，闻声争开门而待足下，通行无所累。"沛公曰："善。"⑩乃以宛守为殷侯⑪，封陈恢千户，引兵西。无不下者⑫。至丹水⑬，高武侯鰓⑭、襄侯王陵降西陵⑮。还攻胡阳⑯。遇番君别将梅销。与皆降析、郦⑰。遣魏人宁昌使秦。使者未来⑱。是时章邯已以军降项羽于赵矣。

① 集解《地理志》,河南有平阴县,今河阴是也。考证孟津县东。

② 正义今洛州,夏禹所都。考证颜师古曰:直渡曰绝。刘台拱曰:此与魏豹绝河津义同。欲先定关中,拒卬使不得渡。颜训直渡,谬。《汉书》不利下无还字,有从轘辕三字。阳城,河南府登封县东南。

③ 索隐音犠。许慎以为侧齧也。考证南阳,河南南阳府。钱大昭曰:齮,《汉纪》作吕齮。中井积德曰:齮是人名,注引《说文》何居。

④ 集解《地理志》,南阳有犨县。考证秘阁本,无破之二字。犨,河南汝州鲁山县东南。

⑤ 正义守,音狩。宛,于元反。《括地志》云:南阳县故城,在宛大城之南隅,其西南有二面,皆故宛城。考证秘阁本,略南阳郡,作破南阳之郡。宛,河南南阳府南阳县治。

⑥ 索隐音犁。黎犹比也,谓比至天明也。《汉书》作迟,音值。值,待也,谓待天明,皆言早意也。考证古钞本,兵,作军。与《御览》所引合。更,《御览》作张。《汉书》作偃,与下文《索隐》所引《楚汉春秋》合。黎明,《汉书》作迟明。服虔曰:欲天疾明也。文颖曰:迟,未明也。天未明之顷,已围其城矣。颜师古曰:此言转城事毕,然后天明。明迟于事,故曰迟明。王念孙曰:小司马说是也。黎迟,声相近,故《汉书》作迟。黎明迟明,皆谓比明也。此言高祖夜引军,还至宛城,比及天明,已围城三匝耳。黎亦作犁。《史记吕后纪》,帝晨出射,太后使人持酖饮赵王,犁孝惠还,赵王已死。徐广云:犁,犹比也。《汉书外戚传》,作迟帝还,赵王死。迟帝还,比帝还也。《史记南越传》,犁旦城中皆降伏波。犁一作比。《汉书》作迟。《史记卫将军传》,迟明行二百余里,一作黎明。《汉书》作会明,亦比及之意。

⑦ 索隐按,《楚汉春秋》曰:上南攻宛,匿旌旗,人衔枚,马束舌,鸡未鸣,围宛城三匝也。

⑧ [考证] 颜师古曰：舍人，亲近左右之通称也。后遂以为私属官号。

⑨ [索隐] 李奇曰："乘，守也。"韦昭曰："乘，登也。"

⑩ [集解] 徐广曰：七月也。

⑪ [索隐] 韦昭曰：在河内。[考证]《汉书》作七月南阳守齮降，封为殷侯。[新注] 据《曹相国世家》《樊郦滕灌列传》，南阳应该是攻克而不是劝降。说见本年附注5。

⑫ [考证] 张文虎曰：《御览》引，作无有不下者。

⑬ [索隐] 韦昭曰：在河内。[正义]《括地志》云："故丹城在邓州内乡县西南百三十里，南去丹水二百步。《汲冢纪年》云'后稷放帝子丹朱于丹水'是也。《舆地志》云：秦为丹水县也。《地理志》云：丹水县，属弘农郡。《抱朴子》云'丹水出丹鱼，先夏至十日，夜伺之，鱼浮水侧，光照如火，网而取之，割其血以涂足，可以步行水上，长居川中不溺'。"[考证] 河南南阳府淅川县。

⑭ [集解] 苏林曰："鳃，音鱼鳃之鳃。"晋灼曰："《功臣表》戚鳃也。"[考证] 颜师古曰：戚鳃初从即为郎，以都尉守蕲城，非至丹水乃降也。此自一人耳，不知其姓。

⑮ [集解] 韦昭曰："汉封王陵为安国侯，初起兵时在南阳，南阳有穰县，疑'襄'当为'穰'，而无'禾'，字省耳。今'邵公'或作'召'字，此类多矣。"瓒曰："时韩成封穰侯，江夏有襄，是陵所封。"[索隐] 按，王陵封安国侯，是定天下为丞相时封耳。此言襄侯，当如臣瓒解，盖初封江夏之襄也。[考证] 颜师古曰：王陵非安国侯者，此自一人耳。梁玉绳曰：下文云"因王陵兵南阳，以迎太公、吕后于沛"。《功臣表》云"以厩将别定东郡南阳"。《汉表》云："以自聚党定南阳。"陵本传云："自聚党数千人，居南阳。"又《张苍传》云："苍以客从攻南阳，坐法当斩，王陵见而怪其美士，乃自言沛公，赦勿斩。"合而证之，则此王陵即安国侯明矣。穰侯者，沛公初封之，或陵聚党时自称之，均未可知。[新注] 颜说是，梁说误。安国侯王陵为从入南阳，非自据南阳者。王陵当是同名同姓同时者。秦有冯无择，汉功臣亦有；陈胜部下有召平，汉初齐相亦名召平，故秦东陵侯亦名召平；陈胜部下有吕臣，汉功臣亦有；均表明同名同姓现象非止一端。则王陵

之同名同姓，不足为奇。另，《水经注·汝水》引司马彪《郡国志》曰：襄城有养阴里。京相璠曰，在襄城郏县西南。养，水名也。俗以是水为沙水，故为着名之为沙城，非也。又城处水之阳，而以阴为称，更用惑焉。但流杂间居，裂溉互移，致令川渠异容，津途改状，故物望疑焉。右会堇沟水。水出沛公垒西六十许步。盖汉祖入关往征，是由故城，擅斯目矣。

⑯ 集解 一云陵。 索隐 韦昭曰：南阳县。 考证 河南南阳府唐县南。

⑰ 集解 如淳曰：析，持益反。 索隐 邹诞生音锡。郦，音历。苏林、如淳音掷。析属弘农，郦属南阳，出《地理志》。而《左传》云：析一名白羽。颜师古云："析，今内乡县。郦，今菊潭县。" 考证 秘阁本、古钞本，皆作偕，与《汉书》合。苏林曰：番，音婆。豫章郡番阳县。韦昭曰：吴芮初为番令，故号曰番君。析、郦，河南南阳府内乡县。

⑱ 考证 《始皇本纪》云：沛公将数万人，已屠武关，使人私于赵高。盖斥此事也。说见《始皇纪》。 秦始皇本纪考证 《高纪》云，沛公降析郦遣魏人宁昌使秦。盖亦此事。俞樾曰：望夷之事，赵高固受计于沛公也。高本赵之疏属，《索隐》谓高痛其国为秦所灭，誓欲报仇，卒杀秦子孙，而亡其天下。未为无据。愚按，高祖虽智，岂得以一介之使能使赵高行望夷之事乎？俞说甚凿。又按，《高纪》沛公屠武关，在赵高弑二世之后。与此不同。《通鉴》从此纪。

高帝纪 时赵别将司马卬方欲渡河入关，沛公乃北攻平阴，绝河津。南，战雒阳东，军不利，从轘辕至阳城，收军中马骑。

六月，与南阳守齮战犨东，破之。略南阳郡，南阳守走，保城守宛。沛公引兵过宛西。张良谏曰："沛公虽欲急入关，秦兵尚众，距险。今不下宛，宛从后击，强秦在前，此危道也。"于是沛公乃夜引军从他道还，偃旗帜，迟明，围宛城三匝。南阳守欲自刭，其舍人陈恢曰："死未晚也。"乃逾城见沛公，曰："臣闻足下约先入咸阳者王之，今足下留守宛。宛郡县连城数十，其吏民自以为降必死，故皆坚守乘城。今足下尽日止攻，士死伤者必多；引兵去，宛必随足下。前则失咸阳之约，后有强宛之患。为足下计，莫若约降，封其守，因使止守，引其甲卒与之西。诸城未下者，闻声争开门而待足下，足下通行无所累。"沛公曰："善。"七月，南阳守齮降，封为殷侯，封陈恢千户。引兵西，无不下者。至丹水，高武侯鳃、襄侯王陵降。还攻胡阳,遇番君别将梅鋗,与偕攻析、郦,皆降。所过毋得卤掠,秦民喜。遣魏人甯昌使秦。

相关史料 (二世三年六月)章邯与楚约降,未定,项羽许而击之。(考证各本衍张耳从楚西入秦七字。今删。)(沛公)攻南阳守齮,破之阳城郭东。(二世三年七月)项羽与章邯期殷虚,章邯等已降与盟。以邯为雍王。 (沛公)降下南阳,封其守齮。 申阳下河南,降楚。《秦楚之际月表》。

自司马氏去周適晋,分散,或在卫,或在赵,或在秦。其在卫者,相中山。在赵者,以传剑论显,蒯聩其后也。蒯聩玄孙卬为武信君将而徇朝歌。诸侯之相王,王卬于殷。项羽封卬为殷王。汉之伐楚,卬归汉,以其地为河内郡。《太史公自序》。

从攻阳武,下轘辕、缑氏,绝河津,还击赵贲军尸北破之。从南攻犨,与南阳守齮,战阳城郭东,陷陈,取宛,虏齮,尽定南阳郡。《曹相国世家》。注5

攻长社。先登。攻颖阳、缑氏。绝河津,击赵贲军尸北。南攻南阳守齮。《绛侯周勃世家》。

(樊哙)从攻长社、轘辕,绝河津。东攻秦军于尸南,攻秦军于犨,破南阳守齮于阳城东,攻宛城先登。西至郦以却敌,斩首二十四级,捕虏四十人。赐重封。 (郦商)从攻长社,先登。赐爵封信成君。从沛公攻缑氏,绝河津,破秦军洛阳东。从攻下宛、穰,定十七县。别将攻旬关,定汉中。 (夏侯婴)因复常奉车。从击秦军雒阳东,以兵车趣攻战疾。赐爵封转为滕公。因复奉车,从攻南阳。 (灌婴)从攻阳武,以西至雒阳,破秦军尸北,北绝河津,南破南阳守齮阳城东,遂定南阳郡。《樊郦滕灌列传》。

张丞相苍者,阳武人也。好书律历。秦时为御史,主柱下方书。有罪亡归。及沛公略地,过阳武,苍以客从攻南阳。苍坐法当斩。解衣伏质,身长大肥白如瓠,时王陵见而怪其美士,乃言沛公,赦勿斩。遂从西入武关,至咸阳。还定三秦。 张苍德王陵。王陵者,安国侯也。及苍贵,常父事王陵。陵死后,苍为丞相,洗沐,常先朝陵夫人,上食,然后敢归家。《张丞相列传》。

(曲周侯郦商)别定汉中及蜀。(北平侯张苍)以客从起阳武。(汁邡侯)雍齿,以赵将前三年从定诸侯。二千五百户。功比平定侯。齿,故沛豪有力,与上有郤,故晚从。《高祖功臣侯者年表》。

初，项羽与宋义北救赵。及项羽杀宋义，代为上将军，诸将黥布皆属，破秦将王离军，降章邯，诸侯皆附①。及赵高已杀二世，使人来，欲约分王关中。沛公以为诈②，乃用张良计，使郦生、陆贾往说秦将，啗以利，因袭攻武关破之③。又与秦军战于蓝田南，益张疑兵旗帜④，诸所过毋得掠卤⑤。秦人熹，秦军解。因大破之。又战其北，大破之，乘胜遂破之⑥。

① 考证 中井积德曰：黥布下脱等字，《班史》可徵。王鸣盛曰：项起吴中，以精兵八千人渡江，并陈婴数千人，黥布、蒲将军亦以兵属，凡六七万人。又并秦嘉军，其势强盛。项梁闻陈王死，召诸别将，会薛计事，沛公亦起沛往焉。此时沛公甚弱，未能成军，项梁益沛公卒五千人，五大夫将十人，始得攻丰拔之。此后凡所攻伐，史每以沛公、项羽并称，两人相倚，如左右手。项氏之失策，在立楚怀王而听命焉。羽欲西入关，怀王不许，而以命沛公，乃使羽北救赵，约先入关者王之，其后羽乃得负约名。是项之失策也。然当日若非羽破秦兵于钜鹿，虏王离，杀涉间，使章邯震恐乞降，沛公安能入关乎。羽不救赵破秦兵，秦得举赵，则关中声势转壮，沛公入秦，何如此之易乎？沛公始终藉项之力以成事，而反噬项者也。若使夫子评之，必曰：谲而不正。新注 按，王说沛公未成军误。之所以攻丰要借兵，是因为攻防双方均为熟人，无法争斗，只有借助外力才可驱逐雍齿。另王说沛公得利项氏，代表了很多人的看法，实则刘项合作是互利的。沛公的壮大固然得益于项氏的襄助，但在沛公加盟前，项梁对秦作战全败，项羽有胜秦于襄城一役，所胜者也非秦军主力。且项梁此前在章邯面前已连吃败仗，说明章邯很难对付。一经沛公加盟，立即确立了对秦作战的胜势。而项羽、沛公离开项梁作战，项梁就被章邯击灭。

② 考证 王鸣盛曰：以为诈，何义门遂云：不许贼臣，真可谓扶义而西者。考《始皇本纪》，沛公屠武关，使人私于赵高，然则沛公真扶义而不许高者乎？特以为诈耳。班之改马，非也。秦始皇本纪正义《括地志》云：秦胡亥陵在雍州万年县南三十四里。上文"葬以黔首"也。新注 赵高欲与沛公分王关中，未必

为诈，可能是当时的一个选项，因秦已不可能抵挡诸侯入关，所以会以分王关中为诱饵，保全自己的利益。在赵高来约之前，沛公有遣甯昌联络之举，此时拒约，当为破武关之后，实在没有必要的缘故。

③ 索隐《左传》云：楚司马起营所，以临上雒，谓晋人曰"将通于少习"，杜预以为商县武关也。又《太康地理志》，武关，当冠军县西，峣关在武关西也。考证 陆贾二字疑衍。说见下文。武关，陕西商州。

④ 考证 秘阁本无于字。梁玉绳曰：《月表》《留侯世家》及《汉书》纪传，沛公以秦二世三年八月攻破武关，九月，秦遣将距峣关。张良说沛公张旗帜为疑兵，使郦生啗秦将以利。秦军懈，因引兵绕峣关，逾蒉山，击破之蓝田南。叙次甚明。此纪不书破武关及逾蒉山事，乃武关乃峣关之误。当云：乃用张良计，益张疑兵旗帜，使郦生说秦将，啗以利。因袭攻峣关破之。又与秦军战于蓝田。而陆贾二字似衍文。《留侯世家》《陆贾传》及《汉书》张、陆两传，荀悦《汉纪》皆无之。疑此与《汉书高纪》并妄掺陆贾耳。愚按，中井积德亦有此说，可从。

⑤ 集解 应劭曰：卤与虏同。

⑥ 考证 秘阁本，熹作喜。李笠曰：解、懈同。言沛公既啗秦将以利，又令所过毋得掠卤。故秦人熹悦而军心懈惰也。

高帝纪 是月，章邯举军降项羽，羽以为雍王。瑕丘申阳下河南。八月，沛公攻武关，入秦。秦相赵高恐，乃杀二世，使人来，欲约分王关中，沛公不许。九月，赵高立二世兄子子婴为秦王。子婴诛灭赵高，遣将将兵距峣关。沛公欲击之，张良曰："秦兵尚彊，未可轻。愿先遣人益张旗帜于山上为疑兵，使郦食其、陆贾往说秦将，啗以利。"秦将果欲连和，沛公欲许之。张良曰："此独其将欲叛，恐其士卒不从，不如因其怠懈击之。"沛公引兵绕峣关，逾蒉山，击秦军，大破之蓝田南。遂至蓝田，又战其北，秦兵大败。

相关史料 （二世三年八月）赵高杀二世。 （项羽）以秦降都尉翳、长史欣为上将，将秦降军。 赵王歇留国，陈馀亡居南皮。（沛公）攻武关破之。（二世三年九月）子婴为王。 （沛公）攻下峣及蓝田。以留侯策，不战皆降。

《秦楚之际月表》。

（二世三年）赵高反，二世自杀。高立二世兄子婴。婴立，刺杀高，夷三族。《六国年表》。

（宋义军）行至安阳，留四十六日，不进。项羽曰："吾闻秦军围赵王钜鹿。疾引兵渡河，楚击其外，赵应其内，破秦军必矣。"宋义曰："不然。夫搏牛之虻，不可以破虮虱。今秦攻赵。战胜则兵罢。我承其敝。不胜，则我引兵鼓行而西。必举秦矣。故不如先斗秦赵。夫被坚执锐，义不如公。坐而运策，公不如义。"因下令军中曰："猛如虎，很如羊，贪如狼，彊不可使者，皆斩之。"乃遣其子宋襄相齐，身送之至无盐。饮酒高会。天寒大雨，士卒冻饥。项羽曰："将戮力而攻秦。久留不行。今岁饥民贫，士卒食芋菽，军无见粮。乃饮酒高会，不引兵渡河，因赵食，与赵并力攻秦，乃曰'承其敝'。夫以秦之彊攻新造之赵。其势必举赵。赵举而秦彊。何敝之承？且国兵新破，王坐不安席，扫境内而专属于将军。国家安危，在此一举。今不恤士卒而徇其私。非社稷之臣。"项羽晨朝上将军宋义。即其帐中，斩宋义头，出令军中曰："宋义与齐谋反楚。楚王阴令羽诛之。"当是时诸将皆慴服，莫敢枝梧。皆曰："首立楚者将军家也。今将军诛乱。"乃相与共立羽为假上将军，使人追宋义子。及之齐。杀之。使桓楚报命于怀王。怀王因使项羽为上将军。当阳君、蒲将军，皆属项羽。项羽已杀卿子冠军，威震楚国，名闻诸侯。乃遣当阳君、蒲将军，将卒二万渡河。救钜鹿。战少利。陈馀复请兵项羽。乃悉引兵渡河。皆沉船、破釜甑、烧舍庐，持三日粮以示士卒必死，无一还心。于是至则围王离[注6]，与秦军遇，九战，绝其甬道，大破之。杀苏角，房王离。涉閒不降楚。自烧杀。当是时，楚兵冠诸侯。诸侯军救钜鹿下者十余壁。莫敢纵兵。及楚击秦，诸将皆从壁上观。[注7]楚战士无不一以当十。楚兵呼声动天。诸侯军无不人人慴恐。于是已破秦军，项羽召见诸侯将。入辕门，无不膝行而前，莫敢仰视。项羽由是始为诸侯上将军。诸侯皆属焉。章邯军棘原。项羽军漳南。相持未战。秦军数郤。二世使人让章邯。章邯恐，使长史欣请事。至咸阳留司马门三日。赵高不见。有不信之心。长史欣恐，还走其军。不敢出故道。赵高果使人追之。不及。欣至军报曰："赵高用事于中。下无可为者。今战能胜，高必疾妒吾功。战不能胜，不免于死。愿将军孰计之。"陈馀亦遗章邯书曰："白起为秦将，南征鄢郢，北阬马服，攻城略地，不可胜计。而竟赐死。蒙恬为秦将，北逐戎人，开榆中地数千里。竟斩阳周。何者？功多秦不能尽封，因以法诛之。今将军为秦将三岁矣，所亡失以十万数。而诸侯并起滋益多。彼赵高素谀日久。今事急，亦恐二世诛之。故欲以法诛将军以塞责，使人更代将军，以脱其祸。夫将军居外久，多内卻。有功亦诛，无功亦诛。且天之亡秦，无愚智皆知之。今将军内不能直谏，外为亡国将，孤特独立，而欲常存。岂不哀哉？将军何不还兵与诸侯为从，约共攻秦，分王其地，南面称孤。此孰与身伏铁质，妻子为僇乎？"章邯狐疑，阴使候始成使项羽。欲约，约未成。项羽使蒲将军日夜引兵度三户。军漳南，与秦战，再破之。项羽悉引兵击秦，军汙水上，大破之。章邯使人见项羽欲约。项羽召军吏谋曰："粮少。欲听其约。"军吏皆曰："善。"项羽乃与期洹水南殷虚上。已盟。章邯见项羽而流涕，为言赵高。项羽乃立章邯为雍王，置楚军中，使长史欣为上将军，将秦军为前行。《项羽本纪》。

黥布者，六人也。姓英氏。秦时为布衣。少年，有客相之曰："当刑而王。"及壮坐法黥。布欣然笑曰："人相我，当刑而王。几是乎？"人有闻者，共俳笑之。布已论输丽山。丽山之徒数十万，布皆与其徒长豪桀交通。乃率其曹偶，亡之江中为群盗。陈胜之起也，布乃见番君，与其众叛秦，聚兵数千人。番君以其女妻之。章邯之灭陈胜，破吕臣军，布乃引兵北击秦左右校，破之清波，引兵而东。闻项梁定江东、会稽，涉江而西，陈婴以项氏世为楚将，乃以兵属项梁，渡淮南。英布、蒲将军，亦以兵属项梁。项梁涉淮而西，击景驹、秦嘉等。布常冠军。项梁至薛，闻陈王定死，乃立楚怀王。项梁号为武信君，英布为当阳君。项梁败死定陶。怀王徙都彭城。诸将、英布，亦皆保聚彭城。当是时，秦急围赵。赵数使人请救。怀王使宋义为上将，范增为末将，项籍为次将，英布、蒲将军，皆为将军，悉属宋义，北救赵。及项籍杀宋义于河上，怀王因立籍为上将军。诸将皆属项籍。项籍使布先渡河击秦。布数有利。籍乃悉引兵涉河从之。遂破秦军，降章邯等。楚兵常胜，功冠诸侯。诸侯兵皆以服属楚者，以布数以少败众也。《黥布列传》。

张耳大怒，怨陈馀。使张黡、陈泽往让陈馀曰："始吾与公为刎颈交。今王与耳旦暮且死。而公拥兵数万，不肯相救。安在其相为死？苟必信，胡不赴秦军俱死？且有十一二相全。"陈馀曰："吾度前终不能救赵。徒尽亡军。且馀所以不俱死，欲为赵王、张君报秦。今必俱死，如以肉委饿虎。何益？"张黡、陈泽曰："事已急。要以俱死立信。安知后虑？"陈馀曰："吾死顾以为无益。必如公言。"乃使五千人。令张黡、陈泽先尝秦军。至皆没。当是时,燕、齐、楚闻赵急,皆来救。注8 张敖亦北收代兵,得万余人,来皆壁馀旁,未敢击秦。项羽兵数绝章邯甬道。王离军乏食。项羽悉引兵渡河,遂破章邯。章邯引兵解。诸侯军乃敢击围钜鹿秦军,遂虏王离。涉闲自杀。卒存钜鹿者,楚力也。于是赵王歇、张耳乃得出钜鹿,谢诸侯。张耳与陈馀相见,责让陈馀以不肯救赵,及问张黡、陈泽所在。陈馀怒曰:"张黡、陈泽,以必死责臣。臣使将五千人先尝秦军。皆没不出。"张耳不信。以为杀之,数问陈馀。陈馀怒曰:"不意君之望臣深也!岂以臣为重去将哉?"乃脱解印绶,推予张耳。张耳亦愕不受。陈馀起如厕。客有说张耳曰:"臣闻天与不取。反受其咎。今陈将军与君印。君不受。反天不祥。急取之。"张耳乃佩其印,收其麾下。而陈馀还,亦望张耳不让,遂趋出。张耳遂收其兵。陈馀独与麾下所善数百人,之河上泽中渔猎。由此陈馀、张耳遂有郤。赵王歇复居信都,张耳从项羽诸侯入关。《张耳陈馀列传》。

(秦二世三年)夏,章邯等战数却。二世使人让邯。邯恐使长史欣请事。赵高弗见。又弗信。欣恐亡去。高使人捕追。不及。欣见邯曰:"赵高用事于中。将军有功亦诛,无功亦诛。"项羽急击秦军,虏王离。邯等遂以兵降诸侯。《秦始皇本纪》。

秦二世之时,王翦及其子贲皆已死,而又灭蒙氏。陈胜之反秦,秦使王翦之孙王离击赵。围赵王及张耳钜鹿城。或曰:"王离,秦之名将也。今将彊秦之兵,攻新造之赵。举之必矣。"客曰:"不然。夫为将三世者必败。必败者何也?必其所杀伐多矣。其后受其不祥。今王离已三世将矣。"居无何,项羽救赵击秦军。果虏王离。王离军遂降诸侯。 王翦为秦将,夷六国。当是时,翦为宿将。始皇师之。然不能辅秦建德,固其根本,偷合取容,以至殁身。及孙王离为项羽所虏。不亦宜乎?《白起王翦列传》。

文帝曰:"吾居代时,吾尚食监高祛,数为我言赵将李齐之贤,战于钜鹿下。今吾每饭,意未尝不在钜鹿也。父知之乎?"唐对曰:"尚不如廉颇、李牧之为将也。"上曰:"何以?"唐曰:"臣大父在赵时,为官卒将,善李牧。臣父故为代相,善赵将李齐。知其为人也。"《张释之冯唐列传》。

(秦二世立)三年,诸侯并起叛秦,赵高杀二世,立子婴。《秦本纪》。

八月己亥,赵高欲为乱,恐群臣不听,乃先设验,持鹿献于二世曰:"马也。"二世笑曰:"丞相误邪?谓鹿为马。"问左右。左右或默。或言"马",以阿顺赵高。或言"鹿"者。高因阴中诸言鹿者以法。后群臣皆畏高。高前数言关东盗毋能为也。及项羽虏秦将王离等钜鹿下而前，章邯等军数郤，上书请益助。燕、赵、齐、楚、韩、魏皆立为王。自关以东，大氐尽畔秦吏应诸侯。诸侯咸率其众西乡。沛公将数万人已屠武关，使人私于高。高恐二世怒，诛及其身，乃谢病不朝见。二世梦白虎齧其左骖马杀之。心不乐。怪问占梦。卜曰："泾水为祟。"二世乃斋于望夷宫。欲祠泾，沉四白马。使使责让高以盗贼事。高惧。乃阴与其婿咸阳令阎乐、其弟赵成谋曰："上不听谏。今事急，欲归祸于吾宗。吾欲易置上更立公子婴。子婴仁俭，百姓皆载其言。"使郎中令为内应。诈为有大贼，令乐召吏发卒追。劫乐母置高舍。遣乐，将吏卒千余人至望夷宫殿门。缚卫令仆射曰："贼入此，何不止？"卫令曰："周庐设卒甚谨。安得贼敢入宫？"乐遂斩卫令，直将吏入，行射。郎、宦者大惊，或走或格。格者辄死。死者数十人。郎中令与乐俱入射上幄坐帏。二世怒召左右。左右皆惶扰不斗。旁有宦者一人，侍不敢去。二世入内谓曰："公何不蚤告我？乃至于此。"宦者曰："臣不敢言。故得全。使臣蚤言。皆已诛。安得至今？"阎乐前即二世数曰："足下骄恣，诛杀无道，天下共畔足下。足下其自为计。"二世曰："丞相可得见否？"乐曰："不可。"二世曰："吾愿得一郡为王。"弗许。又曰："愿为万户侯。"弗许。曰："愿与妻子为黔首，比诸公子。"阎乐曰："臣受命于丞相，为天下诛足下，足下虽多言，臣不敢报。"麾其兵进。二世自杀。阎乐归报赵高。赵高乃悉召诸大臣公子，告以诛二世之状，曰："秦故王国。始皇君天下。故称帝。今六国复自立，秦地益小。乃以空名为帝不可。宜为王如故。"便立二世之兄子公子婴为秦王。以黔首葬二世杜南宜春苑中。令子婴斋。当庙见受玉玺。斋五日。子婴与其子二人谋曰："丞相高杀二世望夷宫，恐群臣诛之，乃详以义立我。我闻赵高乃与楚约，灭秦宗室而王关中。今使我斋见庙，此欲因庙中杀我。我称病不行，丞相必自来。来则杀之。"高使人请子婴数辈。子婴不行。高果自往曰："宗庙重事。王奈何不行？"子婴遂刺杀高于斋宫，三族高家，以徇咸阳。《秦始皇本纪》。

（赵）高自知权重，乃献鹿谓之马。二世问左右："此乃鹿也？"左右皆曰："马也。"二世惊自以为惑，乃召太卜令卦之。太卜曰："陛下春秋郊祀，奉宗庙鬼神，斋戒不明。故至于此。可依盛德而明斋戒。"于是乃入上林斋戒，日游弋猎。有行人入上林中。二世自射杀之。赵高教其女婿咸阳令阎乐，劾不知何人贼杀人,移上林。高乃谏二世曰:"天子无故贼杀不辜人。此上帝之禁也。鬼神不享。天且降殃。当远避宫以禳之。"二世乃出居望夷之宫。留三日。赵高诈诏卫士,令士皆素服持兵内乡,入告二世曰:"山东群盗兵大至。"二世上观而见之,恐惧。高即因劫令自杀。引玺而佩之,左右百官莫从。上殿,殿欲坏者三。高自知天弗与,群臣弗许,乃召始皇弟授之玺。子婴即位,患之,乃称疾不听事。与宦者韩谈及其子谋杀高。高上谒请病。因召入,令韩谈刺杀之,夷其三族。《李斯列传》。注9

始皇享国三十七年,葬郦邑,生二世皇帝。始皇生十三年而立。二世皇帝享国三年。葬宜春。赵高为丞相安武侯。二世生十二年而立。《秦始皇本纪》。注10

秦二世宿军无用之地,连兵于边陲。力非弱也。结怨匈奴,结祸于越。势非寡也。及其威尽势极,闾巷之人为敌国。咎生穷武之不知足,甘得之心不息也。《律书》。

西入武关。沛公欲以兵二万人击秦峣下军。良说曰:"秦兵尚彊。未可轻。臣闻其将屠者子。贾竖易动以利。愿沛公且留壁,使人先行,为五万人具食,益为张旗帜诸山上,为疑兵,令郦食其持重宝啗秦将。"秦将果畔,欲连和俱西袭咸阳。沛公欲听之,良曰:"此独其将欲叛耳。恐士卒不从。不从必危。不如因其解击之。"沛公乃引兵击秦军大破之,遂北至蓝田再战。秦兵竟败。遂至咸阳。《留侯世家》。注11

(张良)言上张旗志。《高祖功臣侯者年表》。

从西攻武关、峣关取之。前攻秦军蓝田南,又夜击其北。秦军大破。遂至咸阳灭秦。《曹相国世家》。

破武关、峣关,破秦军于蓝田,至咸阳灭秦。《绛侯周勃世家》。

(樊哙)攻武关,至霸上,斩都尉一人,首十级,捕虏百四十六人,降卒二千九百人。 (夏侯婴)战于蓝田、芷阳,以兵车趣攻战疾。至霸上。 (灌婴)西入武关,战于蓝田,疾力,至霸上。赐爵执珪,号昌文君。《樊郦滕灌列传》。

郦生常为说客,驰使诸侯。《郦生陆贾列传》。

(靳歙)又战蓝田北,斩车司马二人,骑长一人,首二十八级,捕虏五十七人。《傅靳蒯成列传》。

项羽已破秦降章邯。豹下魏二十余城。立豹为魏王。豹引精兵从项羽入关。《魏豹彭越列传》。

且夫兵久则变生。事苦则虑易。乃使边境之民,靡敝愁苦,而有离心,将吏相疑而外市。故尉佗、章邯得以成其私也。夫秦政之所以不行者,权分乎二子。此得失之效也。《平津侯主父列传》主父偃语。

望夷宫,在泾阳县界,长平观道,东北临泾水,以望北夷,以为宫名。《三辅黄图》卷一。

《括地志》云:秦望夷宫在雍州咸阳县东南八里。《秦始皇本纪正义》。

汉元年

汉元年十月①,沛公兵遂先诸侯至霸上②。秦王子婴,素车白马,系颈以组,封皇帝玺符节③,降轵道旁④。诸将或言诛秦王⑤。沛公曰:"始怀王遣我,固以能宽容。且人已服降,又杀之,不祥。"乃以秦王属吏⑥,遂西入咸阳,欲止宫休舍⑦。樊哙、张良谏。乃封秦重宝财物府库,还军霸上,召诸县父老豪桀曰:"父老苦秦苛法久矣。诽谤者族⑧,偶语者弃市⑨。吾与诸侯约,先入关者王之。吾当王关中。与父老约。法三章耳⑩:杀人者死,伤人及盗抵罪⑪。余悉除去秦法。诸吏人皆案堵如故⑫。凡吾所以来,为父老除害,非有所侵暴。无恐⑬。且吾所以还军霸上,待诸侯至而定约束耳。"乃使人与秦吏行县乡邑告谕之。秦人大喜,争持牛羊酒食,献飨军士,沛公又让不受曰:"仓粟多非乏。不欲费人。"人又益喜,唯恐沛公不为秦王⑭。

① 集解 如淳曰:《张苍传》云:以高祖十月至霸上,故因秦以十月为岁首。

正义沛公己未年十月至霸上。项羽封十八诸侯,沛公封汉王,后刘项五年战斗,汉遂灭楚,天下归汉,故却书初至霸上战之月。考证中井积德曰:汉初只沿秦制度耳,不关霸上事。如张苍言,附会不足据。新注《天官书》曰:汉之兴,五星聚于东井。《资治通鉴》卷九《考异》曰:《史记》《汉书》,荀悦《汉纪》,皆云"是月五星聚东井",按魏收《后魏书·高允传》:"崔浩集诸术士考汉元以来日月薄蚀、五星行度,并讥前史之失,别为魏历,以示允。允曰:'善言远者必先验于近。且汉元年冬十月五星聚于东井,此乃历术之浅事。今讥汉史而不觉此谬,恐后之讥今犹今之讥古。'浩曰:'所缪云何?'允曰:'按星传:金、水二星常附日而行,冬十月,日旦在尾、箕,昏没于申南,而东井方出于寅北,二星何因背日而行!是史官欲神其事,不复推之于理。'浩曰:'欲为变者何所不可!君独不疑三星之聚,而怪二星之来。'允曰:'此不可以空言争,宜更审之。'时坐者咸怪。东宫少傅游雅曰:'高君长于历,当不虚言也。'后岁余,浩谓允曰:'先所论者,本不经心;及更考究,果如君语,以前三月聚于东井,非十月也。'"今从之,十月不言五星聚。

　　② 正义故霸陵,在雍州万年县东北二十五里。汉霸陵,文帝之陵邑也,东南去霸陵十里。《地理志》云:"霸陵,故芷阳,文帝更名。"《三秦记》云:"霸城,秦穆公筑为宫,因名霸城。汉于此置霸陵。"《庙记》云:"霸城,汉文帝筑。沛公入关,遂至霸上,即此也。"考证颜师古曰:霸水上,故曰霸上。愚按,陕西西安府咸宁县东,即白鹿原。

　　③ 索隐韦昭云:"天子印称玺,又独以玉符发兵符也。节,使者所拥也。"《说文》云:"符,信也。汉制以竹长六寸,分而相合。"《释名》云:"节,为号令赏罚之节也。又节毛上下相重,取象竹节。"又《汉官仪》云:"子婴上始皇玺,因服御之,代代传受,号曰'汉传国玺'也。"正义按,天子有六玺,皇帝行玺、皇帝之玺、皇帝信玺、天子行玺、天子之玺、天子信玺。皇帝信玺,凡事皆用之玺令施行。天子信玺,以迁拜封王侯。天子之玺,以发兵。皆以武都紫泥封,青囊白素裹,两端无缝。《三秦记》云:紫泥水在今成州。《舆地志》云:汉封诏玺用紫泥,则此水之泥也。考证沈钦韩曰:《楚策》蔡圣侯不以国家为事,子发受命乎先王,系以朱丝而见之。自后献俘皆如此。愚按,丝,条也。系之颈者,示欲自

杀也。应劭云：天子韨也。颜师古云：所以带玺之绶也。皆非。中井积德曰：秦玺唯一颗，即天子所服御传国玺。[新注]按，《资治通鉴》胡注：应劭曰："玺，信也；古者尊卑共之。"《汉官仪》曰（略）。沈约曰："高祖入关，得秦始皇蓝田玉玺，螭虎纽，文曰'受天之命，皇帝寿昌'。后代名传国玺。"《史记正义》曰（略）。虞喜《志林》曰："传国玺自在六玺之外；天子凡七玺。"符，《说文》曰："信也。"韦昭曰："符，发兵符也。"师古曰："符，诸所合符以为契者也。"《周礼》，地官之属有掌节。郑玄注云："节，犹信也，行者所执之信。"《三礼义宗》曰："节长尺二寸；秦、汉以下改为旌幢之形。"韦昭曰："节者，使所拥也。"《释名》云："为号令赏罚之节也。"师古曰："节以毛为之，上下相重，取象竹节，将命者持之以为信。"又按《秦始皇本纪》秦王政九年《正义》：(御玺) 崔浩云，李斯磨和璧作之，汉诸帝世传服之。谓传国玺。韦曜《吴书》云：玺方四寸，上句，五龙。文曰"受命于画龙点睛，即寿永昌"。《汉书》云，文曰"昊天之命，皇帝寿昌"。按二文不同。《汉书·元后传》云，王莽令王舜逼太后取玺，玉，太后怒投地，其角小缺。《吴志》云，孙坚入洛，扫除汉陵庙，军于甄官，并得玺，后归魏。晋怀帝永嘉五年六月，帝蒙尘平阳，玺入前赵刘聪，至东晋成帝咸和四年，石勒灭前赵得玺。穆帝和八年，石勒为慕容俊灭，濮阳太守戴施，入邺得玺，使何融送。晋传宋，宋传南齐，南齐传梁，梁至天正二年，侯景破梁至广陵，北齐将辛术定广陵得玺，送北齐，至周建德六年正月，平北齐，玺入周。周传隋，隋传唐也。《考证》引中井积德曰：不可以汉制解秦文。又曰：《正义》李斯以下始皇称帝以后事，不可以解秦王时事。又曰：《正义》永和八年下石勒论，是时石勒死已十八年矣。钱大昕曰：慕容俊即慕容隽，是岁隽灭冉闵，非石勒也。张照曰：梁无天正年号，侯景破梁，为简文帝大宝元年，则天正是大宝之误。

④ [索隐]枳，音只。《汉宫殿疏》云："枳道亭，东去霸城观四里。观，东去霸水百步。"苏林云："在长安东十三里也。"[正义]軹，音纸。《括地志》云：軹道，在雍州万年县东北十六里苑中。[考证]軹道，在陕西西安府长安县。

⑤ [索隐]《楚汉春秋》曰：樊哙请杀之。[秦始皇本纪考证]吴裕垂曰：周自诸侯立党五霸迭兴，天下之分久矣。久则难合，合亦难于持久。何也？六国立国，近者二百余年，远者八百余年，其蓄积之饶富，士马之精强，关塞之险阻，守御之完备，皆根深蒂固，确乎其不可拔，而且英君世出，谋臣良将，代不乏人，贤才

乐为之用，世臣各自为守，军民各自效死，非比乌合之众，新造之邦，一辩士可下，一战胜可灭者。虽以始皇之雄才大略，以次削平，然强宗如田氏，世族如张氏，将种如项氏，一时遗臣孽子，悯宗社之倾覆，痛君父之死亡，志切报仇，心存再造，奸人因之，冒姓盗名，奋臂一呼，豪杰响应，各欲南面称孤，假立人后以从民望者，不可胜数。一统之天下，仅一传而还为战国，非始皇之法制不足与守成，功业不可以久大也。久分难合，合亦难于久也。乃项王主约不平，田荣起齐，彭越起梁，陈馀起赵，天下又大乱。汉祖因之，还定三秦，率诸侯伐楚，使韩信破赵平燕袭齐，汉业垂成。蒯通犹数以三分鼎足之说，盅惑元勋。可见天下不乱策士无所用其权谋也。况在六国初亡之际，诸王遗孽各欲扶义而起，恢复宗邦，挟策说游之徒，唯恐天下不乱，十倍于蒯通之俦乎。假令前无始皇为之兼并，项王为之屠坑，天心犹未悔祸，汉祖总能出而一之。分王诸子，而继体沈湎，君相同殒，诸吕专兵于中，诸王称兵于外，七国苗裔，乘衅而动，建义以号召，藉雪耻以名师，天下事未可知也。汉祚之永，岂汉祖之创业垂统，远逾始皇哉。战国七并为一，六王之骨肉未寒，人心思乱，故其势不长，秦甫灭，楚复争，中原之涂炭已极，人心厌乱，故其功可久。王莽之篡天下，不知几人称帝，几人称王，卒为光武所并者，久合难分，分亦易于复合也。始皇当久分之局，首为混一，其享国不永也宜哉。

⑥ 正义 属，之欲反。属，付也。

⑦ 正义 休，息也。言欲居止宫殿中而息也。

⑧ 索隐 刘伯庄、乐彦，同音方未反。

⑨ 集解 应劭曰："秦禁民聚语偶对也。"瓒曰："《始皇本纪》曰：偶语经书者弃市。" 索隐 按，礼云"刑人于市，与众弃之"，故今律谓绞刑为"弃市"是也。 考证 偶语，应劭得之。

⑩ 索隐 杀人，伤人及盗。 正义 约，省也。省减秦之烦法，唯三章，谓杀人、伤人及盗。 考证 王应麟曰：与父老约为句，下云，法三章耳。何焯曰：王氏因纪末有初顺民心，作三章之约，改约字为读。此约法与上苛法对。《文纪》中宋昌有约法令之语。《刑法志》言约法三章者非一。当仍旧也。愚按，上文亦云，吾与诸侯约，约字义同。王说不可易。

⑪ 集解 应劭曰："抵,至也,又当也。除秦酷政,但至于罪也。"李斐曰："伤人有曲直,盗臧有多少,罪名不可豫定,故凡言抵罪,未知抵何罪也。"张晏曰:"秦法,一人犯罪,举家及邻伍坐之,今但当其身坐,合于《康诰》'父子兄弟罪不相及'也。"索隐 韦昭云:"抵,当也。谓使各当其罪。"今按秦法,有三族之刑,汉但约法三章耳,杀人者死,伤人及盗者,使之抵罪,余并不论其辜,以言省刑也。则抵训为至,杀人以外,唯伤人及盗,使至罪名耳。考证 抵,当也。随其轻重制法。梁玉绳曰:《汉书刑法志》曰,汉兴约法三章,网漏吞舟之鱼。然其大辟尚有夷三族之令。又考惠帝四年,始除挟书律;吕后元年,始除三族罪、妖言令;文帝元年,始除收孥诸相坐律令;二年,始除诽谤律;十三年,除肉刑。然则秦法未尝悉除,三章徒为虚语。《续古今考》所谓一时姑为大言以慰民也。盖三章不足禁奸,萧何为相,采撼秦法作律九章,疑此等皆在九章之内。史公只载入关初约耳。新注《纲鉴统一》卷五引陈潜室曰:三章虽草莽私约,遂为汉世不刊之典,真主一言,其利溥哉。《史谈补》卷二:隋秦苛法,简则易从,宽则得众。汉业之兴,实自此始。

⑫ 集解 应劭曰:案,案次第。堵,墙堵也。考证 古钞本,人作民。下文,秦人大喜,不欲费人,人又益喜。三人字,亦作民。与《汉书》合。颜师古曰:案堵,言不迁动也。

⑬ 考证 孟子云:武王之伐殷也,曰:无畏,宁尔也。非敌百姓也。高祖词气,与此相似也。

⑭ 考证 秘阁本、枫、三本,人人作民民。张之象曰:先言秦人喜,后言秦人大喜,又言人又益喜。连用喜字,斯可以观人心矣。新注《资治通鉴》胡注曰:樊哙起于狗屠,识见如此。余谓哙之功当以谏留秦宫为上,鸿门诮让项羽次之。《困学纪闻》卷十二:淮阴侯羞与樊哙为伍,然哙亦未易轻:谏留居秦宫,鸿门谯项羽,排闼入见,一狗屠有之,汉廷诸公不及也。

高帝纪 元年冬十月,五星聚于东井。沛公至霸上。秦王子婴素车白马,系颈以组,封皇帝玺、符、节,降枳道旁。诸将或言诛秦王,沛公曰:"始怀王遣我,固以能宽容,且人已服降,杀之不祥。"乃以属吏。遂西入咸阳。欲止宫休舍,樊哙、张良谏,乃封秦重宝财物府库,还军霸上。萧何尽收秦丞相府图籍文书。十一月,召诸县豪桀曰:"父老苦秦苛法久矣,诽谤者族,耦语者弃市。吾与诸侯约,先入关者王之,吾当王关中。与父老约法三章耳:杀人者死,伤人及盗抵罪。余悉除去秦法。吏民皆按堵如故。凡吾所以来,为父兄除害,非有所侵暴,毋恐!且吾所以军霸上,待诸侯至而定要束耳。"乃使人与秦吏行至县、乡、邑告谕之。秦民大喜,争持牛、羊、酒食献享军士。沛公让不受,曰:"仓粟多,不欲费民。"民又益喜,唯恐沛公不为秦王。

相关史料 （汉元年十月　**考证**高祖至霸上,称元年。徐广云:岁在乙未。）项羽将诸侯兵四十余万,行略地,西至于河南。　张耳从楚西入秦。　汉元年,秦王子婴降。沛公入破咸阳。平秦,还军霸上待诸侯约。　（魏豹）从项羽略地,遂入关。（汉元年十一月）羽诈阬杀秦降卒二十万人于新安。　沛公出令三章,秦民大悦。《秦楚之际月表》。

秦王恐降。《高祖功臣侯者年表》留侯。

（高祖）遂以十月至灞上,与诸侯平咸阳,立为汉王。因以十月为岁首,而色上赤。《封禅书》。

子婴为秦王四十六日。楚将沛公,破秦军入武关,遂至霸上。使人约降子婴。子婴即系颈以组,白马素车,奉天子玺符,降轵道旁。沛公遂入咸阳,封宫室府库,还军霸上。《秦始皇本纪》。

及高祖起为沛公,何常为丞督事。沛公至咸阳。诸将皆争走金帛财物之府分之。何独先入收秦丞相御史律令图书藏之。《萧相国世家》。

秦王子婴降沛公。沛公入秦宫。宫室帷帐,狗马重宝,妇女以千数。意欲留居之。樊哙谏沛公,出舍。沛公不听。良曰:"夫秦为无道。故沛公得至此。夫为天下除残贼。宜缟素为资。今始入秦,即安其乐。此所谓助桀为虐。且忠言逆耳利于行。毒药苦口利于病。愿沛公听樊哙言。"沛公乃还军霸上。《留侯世家》。

徐广曰:一本哙谏曰:"沛公欲有天下耶,将欲为富家翁邪?"沛公曰:"吾欲有天下。"哙曰:"今臣从入秦宫,所观宫室帷帐珠玉重宝钟鼓之饰,奇物不可胜极。入其后宫,美人妇女以千数,此皆秦所以亡天下也。愿沛公急还霸上,无留宫中。"沛公不听。《留侯世家集解》。

子婴立三月,沛公兵从武关入,至咸阳。群臣百官皆畔不适。子婴与妻子自系其颈以组,降轵道旁。沛公因以属吏。项王至而斩之。遂以亡天下。《李斯列传》。

自汉兴,至孝文二十余年。会天下初定,将相公卿皆军吏。张苍为计相时,绪正律历。以高祖十月始至霸上,因故秦时本以十月为岁首,弗革。推五德之运,以为汉当水德之时。尚黑如故。《张丞相列传》。

夫秦常积众暴兵数十万人。虽有覆军杀将,系虏单于之功,亦适足以结怨深仇。不足以偿天下之费。夫上虚府库,下敝百姓,甘心于外国,非完事也。

且夫兵久则变生。事苦则虑易。乃使边境之民,靡敝愁苦,而有离心,将吏相疑而外市。故尉佗、章邯得以成其私也。《平津侯主父列传》主父偃语。[注1]

臣闻周有天下,其治三百余岁。成、康其隆也,刑错四十余年而不用。及其衰也,亦三百余岁。故五伯更起。五伯者,常佐天子,兴利除害,诛暴禁邪,匡正海内,以尊天子。五伯既没,贤圣莫续,天子孤弱,号令不行,诸侯恣行,彊陵弱,众暴寡,田常篡齐,六卿分晋,并为战国。此民之始苦也。于是彊国务攻,弱国备守,合从连横,驰车击毂,介冑生虮虱,民无所告愬。及至秦王,蚕食天下,并吞战国,称号曰皇帝,主海内之政,坏诸侯之城,销其兵,铸以为锺虡,示不复用。元元黎民,得免于战国,逢明天子,人人自以为更生。向使秦缓其刑罚,薄赋敛,省繇役,贵仁义,贱权利,上笃厚,下智巧,变风易俗,化于海内,则世世必安矣。秦不行是风,而修其故俗。为智巧权利者进,笃厚忠信者退,法严政峻,谄谀者众,日闻其美,意广心轶,欲肆威海外,乃使蒙恬将兵以北攻胡,辟地进境,戍于北河,蜚刍挽粟,以随其后,又使尉佗、屠睢将楼船之士,南攻百越。使监禄凿渠运粮,深入越。越人遁逃,旷日持久,粮食绝乏,越人击之,秦兵大败。秦乃使尉佗将卒以戍越。当是时,秦祸北构于胡,南挂于越,宿兵无用之地,进而不得退。行十余年,丁男被甲,丁女转输,苦不聊生,自经于道树,死者相望。及秦皇帝崩,天下大叛。陈胜、吴广举陈,武臣、张耳举赵,项梁举吴,田儋举齐,景驹举郢,周市举魏,韩广举燕,穷山通谷,豪士并起,不可胜载也。然皆非公侯之后,非长官之吏也。无尺寸之势,起闾巷,杖棘矜,应时而皆动,不谋而俱起,不约而同会,壤长地进,至于霸王。时教使然也。秦贵为天子,富有天下,灭世绝祀者,穷兵之祸也。故周失之弱,秦失之彊,不变之患也。《平津侯主父列传》引严安语。

孝明皇帝十七年十月十五日乙丑曰：周历已移，仁不代母。秦直其位，吕政残虐。然以诸侯十三并兼天下。极情纵欲，养育宗亲。三十七年，兵无所不加，制作政令，施于后王。盖得圣人之威，河神授图。据狼狐，蹈参伐，佐政驱除，距之称始皇。始皇既殁，胡亥极愚，郦山未毕，复作阿房，以遂前策。云："凡所为贵有天下者，肆意极欲。大臣至欲罢先君所为。"诛斯、去疾，任用赵高。痛哉言乎。人头畜鸣。不威不伐。恶不笃不虚亡，距之不得留，残虐以促期。虽居形便之国，犹不得存。子婴度次得嗣，冠玉冠，佩华绂，车黄屋，从百司谒七庙。小人乘非位，莫不恍忽失守，偷安日日。独能长念却虑，父子作权，近取于户牖之间，竟诛猾臣，为君讨贼。高死之后，宾婚未得尽相劳，餐未及下咽，酒未及濡唇，楚兵已屠关中，真人翔霸上。素车婴组，奉其符玺以归帝者，郑伯茅旌鸾刀，严王退舍。河决不可复壅，鱼烂不可复全。贾谊、司马迁曰："向使婴有庸主之才，仅得中佐，山东虽乱，秦之地可全而有，宗庙之祀，未当绝也。"秦之积衰，天下土崩瓦解。虽有周旦之材，无所复陈其巧。而以责一日之孤。误哉！俗传秦始皇起罪，恶胡亥极。得其理矣。复责小子云，秦地可全，所谓不通时变者也。纪季以酅。春秋不名。吾读《秦纪》，至于子婴车裂赵高，未尝不健其决怜其志。婴死生之义备矣。《秦始皇本纪》附汉明帝语班固言。

（阳夏侯陈豨）至霸上。为侯。（武彊侯庄不识）以舍人从至霸上。（阳都侯丁复）至霸上。为楼烦将。（海阳侯摇毋馀）以越队将从破秦。（曲成侯蛊逢）至霸上。为执珪。（芒侯昭）至霸上。为定武君。（安国侯王陵）以厩将别定东郡南阳，从至霸上。（蒯成侯周緤）至霸上。侯。（龙侯陈署）以卒从汉王，元年起霸上。（贳侯吕）以越户将从破秦。《高祖功臣侯者年表》。

（俞侯吕它父婴）以连敖从高祖破秦入汉。《惠景间侯者年表》。

（刘交）至霸上，封交为文信君。《楚元王传》。

或说沛公曰①："秦富十倍天下，地形彊。今闻章邯降项羽。项羽乃号为雍王王关中。今则来，沛公恐不得有此。可急使兵守函谷关②。无内诸侯军，稍徵关中兵，以自益距之。"沛公然其计从之。十一月中，项羽果率诸侯兵西，欲入关。关门闭。闻沛公已定关中，大怒，使黥布等攻破函谷关。十二月中,遂至戏③。沛公左司马曹无伤,闻项王怒欲攻沛公④,使人言项羽曰:"沛公欲王关中,令子婴为相,珍宝尽有之。"欲以求封⑤。亚父劝项羽击沛公⑥。方飨士,旦日合战。是时项羽兵四十万,号百万。沛公兵十万,号二十万。力不敌⑦。会项伯欲活张良,夜往见良。因以文谕项羽⑧。项羽乃止。沛公从百余骑,驱之鸿门⑨。见谢项羽。项羽曰:"此沛公左司马曹无伤言之。不然籍何以至此?"⑩沛公以樊哙、张良故得解归。归,立诛曹无伤。

① 索隐 按,《楚汉春秋》云:解先生云:"遣守函谷,无内项王。"而《张良系家》云:"鲰生说我。"则鲰生是小生,即解生。 考证 《艺文类聚》引《楚汉春秋》云:沛公西入武关,居于灞,解先生说上,遣将军守函谷关,无入项王。大将亚父至关,不得入,怒曰:沛公欲反耶。即令家发薪一束,欲烧关门,关门乃开。《索隐》节录。

② 正义 颜师古曰:"今桃林南,有洪溜涧,古函谷也。其水北流入河,西岸犹有旧关余迹。"《西征记》云:"道形如函也。其水山原壁立数十仞,谷中容一车。" 考证 天下指六国。函谷关古址,今河南陕州灵宝县,在咸阳东北。自赵入秦者由此关。张文虎曰:《郡县志》引《西征记》云:其中劣通,东西十五里,绝岸壁立。《正义》疑有脱误。

③ 正义 许宜反。 考证 梁玉绳曰:十一月,当移在上文召诸县父老豪杰句上。衍去中字,而十二月中四字,当在项羽果率诸侯兵西句上。盖约法三章在十一月,羽破函谷关在十二月。《月表》及《汉纪》可证也。

④ 考证 梁玉绳曰:《高祖纪》书项羽,尊君之体宜然。况此时羽尚未王,尤不宜豫呼之。下文云:项王使卒三万人,从项王北击齐,项王不听,项王归汉王父母妻子。纪中前后皆称项羽,何忽呼王者五,皆当作项羽。

⑤ 正义 曹无伤欲就项羽求封。

⑥ [索隐]范增也。项羽得范增,号曰亚父,言尊之亚于父。犹管仲齐谓仲父。父并音甫也。

⑦ [考证]秘阁本,二十作廿。

⑧ [正义]《项羽本纪》云:项伯曰:"沛父不先破关中,公岂敢入乎？今人有大功,击之不义。"此以文谕之。[考证]梁玉绳曰:按《羽纪》及《汉书》,乃项伯言之于羽,非以文谕也。愚按,以书托项伯,亦未可知。

⑨ [索隐]按,姚察云:在新丰古城东,未至戏水,道南有断原、南北洞门是也。[考证]坂名,在临潼县东,今曰项王营。[新注]陕西省西安市临潼区新丰镇鸿门堡村。

⑩ [考证]秘阁本,至作生。方苞曰:《项羽本纪》,高祖留侯项伯相语,凡数百言,而此以三语括之,盖其事与言不可没,而于帝纪则不必详也。陆瑞蒙曰:减缩作数语,大意备矣,不厌其简。[新注]项伯来访,沛公知道事急,便出让了王关中的权利,可能提出自愿去巴蜀的方案。这样一来,项羽就没有任何武力消灭沛公的理由了。次日沛公去见项羽,不过是当面再确认夜间的口头承诺。

高帝纪 或说沛公曰:"秦富十倍天下,地形彊。今闻章邯降项羽,羽号曰雍王,王关中。即来,沛公恐不得有此。可急使守函谷关,毋内诸侯军,稍徵关中兵以自益,距之。"沛公然其计,从之。十二月,项羽果帅诸侯兵欲西入关,关门闭。闻沛公已定关中,羽大怒,使黥布等攻破函谷关,遂至戏下。沛公左司马曹毋伤闻羽怒,欲攻沛公,使人言羽曰:"沛公欲王关中,令子婴相,珍宝尽有之。"欲以求封。亚父范增说羽曰:"沛公居山东时,贪财好色。今闻其入关,珍物无所取,妇女无所幸,此其志不小。吾使人望其气,皆为龙,成五色,此天子气。急击之,勿失。"于是飨士,旦日合战。是时,羽兵四十万,号百万。沛公兵十万,号二十万,力不敌。会羽季父左尹项伯素善张良,夜驰见张良,具告其实,欲与俱去,毋特俱死。良曰:"臣为韩王送沛公,不可不告,亡去不义。"乃与项伯俱见沛公。沛公与伯约为婚姻,曰:"吾入关,秋豪无所敢取,籍吏民,封府库,待将军。所以守关者,备他盗也。日夜望将军到,岂敢反邪！愿伯明言不敢背德。"项伯许诺,即夜复去,戒沛公曰:"旦日不可不早自来谢。"项伯还,具以沛公言告羽,因曰:"沛公不先破关中兵,公巨能入乎?且人有大功,击之不祥,不如因善之。"羽许诺。

沛公旦日从百余骑见羽鸿门,谢曰:"臣与将军戮力攻秦,将军战河北,臣战河南,不自意先入关,能破秦,与将军复相见。今者有小人言,令将军与臣有隙。"羽曰:"此沛公左司马曹毋伤言之,不然,籍何以生此?"羽因留沛公饮。范增数目羽击沛公,羽不应。范增起,出谓项庄曰:"君王为人不忍,汝入以剑舞,因击沛公,杀之。不者,汝属且为所虏。"庄入为寿。寿毕,曰:"军中无以为乐,请以剑舞。"因拔剑舞。项伯亦起舞,常以身翼蔽沛公。樊哙闻事急,直入,怒甚。羽壮之,赐以酒。哙因谯让羽。有顷,沛公起如厕,招樊哙出,置车官属,独骑,樊哙、靳彊、滕公、纪成步,从间道走军,使张良留谢羽。羽问:"沛公安在?"曰:"闻将军有意督过之,脱身去,间至军,故使臣献璧。"羽受之。又献玉斗范增。增怒,撞其斗,起曰:"吾属今为沛公虏矣!"

相关史料 (汉元年十二月)分楚为四。 (项羽)至关中。诛秦王子婴,屠烧咸阳。分天下,立诸侯。 分赵为代国。 项羽怨(田)荣杀之,分齐为三国。 (沛公)与项羽有郄,见之戏下讲解。羽倍约,分关中为四国。[注2]臧荼从入,分燕为二国。 分魏为殷国。 分韩为河南国。《秦楚之际月表》。

到新安。诸侯吏卒,异时故徭使屯戍过秦中。秦中吏卒遇之多无状。及秦军降诸侯,诸侯吏卒,乘胜多奴虏使之,轻折辱秦吏卒。秦吏卒多窃言曰:"章将军等,诈吾属降诸侯。今能入关破秦,大善。即不能,诸侯虏吾属而东,秦必尽诛吾父母妻子。"诸将微闻其计以告项羽。项羽乃召黥布、蒲将军计曰:"秦吏卒尚众。其心不服。至关中不听,事必危。不如击杀之。而独与章邯、长史欣、都尉翳入秦。"[注3]于是楚军夜击,阬秦卒二十余万人新安城南。行略定秦地,至函谷关。有兵守关,不得入。又闻沛公已破咸阳,项羽大怒,使当阳君等击关。项羽遂入,至于戏西。沛公军霸上,未得与项羽相见。沛公左司马曹无伤,使人言于项羽曰:"沛公欲王关中,使子婴为相,珍宝尽有之。"[注4]项羽大怒曰:"旦日飨士卒,为击破沛公军。"当是时,项羽兵四十万,在新丰鸿门。沛公兵十万,在霸上。范增说项羽曰:"沛公居山东时,贪于财货,好美姬。今入关,财物无所取,妇女无所幸。此其志不在小。吾令人望其气,皆为龙虎成五采。此天子气也。急击勿失。"楚左尹项伯者,项羽季父也。素善留侯张良。

张良是时从沛公,项伯乃夜驰之沛公军,私见张良,具告以事,欲呼张良与俱去。曰:"毋从俱死也。"张良曰:"臣为韩王送沛公。沛公今事有急。亡去不义。不可不语。"良乃入具告沛公。沛公大惊曰:"为之奈何?"张良曰:"谁为大王,为此计者?"曰:"鲰生说我曰:'距关毋内诸侯。秦地可尽王也。'故听之。"良曰:"料大王士卒,足以当项王乎?"沛公默然。曰:"固不如也。且为之奈何?"张良曰:"请往谓项伯,言沛公不敢背项王也。"沛公曰:"君安与项伯有故?"张良曰:"秦时与臣游。项伯杀人,臣活之。今事有急。故幸来告良。"沛公曰:"孰与君少长?"良曰:"长于臣。"沛公曰:"君为我呼入。吾得兄事之。"张良出要项伯。项伯即入见沛公。沛公奉卮酒为寿,约为婚姻。曰:"吾入关,秋豪不敢有所近。籍吏民封府库,而待将军。所以遣将守关者,备他盗之出入与非常也。日夜望将军至。岂敢反乎?愿伯具言臣之不敢倍德也。"项伯许诺。谓沛公曰:"旦日不可不蚤自来谢项王。"沛公曰:"诺。"注5 于是项伯复夜去至军中,具以沛公言报项王。因言:"沛公不先破关中,公岂敢入乎?今人有大功,而击之不义也。不如因善遇之。"项王许诺。沛公旦日从百余骑来见项王,至鸿门谢曰:"臣与将军戮力而攻秦。将军战河北,臣战河南。然不自意能先入关破秦,得复见将军于此。今者有小人之言。令将军与臣有郤。"项王曰:"此沛公左司马曹无伤言之。不然籍何以至此?"项王即日因留沛公,与饮。项王、项伯东向坐,亚父南向坐。亚父者范增也。沛公北向坐,张良西向侍。范增数目项王,举所佩玉玦以示之者三。项王默然不应。范增起,出召项庄。谓曰:"君王为人不忍,若入前为寿。寿毕请以剑舞,因击沛公于坐杀之。不者,若属皆且为所虏。"庄则入为寿。寿毕曰:"君王与沛公饮。军中无以为乐。请以剑舞。"项王曰:"诺。"项庄拔剑起舞。项伯亦拔剑起舞。常以身翼蔽沛公。庄不得击。于是张良至军门见樊哙。樊哙曰:"今日之事何如?"良曰:"甚急。今者项庄拔剑舞。其意常在沛公也。"哙曰:"此迫矣。臣请入与之同命。"哙即带剑拥盾入军门。交戟之卫士,欲止不内。樊哙侧其盾以撞。卫士仆地。哙遂入,披帷西向立,瞋目视项王,头发上指,目眦尽裂。项王按剑而跽曰:"客何为者?"张良曰:"沛公之参乘樊哙者也。"项王曰:"壮士!赐之卮酒。"则与斗卮酒,哙拜谢,起立而饮之。项王曰:"赐之彘肩。"则与一生彘肩。樊哙覆其盾于地,加彘肩上,拔剑切而啗之。项王曰:"壮士!能复饮乎?"樊哙曰:"臣死且不避。卮酒安足辞?夫秦王有虎狼之心。杀人如不能举。刑人如恐不胜。天下皆叛之。怀王与诸将约曰：'先破秦入咸阳者王之。'今沛公先破秦入咸阳。豪毛不敢有所近。封闭宫室，还军霸上，以待大王来。故遣将守关者，备他盗出入与非常也。劳苦而功高如此。未有封侯之赏。而听细说欲诛有功之人。此亡秦之续耳。窃为大王不取也。"项王未有以应。曰："坐。"樊哙从良坐。坐须臾，沛公起如厕。因招樊哙出。沛公已出。项王使都尉陈平召沛公。沛公曰："今者出，未辞也。为之奈何？"樊哙曰："大行不顾细谨。大礼不辞小让。如今人方为刀俎，我为鱼肉。何辞为？"于是遂去。乃令张良留谢。良问曰："大王来何操？"曰："我持白璧一双，欲献项王。玉斗一双，欲与亚父。会其怒不敢献。公为我献之。"张良曰："谨诺。"当是时项王军在鸿门下，沛公军在霸上。相去四十里。沛公则置车骑。脱身独骑，与樊哙、夏侯婴、靳彊、纪信等。四人持剑盾，步走，从郦山下，道芷阳间行。沛公谓张良曰："从此道至吾军，不过二十里耳。度我至军中，公乃入。"沛公已去，间至军中。张良入谢曰："沛公不胜桮杓，不能辞。谨使臣良奉白璧一双，再拜献大王足下。玉斗一双，再拜奉大将军足下。"项王曰："沛公安在？"良曰："闻大王有意督过之，脱身独去。已至军矣。"项王则受璧置之坐上。亚父受玉斗置之地，拔剑撞而破之曰："唉！竖子不足与谋。夺项王天下者，必沛公也，吾属今为之虏矣。"沛公至军，立诛杀曹无伤。《项羽本纪》。

项籍之引兵西至新安，又使布等夜击，阬章邯秦卒二十余万人。至关不得入。又使布等先从间道破关下军。遂得入至咸阳。布常为军锋。《黥布列传》。

项羽至鸿门下，欲击沛公。项伯乃夜驰入沛公军，私见张良，欲与俱去。良曰："臣为韩王送沛公。今事有急，亡去不义。"乃具以语沛公。沛公大惊曰："为将奈何？"良曰："沛公诚欲倍项羽邪？"沛公曰："鲰生教我，距关无内诸侯。秦地可尽王。故听之。"良曰："沛公自度，能卻项羽乎？"沛公默然。良久曰："固不能也。今为奈何？"良乃固要项伯。项伯见沛公。沛公与饮为寿，结宾婚。令项伯具言沛公不敢倍项羽。所以距关者，备他盗也。及见项羽后解。语在项羽事中。《留侯世家》。

（张良）解上与项羽之郄。（项伯缠）兵初起，与诸侯共击秦，为楚左令尹。汉王与项羽有郄于鸿门，项伯缠解难。《高祖功臣侯者年表》。

项羽在戏下，欲攻沛公。沛公从百余骑，因项伯面见项羽，谢无有闭关事。项羽既飨军士。中酒，亚父谋欲杀沛公。令项庄拔剑舞坐中，欲击沛公。项伯常肩蔽之。时独沛公与张良得入坐。樊哙在营外，闻事急，乃持铁盾入到营。营卫止哙。哙直撞入，立帐下。项羽目之，问为谁。张良曰："沛公参乘樊哙。"项羽曰："壮士。"赐之卮酒彘肩。哙既饮酒，拔剑切肉，食尽之。项羽曰："能复饮乎？"哙曰："臣死且不辞。岂特卮酒乎？且沛公先入定咸阳，暴师霸上，以待大王。注6 大王今日至，听小人之言，与沛公有隙。臣恐天下解，心疑大王也。"项羽默然。沛公如厕，麾樊哙去。既出。沛公留车骑，独骑一马，与樊哙等四人步从。从间道山下归走霸上军。而使张良谢项羽。项羽亦因遂已无诛沛公之心矣。是日微樊哙奔入营谯让项羽，沛公事几殆。《樊郦滕灌列传》。

　　项羽遂西屠烧咸阳秦宫室，所过无不残破。秦人大失望。然恐，不敢不服耳。

　　项羽使人还报怀王。怀王曰："如约。"项羽怨怀王不肯令与沛公俱西入关，而北救赵，后天下约①，乃曰："怀王者，吾家项梁所立耳。非有功伐。何以得主约？本定天下，诸将及籍也。"②乃佯尊怀王为义帝，实不用其命③。

　　① 正义 怀王初约，先入咸阳者王之，令羽北救赵，故失约在后也。

　　② 考证 梁玉绳曰：项梁当作武安君。说在《项纪》。愚按，《汉书》删项梁二字。

　　③ 考证 秘阁本，佯作详。《汉书》作阳。

　　高帝纪　沛公归数日，羽引兵西屠咸阳，杀秦降王子婴，烧秦宫室，所过无不残灭，秦民大失望。羽使人还报怀王，怀王曰："如约。"羽怨怀王不肯令与沛公俱西入关而北救赵，后天下约。乃曰："怀王者，吾家所立耳，非有功伐，何以得专主约！本定天下，诸将与籍也。"春正月，阳尊怀王为义帝，实不用其命。

　　相关史料　（二世三年）诸侯入秦，（子）婴降，为项羽所杀。《六国年表》。子婴立月余，诸侯诛之。遂灭秦。《秦本纪》。

（子婴降沛公）居月余，诸侯兵至，项籍为从长，杀子婴及秦诸公子宗族，遂屠咸阳，烧其宫室，虏其子女，收其珍宝货财，诸侯共分之。灭秦之后，各分其地为三，名曰雍王、塞王、翟王，号曰三秦。项羽为西楚霸王，主命分天下王诸侯，秦竟灭矣。后五年，天下定于汉。《秦始皇本纪》。

居数日。项羽引兵西屠咸阳，杀秦降王子婴，烧秦宫室。火三月不灭。收其货宝妇女而东。《项羽本纪》。

伯翳之后，至周平王时封为秦，项羽灭之。《陈杞世家》。

明日，项羽入屠咸阳，立沛公为汉王。《樊郦滕灌列传》。

正月，项羽自立为西楚霸王，王梁、楚地九郡，都彭城①。负约更立沛公为汉王②，王巴、蜀、汉中③。都南郑④。三分关中，立秦三将：章邯为雍王，都废丘⑤；司马欣为塞王⑥，都栎阳⑦；董翳为翟王，都高奴⑧。楚将瑕丘申阳为河南王，都洛阳⑨。赵将司马卬为殷王，都朝歌⑩。赵王歇徙王代。赵相张耳为常山王，都襄国。当阳君黥布为九江王，都六⑪。怀王柱国共敖为临江王，都江陵⑫。番君吴芮为衡山王，都邾⑬。燕将臧荼为燕王，都蓟。故燕王韩广徙王辽东。广不听。臧荼攻杀之无终⑭。封成安君陈馀河间三县，居南皮。封梅鋗十万户⑮。

① 正义 崔浩云："史官以正月纪四时，故书正月也。"荀悦云："先春后正月也。"颜师古云："凡此诸月号，皆太初正历之后，记事者追改之，非当时本称也。以十月为岁首，即以十月为正月。今此正月，当时谓之四月也。他皆放此。" 考证 中井积德曰：秦特以十月为岁首耳，其月数用夏正，而汉初沿之也，非追改。颜说非也。愚按，正月即建寅之月也。王引之举十八证辩之，说在《读书杂志》四卷。梁玉绳曰：正月，当在佯尊怀王上，命字下，当书二月。《汉》纪、表与《月表》可证。 项羽本纪考证 （王九郡）项羽王梁楚九郡，史、汉皆不详其目，

注家亦略。陈仁锡云：泗川、砀、薛、东海、临淮、彭城、广陵、会稽、鄣九郡。梁玉绳驳之云：临淮郡，汉武帝元狩六年置；彭城郡，宣帝地节元年置；广陵国非郡，武帝元狩五年更江都国为广陵，中间郡止三年；鄣郡之置，未知何时，秦无鄣郡，岂羽置之耶。全祖望云：秦于楚地置十郡，项王以汉中封高祖，九江封英布，南郡封共敖，以长沙为义帝都，而自得东海、泗水、薛、会稽、南阳、黔中。秦于梁地置三郡，项王以河东封魏豹，而自得砀、东郡，凡得郡八，据《史记》益以楚郡，适得九郡之目。梁玉绳又驳之云：秦无楚郡，恐是误会《楚世家》之文。南阳、黔中，中隔数国，岂能遥属于楚。姚萧云：九郡盖为砀、东郡、陈、泗川、东海、南阳、鄣、会稽。砀与东郡，故梁地也；自陈以东，故楚地也。故曰王梁楚，大抵西界故韩，东至海；北界，上则距河，下则距泰山；南界，上则距淮，下则包逾江东，因天下之膏腴平壤矣。梁玉绳既论南阳不在九郡之数，秦亦无陈郡，姚说未可以为是。钱大昕曰：史称九郡，据当时分置郡名数之也。九郡者，泗水也，东阳也，东海也（即郯郡），砀也，薛也，鄣也，吴也，会稽也，东郡也。梁玉绳从之，而张茂炯驳之云：吴、会稽者，顺帝永建二年始分两郡，汉初安得有是名。梁楚之地，除长沙奉义帝，河东封魏豹，河内封司马卬，河南封瑕丘申阳，南郡封共敖，江夏封吴芮，汉中封沛公，九江、六安封英布，所余有陈留、汝南、颍川、山阳、济阴、零阳、桂阳、武陵、泗水、东海、会稽、丹阳、豫章、庐江、广陵、临淮十六郡。而汝南、桂阳、武陵、豫章，皆高帝置；陈留、零阳、临淮，皆武帝置；山阳、济阴，景帝始别为国，楚汉之间尚无是名。惟颍川、泗水（即沛）、郯（即东海）、会稽、鄣（即丹阳）、淮南（即庐江）、东阳（即广陵）、砀（即梁国）、薛（即鲁国），是为九郡，于谊方允。愚按，颍川，韩国，此时韩王成尚在，亦非梁、楚地。张说未确，姑录诸说以存疑。项羽本纪正义《货殖传》云：淮以北，沛、陈、汝南、南郡为西楚也。彭城以东，东海、吴、广陵，为东楚也。衡山、九江、江南豫章、长沙为南楚。孟康云：旧名江陵为南楚，吴为东楚，彭城为西楚。项羽本纪考证中井积德曰：此西楚其自号也。则地域任其所取，不得据《货殖传》作解。钱大昕曰：据《货殖传》，似彭城是东楚非西楚。羽既都彭城，而东有吴、会稽诸郡，乃以西楚为号者，羽兼有梁楚地，梁在楚西，言西楚，则梁地亦兼其中矣。又据彼传，三楚之分，大率以淮为界，淮北为西楚，淮南为南楚，唯东楚跨淮南北，吴、广陵在淮之南，东海在淮之北，彭城亦在淮北，介乎东西之间。

故彭城以西可称西楚,彭城以东可称东楚也。[新注]据《月表》,至三月仍然是义帝都彭城。项羽都彭城应是四月后的事。西楚,或当作楚西解,以楚摄西。项羽居彭城,西控梁地韩地。

② [正义]梁州本汉中郡,以汉水为名。

③ [集解]徐广曰:三十二县。[考证]张文虎曰:《集解》三十二县,旧刻作四十二县,《汉书》云四十一县,《汉纪》同。据《汉志》,汉中郡十二县,蜀郡十五县,巴郡十一县,则共三十八县。

④ [考证]南郑,陕西汉中府治。

⑤ [正义]以岐州雍县为名。[新注]废丘,在今陕西省兴平市境内。雍国,辖有陇西、北地两郡。其境相当于今陕西旬邑、咸阳、户县以西,秦岭以北,甘肃东部及宁夏南部地区。

⑥ [正义]塞,先代反。韦昭云:"在长安东,名桃林塞。"按桃林塞,今华州潼关也。颜师古云:"取河华之固为阨塞耳,非桃林。"[新注]塞国,其辖境相当于今河南灵宝以西、陕西丹江上游及西安以东渭河下游地区。

⑦ [索隐]因葬太上皇改曰万年。[新注]栎阳,古县名,今陕西省今西安市阎良区武屯镇官庄村与古城屯村之间。

⑧ [正义]文颖云:本上郡,秦所置,项羽以董翳为王,更名曰翟也。[新注]翟国,辖境相当于今陕西北部地区。

⑨ [正义]在黄河之南,故曰河南,即今河南府。[新注]河南国,辖境相当于今河南中间伊、洛流域地。

⑩ [正义]以商帝盘庚国殷中之地,改商为殷,在相州安阳县,即北蒙殷墟,南去朝歌百三十六里,故号殷王,都朝歌。[新注]朝歌,位于河南省北部的淇县。殷国,其辖境相当今河南内黄、滑县、新乡以西、黄河以北地区。

⑪ [索隐]韦昭云:"当阳,南郡县名。"《地理志》云:"六县属六安国。"[新注]九江国,辖境相当于今安徽淮河以南大部及江西全境。

⑫ [正义]孟康云"本南郡,改为临江国"是也。[新注]临江国,辖境相当于今湖北大部、湖南全境和贵州东北部地区。

⑬ 索隐《太康地理志》云：楚灭邾，迁其人于江南，因名县也。新注衡山国，辖境约在今鄂、豫、皖界大别山周围地区。《楚汉诸侯疆域志》卷三引张晏注云：汉元年项羽立芮为衡山王。后又夺之地，谓之番君，是以曰故。按衡山王都邾。邾在汉属江夏郡。秦属九江郡。《汉书·地理志》，六安国，故楚。高帝元年别为衡山国。五年属淮南。武帝元狩二年，别为六安国。县五。而六又为英布所都。则是羽初封芮时，仅六安国之四县，及江夏郡之一县也。

⑭ 考证梁玉绳曰：燕王臧荼攻杀辽东王韩广，在八月。此并书十二月分封时，非也。新注无终，在今天津蓟县。辽东国，辖境相当于今辽宁大部、河北东北部和内蒙古赤峰以南地区。汉元年诸侯相王时，其地属韩广。都无终。同年，原燕将臧荼击杀韩广，其地并入燕。燕国，臧荼所封国。其地或有上谷、渔阳、右北平郡。并辽东后，约有今河北北部、辽宁西南部及山西东北角。据考，燕都为蓟，无终亦为蓟，绝无两个国家之都在一个地方之理。因韩广拒绝分封方案迁辽东，所以其死难之地极可能就在当地，而不是在辽东国之都。

⑮ 考证梅鋗，番君之将，见上。新注番君之将梅鋗，秦二世三年八月助沛公入武关者。

高帝纪 二月，羽自立为西楚霸王，王梁、楚地九郡，都彭城。背约，更立沛公为汉王，王巴、蜀、汉中四十一县，都南郑。三分关中，立秦三将，章邯为雍王，都废丘；司马欣为塞王，都栎阳；董翳为翟王，都高奴。楚将瑕丘申阳为河南王，都洛阳。赵将司马卬为殷王，都朝歌。当阳君英布为九江王，都六。怀王柱国共敖为临江王，都江陵。番君吴芮为衡山王，都邾。故齐王建孙田安为济北王。徙魏王豹为西魏王，都平阳。徙燕王韩广为辽东王。燕将臧荼为燕王，都蓟。徙齐王田市为胶东王。齐将田都为齐王，都临菑。徙赵王歇为代王。赵相张耳为常山王。汉王怨羽之背约，欲攻之，丞相萧何谏，乃止。

相关史料 （汉元年正月）义帝元年，诸侯尊怀王为义帝。（考证表以义帝接秦，升第一格。各本误占二格，今并。此下分国，各本淆混，与前《月表》不相当。今并改正。又既书元年，不得复续前计《月表》。当后人妄增。） 项籍自立为西楚霸王。 分（楚）为衡山。 分（楚）为临江。 分（楚）为九江。

（赵）更名为常山。　分（赵）为代。　（齐）更名为临菑。　分（齐）为济北。分（齐）为胶东。　（汉）正月考证案，前表已书分关中为四。则此亦当如楚赵齐魏燕韩例，书分为汉分为雍分为塞分为翟可矣。关中字疑衍。）　分关中为雍。　分关中为塞。　分关中为翟。　燕。　分（燕）为辽东。　（魏）更为西魏。　分（魏）为殷。　韩。　分（韩）为河南。《秦楚之际月表》。

人或说项王曰："关中阻山河四塞。地肥饶，可都以霸。"项王见秦宫室皆以烧残破，又心怀思欲东归。曰："富贵不归故乡，如衣绣夜行。谁知之者？"说者曰："人言楚人沐猴而冠耳。果然。"项王闻之烹说者。项王使人致命怀王。怀王曰："如约。"乃尊怀王为义帝。项王欲自王，先王诸将相。谓曰："天下初发难时，假立诸侯后以伐秦。然被坚执锐首事，暴露于野三年，灭秦定天下者，皆将相诸君与籍之力也。义帝虽无功，故当分其地而王之。"诸将皆曰："善。"乃分天下立诸将为侯王。项王、范增疑沛公之有天下。业已讲解，又恶负约，恐诸侯叛之，乃阴谋曰：巴、蜀道险。秦之迁人皆居蜀。乃曰："巴、蜀亦关中地也。"故立沛公为汉王，王巴、蜀、汉中，都南郑。而三分关中，王秦降将以距塞汉王。项王乃立章邯为雍王，王咸阳以西，都废丘。长史欣者，故为栎阳狱掾。尝有德于项梁。都尉董翳者，本劝章邯降楚。故立司马欣为塞王，王咸阳以东至河，都栎阳。立董翳为翟王，王上郡，都高奴。徙魏王豹为西魏王，王河东，都平阳。瑕丘申阳者，张耳嬖臣也。先下河南郡，迎楚河上。故立申阳为河南王，都雒阳。韩王成因故都，都阳翟。赵将司马卬定河内，数有功。故立卬为殷王，王河内，都朝歌。徙赵王歇为代王。赵相张耳素贤，又从入关。故立耳为常山王，王赵地，都襄国。当阳君黥布，为楚将，常冠军。故立布为九江王，都六。鄱君吴芮，率百越佐诸侯，又从入关。故立芮为衡山王，都邾。义帝柱国共敖，将兵击南郡功多。因立敖为临江王，都江陵。徙燕王韩广为辽东王。燕将臧荼，从楚救赵，因从入关。故立荼为燕王，都蓟。徙齐王田巿为胶东王。齐将田都，从共救赵，因从入关。故立都为齐王，都临菑。故秦所灭齐王建孙田安，项羽方渡河救赵，田安下济北数城，引其兵降项羽。故立安为济北王，都博阳。田荣者，数负项梁，又不肯将兵从楚击秦，以故不封。成安君陈馀，弃将印去，不从入关。然素闻其贤有功于赵，闻其在南皮，故因环封三县。番君将梅鋗，功多。故封十万户侯。项王自立为西楚霸王，王九郡，都彭城。《项羽本纪》。

（张良）为汉王请汉中地。《高祖功臣侯者年表》。

汉元年

汉元年正月,沛公为汉王。王巴、蜀。汉王赐良金百溢,珠二斗。良具以献项伯。汉王亦因令良厚遗项伯,使请汉中地。项王乃许之。遂得汉中地。《留侯世家》。

项王封诸将。立布为九江王。都六。《黥布列传》。

项羽既存赵,降章邯等,西屠咸阳灭秦,而立侯王也,乃徙齐王田市,更王胶东,治即墨。齐将田都从共救赵,因入关。故立都为齐王,治临淄。故齐王建孙田安,项羽方渡河救赵,田安下济北数城,引兵降项羽。项羽立田安为济北王,治博阳。田荣以负项梁,不肯出兵助楚、赵攻秦,故不得王。赵将陈馀亦失职不得王。二人俱怨项王。《田儋列传》。

汉元年,项羽封诸侯,欲有梁地。乃徙魏王豹于河东,都平阳,为西魏王。《魏豹彭越列传》。

(汉元年二月 义帝)徙都江南郴。注7(考证羽徙义帝在四月)。 西楚王伯项籍始,为天下主命,立十八王。(考证王伯当作霸王)。 (衡山)王吴芮始,故番君。(考证十八王皆以始王之月为一月。其先已立国,如赵歇齐市燕广魏豹韩成。承前月为数,不书一月。盖以历月多少别其享国之久近)。(临江)王共敖始,故楚柱国。 (九江)王英布始,故楚将。 (常山)王张耳始,故楚将。(索隐故赵相。) (代)王赵歇始,故赵王。(索隐赵歇前为赵王已二十六月,今从王代之二月,故云二十七月。其胶东王市之前为齐王十九月,韩广、魏豹、韩成五人并先为王,已经多月,故因旧月而数也。) (齐)王田都始,故齐将。 (济北)王田安始,故齐将。 (胶东)王田市始,故齐王。 汉王始,故沛公。 (雍)王章邯始,故秦将。 (塞)王司马欣始,故秦将。(索隐故秦长史。) (翟)王董翳始,故秦将。(索隐故秦都尉。) (燕)王臧荼始,故燕将。 (辽东)王韩广始,故燕王。 (西魏)王魏豹始,故魏王。 (殷)王司马卬始,故赵将。 (韩)王韩成始,故韩将。(索隐故韩王。) (河南)王申阳始,故楚将。(考证申阳故赵将也)。《秦楚之际月表》。

汉元年二月,项羽立诸侯王。张耳雅游。人多为之言。项羽亦素数闻张耳贤。乃分赵,立张耳为常山王,治信都。信都更名襄国。陈馀客多说项羽曰:"陈馀、张耳,一体有功于赵。"项羽以陈馀不从入关,闻其在南皮,即以南皮旁三县以封之。而徙赵王歇王代。《张耳陈馀列传》。

(汉元年三月 义帝)都彭城。 (衡山王吴芮)都邾。 (西楚霸王项羽)都江都。注8 （临江王共敖）都江陵。 （九江王英布）都六。 （常山王张耳）都襄国。 （代王赵歇）都代。 （齐王田都）都临淄。 （济北王田安）都博阳。 （胶东王田市）都即墨。 （汉王刘邦）都南郑。 （雍王章邯）都废丘。（塞王司马欣）都栎阳。 （翟王董翳）都高奴。 （燕王臧荼）都蓟。 （辽东王韩广）都无终。注9 （西魏王魏豹）都平阳。 （殷王司马卬）都朝歌。 （韩王韩成）都阳翟。(新注原表无韩王成,当佚。索隐称项羽不令就国,当以阳翟为都。) （河南王申阳）都洛阳。《秦楚之际月表》。

（邵侯黄极中）以故群盗长临江将。（义陵侯吴程）以长沙柱国侯。（离侯邓弱）失此侯所起及所绝(索隐案《楚汉春秋》亦阙。《汉表》成帝时,光禄大夫滑堪日旁占验曰,邓弱以长沙将兵侯。是为所起也)。《高祖功臣侯者年表》。

初,诸侯相与约,先入关破秦者王其地。沛公既先定秦。项羽后至,欲攻沛公,沛公谢之得解。羽遂屠烧咸阳,与范增谋曰:"巴、蜀道险,秦之迁民皆居蜀。"乃曰:"蜀、汉亦关中地也。"故立沛公为汉王,而三分关中地,王秦降将,以距汉王。汉王怒,欲谋攻项羽。周勃、灌婴、樊哙皆劝之。何谏之曰:"虽王汉中之恶,不犹愈于死乎?"汉王曰:"何为乃死也?"何曰:"今众弗如,百战百败,不死何为? 周书曰:天予不取,反受其咎。语曰:天汉。其称甚美。夫能诎于一人之下,而信于万乘之上者,汤武是也。臣愿大王王汉中,养其民以致贤人。收用巴、蜀,还定三秦,天下可图也。"汉王曰:"善。"乃遂就国。《萧何曹参传》。注10

四月,兵罢戏下①。诸侯各就国。汉王之国。项王使卒三万人从。楚与诸侯之慕从者数万人,从杜南②,入蚀中③。去辄烧绝栈道④。以备诸侯盗兵袭之,亦示项羽无东意。至南郑。诸将及士卒,多道亡归,士卒皆歌思东归⑤。韩信说汉王曰⑥:"项羽王诸将之有功者,而王独居南郑。是迁也⑦。军吏士卒,皆山东之人也。日夜跂而望归⑧。及其锋而用之,可以有大功。天下已定,人皆自宁,不可复用。不如决策东乡,争权天下。"⑨

① 正义 戏,音麾。许慎注《淮南子》云:"戏,大旗也。" 考证 戏下又见《羽纪》。项羽本纪考证 张茂炯曰:上文遂至戏西,乃指戏水而言。此时军既过戏,固不当仍训戏水。《说文》,戏,三军之偏也。谓军所驻之一面也。诸侯从(项)羽入关,亦如前年吕臣军彭城东,项羽军彭城西,沛公军砀,各驻一偏。至此乃各散去,故云罢戏下,各就国也。《项籍传》,戏下骑从者八百余人;《韩信传》居戏下,无所知名;《灌夫传》,驰入其军至戏下。凡言戏下,皆谓偏伍之下也。新注《官本汉书考证》引顾炎武曰:注引一说云,时从项羽在戏水之上。此说为是。盖羽入咸阳,而诸侯自留军戏下耳。他处固有以戏为麾者,但云罢麾下,似不成文。

② 正义 韦昭云:"杜,今陵邑。"《括地志》云:"杜陵故城,在雍州万年县东南十五里。汉杜陵县,宣帝陵邑也,北去宣帝陵五里。《庙记》云:故杜伯国。" 考证 杜南,陕西西安府咸宁县东南。

③ 集解 李奇曰:"蚀,音力,在杜南。"如淳曰:"蚀,入汉中道川谷名。" 索隐 李奇音力,孟康音食。王劭按,《说文》作"䗡",器名也。地形似器,故名之。音力也。 考证 胡三省《通鉴注》引程大昌《雍录》云,以地望求之,关中南面皆碍南山。其有微径可达汉中者,唯子午谷。在长安正南,其次向西则骆谷。此蚀中,若非骆谷,即是子午谷。《通鉴地理今释》云:子午谷,今陕西西安府长安县。骆谷,今西安府盩厔县。 新注 盩厔,今作周至。

④ 索隐 按系家,是用张良计也。栈道,阁道也。音士谏反。包恺音士版反。崔浩云:险绝之处,傍凿山岩,而施版梁为阁。

⑤ 考证 林伯桐曰:高祖为汉王,楚与诸侯之慕从者数万人,可谓得人和矣。然至南郑,而诸将及士卒多道亡归,何耶?意此为项王所使之卒,故思归耶。

⑥ 集解 徐广曰:韩王信,非淮阴侯信也。 考证《韩王信传》云:韩信从入汉中,乃说汉王曰:项王王诸将,而王独远居此,此左迁也。士卒皆山东人,跂

而望归。及其锋东向，可以争天下。汉王还定三秦。其言略同此纪。即韩信，韩王信，非淮阴侯信。徐说所据。而《淮阴侯传》云：信拜大将，谓汉王曰：于诸侯之约，大王当王关中。大王失职入汉中，秦民无不恨者。今大王举而东，三秦可传檄而定也。又曰：以义兵从思东归之士，何所不散。与此纪异文同事。下文汉王用韩信之计，正斥是而言。《汉书高纪》亦以为淮阴事。中井积德曰：韩王信骁将已，谋略非其所长。《韩王信传》以此为韩王语，史迁偶误耳。《汉书》亦沿之。顾炎武曰：以同姓名而误。愚按，下文云，立韩太尉信为韩王，亦见此韩信非韩王信。新注《考证》引用昔儒语，多以为此韩信为淮阴侯韩信，但尚不足以推翻徐广的意见。韩王信入关时只是普通的韩将，倘若没有进言之功，或不得当略韩地之大任。以刘邦在汉中的处境，凡有识之士，多能得出东进的结论，此所谓"英雄所见略同"。或由于两韩信姓名相同，进言的内容与时间相近，在记入史册时混淆了倒是有可能的。估计韩王信进言在淮阴侯信之前。因为刘邦部的逃亡事件并非到七月始发生。宋人王益之《西汉年纪考异》曰："《汉书帝纪》以为淮阴之言。按其辞与《韩王信传》所载韩王信说汉王语合。兼《史记帝纪》亦不载登坛拜将事，徐广以为韩王信，是也，今从之。按《楚汉春秋》韩王本名信都，刘氏《史通》及小颜《功臣表》俱引之。'信'通作'申'，与韩信之'信'有别。司马迁削去'都'字，班掾因读去声，混作淮阴侯名，而附入拜将一节，《考异》所辨甚当。"

⑦ 集解 韦昭曰：若有罪见迁徙。

⑧ 正义 跂，音丘赐反。《说文》云："跂，举踵也。"司马彪云："跂，望也。"

⑨ 考证 秘阁本，策作筴。

高帝纪 夏四月，诸侯罢戏下，各就国。羽使卒三万人从汉王，楚子、诸侯人之慕从者数万人，从杜南入蚀中。张良辞归韩，汉王送至褒中，因说汉王烧绝栈道，以备诸侯盗兵，亦视项羽无东意。

汉王既至南郑，诸将及士卒皆歌讴思东归，多道亡还者。韩信为治粟都尉，亦亡去。萧何追还之，因荐于汉王，曰："必欲争天下，非信无可与计事者。"于是汉王齐戒设坛场，拜信为大将军，问以计策。信对曰："项羽背约而王君王于南郑,是迁也。吏卒皆山东之人,日夜企而望归,及其锋而用之,可以有大功。天下已定,民皆自宁,不可复用。不如决策东向。"因陈羽可图、三秦易并之计。汉王大说,遂听信策,部署诸将。留萧何收巴、蜀租,给军食。

相关史料 （汉元年四月）诸侯罢戏下兵,皆之国。《秦楚之际月表》。

（高皇帝元年）春,沛公为汉王,之南郑。《汉兴以来将相名臣年表》。

汉之元年四月,诸侯罢戏下,各就国。《项羽本纪》。

汉元年四月,诸侯皆罢戏下,各就国。《黥布列传》。

汉王之国。良送之褒中。遣良归韩。良因说汉王曰:"王何不烧绝所过栈道,示天下无还心,以固项王意。"乃使良还,行烧绝栈道。良至韩。韩王成以良从汉王故,项王不遣成之国。从与俱东。《留侯世家》。

沛公为汉王。以何为丞相。项王与诸侯屠烧咸阳而去。汉王所以具知天下阸塞,户口多少彊弱之处,民所疾苦者,以何具得秦图书也。何进言韩信。汉王以信为大将军。语在淮阴侯事中。《萧相国世家》。注11

项羽至,以沛公为汉王。汉王封参为建成侯。从至汉中。迁为将军。《曹相国世家》。

项羽至,以沛公为汉王。汉王赐勃爵为威武侯。从入汉中,拜为将军。《绛侯周勃世家》。

淮阴侯韩信者,淮阴人也。始为布衣时,贫无行,不得推择为吏。又不能治生商贾,常从人寄食饮。人多厌之者。常数从其下乡南昌亭长寄食。数月,亭长妻患之。乃晨炊蓐食。食时信往。不为具食。信亦知其意,怒竟绝去。信钓于城下。诸母漂。有一母。见信饥饭信。竟漂数十日。信喜,谓漂母曰:"吾必有以重报母。"母怒曰:"大丈夫不能自食。吾哀王孙而进食。岂望报乎?"淮阴屠中少年,有侮信者。曰:"若虽长大好带刀剑,中情怯耳。"众辱之曰:"信能死刺我。不能死出我袴下。"于是信孰视之,俛出袴下蒲伏。一市人皆笑信以为怯。及项梁渡淮,信杖剑从之,居戏下。无所知名。项梁败。又属项羽。羽以为郎中。数以策干项羽。羽不用。汉王之入蜀,信亡楚归汉,未得知名。为连敖。坐法当斩。其辈十三人皆已斩。次至信。信乃仰视。适见滕公曰:"上不欲就天下乎?何为斩壮士?"滕公奇其言,壮其貌,释而不斩。与语,大说之,言于上。上拜为治粟都尉。上未之奇也。信数与萧何语。何奇之。至南郑,诸将行道亡者数十人。信度何等已数言上,上不我用。即亡。何闻信亡,不及以闻,自追之。人有言上曰:"丞相何亡。"上大怒,如失左右手。居一二日,何来谒上,上且怒且喜,骂何曰:"若亡,何也?"何曰:"臣不敢亡也。臣追亡者。"上曰:"若所追者谁?"何曰:"韩信也。"上复骂曰:"诸将亡者以十数。公无所追。追信诈也。"何曰:"诸将易得耳。至如信者,国士无双。王必欲长王汉中,无所事信。必欲争天下,非信无所与计事者。顾王策安所决耳。"王曰:"吾亦欲东耳。安能郁郁久居此乎?"何曰:"王计必欲东,能用信。信即留。不能用,信终亡耳。"王曰:"吾为公以为将。"何曰:"虽为将,信必不留。"王曰:"以为大将。"何曰:"幸甚。"于是王欲召信拜之。何曰:"王素慢无礼。今拜大将,如呼小儿耳。此乃信所以去也。王必欲拜之,择良日,斋戒,设坛场具礼,乃可耳。"王许之。诸将皆喜。人人各自以为得大将。至拜大将,乃韩信也。一军皆惊。信拜礼毕,上坐。王曰:"丞相数言将军。将军何以教寡人计策?"信谢。因问王曰:"今东乡争权天下,岂非项王邪?"汉王曰:"然。"曰:"大王自料勇悍仁彊,孰与项王?"汉王默然良久曰:"不如也。"信再拜贺曰:"惟信亦为大王不如也。然臣尝事之。请言项王之为人也。项王喑噁叱咤,千人皆废,然不能任属贤将。此特匹夫之勇耳。项王见人恭敬慈爱,言语呕呕,人有疾病,涕泣分食饮。至使人有功,当封爵者,印刓敝,忍不能予。此所谓妇人之仁也。项王虽霸天下而臣诸侯,不居关中,而都彭城,有背义帝之约,而以亲爱王诸侯,不平。诸侯之见项王迁逐义帝置江南,亦皆归逐其主,而自王善地。^{注12}项王所过,无不残灭者。天下多怨,百姓不亲附。特劫于威彊耳。名虽为霸,实失天下心。故曰其彊易弱。今大王诚能反其道,任天下武勇,何所不诛。以天下城邑封功臣,何所不服。以义兵从思东归之士,何所不散。且三秦王为秦将,将秦子弟数岁矣。所杀亡不可胜计。又欺其众降诸侯。至新安,项王诈阬秦降卒二十余万,唯独邯、欣、翳得脱。秦父兄怨此三人,痛入骨髓。今楚彊以威王此三人。秦民莫爱也。大王之入武关,秋毫无所害,除秦苛法,与秦民约法三章耳。秦民无不欲得大王王秦者。于诸侯之约,大王当王关中。关中民咸知之。大王失职入汉中。秦民无不恨者。今大王举而东,三秦可传檄而定也。"于是汉王大喜,自以为得信晚。遂听信计,部署诸将所击。《淮阴侯列传》。

韩王信者,故韩襄王孽孙也。长八尺五寸。及项梁之立楚后怀王也,燕、齐、赵、魏皆已前王,唯韩无有后。故立韩诸公子横阳君成为韩王,欲以抚定韩故地。项梁败死定陶,成奔怀王。沛公引兵击阳城,使张良以韩司徒降下韩故地。得信以为韩将。将其兵从沛公入武关。沛公立为汉王。韩信从入汉中。乃说汉王曰:"项王王诸将近地,而王独远居此。此左迁也。士卒皆山东人。跂而望归。及其锋东乡,可以争天下。"《韩信卢绾列传》。

汉王赐(樊)哙爵为列侯,号临武侯。迁为郎中。从入汉中。项羽灭秦,立沛公为汉王。汉王赐(郦)商爵信成君。项羽至,灭秦,立沛公为汉王。汉王赐(夏侯)婴爵列侯,号昭平侯。复为太仆,从入蜀、汉。沛公立为汉王。拜(灌)婴为郎中。从入汉中。十月拜为中谒者。《樊郦滕灌列传》。

沛公立为汉王,(张苍)入汉中,还定三秦。沛公立为汉王。以周苛为御史大夫,周昌为中尉。《张丞相列传》。

从至霸上。沛公立为汉王。汉王赐(傅)宽封号共德君。从入汉中,迁为右骑将。至霸上。沛公立为汉王。赐(靳)歙爵建武侯。迁为骑都尉。(周緤)至霸上,西入蜀、汉。还定三秦,食邑池阳。《傅靳蒯成列传》。

(平阳侯曹参)(复阳侯陈胥)以将军入汉。(信武侯靳歙)(舞阳侯樊哙)(贳侯吕)(海阳侯摇毋馀)(故城侯尹恢)(绛阳侯华无害)(故市侯阎泽赤)(蒯成侯周緤)(高胡侯陈夫乞)(厌次侯元顷)(棘阳侯杜得臣)(猗氏侯陈遫)(甯侯魏选)(中牟侯单父圣)(鄢陵侯朱濞)(梁邹侯武儒)(安国侯王陵)(高苑侯丙倩)(襄平侯纪通父纪成)入汉。(周昌侯吕泽)入汉为侯。(酂侯萧何)从入汉,为丞相。(建成侯吕释之)汉王入汉,而释之还丰沛,奉卫吕宣王、太上皇。(清阳侯王吸)为骑郎将入汉。(汝阴侯夏侯婴)入汉中。(广陵侯召欧)为连敖入汉。(隆虑侯周灶)(朝阳侯华寄)以连敖入汉。(广平侯薛欧)为郎中入汉。(平侯沛嘉)(昌武侯单甯)(堂阳侯孙赤)以郎中入汉。(魏其侯周定)以郎中入汉。为周信侯。(煮枣侯赤)别以郎将入汉。(张侯毛泽)以郎将入汉。(宁陵侯吕臣)以郎入汉。(博阳侯陈濞)以刺客将入汉。(颍阴侯灌婴)为昌文君入汉。(成侯董渫)为都尉入汉。(蓼侯孔藂)(费侯陈贺)(斥丘侯唐厉)以左司马入汉。(阳都侯丁复)为楼烦将入汉。(东武侯郭蒙)入汉为越将军。(武彊侯庄不识)(宣曲侯丁义)(纪信侯陈仓)以骑将入汉。(乐成侯丁礼)为骑将入汉。(彭侯秦同)以弩将入汉。(曲成侯蛊逢)为二队将属悼武王入汉。(河阳侯陈涓)(柳丘侯戎赐)(东茅侯刘钊)以二队将入汉。(祝阿侯高邑)以上队将入汉。(淮阴侯韩信)兵初起以卒从项梁。梁死,属项羽为郎中,至咸阳亡,从入汉为连敖典客。(芒侯昭)为武定君入汉。(棘丘侯襄)破秦以治粟内史入汉。(阿陵侯郭亭)以塞疏入汉。(台侯戴野)用队率入汉。(阳河侯)以中谒者从入汉。(柏至侯许温)以说卫入汉。(彊侯留胜)从入汉。(安丘侯张说)五月以执铍入汉。(须昌侯赵衍)以谒者汉王元年初起汉中。(高梁郦疥父食其)以列侯入汉。[鲁侯(母)疵]以舍人从起沛。至咸阳。为郎中入汉。以将军从定诸侯,四千八百户,功比舞阳侯,死事,母代侯。《高祖功臣侯者年表》。

(梧侯阳成延)入汉后为少府。(平定侯齐受)以家车吏入汉。(中邑侯朱通)以执矛从高祖入汉。(松兹侯徐厉)以郎吏入汉。(俞侯吕它父婴)以连敖从高祖破秦入汉。(故安侯申屠嘉)从高祖入汉。《惠景间侯者年表》。

临泗侯吕公,以汉王后父赐号。(汉)元年封。《外戚恩泽侯表》。

高祖为汉王,元年,封吕公为临泗侯。《外戚列传》。

(楚元王刘交)从入蜀汉。《楚元王传》。

(汉王)乃就国,赐曹参爵为建成侯、樊哙为临武侯。张良烧绝栈道,示无还心。良因绝栈道而还于韩。于是沛公遂至南郑。封吕公为临泗侯。《汉纪》卷二。

沔水又东迳沔阳县故城南。城旧言汉祖在汉中,萧何筑也。 汉水又东,右会洋水,川流漫阔,广几晨许。洋水导源巴山东北,流迳平阳城。《汉中记》曰:本西乡县治也。自成固南入三百八十里、距南郑四百八十里。洋川者,汉戚夫人之所生处也。高祖得而宠之。夫人思慕本乡,追求洋川米,帝为驿致长安,蠲复其乡,更名曰县,故又目其地为祥川,用表夫人载诞之休祥也。《水经注·沔水》。

项羽出关,使人徙义帝曰:"古之帝者地方千里,必居

汉元年

上游。"①乃使使徙义帝长沙郴县②，趣义帝行。群臣稍倍叛之。乃阴令衡山王、临江王击之。杀义帝江南③。项羽怨田荣，立齐将田都为齐王。田荣怒，因自立为齐王，杀田都而反楚④。予彭越将军印，令反梁地。楚令萧公角击彭越。彭越大破之⑤。陈馀怨项羽之弗王己也，令夏说说田荣，请兵击张耳⑥。齐予陈馀兵击破常山王张耳。张耳亡归汉。迎赵王歇于代，复立为赵王。赵王因立陈馀为代王。项羽大怒，北击齐。

① 正义 音流。

② 新注 郴县，《考证》误作彬县。《黥布列传》称"义帝，徙都长沙"。此处长沙、郴县并列，亦表明司马迁接触到两个不同的记载，但未作甄别。

③ 正义 趣，音促。项羽本纪考证 洪亮吉曰：义帝徙长沙，道盖出九江、衡山、临江，故羽阴令二王及九江王布杀之。《黥布传》遣将追杀之郴县。二王虽受羽命，而不奉行，故布独遣将击杀耳。使二国欲杀义帝，当其道出衡山、临江时，何以不杀而使之至郴县乎。《布传》从事后实书，故《汉书高本纪》等皆从之。此纪与《高帝纪》本羽之始谋而言，皆史法之可以互见者。赵翼曰：《史记》不立楚怀王心传，殊为缺笔。陈涉已世家矣，项羽已本纪矣。心虽起牧羊，然汉高与项羽尝北面事之。汉高之入关，实奉其命以行；后又与诸侯共尊为义帝，而汉高之击项羽也，为之发丧，则心固当时共主。且其人亦非碌碌不足数者：因项梁败于定陶，即并项羽吕臣军自将之；因宋义识项梁之将败，即拜为上将军；因项羽残暴，即令汉高扶义而西；及汉高先入关，羽以强兵继至，亦居灭秦之功，使人报心，心仍守先入关者王之之旧约，而略不瞻徇；是其智略信义，亦有足称者，非刘圣公辈所可及也，自当专立一传。乃《史记》逸之。岂以其事附见项羽诸传中，故不复叙耶。然律以史法，究未协也。黥布列传考证 崔适曰：《史记》项羽、高祖本纪皆云使衡山王、临江王杀义帝，而此传则云令九江王布等行击义帝。下文随何说布曰，楚兵虽彊，天下负之以不义之名，以其背约

而杀义帝也。若项王实使九江王杀之,则随何当为之讳,盖后人从《汉书》窜入也。颜师古注《高纪》,谓衡山、临江与布同受羽命,欲为《史》《汉》调人,然《汉书》不谓项王使衡山、临江,与《史记》异指,不可强而为一也。

④ 考证 田都走降楚,非为田荣所杀。《项纪》《田儋传》《月表》可证。《汉书》改作走降楚。 田儋列传考证 何焯曰:田荣首难,且连彭越,横又继之,为高祖驱除,功莫先于齐也。刘辰翁曰:一田荣不封,遂生此故。固知立功易,为宰难也。

⑤ 考证 孟康曰:萧公,萧令也。时令皆称公。

⑥ 正义 说,上音悦,下音税。

相关史料 (汉二年十月)项羽灭义帝。《秦楚之际月表》。

项王出之国,使人徙义帝曰:"古之帝者,地方千里,必居上游。"乃使使徙义帝长沙郴县,趣义帝行。其群臣稍稍背叛之。乃阴令衡山、临江王击杀之江中。《项羽本纪》。

项氏立怀王为义帝,徙都长沙。乃阴令九江王布等行击之。其八月,布使将击义帝,追杀之郴县。《黥布列传》。注13

项王封诸将,立(黥)布为九江王。都六,尊怀王为义帝,徙都长沙。乃阴令布击之。布使将追杀之郴。《韩彭英卢吴传》。

(汉元年五月)田荣击(田)都,都降楚。(汉元年六月)齐王田荣始。故齐相。田荣击杀(田)市。(汉元年七月)田荣击杀(田)安。(胶东)属齐。 项羽诛(韩)成。《秦楚之际月表》。

韩王成无军功。项王不使之国。与俱至彭城,废以为侯,已又杀之。臧荼之国。因逐韩广之辽东。广弗听。荼击杀广无终。并王其地。田荣闻项羽徙齐王市胶东,而立齐将田都为齐王,乃大怒,不肯遣齐王之胶东,因以齐反,迎击田都。田都走楚。齐王市畏项王,乃亡之胶东就国。田荣怒追击,杀之即墨。荣因自立为齐王,而西击杀济北王田安,并王三齐。荣与彭越将军印,令反梁地。陈馀阴使张同、夏说说齐王田荣,曰:"项羽为天下宰不平。今尽王故王丑地,而王其臣诸将善地,逐其故主赵王,乃北居代。馀以为不可。闻大王起兵,且不听不义。愿大王资馀兵。请以击常山,以复赵王。请以国为扞蔽。"

齐王许之。因遣兵之赵。陈馀悉发三县兵,与齐并力,击常山大破之。张耳走归汉。陈馀迎故赵王歇于代,反之赵。赵王因立陈馀为代王。是时汉还定三秦。项羽闻汉王皆已并关中且东,齐、赵叛之,大怒。乃以故吴令郑昌为韩王,以距汉。令萧公角等击彭越。彭越败萧公角等。汉使张良徇韩。乃遗项王书曰:"汉王失职,欲得关中如约,即止不敢东。"又以齐、梁反书遗项王。曰:"齐欲与赵并灭楚。"楚以此故无西意。而北击齐。徵兵九江王布。布称疾不往,使将将数千人行。项王由此怨布也。《项羽本纪》。

张耳之国。陈馀愈益怒曰:"张耳与馀功等也。今张耳王。馀独侯。此项羽不平。"及齐王田荣畔楚,陈馀乃使夏说说田荣曰:"项羽为天下宰,不平。尽王诸将善地,徙故王王恶地。今赵王乃居代。愿王假臣兵。请以南皮为扞蔽。"田荣欲树党于赵以反楚。乃遣兵从陈馀。《张耳陈馀列传》。

项王既归,诸侯各就国。田荣使人将兵,助陈馀令反赵地。而荣亦发兵以距击田都。田都亡走楚。田荣留齐王市,无令之胶东。市之左右曰:"项王彊暴。而王当之胶东。不就国必危。"市惧,乃亡就国。田荣怒,追击杀齐王市于即墨。还攻杀济北王安。于是田荣乃自立为齐王,尽并三齐之地。《田儋列传》。

良说项王曰:"汉王烧绝栈道,无还心矣。"乃以齐王田荣反,书告项王。项王以此无西忧汉心。而发兵北击齐。项王竟不肯遣韩王,乃以为侯,又杀之彭城。《留侯世家》。

项籍入关,王诸侯,还归。彭越众万余人,毋所属。汉元年秋,齐王田荣畔项王。汉乃使人赐彭越将军印,使下济阴以击楚。楚命萧公角将兵击越。越大破楚军。《魏豹彭越列传》。注14

项羽起,封(齐王)建孙安为济北王。至汉兴,安失国,齐人谓之王家。因以为氏。《汉书·元后传》。

项籍之封诸王,皆就国。韩王成以不从无功,不遣之国,更封为穰侯。后又杀之。《魏豹田儋韩王信传》。

八月,汉王用韩信之计①。从故道还,袭雍王章邯②。邯迎击汉陈仓③。雍兵败还走,止战好畤④。又复败走废丘⑤。汉王遂定雍地，东至咸阳，引兵围雍王废丘⑥。而遣诸将略定陇西、北地、上郡⑦。令将军薛欧、王吸出武关⑧。因王陵兵南阳⑨，以迎太公、吕后于沛。楚闻之发兵距之阳夏，不得前⑩。令故吴令郑昌为韩王，距汉兵。

① 考证 八月，《汉纪》作五月。梁玉绳曰：汉王定三秦，当依此纪在八月为是。《月表》《淮阴侯传》，皆云八月，《将相名臣表》亦云"秋"也。《汉书》袭雍围废丘于纪在五月，于表在七月，自相抵牾，而均非事实。盖四月罢兵就国，未必逾月即出兵袭雍。《汉书萧何传》言何谏汉王，愿王汉中养其民，以致贤人，收用巴蜀，还定三秦，汉王善之。则是时在汉方暂务休息，宁有坐不暖席，便尔东伐乎。况自戏下罢兵至南郑，自南郑至雍，往返辽远，非旬日可遍者。当是七月起兵，至八月而袭雍也。 新注 淮阴侯韩信在三秦征服中没有留下任何具体记载。

② 集解 《地理志》，武都有故道县。 考证 中井积德曰：故道，元非地名，盖是处旧有秦蜀相通之道，而栈道张良所烧者为今道。今道已烧残不通，故从故道而往也。后世因为县名耳。愚按，汉中府凤县西北。

③ 正义 今岐州县也。 考证 凤翔府宝鸡县东。

④ 集解 孟康曰：時，音止，神灵之所在也，县名，属右扶风。 考证 陕西乾州东。 新注 今陕西乾县。

⑤ 考证 雍王国都，西安府兴平县东。

⑥ 索隐 按荀悦《汉纪》，令樊哙围之。 考证 秘阁本，引作别。

⑦ 考证 陇西，甘肃巩昌兰州秦州。北地，甘肃庆阳宁夏二府及鄜州。上郡，陕西延安府绥德州。 新注 陇西郡，辖境相当今甘肃天水以西及礼县以北之西汉水上游，东乡以东之洮水中游，武山以西之渭水上游地区。上郡，辖境相当于今陕西黄陵、宜川以北，内蒙古伊兰霍洛旗、乌审旗以东，东胜、准葛尔旗以南一带。

⑧ 集解 欧，音恶后反。 索隐 按表，欧以舍人从为将军，封广平侯也。吸

以中涓从,为将军封清阳侯。[新注]这二人的任务未必是迎太公、吕后。根据楚发重兵阻截,可以断言,他们的任务就是汉集团东征的组成部分,汉之东征分两条线——武关线、函谷关线,此即为武关线。据《功臣表》薛欧为郎中入汉,王吸为骑郎将入汉。至此担任开辟另外一条战线的重任,二人的职务似乎过低了。这样重大的军事行动,应该安排一个统帅级别的将领,靳歙、樊哙这样的战将都不合适,而刘邦的合伙人吕泽,正好适合这个任务。《功臣表》称"(周吕侯吕泽)将兵先入砀。汉王之解彭城,往从之"。汉败彭城后,刘邦投奔了人在下邑的吕泽。吕泽就应该是跟王吸他们到下邑的。所以王吸、薛欧所部肯定是一支重兵无疑,其统帅就是吕泽。因日后大臣灭吕氏,吕氏之功就过继给了王吸、薛欧。鉴于安国侯王陵与吕泽的关系,更证明此线的主帅为吕泽。

⑨ [集解]如淳曰:王陵亦聚党数千人,居南阳。[正义]《括地志》云:"王陵故城在商州上洛县南三十一里。《荆州记》云:昔汉高祖入秦,王陵起兵丹水以应之,此城王陵所筑,因名。"[考证]秘阁本,南阳下有也字。[陈丞相世家考证]《汉书》,为王陵别立传。《史记》,附记《陈丞相世家》。齐召南曰:陵之初从,传与表判然不同。据此传,则在汉王还定三秦、率五诸侯伐楚之后。故下文云,陵本无从汉之意也。但《张苍传》,言陵解张苍之厄,乃在沛公初定南阳未入武关以前。何邪?洪颐煊曰:《史》《汉》两表所载侯状俱同,惟安国武侯王陵两表绝异。疑此别是一王陵而史公误合之。全祖望曰:王陵自是聚党定南阳者,未尝从起丰,未尝从至霸上,未尝为汉守丰。《史》表功状之言皆谬。但陵自定南阳,归汉甚早,而不从入关者,盖高祖留以为外援。本传以为不肖属汉,则又非也。陵不属汉,何以能免张苍于死?而次年高祖乃用其兵以迎太公,非陵属汉之明文乎?且陵母之贤,一死以坚陵之从汉矣,则谓陵不肖属汉,高祖恨之,其封独晚,非也。盖汉初功臣位次,第一曰从起丰沛,二曰从入关,三曰从定三秦,而陵之功,皆在三者之后,又无秘策如陈平等,则其晚宜矣。梁玉绳曰:考《张苍传》,陵救张苍,在沛公初定南阳、未入武关之前,而陵之封侯,同在六年,位居十八人中,安得谓陵不肯从汉、及攻羽时始从、以故晚封邪?愚按全、梁二说是也。

⑩ [索隐]韦昭云:阳夏,县名,属淮阳,后属陈。夏,音更雅反。[考证]阳夏,

陈州府太康县。新注今河南省太康县。

高帝纪 五月，汉王引兵从故道出袭雍。雍王邯迎击汉陈仓，雍兵败，还走；战好畤，又大败，走废丘。汉王遂定雍地。东如咸阳，引兵围雍王废丘，而遣诸将略地。

田荣闻羽徙齐王市于胶东而立田都为齐王，大怒，以齐兵迎击田都。都走降楚。六月，田荣杀田市，自立为齐王。时彭越在钜野，众万余人无所属。荣与越将军印，因令反梁地。越击杀济北王安，荣遂并三齐之地。燕王韩广亦不肯徙辽东。秋八月，臧荼杀韩广，并其地。塞王欣、翟王翳皆降汉。

初，项梁立韩后公子成为韩王，张良为韩司徒。羽以良从汉王，韩王成又无功，故不遣就国，与俱至彭城，杀之。及闻汉王并关中，而齐、梁畔之，羽大怒，乃以故吴令郑昌为韩王，距汉。令萧公角击彭越，越败角兵。时张良徇韩地，遗羽书曰："汉欲得关中，如约即止，不敢复东。"羽以故无西意，而北击齐。

九月，汉王遣将军薛欧、王吸出武关，因王陵兵，从南阳迎太公、吕后于沛。羽闻之，发兵距之阳夏，不得前。

相关史料 （汉元年八月　济北）属齐。　（章）邯守废丘，汉围之。　（塞王司马）欣降汉，国除。　（翟王董）翳降汉，国除。　臧荼击（韩）广无终，灭之。　韩王郑昌始。项羽立之。　（汉元年九月　塞）属汉为渭南河上郡。（翟）属汉为上郡。　（辽东）属燕。《秦楚之际月表》。

（高皇帝元年）秋，（汉王）还定雍。　丞相萧何守汉中。《汉兴以来将相名臣年表》。

从还定三秦，初攻下辩、故道、雍、斄，击章平军于好畤南破之。围好畤，取壤乡。击三秦军壤东及高栎，破之。复围章平。章平出好畤走。因击赵贲、内史保军破之。东取咸阳。更名曰新城。参将兵守景陵二十日。三秦使章平等攻参。参出击，大破之。赐食邑于宁秦。参以将军引兵围章邯于废丘。《曹相国世家》。

还定三秦至秦。赐食邑怀德，攻槐里、好畤。最。击赵贲、内史保于咸阳。最。北攻漆，击章平、姚卬军，西定汧，还下郿、频阳。围章邯废丘，破西丞，击盗巴军破之。攻上邽,东守峣关。转击项籍。攻曲逆。最。《绛侯周勃世家》。

八月,汉王举兵,东出陈仓,定三秦。《淮阴侯列传》。

(樊哙)还定三秦,别击西丞白水北,雍轻车骑于雍南破之。从攻雍螯城先登。击章平军好畤,攻城先登,陷阵。斩县令丞各一人,首十一级,虏二十人。迁郎中骑将。从击秦军骑壤东。却敌。迁为将军。攻赵贲,下郿、槐里、柳中、咸阳。灌废丘。最。至栎阳。赐食邑杜之樊乡。 (郦商)以将军为陇西都尉。别将定北地、上郡,破雍将军焉氏、周类军栒邑、苏驵军于泥阳。赐食邑武成六千户。 (夏侯婴)还定三秦。 (灌婴)从还定三秦,下栎阳,降塞王,还围章邯于废丘。未拔。《樊郦滕灌列传》。

(傅宽)从定三秦,赐食邑雕阴。 (靳歙)从定三秦。别西击章平军于陇西破之,定陇西六县。所将卒斩车司马、候各四人,骑长十二人。《傅靳蒯成列传》。

(萧何)备守蜀及关中。(须昌侯赵衍)雍军塞陈,谒上,上计欲还,衍言从他道,道通。(信武侯靳歙)以骑都尉定三秦。(阳陵侯傅宽)(曲周侯郦商)(绛侯周勃)(舞阳侯樊哙)(颍阴侯灌婴)(成侯董渫)(东武侯郭蒙)(贳侯吕)(海阳侯摇毋馀)(曲成侯蛊逢)(柳丘侯戎赐)(昌武侯单甯)(高苑侯丙倩)(宣曲侯丁义)(绛阳侯华无害)(东茅侯刘钊)定三秦。(周吕侯吕泽)(芒侯昭)还定三秦。(阳都侯丁复)定三秦,别降翟王。(都昌侯朱轸)以骑队卒先降翟王。(魏其侯周定)定三秦,迁为郎中骑将。(乐成侯丁礼)定三秦,侯。(蒯成侯周緤)定三秦。食邑池阳。(平棘侯执)斩章邯所署蜀守。注15(中水侯吕马童)以郎中骑将汉王元年从起好畤。(吴房侯杨武)以郎中骑将汉王元年从下邽。(襄平侯纪通父纪成)定三秦,功比定平侯。战好畤死事。(高陵侯王周)以骑司马汉王元年从起废丘。注16《高祖功臣侯者年表》。

王陵者故沛人。始为县豪。高祖微时,兄事陵。陵少文任气,好直言。及高祖起沛,入至咸阳。陵亦自聚党数千人,居南阳,不肯从沛公。及汉王之还攻项籍,陵乃以兵属汉。项羽取陵母置军中。陵使至,则东乡坐陵母,欲以招陵。陵母既私送使者,泣曰:"为老妾语陵。谨事汉王。汉王长者也。无以老妾故持二心。妾以死送使者。"遂伏剑而死。项王怒烹陵母。陵卒从汉王定天下。以善雍齿。雍齿,高帝之仇,而陵本无意从高帝。以故晚封为安国侯。《陈丞相世家》。注17

（项王杀韩王成，张）良亡，间行归汉王。汉王亦已还定三秦矣。复以良为成信侯。《留侯世家》。

荆王刘贾，高帝从父兄也。不知其初起时。汉元年，还定三秦，贾为将军，定塞地。《荆燕吴传》。[注18]

（楚元王刘交，从）还定三秦。《楚元王传》。

板楯蛮夷者，秦昭襄王时，有一白虎，常从群虎数游秦、蜀、巴、汉之境，伤害千余人。昭王乃重募国中有能杀虎者，赏邑万家，金百镒。时有巴郡阆中夷人，能作白竹之弩，乃登楼射杀白虎。昭王嘉之，而以其夷人，不欲加封，乃刻石盟要，复夷人顷田不租，十妻不算。伤人者论，杀人者得以倓钱赎死。盟曰：秦犯夷，输黄龙一双；夷犯秦，输清酒一锺。夷人安之。至高祖为汉王，发夷人还伐三秦。秦地既定，乃遣还巴中，复其渠帅罗、朴、督、鄂、度、夕、龚七姓，不输租赋。余户乃岁入賨钱口四十，世号为板楯蛮夷。阆中有渝水，其人多居水左右。天性劲勇，初为汉前锋，数陷陈。俗喜歌舞，高祖视之曰：此武王伐纣之歌也。乃命乐人习之，所谓巴渝舞也。遂世世服从。《后汉书·南蛮西南夷传》。

汉高祖自蜀汉将定三秦，阆中范因率賨人以从帝，为前锋。及定秦中，封因为阆中侯，复賨人七姓。其俗喜舞，高祖乐其猛锐，数观其舞，后使乐人习之。阆中有渝水，因其所居，故名曰巴渝舞。舞曲有渝本歌曲、安弩渝本歌曲、安台本歌曲、行辞本歌曲，总四篇。其辞既古，莫能晓其句度。魏初，乃使军谋祭酒王粲改创其词。粲问巴渝帅李管、种玉歌曲意，试使歌，听之，以考校歌曲，而为之改为矛渝新福歌曲、弩渝新福歌曲、安台新福歌曲、行辞新福歌曲，行辞以述魏德。黄初三年，又改巴渝舞曰昭武舞。《晋书·乐志上》。

（高皇帝元年）御史大夫周苛守荥阳。《汉兴以来将相名臣年表》。[注19]

（乙未）楚义帝心元，西楚霸王项籍元，汉王刘邦元，韩三年。雍王章邯、塞王司马欣、翟王董翳、西魏王豹、河南王申阳、殷王司马卬、代王赵歇、常山王张耳、九江王英布、衡山王吴芮、临江王共敖、辽东王韩广、燕王臧荼、胶东王田市、齐王田都、济北王田安元年。是岁秦亡。新旧大国三，小国十七，为二十国。而韩、塞、翟、辽东、胶东、齐、济北七国皆亡。又韩王郑昌、齐王田荣元年。定十五国。《御批资治通鉴纲目》卷二下。[注20]

汉二年

二年,汉王东略地。塞王欣、翟王翳、河南王申阳,皆降。韩王昌不听。使韩信击破之①。于是置陇西、北地、上郡、渭南②、河上③、中地郡④。关外置河南郡⑤。更立韩太尉信为韩王⑥。诸将以万人、若以一郡降者,封万户。缮治河上塞⑦,诸故秦苑囿园池,皆令人得田之。正月,虏雍王弟章平,大赦罪人⑧。

① 考证《汉书》,韩信作韩太尉韩信。梁玉绳曰:塞、翟之降,在元年八月。盖慑于雍王之败,望风而降也。此书于二年之首,殊非事实。新注 梁玉绳以为塞、翟望风而降,非事实。刘邦至咸阳,而咸阳非雍地;三秦或联合阻汉,因力不敌,故降。《功臣表》中之朱轸降翟王,《樊郦滕灌列传》之灌婴降塞王,郦商定上郡,上郡即董翳之国。而《荆燕世家》之刘贾则定塞地。因此,塞、翟二国均属以力屈降,非望风而降。另外,韩王信破郑昌事,因王吸等出武关,估计也会助破郑昌。

② 集解 徐广曰:后曰京兆。新注 上郡,辖境相当于今陕西黄陵、宜川以北,内蒙古伊兰霍洛旗、乌审旗以东,东胜、准葛尔旗以南一带。渭南,古地区名。即渭河以南地区。

③ 集解 徐广曰:冯翊。

④ 集解 徐广曰:扶风。新注 渭南、河上、中地郡,原属秦内史,辖境相当于今陕西关中平原。

⑤ 集解 徐广曰:十月,汉王至陕。考证 梁玉绳曰:陇西、北地、上郡、渭南、河上,皆元年八月置。是时因重正五郡之疆界,复总言之。故《将相表》云,

二年春,定塞、翟、魏、河南、韩、殷国。非至是塞翟始降而置郡也。又曰:中地属雍,章邯杀后始置。事在六月。此与陇西等郡同置,误矣。新注河南郡,辖境相当于今河南中间伊、洛流域地。

⑥ 考证《汉书高纪》,韩王下有汉王还,归都栎阳,使诸将略地,拔陇西十四字。

⑦ 集解晋灼曰:《晁错传》"秦时北攻胡,筑河上塞"。 考证齐召南曰:河上塞,即河上郡之北境,与匈奴边界处,非秦时蒙恬所取河南地因河为塞者也。盖因诸侯叛秦,匈奴稍度河南,与中国界于故塞。《匈奴传》可证也。河上郡后为冯翊,前即塞王国。此时初得其地,即后缮治障塞耳。晋灼注,以远在朔方五原者解之,非也。愚按,未出关争衡,而先修边备,立本自固之道也。新注河上塞,古塞名。河上郡北境之塞。

⑧ 考证何焯曰:故秦苑囿园池,令民得田之,既反暴政,益足关中食。秘阁本,正月至罪人十二字,在下文厚遇之下。

高帝纪 二年冬十月,项羽使九江王布杀义帝于郴。

陈馀亦怨羽独不王己,从田荣藉助兵以击常山王张耳。耳败走降汉,汉王厚遇之。陈馀迎代王歇还赵,歇立馀为代王。张良自韩间行归汉,汉王以为成信侯。

汉王如陕,镇抚关外父老。河南王申阳降,置河南郡。使韩太尉韩信击韩,韩王郑昌降。十一月,立韩太尉信为韩王。汉王还归,都栎阳,使诸将略地,拔陇西。以万人若一郡降者,封万户。缮治河上塞。故秦苑囿园池,令民得田之。

相关史料 (汉二年十月)项羽灭义帝。(汉二年十月 张)耳降汉。(赵)歇复王赵。 韩王信始,汉立之。 十月(汉)王至陕。[考证十月上脱二年两字。 (韩)当有汉击败郑昌破之五字。 (河南)当有申阳降汉四字。](汉二年十一月·雍)汉拔我陇西。 韩王信始,汉立之。 (河南国)属汉,为河南郡。 (汉二年十二月 赵王)歇以陈馀为代王,号成安君。(考证馀为代王与歇后王赵,同在十月,且馀继歇王代,当互易。号乃故字之误。新注陈馀既为代王,不当号成安君。此或为史公与他文呼应考虑。)(汉二年正月)项籍击(田)荣。走平原。平原民杀之。 (雍)汉拔我北城。(考证案《高纪》,陇西、北地,已于汉元年八月先拔之。表于为之十月书拔北城,俱误。城当作地。新注汉元年八月为汉击三秦之始,陇西、北地之拔未必在八月完成。《史记》记事往往有整个事件或记于始或记于末的习惯。)《秦楚之际月表》。

陈馀因悉三县兵袭常山王张耳。张耳败走。念诸侯无可归者。曰:"汉王与我有旧故。而项羽又强,立我。我欲之楚。"甘公曰:"汉王之入关,五星聚东井。东井者,秦分也。先至必霸。楚虽强,后必属汉。"故耳走汉。汉王亦还定三秦,方围章邯废丘。张耳谒汉王。汉王厚遇之。陈馀已败张耳,皆复收赵地,迎赵王于代,复为赵王。赵王德陈馀,立以为代王。陈馀为赵王弱,国初定,不之国,留傅赵王。而使夏说以相国守代。《张耳陈馀列传》。

(绛侯周勃)定陇西。(戚侯季必)以都尉汉二年初起栎阳。(宣平侯张敖)兵初起,张耳诛秦为相。合诸侯兵钜鹿,破秦定赵,为常山王。陈馀反袭耳,弃国与大臣归汉。《高祖功臣侯者年表》。

(醴陵侯越)以卒从,汉王二年初起栎阳。《惠景间侯者年表》。

汉王还定三秦。乃许信为韩王,先拜信为韩太尉,将兵略韩地。项籍之封诸王,皆就国。韩王成以不从无功,不遣就国,更以为列侯。及闻汉遣韩信略韩地,乃令故项籍游吴时吴令郑昌为韩王,以距汉。汉二年,韩信略定韩十余城。汉王至河南。韩信急击韩王昌阳城。昌降。汉王乃立韩信为韩王,常将韩兵从。《韩信卢绾列传》。

(高祖二年)十一月,初韩王信元年。都马邑。《汉兴以来诸侯王年表》。[注1]

汉兴,高祖曰"北畤待我而起",亦自以为获水德之瑞。《历书》。

(汉)二年,(汉王)东击项籍而还入关。问:"故秦时上帝祠何帝也?"对曰:"四帝。有白、青、黄、赤帝之祠。"高祖曰:"吾闻天有五帝。而有四,何也?"莫知其说。于是高祖曰:"吾知之矣。乃待我而具五也。"乃立黑帝祠,命曰"北畤"。有司进祠。上不亲往。悉召故秦祝官,复置太祝、太宰,如其故仪礼。因令县为公社。下诏曰:"吾甚重祠而敬祭。今上帝之祭,及山川诸神当祠者,各以其时,礼祠之如故。"后四岁,天下已定。诏御史,令丰谨治枌榆社。常以四时春,以羊彘祠之。令祝官立蚩尤之祠于长安。长安置祠祝官女巫。其梁巫,祠天地、天社、天水、房中、堂上之属。晋巫祠五帝、东君、云中、司命、巫社、巫族人、先炊之属。秦巫祠社主、巫保、族累之属。荆巫祠堂下、巫先、司命、施糜之属。九天巫祠九天。皆以岁时祠宫中。其河巫祠河于临晋。而南山巫祠南山秦中。秦中者二世皇帝。各有时月。其后二岁，或曰：周兴而邑邰，立后稷之祠，至今血食天下。于是高祖制诏御史。其邻郡国县立灵星祠。常以岁时祠以牛。高祖十年秦，有司请令县常以春三月及腊祀稷以羊豕，民里社各以自财以祠。制曰："可。"《封禅书》。

秦并天下，颇推五胜，自以获水德之瑞，用十月为正。汉氏初兴，多所未暇，百有余载，袭秦正朔。爰及武帝，始诏司马迁等议造《汉历》，乃行夏正。《晋书·律历志中》。

汉王之出关，至陕抚关外父老还。张耳来见。汉王厚遇之①。

① 考证 梁玉绳曰：至陕，在十月，还，在十一月。张耳来，亦在十月。此纪皆书于正月，非。新注 有可能张耳是十月决定投汉，至正月才实现与汉王的会面。

二月，令除秦社稷，更立汉社稷①。

① 考证 刘辰翁曰：《汉书》此处有复关中，除租税，置三老，举行能，赐酒肉等政，是兵间规模宏大，收拾人心处。子长失之。

高帝纪 春正月，羽击田荣城阳，荣败走平原，平原民杀之。齐皆降楚，楚焚其城郭，齐人人复畔之。诸将拔北地，虏雍王弟章平。赦罪人。二月癸未，令民除秦社稷，立汉社稷。施恩德，赐民爵。蜀、汉民给军事劳苦，复勿租税二岁。关中卒从军者，复家一岁。举民年五十以上，有修行，能帅众为善，置以为三老，乡一人。择乡三老一人为县三老，与县令、丞、尉以事相教，复勿繇戍。以十月赐酒肉。

汉二年

相关史料 （汉二年二月）项籍立故齐王田假为齐王。《秦楚之际月表》。

三月，汉王从临晋渡①。魏王豹将兵从，下河内虏殷王，置河内郡②。南渡平阴津，至雒阳。新城③三老董公，遮说汉王④，以义帝死故⑤。汉王闻之，袒而大哭⑥，遂为义帝发丧，临三日。发使者告诸侯曰："天下共立义帝，北面事之。今项羽放杀义帝于江南。大逆无道。寡人亲为发丧，诸侯皆缟素，悉发关内兵，收三河士⑦，南浮江汉，以下⑧，愿从诸侯王，击楚之杀义帝者。"

① 考证《汉书》，渡下补河字。临晋，陕西同州府大荔县治。新注今为山西省运城市临猗县临晋镇。

② 考证《汉书》，豹下补降字。新注河内郡，辖境相当于今河南汤阴、汲县、新乡以西，黄河以北地区。殷王，本纪为虏，《月表》及《樊郦滕灌列传》为降。据其废，非主动降。

③ 正义《括地志》云：洛州伊阙县，在州南七十里，本汉新城也。隋文帝改新城为伊阙，取伊阙山为名也。考证平阴，河南河南府孟津县东。新城，河南府新城县。

④ 正义《百官表》云："十里一亭，亭有长。十亭一乡，乡有三老，三老掌教化。"皆秦制也。又乐产云："横道自言曰遮。"《楚汉春秋》云："董公八十二，遂封为成侯。"考证梁玉绳曰：董公乃乡三老也。新城是乡名。其名旧矣。至惠帝四年置为县，此时新城未为县也。

⑤ 考证《汉书高纪》，新城三老董公，遮说汉王曰："臣闻'顺德者昌，逆德者亡'，'兵出无名，事故不成'。故曰：'明其为贼，敌乃可服。'项羽为无道，放杀其主，天下之贼也。夫仁不以勇，义不以力，三军之众，为之素服，以告之诸侯，为此东伐，四海之内，莫不仰德。此三王之举也。"汉王曰："善。非夫子无所闻。"于是汉王为义帝发丧，袒而大哭。班氏别有所据以补史文也。

109

⑥ 集解 如淳曰：袒，亦如礼袒踊。

⑦ 集解 韦昭曰：河南、河东、河内。

⑧ 正义 南收三河士，发关内兵，从雍州入子午道，至汉中，历汉水而下，从是东行至徐州击楚。考证 胡三省曰：《正义》说非。此特言发三河士，以攻其北，又南浮江汉，下兵以夹攻之也。愚按，全祖望《经史问答》亦申胡说。本文唯言浮江汉南下以攻楚耳，未有南北夹攻之义。胡说凿。新注 胡说有理。汉王走函谷关，吕泽走武关，正好南北两路夹攻。

高帝纪　三月，汉王自临晋渡河。魏王豹降，将兵从。下河内，虏殷王卬，置河内郡。至修武，陈平亡楚来降。汉王与语，说之，使参乘，监诸将。南渡平阴津，至洛阳，新城三老董公遮说汉王曰："臣闻'顺德者昌，逆德者亡'，'兵出无名，事故不成'。故曰：'明其为贼，敌乃可服。'项羽为无道，放杀其主，天下之贼也。夫仁不以勇，义不以力，三军之众为之素服，以告之诸侯，为此东伐，四海之内，莫不仰德。此三王之举也。"汉王曰："善。非夫子无所闻。"于是汉王为义帝发丧，袒而大哭，哀临三日。发使告诸侯曰："天下共立义帝，北面事之。今项羽放杀义帝江南，大逆无道。寡人亲为发丧，兵皆缟素。悉发关中兵，收三河士，南浮江、汉以下，愿从诸侯王击楚之杀义帝者。"

相关史料　（汉二年三月）田荣弟横反城阳，击（田）假，走楚。楚杀假。（魏王豹）降汉，为废王。（考证 为废王三字衍。新注 魏只是加盟汉反楚联盟，并非降汉。）（汉）王击殷。（殷王）降汉。卬废。《秦楚之际月表》。

（高皇帝二年）春，定塞、翟、魏、河南、韩、殷国。《汉兴以来将相名臣年表》。

汉王还定三秦，渡临晋。魏王豹以国属焉。《魏豹彭越列传》。

（灌婴）从东出临晋关，击降殷王，定其地。《樊郦滕灌列传》。

（涅阳侯吕胜）以骑士汉王二年从出关。（赤泉侯杨喜）以郎中骑汉王二年从起杜。（长修侯杜恬）以汉二年用御史初从，出关。（武彊侯庄不识）还击项羽属丞相甯功侯。（成阳侯意）以魏郎汉王二年从起阳武，击（项）籍，属魏豹。（曲逆侯陈平）以故楚都尉，汉王二年，初从修武为都尉，迁为护军中尉。《高祖功臣侯者年表》。

是时项王北击齐。田荣与战城阳。田荣败走平原①。平原民杀之。齐皆降楚。楚因焚烧其城郭，系虏其子女。齐人叛之。田荣弟横，立荣子广为齐王。齐王反楚城阳。项羽虽闻汉东，既已连齐兵。欲遂破之而击汉。汉王以故得劫五诸侯兵遂入彭城②。项羽闻之，乃引兵去齐，从鲁③出胡陵④，至萧⑤，与汉大战彭城灵壁东⑥。睢水上，大破汉军，多杀士卒。睢水为之不流。乃取汉王父母妻子于沛，置之军中以为质⑦。当是时，诸侯见楚彊汉败还，皆去汉复为楚。塞王欣亡入楚⑧。

① 正义 德州平原县是。考证 山东济南府平原县。
② 考证 五诸侯，说见《项纪》。彭城，楚都。项羽本纪考证 愚按，汉王所劫伐楚五诸侯，诸说不一。应劭曰：雍、翟、塞、殷（司马卬）、韩（郑昌）也。 如淳、徐广曰：塞、翟、殷、魏（魏豹）、河南（瑕丘申阳）也。 韦昭、裴骃曰：翟、塞、殷、魏、韩（郑昌）也。 颜师古曰：殷、韩（郑昌）、魏、河南、常山（张耳）也。 刘攽曰：殷、河南、韩（郑昌）魏、及陈馀所遣兵也。 吴仁杰曰：翟、塞、韩（韩信）魏及陈馀所遣兵也。 全祖望曰：殷、魏、韩（韩信）、齐、赵（赵相陈馀）也。 汪中曰：塞、翟、河南、魏、韩（韩信）也。 赵翼曰：魏、河南、韩（韩信）、赵（陈馀所遣兵）、齐也。 梁玉绳曰：韩（韩信）、魏、齐、赵（陈馀）、衡山（吴芮）也。说详于《两汉刊误》《补遗》《述学》《经史问答》《陔余丛考》《读书丛录》《史记志疑》，但未知所从。荀悦《汉纪》止云汉王率诸侯之师凡五十六万人，无五诸侯三字。盖以其难确指。《通鉴》云：汉王以故得率诸侯兵凡五十六万人，亦用荀《纪》也。董教增曰：《项羽本纪赞》亦曰：遂将五诸侯灭秦。寻其条贯，当据故七国，以其地言，不以其王言也。汉定三秦，即故秦地；项羽王楚，乃故楚地。其余韩、赵、魏、齐、燕为五诸侯。劫五诸侯兵，犹后言引天下兵耳。故汉

伐楚,可以言五诸侯;楚灭秦,亦可言五诸侯也。|田儋列传考证|王鸣盛曰:项氏之败,半为田氏牵缀不西忧汉,而北击齐。以此致亡。

③ |正义|兖州曲阜也。|考证|山东兖州府曲阜县。

④ |正义|《地理志》云:胡陵在山阳郡。|考证|山东济宁州鱼台县。

⑤ |正义|徐州萧县。|考证|江苏徐州府萧县。|新注|按,萧县今属安徽。项羽从彭城北面的鲁出发,到彭城南面的萧发动攻击,当是绕过了汉军的拦截防线,出其不意建功。汉入彭城,一定在北面临齐方向安排了主力拦截,而彭城汉军估计战斗力不强,故非项羽之敌。

⑥ |正义|在徐州符离县西北九十里。|考证|中井积德曰:据《项纪》,已晨战,又日中战于彭城,又追战于灵壁东也。此文似粗。沈钦韩曰:《通鉴》,作楚又追击至灵壁东,为是。愚按,灵壁安徽凤阳府灵壁县治。

⑦ |考证|项羽向质王陵母以招陵,今又取汉王家属置之军中。盖其惯用手段。赵翼曰:《项羽纪》称汉王之二年,定三秦,将五诸侯兵破彭城,寻为项羽所败西奔,过沛,使人求家室,家室已亡去。遂遇孝惠鲁元公主,载以行,而家族反遇楚军,为羽所得,常置军中为质。据《史记》,是时羽取汉王父母妻子置军中,《汉书》则但谓取太公、吕后,而不言父母妻子。其后羽与汉王约,中分天下,以鸿沟为界,遂归汉王家属。据《史记》谓归汉王父母妻子,而班书但谓归太公、吕后,而不言父母妻子。盖以高祖之母久已前死,羽所得者,仅有太公、吕后。而《史记》所云父母妻子者,不过家属之通称,非真母与子在项羽军中,故改言太公、吕后。不知高祖母虽已前死,而楚元王为高祖异母子,则高祖尚有庶母也。孝惠帝尚有庶兄肥,后封齐为悼惠王。高祖道遇孝惠,与孝惠偕行者,但有鲁元公主,则悼惠未偕行可知也。悼惠既未偕行,又别无投归高祖之事,则必与太公、吕后为羽所得。故高祖有子在项军也。则《史记》所谓父母妻子,乃无一字虚说。而《汉书》改云太公、吕后,转疏漏也。

⑧ |考证|梁玉绳曰:《汉书高纪》云:塞王欣、翟王翳降楚,殷王卬死。此缺不具。

高帝纪　夏四月,田荣弟横收得数万人,立荣子广为齐王。羽虽闻汉东,既击齐,欲遂破之而后击汉,汉王以故得劫五诸侯兵东伐楚。到外黄,彭越将三万人归汉。汉王拜越为魏相国,令定梁也。

汉王遂入彭城,收羽美人货赂,置酒高会。羽闻之,令其将击齐,而自以精兵三万人从鲁出胡陵,至萧,晨击汉军,大战彭城灵壁东睢水上,大破汉军,多杀士卒,睢水为之不流。围汉王三匝。大风从西北起,折木发屋,扬砂石,昼晦,楚军大乱,而汉王得与数十骑遁去。过沛,使人求室家,室家亦已亡,不相得。汉王道逢孝惠、鲁元,载行。楚骑追汉王,汉王急,推堕二子。滕公下收载,遂得脱。审食其从太公、吕后间行,反遇楚军,羽常置军中以为质。诸侯见汉败,皆亡去。塞王欣、翟王翳降楚,殷王卬死。[注2]

相关史料　(汉二年四月)项羽以兵三万破汉兵五十六万。　齐王田广始。广,荣子,田横立之。　(汉)四月,王伐楚至彭城、怀、定。(考证或云怀定二字当作大破走怀。)　(魏王豹)从汉伐楚。　(殷)为河内郡,属汉。(考证属汉二字,当在河内上)　(韩)从汉伐楚。《秦楚之际月表》。

汉二年,齐王田荣畔楚。项王往击齐,徵兵九江。九江王布称病不往。遣将将数千人行。汉之败楚彭城,布又称病不佐楚。项王由此怨布。数使使者消让召布。布愈恐不敢往。项王方北忧齐、赵,西患汉。所与者独九江王,又多布材,欲亲用之。以故未击。《黥布列传》。

汉之二年冬,项羽遂北至城阳。田荣亦将兵会战。田荣不胜。走至平原。平原民杀之。遂北烧夷齐城郭室屋,皆阬田荣降卒,系虏其老弱妇女,徇齐至北海,多所残灭。齐人相聚而叛之。于是田荣弟田横,收齐亡卒得数万人,反城阳。项王因留连战,未能下。春,汉王部五诸侯兵凡五十六万人,东伐楚。项王闻之,即令诸将击齐,而自以精兵三万人,南从鲁出胡陵。四月,汉皆已入彭城。收其货宝美人,日置酒高会。项王乃西,从萧晨击汉军,而东至彭城,日中大破汉军。汉军皆走,相随入谷、泗水,杀汉卒十余万人。汉卒皆南走山,楚又追击至灵壁东睢水上。汉军卻,为楚所挤。多杀。汉卒十余万人,皆入睢水。睢水为之不流,围汉王三匝。于是大风从西北而起,折木发屋,扬沙石,窈冥昼晦。逢迎楚军。楚军大乱坏散。而汉王乃得与数十骑遁去。欲过沛收家室而西。楚亦使人追之沛取汉王家，家皆亡，不与汉王相见。汉王道逢得孝惠、鲁元。乃载行。楚骑追汉王。汉王急。推堕孝惠、鲁元车下。滕公常下收载之。如是者三。曰："虽急不可以驱，奈何弃之？"于是遂得脱。求太公、吕后，不相遇。审食其从太公、吕后间行。求汉王，反遇楚军。楚军遂与归报项王。项王常置军中。项王之救彭城追汉王至荥阳，田横亦得收齐，立田荣子广为齐王。汉王之败彭城，诸侯皆复与楚而背汉。《项羽本纪》。

项王闻之大怒，乃北伐齐。齐王田荣兵败，走平原。平原人杀荣。项王遂烧夷齐城郭，所过者尽屠之。齐人相聚畔之。荣弟横收齐散兵，得数万人。反击项羽于城阳。而汉王率诸侯败楚，入彭城。项羽闻之，乃醳齐而归，击汉于彭城。[注3]因连与汉战，相距荥阳。以故田横复得收齐城邑。立田荣子广为齐王，而横相之，专国政。政无巨细，皆断于相。（蒯）通善齐人安期生。安期生尝干项羽。羽不能用其筴。已而项羽欲封此两人。两人终不肯受，亡去。《田儋列传》。

以中尉从汉王，出临晋关，至河内，下修武，渡围津。东击龙且、项他定陶，破之。东取砀、萧、彭城，击项籍军。《曹相国世家》。

（周吕侯吕泽）将兵先入砀。汉王之解彭城，往从之。（绛侯周勃）守峣关。（桃侯刘襄）以客从，汉王二年从起定陶。（安国侯王陵）从至霸上，入汉守丰，上东，因从战不利，奉孝惠、鲁元出淮水中，及坚守丰于雍。[注4]《高祖功臣侯者年表》。

汉王二年春，与魏王豹及诸侯东击楚。彭越将其兵三万余人，归汉于外黄。汉王曰："彭将军收魏地，得十余城。欲急立魏后。今西魏王豹亦魏王咎从弟也。真魏后。"乃拜彭越为魏相国，擅将其兵，略定梁地。[注5]《魏豹彭越列传》。

（樊哙）从攻项籍，屠煮枣。　（夏侯婴）从击项籍至彭城。项羽大破汉军。汉王败不利。驰去。见孝惠、鲁元载之。汉王急。马罢，虏在后。常蹶两儿欲弃之。婴常收，竟载之，徐行面雍树乃驰。汉王怒，行欲斩婴者十余。卒得脱，而致孝惠、鲁元于丰。[注6]婴自上初起沛，常为太仆，竟高祖崩。以太仆事孝惠。孝惠帝及高后，德婴之脱孝惠、鲁元于下邑之间也，乃赐婴县北第第一。曰：

"近我。"以尊异之。　（灌婴）击项羽将龙且、魏相项他军定陶南，疾战破之。赐婴爵列侯，号昌文侯，食杜平乡。复以中谒者从，降下砀，以至彭城。《樊郦滕灌列传》。

（傅宽）从击项籍待怀。赐爵通德侯。从击项冠、周兰、龙且。所将卒斩骑将一人敖下，益食邑。　（靳歙）从东击楚至彭城。《傅靳蒯成列传》。

汉二年，东击楚，使使告赵，欲与俱。陈馀曰："汉杀张耳乃从。"于是汉王求人类张耳者斩之，持其头遗陈馀。陈馀乃遣兵助汉。[注7]汉之败于彭城西，陈馀亦复觉张耳不死，即背汉。《张耳陈馀列传》。

汉二年，出关，收魏、河南。韩、殷王皆降。合齐、赵共击楚。四月，至彭城。汉兵败散而还。信复收兵，与汉王会荥阳，复击破楚京、索之间。以故楚兵卒不能西。汉之败卻彭城，塞王欣、翟王翳，亡汉降楚。齐、赵欲反汉与楚和。《淮阴侯列传》。[注8]

（汉王）三岁十月，吕后入楚，（审）食其从一岁。《高祖功臣侯者年表》。[注9]

（成陶侯周信）度吕氏淮之功。《惠景间侯者年表》。

（高皇帝二年　丞相萧何）守关中。太尉长安侯卢绾。《汉兴以来将相名臣年表》。

　　吕后兄周吕侯，为汉将兵居下邑①，汉王从之，稍收士卒军砀。汉王乃西过梁地至虞②。使谒者随何之九江王布所曰："公能令布举兵叛楚。项羽必留击之。得留数月，吾取天下必矣。"随何往说九江王布。布果背楚。楚使龙且往击之③。

　　① 集解 徐广曰：在梁。 考证 周吕侯即吕泽。下邑，河南夏邑县。 新注 吕泽自反秦起就相对独立，有自己的官爵体系，与汉异。虽像刘邦的友军、合伙人，实为刘邦部的重要构成。

　　② 集解 徐广曰：在梁。 考证 砀，江苏徐州府砀山县。虞，归德府虞城县西南。 新注 砀山县，今属安徽。虞，秦县，在今河南虞城北。

③ 考证 陈子龙曰：齐反楚，而汉得彭城；九江反楚，而汉得从容归关中。楚之自屈者在此。

高帝纪　吕后兄周吕侯将兵居下邑，汉王往从之。稍收士卒，军砀。

汉王西过梁地，至虞，谓谒者随何曰："公能说九江王布使举兵畔楚，项王必留击之。得留数月，吾取天下必矣。"随何往说布，果使畔楚。

相关史料　（汉二年）五月，（汉）王走荥阳。　（魏）豹归叛汉。《秦楚之际月表》。

是时吕后兄周吕侯，为汉将兵居下邑。汉王间往从之，稍稍收其士卒至荥阳。诸败军皆会。萧何亦发关中老弱未傅，悉诣荥阳。复大振。楚起于彭城，常乘胜逐北，与汉战荥阳南京、索间，汉败楚。楚以故不能过荥阳而西。

汉军荥阳，筑甬道属之河，以取敖仓粟。《项羽本纪》。

汉王之败彭城，解而西也，彭越皆复亡其所下城，独将其兵，北居河北上。注10《魏豹彭越列传》。

从东击楚至彭城。汉败而还至下邑。汉王下马踞鞍而问曰："吾欲捐关以东等弃之。谁可与共功者？"良进曰："九江王黥布，楚枭将，与项王有郄。彭越与齐王田荣反梁地。此两人可急使。而汉王之将，独韩信可属大事当一面。即欲捐之，捐之此三人，则楚可破也。"汉王乃遣随何说九江王布，而使人连彭越。及魏王豹反，使韩信将兵击之。因举燕、代、齐、赵。然卒破楚者，此三人力也。张良多病。未尝特将也。常为画策臣，时时从汉王。《留侯世家》。注11

汉三年，注12汉王击楚，大战彭城。不利。出梁地至虞。谓左右曰："如彼等者，无足与计天下事。"谒者随何进曰："不审陛下所谓。"汉王曰："孰能为我使淮南，令之发兵倍楚，留项王于齐数月。我之取天下，可以百全。"注13随何曰："臣请使之。"乃与二十人俱使淮南。至。因太宰主之。三日不得见。随何因说太宰曰："王之不见，何？必以楚为彊，以汉为弱。此臣之所以为使。使何得见。言之而是邪。是大王所欲闻也。言之而非邪。使何等二十人伏斧质淮南市，以明王倍汉而与楚也。"太宰乃言之王。王见之。随何曰："汉王使臣敬进书大王御者。窃怪大王与楚何亲也？"淮南王曰："寡人北乡而臣事之。"随何曰:"大王与项王俱列为诸侯,北乡而臣事之,必以楚为彊,可以托国也。项王伐齐,身负板筑,以为士卒先。大王宜悉淮南之众,身自将之,为楚军前锋。今乃发四千人以助楚。夫北面而臣事人者,固若是乎?夫汉王战于彭城,项王未出齐也。大王宜骚淮南之兵,渡淮,日夜会战彭城下。大王抚万人之众,无一人渡淮者,垂拱而观其孰胜。夫托国于人者,固若是乎?大王提空名以乡楚,而欲厚自托。臣窃为大王不取也。然而大王不背楚者,以汉为弱也。夫楚兵虽彊,天下负之不义之名。以其背盟约而杀义帝也。然而楚王恃战胜自彊。汉王收诸侯,还守成皋、荥阳,下蜀汉之粟,深沟壁垒,分卒守徼乘塞。楚人还兵,间以梁地,深入敌国八九百里。欲战则不得,攻城则力不能,老弱转粮千里之外。楚兵至荥阳、成皋,汉坚守而不动,进则不得攻,退则不能解。故曰,楚兵不足恃也。使楚胜汉,则诸侯自危惧而相救。夫楚之彊,适足以致天下之兵耳。故楚不如汉。其势易见也。今大王不与万全之汉,而自托于危亡之楚。臣窃为大王惑之。臣非以淮南之兵,足以亡楚也。夫大王发兵而倍楚,项王必留。留数月,汉之取天下,可以万全。臣请与大王提剑而归汉。汉王必裂地而封大王。又况淮南?淮南必大王有也。故汉王敬使使臣进愚计。愿大王之留意也。"淮南王曰:"请奉命。"阴许畔楚与汉,未敢泄也。　项籍死,天下定。上置酒。上折随何之功,谓何为腐儒。为天下安用腐儒。随何跪曰:"夫陛下引兵攻彭城,楚王未去齐也。陛下发步卒五万人,骑五千,能以取淮南乎?"上曰:"不能。"随何曰:"陛下使何与二十人使淮南。至,如陛下之意。是何之功,贤于步卒五万人骑五千也。然而陛下谓何腐儒,为天下安用腐儒。何也?"上曰:"吾方图子之功。"乃以随何为护军中尉。《黥布列传》。

(壮武侯宋昌)以家吏从高祖起山东,以都尉从之荥阳。《惠景之间侯者年表》。

汉军大败走。参以中尉围取雍丘。王武反于黄,程处反于燕。往击尽破之。柱天侯反于衍氏。又进破取衍氏,击羽婴于昆阳,追至叶。还攻武彊,因至荥阳。参自汉中为将军中尉,从击诸侯及项羽。败还至荥阳。凡二岁。《曹相国世家》。

(樊哙)击破王武、程处军于外黄,攻邹、鲁、瑕丘、薛。项羽败汉王于彭城,尽复取鲁、梁地。哙还至荥阳。益食平阴二千户。 汉王既至荥阳,收散兵,复振。赐(夏侯)婴食祈阳。 项羽击大破汉王。汉王遁而西。(灌)婴从还军于雍丘。王武、魏公申徒反。从击破之。注14 攻下黄。西收兵军于荥阳。注15 楚骑来众。汉王乃择军中可为车骑将者。皆推故秦骑士重泉人李必、骆甲习骑兵。今为校尉。可为骑将。汉王欲拜之。必、甲曰:"臣故秦民。恐军不信臣。臣愿得大王左右善骑者傅之。"灌婴虽少,然数力战。乃拜灌婴为中大夫,令李必、骆甲为左右校尉,将郎中骑兵,击楚骑于荥阳东,大破之。《樊郦滕灌列传》。

汉军败。(靳歙)还保雍丘。去击反者王武等,略梁地,别将击邢说军菑南破之。身得说都尉二人,司马、候十二人,降吏卒四千一百八十人。破楚军荥阳东。《傅靳蒯成列传》。

(博阳侯陈濞)以都尉击项羽荥阳。(宣曲侯丁义)以骑将入汉定三秦,破(项)籍军荥阳。(蒯成侯周緤)击项羽军荥阳,绝甬道。(汾阴侯周昌)以内史坚守敖仓。(东武侯郭蒙)以都尉坚守敖仓,为将军。《高祖功臣侯者年表》。

《括地志》云:京县城在郑州荥阳县东南二十里,郑之京邑也。《晋太康地志》云:郑太叔段所居邑,荥阳县,即大索城。杜预云:成皋东有大索城,又有小索,故城在荥阳县北四里。京相璠地名云,京县有大索亭、小索亭。大小氏兄弟居之,故有小大之号。按楚与汉战荥阳南京、索间,即此耳。《项羽本纪正义》。

楚进兵而西。萧何悉发关中卒诣军,韩信亦收余兵。与(汉)王会击楚于京索间,大败之。骑将灌婴又败楚骑于荥阳东。故楚师不能复进。陈平为亚将,属韩信。《汉纪》卷二。

汉王之败彭城而西行,使人求家室。家室亦亡,不相得。败后乃独得孝惠。六月,立为太子,大赦罪人,令太子守栎阳。诸侯子在关中者,皆集栎阳为卫①。引水灌废丘。废丘降,章邯自杀。更名废丘为槐里。于是令祠官祀天地四方上帝山川,以时祀之。兴关内卒乘塞②。

① 考证 汉王先是迁都栎阳,说在上文。栎阳,陕西西安府临潼县。诸侯子,支属士卒,亦在其中。愚按,兵败人背如此,在常人忧惧不知所措。而汉王修祭祀、定储贰,从容安详,绰有余裕。亦足以观其规模宏远矣。

② 集解 李奇曰:乘,守也。考证 颜师古曰:乘,登也。登而守之。新注《秦楚之际月表》记"汉杀(章)邯废丘"。《高祖功臣侯者年表》记都昌侯朱轸"房章邯"。则章邯之死有汉杀、自杀、被擒三种说法。依《功臣表》的说法,既然已被擒,其自杀的可能性较小。当以被俘后汉杀为宜。

高帝纪　　五月,汉王屯荥阳。萧何发关中老弱未傅者悉诣军。韩信亦收兵与汉王会,兵复大振。与楚战荥阳南京、索间,破之。筑甬道属河,以取敖仓粟。魏王豹谒归视亲疾。至则绝河津,反为楚。

六月,汉王还栎阳。壬午,立太子,赦罪人。令诸侯子在关中者皆集栎阳为卫。引水灌废丘,废丘降,章邯自杀。雍地定八十余县,置河上、渭南、中地、陇西、上郡。令祠官祀天地、四方、上帝、山川,以时祠之。兴关中卒乘边塞。关中大饥,米斛万钱,人相食。令民就食蜀、汉。

相关史料　　(汉二年六月汉)王入关,立太子,复如荥阳。　汉杀(章)邯废丘。　(汉二年七月雍)属汉为陇西、北地、中地郡。《秦楚之际月表》。

(高皇帝二年夏)立太子。还据荥阳。《汉兴以来将相名臣年表》。

汉王引兵东定三秦。何以丞相留收巴、蜀,填抚谕告,使给军食。汉二年,汉王与诸侯击楚。何守关中,侍太子。治栎阳,为法令约束,立宗庙社稷宫室县邑,辄奏上,可许以从事,即不及奏上,辄以便宜施行,上来以闻。关中事,计户口,转漕给军。汉王数失军遁去。何常兴关中卒,辄补缺。上以此专属任何关中事。《萧相国世家》。

孝惠皇帝,高祖太子也,母曰吕皇后。帝年五岁,高祖初为汉王。二年,立为太子。《惠帝纪》。

(戚侯季必)以都尉汉二年初起栎阳,攻废丘破之。(都昌侯朱轸)房章邯。注16《高祖功臣侯者年表》。

(松兹侯徐厉)以郎吏入汉,还得雍王家属功。《惠景间侯者年表》。

（灌婴）受诏别击楚军后，绝其饷道，起阳武至襄邑。击项羽之将项冠于鲁下，破之。所将卒，斩右司马、骑将各一人。击破柘公、王武军于燕西。所将卒，斩楼烦将五人，连尹一人。击王武别将桓婴白马下破之。所将卒，斩都尉一人。以骑渡河南，送汉王到雒阳。使北迎相国韩信军于邯郸，还至敖仓。婴迁为御史大夫。《樊郦滕灌列传》。

是时九江王布，与龙且战不胜。与随何间行归汉①。汉王稍收士卒，与诸将及关中卒益出。是以兵大振荥阳，破楚京、索间②。

① 考证 梁玉绳曰：布之归汉，在三年十二月。独此书于二年六月已后，误。 新注 此误当为司马迁兼顾张良下邑之计使然。

② 考证 荥阳，河南开封府荥阳县。京索，开封府荥阳荥泽间。梁玉绳曰：破楚事，《汉高纪》书于二年五月，在六月立太子前，与《羽纪》合。此误在后。 新注 破楚荥阳是否在立太子前，难详。《汉高纪》书此年如荥阳不止六月一次。之所以本纪将此事记在黥布归顺后，是为了与张良之计相衔接。然张良之计并不能得到当时情状的支持。

相关史料 楚使者在，方急责英布发兵。舍传舍。随何直入，坐楚使者上坐曰："九江王已归汉。楚何以得发兵？"布愕然。楚使者起。何因说布曰："事已构。可遂杀楚使者，无使归。而疾走汉并力。"布曰："如使者教，因起兵而击之耳。"于是杀使者，因起兵而攻楚。楚使项声、龙且攻淮南。项王留而攻下邑。数月，龙且击淮南，破布军。布欲引兵走汉。恐楚王杀之。故间行，与何俱归汉。淮南王至。上方踞床洗，召布入见。布甚大怒，悔来，欲自杀。出就舍。帐御饮食从官，如汉王居。布又大喜过望。于是乃使人入九江。楚已使项伯收九江兵，尽杀布妻子。布使者颇得故人幸臣，将众数千人归汉。汉益分布兵，而与俱北收兵至成皋。《黥布列传》。注17

丙申　西楚二年，汉二年。是岁楚、常山、河南、韩、殷、雍、魏七国皆亡。

凡二大国及代、九江、衡山、临江、燕、齐六小国，为八国。又赵王歇后元、代王陈馀、韩王信皆元年。而齐王假、(齐)王广代立。定十二国。《御批资治通鉴纲目》卷二下。

汉三年

　　三年，魏王豹谒归，视亲疾。至即绝河津，反为楚①。汉王使郦生说豹。豹不听。汉王遣将军韩信，击大破之，虏豹，遂定魏地，置三郡。曰河东②、太原③、上党④。汉王乃令张耳与韩信，遂东下井陉击赵。斩陈馀、赵王歇⑤。其明年，立张耳为赵王。

　　① 正义 绝，断也。河津，即蒲州蒲津关也。蒲津桥即此。豹从同州由桥至河东，即断之而叛汉也。考证 秘阁本，无疾字。新注 魏王豹谒归反为楚事或不确。据汉赵战于魏地事，赵已对魏之腹地形成侵占。魏王豹回国或为救亡图存，与反叛无涉。另参见本年附注1。
　　② 正义 今蒲州也。新注 河东，秦郡名，汉因之。辖境相当于今山西沁水以西，山西、河南间黄河以北，山西、陕西间黄河以东，霍山以南地区。
　　③ 正义 今并州。新注 太原，秦汉郡。辖境相当于今山西五台、阳泉以西，霍山以北，黄河以东，管涔山、五台山以南地区。
　　④ 正义 今潞州。考证 梁玉绳曰：豹之反，在汉二年五月。《淮阴传》作二年六月，已误。此纪及《曹相国世家》，作三年，尤误。汉使郦生说豹，与遣韩信击豹，皆在二年八月。虏豹在二年九月。此纪书于三年，亦误。太原郡属赵地，汉灭赵王歇始置。乃连入魏地，更为误矣。《月表》言河东上党，是。《淮阴传》又失言上党，《汉纪》亦误，仍史连言太原。新注 此事难详，不可轻下论断。

太原隶属变更颇多，此时属魏。上党，原为战国赵、韩之上党郡。赵上党郡之辖境约在今山西和顺、榆社以南，南与韩国上党郡相接。韩上党辖境约在山西沁河以东一带地区，北与赵上党郡相接。秦上党郡为赵、韩两上党之和。

⑤ 考证 井陉，由山西平定州至直隶正定府井陉县路。新注 井陉，古山名。今河北井陉县西北。据《高祖功臣侯者年表》祝阿侯高邑"以将军定魏太原，破井陉，属淮阴侯"，则井陉之战与韩信无关。鉴于汉赵已在朝歌一线先期开战，韩信一路就不会是决战。汉赵之战另有主战场，汉方主帅就是刘邦。参见本年注14。

高帝纪　秋八月，汉王如荥阳，谓郦食其曰："缓颊往说魏王豹，能下之，以魏地万户封生。"食其往，豹不听。汉王以韩信为左丞相，与曹参、灌婴俱击魏。食其还，汉王问："魏大将谁也？"对曰："柏直。"王曰："是口尚乳臭，不能当韩信。骑将谁也？"曰："冯敬。"曰："是秦将冯无择子也。虽贤，不能当灌婴。步卒将谁也？"曰："项它。"曰："不能当曹参。吾无患矣。"

九月，信等虏豹，传诣荥阳。定魏地，置河东、太原、上党郡。信使人请兵三万人，愿以北举燕、赵，东击齐，南绝楚粮道。汉王与之。注1

三年冬十月，韩信、张耳东下井陉击赵，斩陈馀，获赵王歇。置常山、代郡。

甲戌晦，日有食之。

十一月癸卯晦，日有食之。随何既说黥布，布起兵攻楚。楚使项声、龙且攻布，布战不胜。

十二月，布与随何间行归汉。汉王分之兵，与俱收兵至成皋。

相关史料　（汉二年九月）汉将（韩）信虏（魏）豹。（汉二年后九月）（考证 此以上《史》表皆后《汉》表一月。以汉元年正月以下递差一月故也。乃《汉》表又失此后九月，故自三年十月以后，《史》《汉》适同。）（魏）属汉为河东上党郡。（汉三年十月）汉将韩信斩陈馀。汉灭（赵）歇。（汉三年十一月　代）属汉为太原郡。　（常山）属汉为郡。（汉三年十二月　九江王黥）布身降汉，地属项籍。《秦楚之际月表》。

（高皇帝三年）魏豹反，使韩信别定魏伐赵。《汉兴以来将相名臣年表》。

汉败,还至荥阳。豹请归视亲病。至国,即绝河津畔汉。汉王闻魏豹反,方东忧楚,未及击。谓郦生曰:"缓颊。往说魏豹能下之,吾以万户封若。"郦生说豹。豹谢曰:"人生一世间,如白驹过隙耳。今汉王慢而侮人,骂詈诸侯群臣,如骂奴耳。非有上下礼节也。吾不忍复见也。"于是汉王遣韩信,击虏豹于河东。传诣荥阳,以豹国为郡。《魏豹彭越列传》。

(汉二年)六月,魏王豹谒归视亲疾。至国,即绝河关反汉,与楚约和。汉王使郦生说豹。不下。其八月以信为左丞相击魏。魏王盛兵蒲坂,塞临晋。信乃益为疑兵,陈船欲度临晋。而伏兵从夏阳,以木罂缻渡军,袭安邑。魏王豹惊引兵迎信。信遂虏豹。定魏为河东郡。《淮阴侯列传》。

高祖三年,拜为假左丞相,入屯兵关中月余。魏王豹反。以假左丞相别与韩信东攻魏将军孙遫军东张,大破之。因攻安邑,得魏将王襄。击魏王于曲阳,追至武垣,生得魏王豹,取平阳,得魏王母妻子,尽定魏地。凡五十二城。赐食邑平阳。《曹相国世家》。注2

(棘丘侯襄)以上郡守击定西魏地。(祝阿侯高邑)以将军定魏太原,破井陉,属淮阴侯,以瓵度军。注3《高祖功臣侯者年表》。

(汉王)乃以(韩)信为左丞相击魏。信问郦生:"魏得毋用周叔为大将乎?"曰:"柏直也。"信曰:"竖子耳。"遂进兵击魏。《韩彭英卢吴传》。注4

韩信闻魏不以周叔为大将军,乃喜,遂进兵。伪陈船欲渡临晋。魏聚伏兵以距之。信乃伏兵从下阳以木罂缻渡军,袭安邑,虏魏王豹。《汉纪》卷二。

溪水又东南迳夏阳县故城北,故少梁也。秦惠文王十一年更从今名矣,王莽之冀亭也。其水东南流注于河。昔韩信之袭魏王豹也,以木罂自此渡。《水经注·河水》。

(阳夏侯陈豨)以游击将军别定代。《高祖功臣侯者年表》。注5

(曹参)因从韩信,击赵相国夏说军于邬东,大破之,斩夏说。《曹相国世家》。

(韩信)遂虏(魏)豹,定河东使人请汉王,益兵三万人,臣请以北举燕、赵,东击齐,南绝楚粮道。西与大王会于荥阳。汉王与兵三万人。遣张耳与俱。《韩彭英卢吴传》。

汉三年,韩信已定魏地。遣张耳与韩信,击破赵井陉。斩陈馀泜水上。追杀赵王歇襄国。注6 张耳、陈馀,世传所称贤者。其宾客厮役,莫非天下俊桀,所居国无不取卿相者。然张耳、陈馀始居约时,相然信以死。岂顾问哉。及据国争权,卒相灭亡。何乡者相慕用之诚,后相倍之戾也？岂非以利哉？名誉虽高,宾客虽盛,所由殆与太伯、延陵季子异矣。《张耳陈馀列传》。

汉王遣张耳与(韩)信俱,引兵东北击赵、代。后九月,破代兵,擒夏说阏与。^{注7}信之下魏破代,汉辄使人收其精兵,诣荥阳以距楚。^{注8}信与张耳以兵数万,欲东下井陉击赵。赵王、成安君陈馀闻汉且袭之也,聚兵井陉口。号称二十万。广武君李左车,说成安君曰："闻汉将韩信涉西河,虏魏王,禽夏说,新喋血阏与。今乃辅以张耳,议欲下赵。此乘胜而去国远斗。其锋不可当。臣闻千里馈粮,士有饥色。樵苏后爨,师不宿饱。今井陉之道,车不得方轨,骑不得成列。行数百里,其势粮食必在其后。愿足下假臣奇兵三万人。从间道绝其辎重。足下深沟高垒,坚营勿与战。彼前不得斗,退不得还。吾奇兵绝其后,使野无所掠。不至十日,而两将之头,可致于戏下。愿君留意臣之计。否,必为二子所禽矣。"成安君儒者也。常称义兵,不用诈谋奇计。曰："吾闻兵法,十则围之,倍则战。今韩信兵号数万,其实不过数千。能千里而袭我。亦已罢极。今如此避而不击,后有大者,何以加之。则诸侯谓吾怯,而轻来伐我。"不听广武君策。广武君策不用。韩信使人间视。知其不用,还报。则大喜,乃敢引兵遂下。未至井陉口三十里,止舍。夜半传发,选轻骑二千人,人持一赤帜,从间道萆山而望赵军。诫曰："赵见我走,必空壁逐我。若疾入赵壁,拔赵帜,立汉赤帜。"令其裨将传飧曰："今日破赵会食。"诸将皆莫信。详应曰："诺。"谓军吏曰："赵已先据便地为壁。且彼未见吾大将旗鼓,未肯击前行。恐吾至阻险而还。"信乃使万人先行,出背水陈。赵军望见而大笑。平旦,信建大将之旗鼓,鼓行出井陉口。赵开壁击之。大战良久。于是信、张耳,详弃鼓旗走水上军。水上军开入之。复疾战。赵果空壁争汉鼓旗,逐韩信、张耳。韩信、张耳已入水上军。军皆殊死战,不可败。信所出奇兵二千骑,共候赵空壁逐利,则驰入赵壁,皆拔赵旗,立汉赤帜二千。赵军已不胜,不能得信等。欲还归壁。壁皆汉赤帜。而大惊以为汉皆已得赵王将矣。兵遂乱遁走。赵将虽斩之,不能禁也。于是汉兵夹击,大破虏赵军,斩成安君泜水上,禽赵王歇。信乃令军中毋杀广武君。有能生得者购千金。于是有缚广武君而致戏下者。信乃解其缚,东乡坐,西乡对,师事之。诸将效首虏,休毕贺。因问信曰："兵法右倍山陵,前左水泽。今者将军令臣等反背水陈。曰,破赵会食。臣等不服。然竟以胜。此何术也？"信曰："此在兵法。顾诸君不察耳。兵法不曰：'陷之死地而后生,置之亡地而后存?'且信非得素拊循士大夫也。此所谓'驱市人而战之'。其势非置之死地,使人人自为战,今予之生地,皆走。宁尚可得而用之乎?"诸将皆服曰:"善。非臣所及也。"于是信问广武君曰:"仆欲北攻燕,东伐齐。何若而有功?"广武君辞谢曰:"臣闻'败军之将,不可以言勇。亡国之大夫,不可以图存'。今臣败亡之虏,何足以权大事乎?"信曰:"仆闻之,百里奚居虞而虞亡,在秦而秦霸。非愚于虞而智于秦也。用与不用,听与不听也。诚令成安君听足下计,若信者亦已为禽矣。以不用足下,故信得侍耳。"因固问曰:"仆委心归计。愿足下勿辞。"广武君曰:"臣闻'智者千虑必有一失。愚者千虑必有一得'。故曰:'狂夫之言,圣人择焉。'顾恐臣计未必足用。愿效愚忠。夫成安君有百战百胜之计,一旦而失之,军败鄗下,身死泜上。今将军涉西河,虏魏王,禽夏说阏与,一举而下井陉,不终朝,破赵二十万众,诛成安君,名闻海内,威震天下。农夫莫不辍耕释耒,褕衣甘食,倾耳以待命者。若此将军之所长也。然而众劳卒罢,其实难用。今将军欲举倦罢之兵,顿之燕坚城之下。欲战恐久力不能拔,情见势屈,旷日粮竭,而弱燕不服。齐必距境以自彊也。燕、齐相持而不下,则刘、项之权,未有所分也。若此者,将军所短也。臣愚窃以为亦过矣。故善用兵者,不以短击长,而以长击短。"韩信曰:"然则何由?"广武君对曰:"方今为将军计,莫如案甲休兵,镇赵抚其孤。百里之内,牛酒日至,以飨士大夫醳兵,北首燕路。而后遣辩士,奉咫尺之书,暴其所长于燕,燕必不敢不听从。燕已从,使諠言者东告齐,齐必从风而服。虽有智者,亦不知为齐计矣。如是,则天下事皆可图也。兵固有先声而后实者。此之谓也。"韩信曰:"善。"从其策,发使使燕。燕从风而靡。^{注9}乃遣使报汉,因请立张耳为赵王,以镇抚其国。汉王许之,乃立张耳为赵王。楚数使奇兵渡河击赵。^{注10}赵王耳、韩信,往来救赵,因行定赵城邑,发兵诣汉。《淮阴侯列传》。

韩信与故常山王张耳,引兵下井陉,击成安君,而令(曹)参还围赵别将戚将军于邬城中。戚将军出走。追斩之。乃引兵诣敖仓汉王之所。《曹相国世家》。

(乐平侯卫无择)以队卒从高祖起沛,属皇䜣。以郎击陈馀。《惠景间侯者年表》。

陈馀击走常山王张耳。耳归汉。汉乃以张苍为常山守。从淮阴侯击赵。苍得陈馀。《张丞相列传》。

(祝阿侯高邑)以将军定魏太原,破井陉,属淮阴侯,以瓴度军。(南安侯宣虎)以河南将军汉王三年降晋阳。注11 (阏氏侯冯解敢)以代太尉汉王三年降,为雁门守。注12 (广严侯召欧)以骑将定燕、赵。注13 (宋子侯许瘛)以汉三年以赵羽林将初从。击定诸侯。功比磨侯。(磨侯程黑)以赵卫将军汉王三年从起卢奴,击项羽敖仓下。(深泽侯赵将夜)以赵将汉王三年降,属淮阴侯,定赵、齐、楚。(棘阳侯杜得臣)以郎将迎左丞相军以击诸侯。《高祖功臣侯者年表》。

　　桃水又东南流,迳绵蔓县故城北,王莽之绵延也。世祖建武二年,封郭况为侯国。自下通谓之绵蔓水。绵蔓水又东流,迳乐阳县故城西,右合井陉山水,水出井陉山,世谓之鹿泉水,东北流屈迳陈馀垒西,俗谓之故壁城。昔在楚、汉,韩信东入,馀拒之于此,不纳左车之计,悉众西战。信遣奇兵,自间道出,立帜于其垒,师奔失据,遂死泜上。《水经注·浊漳水》。

　　(高帝三年)十一月,癸卯,晦,日有食之。在虚三度。齐地也。后二年,齐王韩信徙为楚王。明年,废为列侯。《五行志》。

　　三年,赐(靳歙)食邑四千二百户。别之河内,击赵将贲郝军朝歌,破之。所将卒得骑将二人,车马二百五十匹。从攻安阳以东至棘蒲,下七县。别攻破赵军,得其将司马二人,候四人,降吏卒二千四百人。从攻下邯郸,别下平阳。身斩守相。所将卒斩兵守、郡守各一人。降邺。从攻朝歌、邯郸,及别击破赵军,降邯郸郡六县。注14 (周緤)东绝甬道。从出,度平阴,遇淮阴侯兵襄国。注15《傅靳蒯成列传》。

　　高祖立为汉王,东击项籍,(任)敖迁为上党守。《张丞相列传》。

　　汉王军荥阳南,筑甬道①,属之河,以取敖仓②。与项羽相距岁余。项羽数侵夺汉甬道。汉军乏食。遂围汉王。汉王请和,割荥阳以西者为汉。项王不听。汉王患之。乃用陈平之计,予陈平金四万斤,以间疏楚君臣。于是项羽乃疑亚父。亚父是时劝项羽,遂下荥阳。及其见疑,乃怒,辞老,愿赐骸骨归卒伍,未至彭城而死③。

　　① 正义 甬,音勇。韦昭云:"起土筑墙,中间为道。"应劭云:"恐敌抄辎重,

故筑垣墙如街巷。"

② 正义 孟康云："敖，地名，在荥阳西北山上，临河，有大仓。"《太康地理志》云："秦建敖仓于成皋。" 考证 敖山，在河南开封府荥泽县西北。《水经注》：山上有城，秦置仓其中，故曰敖仓。

③ 项羽本纪集解《皇览》曰，亚父冢，在庐江居巢县郭东，居巢廷中有亚父井。吏民皆祭亚父于居巢廷上。长吏初视事，皆祭，然后从政，后更造祠于郭东，至今祠之。

高帝纪　项羽数侵夺汉甬道，汉军乏食，与郦食其谋桡楚权。食其欲立六国后以树党，汉王刻印，将遣食其立之。以问张良，良发八难。汉王辍饭吐哺，曰："竖儒几败乃公事！"令趣销印。又问陈平，乃从其计，与平黄金四万斤，以间疏楚君臣。

夏四月，项羽围汉荥阳，汉王请和，割荥阳以西者为汉。亚父劝项羽急攻荥阳，汉王患之。陈平反间既行，羽果疑亚父。亚父大怒而去，发病死。

相关史料　（汉三年四月）楚围（汉）王荥阳。《秦楚之际月表》。

（高皇帝三年）楚围我荥阳。《汉兴以来将相名臣年表》。

汉之三年，项王数侵夺汉甬道。汉王食乏。恐请和，割荥阳以西为汉。项王欲听之。历阳侯范增曰："汉易与耳。今释弗取，后必悔之。"项王乃与范增急围荥阳。汉王患之，乃用陈平计间项王。项王使者来。为太牢具，举欲进之。见使者详惊愕曰："吾以为亚父使者。乃反项王使者。"更持去，以恶食食项王使者。使者归报项王。项王乃疑范增与汉有私，稍夺之权。范增大怒曰："天下事大定矣。君王自为之。愿赐骸骨归卒伍。"项王许之。行未至彭城。疽发背而死。《项羽本纪》。

陈丞相平者，阳武户牖乡人也。少时家贫。好读书。有田三十亩。独与兄伯居。伯常耕田，纵平使游学。平为人长美色。人或谓陈平曰："贫何食而肥若是？"其嫂嫉平之不视家生产，曰："亦食糠覈耳。有叔如此，不如无有。"伯闻之，逐其妇而弃之。及平长，可娶妻。富人莫肯与者。贫者平亦耻之。久之，户牖富人有张负。张负女孙，五嫁而夫辄死。人莫敢娶。平欲得之。邑中有丧,平贫侍丧,以先往后罢为助。张负既见之丧所。独视伟平。平亦以故后去。负随平至其家。家乃负郭穷巷,以弊席为门。然门外多有长者车辙。张负归谓其子仲曰:"吾欲以女孙予陈平。"张仲曰:"平贫不事事。一县中尽笑其所为。独奈何予女乎?"负曰:"人固有好美如陈平,而长贫贱者乎?"卒与女。为平贫,乃假贷币以聘,予酒肉之资以内妇。负戒其孙曰:"毋以贫故事人不谨。事兄伯如事父,事嫂如母。"平既娶张氏女,赍用益饶,游道日广。里中社,平为宰。分肉食甚均。父老曰:"善,陈孺子之为宰。"平曰:"嗟乎,使平得宰天下,亦如是肉矣。"陈涉起而王陈,使周市略定魏地,立魏咎为魏王,与秦军相攻于临济。陈平固已前谢其兄伯,从少年往,事魏王咎于临济。魏王以为太仆。说魏王不听。人或谗之。陈平亡去。久之项羽略地至河上。陈平往归之。从入破秦。赐平爵卿。项羽之东王彭城也,汉王还定三秦而东。殷王反楚。项羽乃以平为信武君,将魏王咎客在楚者,以往击,降殷王而还。项王使项悍拜平为都尉,赐金二十溢。居无何,汉王攻下殷王。项王怒,将诛定殷者将吏。陈平惧诛,乃封其金与印,使使归项王,而平身间行,杖剑亡。渡河。船人见其美丈夫独行,疑其亡将,要中当有金玉宝器。目之欲杀平。平恐,乃解衣,裸而佐刺船。船人知其无有,乃止。平遂至修武降汉。因魏无知求见汉王。汉王召入。是时万石君奋为汉王中涓。受平谒,入见平。平等七人俱进赐食。王曰:"罢就舍矣。"平曰:"臣为事来。所言不可以过今日。"于是汉王与语而说之。问曰:"子之居楚何官?"曰:"为都尉。"是日,乃拜平为都尉,使为参乘典护军。诸将尽讙。曰:"大王一日得楚之亡卒,未知其高下。而即与同载,反使监护军长者。"汉王闻之,愈益幸平。遂与东伐项王至彭城。为楚所败,引而还。收散兵至荥阳,以平为亚将,属于韩王信,军广武。绛侯、灌婴等,咸谗陈平曰:"平虽美丈夫,如冠玉耳。其中未必有也。臣闻平居家时,盗其嫂,事魏不容,亡归楚。归楚不中,又亡归汉。今日大王尊官之令护军。臣闻平受诸将金。金多者得善处,金少者得恶处。平反覆乱臣也。愿王察之。"汉王疑之,召让魏无知。无知曰:"臣所言者能也。陛下所问者行也。今有尾生、孝己之行,而无益于胜负之数。陛下何暇用之乎?楚汉相距。臣进奇谋之士。顾其计诚足以利国家不耳。且盗嫂受金,又何足疑乎?"汉王召让平曰:"先生事魏不中遂,事楚而去。今又从吾游。信者固多心乎?"平曰:"臣事魏王。魏王不能用臣说。故去事项王。项王不能信人。其所任爱,非诸项即妻之昆弟。虽有奇士不能用。平乃去楚。闻汉王之能用人，故归大王。臣裸身来，不受金无以为资。诚臣计画有可采者，顾大王用之。使无可用者，金具在，请封输官，得请骸骨。"汉王乃谢，厚赐拜为护军中尉，尽护诸将。诸将乃不敢复言。其后楚急攻，绝汉甬道。围汉王于荥阳城。久之，汉王患之，请割荥阳以西以和。项王不听。汉王谓陈平曰："天下纷纷，何时定乎？"陈平曰："项王为人恭敬爱人。士之廉节好礼者，多归之。至于行功爵邑重之。士亦以此不附。今大王慢而少礼。士廉节者不来。然大王能饶人以爵邑。士之顽钝嗜利无耻者，亦多归汉。诚各去其两短，袭其两长，天下指麾则定矣。然大王恣侮人，不能得廉节之士。顾楚有可乱者。彼项王骨鲠之臣亚父、锺离眛、龙且、周殷之属，不过数人耳。大王诚能出捐数万斤金，行反间，间其君臣，以疑其心。项王为人，意忌信谗，必内相诛。汉因举兵而攻之，破楚必矣。"汉王以为然，乃出黄金四万斤与陈平，恣所为，不问其出入。陈平既多以金纵反间于楚军。宣言诸将锺离眛等，为项王将，功多矣。然而终不得裂地而王。欲与汉为一，以灭项氏而分王其地。项羽果意不信锺离眛等。项王既疑之。使使至汉。汉王为太牢具举进。见楚使即详惊曰："吾以为亚父使。乃项王使。"复持去，更以恶草具进楚使。楚使归，具以报项王。项王果大疑亚父。亚父欲急攻下荥阳城。项王不信，不肯听。亚父闻项王疑之，乃怒曰："天下事大定矣。君王自为之。愿请骸骨归。"归未至彭城。疽发背而死。《陈丞相世家》。

万石君名奋。其父赵人也。姓石氏。赵亡，徙居温。高祖东击项籍，过河内。时奋年十五，为小吏侍高祖。高祖与语，爱其恭敬。问曰："若何有？"对曰："奋独有母。不幸失明。家贫。有姊能鼓琴。"高祖曰："若能从我乎？"曰："愿尽力。"于是高祖召其姊为美人，以奋为中涓，受书谒。徙其家长安中戚里。以姊为美人故也。《万石张叔列传》。

汉三年，项羽急围汉王荥阳。汉王恐忧，与郦食其谋桡楚权。食其曰："昔汤伐桀，封其后于杞。武王伐纣，封其后于宋。今秦失德弃义，侵伐诸侯社稷，灭六国之后，使无立锥之地。陛下诚能复立六国后世，毕已受印，此其君臣百姓，必皆戴陛下之德，莫不乡风慕义，愿为臣妾。德义已行，陛下南乡称霸，楚必敛衽而朝。"汉王曰："善。趣刻印。先生因行佩之矣。"食其未行。张良从外来谒。汉王方食。曰："子房前。客有为我计桡楚权者。"具以郦生语告曰："于子房何如？"良曰："谁为陛下画此计者？陛下事去矣！"汉王曰："何哉？"张良对曰："臣请藉前箸为大王筹之。曰'昔者汤伐桀而封其后于杞'者，度能制桀之死命也。今陛下能制项籍之死命乎？"曰："未能也。""其不可一也。'武王伐纣，封其后于宋'者，度能得纣之头也。今陛下能得项籍之头乎？"曰："未能也。""其不可二也。武王入殷，表商容之闾，释箕子之拘，封比干之墓。今陛下能封圣人之墓，表贤者之闾，式智者之门乎？"曰："未能也。""其不可三也。发钜桥之粟，散鹿台之钱，以赐贫穷。今陛下能散府库以赐贫穷乎？"曰："未能也。""其不可四矣。殷事已毕，偃革为轩，倒置干戈，覆以虎皮，以示天下不复用兵。今陛下能偃武行文，不复用兵乎？"曰："未能也。""其不可五矣。休马华山之阳，示以无所为。今陛下能休马无所用乎？"曰："未能也。""其不可六矣。放牛桃林之阴，以示不复输积。今陛下能放牛不复输积乎？"曰："未能也。""其不可七矣。且天下游士，离其亲戚，弃坟墓，去故旧，从陛下游者，徒欲日夜望咫尺之地。今复六国，立韩、魏、燕、赵、齐、楚之后，天下游士各归事其主，从其亲戚，反其故旧坟墓，陛下与谁取天下乎？其不可八矣。且夫楚唯无彊，六国立者复桡而从之，陛下焉得而臣之？诚用客之谋，陛下事去矣。"汉王辍食吐哺，骂曰："竖儒几败而公事！"令趣销印。《留侯世家》。注16

（靳歙）还军敖仓，破项籍军成皋南，击绝楚饟道。起荥阳至襄邑，破项冠军鲁下。略地东至缯、郯、下邳，南至蕲、竹邑，击项悍济阳下。《傅靳蒯成列传》。

（安平侯谔千秋）以谒者汉王三年初从，定诸侯有功。（杜衍侯王翳）以郎中骑，汉王三年从起下邳，属淮阴。《高祖功臣侯者年表》。

汉军绝食。乃夜出女子东门，二千余人被甲。楚因四面击之。将军纪信，乃乘王驾，诈为汉王诳楚。楚皆呼万岁，之城东观。以故汉王得与数十骑出西门遁①。令御史大夫周苛、魏豹、枞公守荥阳。诸将卒不能从者，尽在城中。周苛、枞公相谓曰："反国之王，难与守城。"因杀魏豹②。

① 考证 荥阳之围，汉王如釜鱼，微纪信诳楚，则汉之为汉，未可知也。信之功大矣，而史公不为信立传者，盖此一事之外，无可记者。故见之高祖、项羽两纪，以致丁宁之意焉。 新注 纪信为陪汉王赴鸿门宴者。《水经注·济水》

曰："(纪)信冢在城西北三里。故蔡伯喈《述征赋》曰:过汉祖之所隘兮,吊纪信于荥阳。其城跨冈原,居山之阳,王莽立为祈队备周六队之制。"有关纪信不侯为汉少恩之说,古人颇持之。对此,宋人黄淳耀《陶庵全集》卷七有《纪信不侯辨》一文辩之颇力,其曰:"或曰:纪信有功于高帝甚大,帝不赠一爵为寡恩。或曰:《吕后纪》,襄平侯纪通持节矫内太尉北军。通即信子也。信子封侯,则汉既明信功矣。予按,纪通实纪成子。成从高祖入汉定三秦,战于好畤死事。死同而事不合,则成非信也。《史记》高祖从鸿门脱归,与樊哙、夏侯婴、靳彊、纪信四人偕。《汉书》改夏侯婴为滕公,纪信为纪成。滕公即夏侯婴,故后人谓纪成即纪信。此实误尔。然以汉不赠一爵为寡恩,则余未敢谓然。古者,未尝有追赠赐爵之礼。汉初去古未远,故死事之臣,但封其子为彻侯而死者不复赐爵。终西汉之世皆然,不独信也。至东汉之来歙为刺客所害,始赠中郎将征羌侯。前此未有也。高帝时,周苛守荥阳,骂项籍死;子城封高景侯;郦食其使齐死,子疥封高梁。共侯吕婴死事,子它封俞侯。此三人死事虽同,而功皆逊信。高帝则固已侯其子矣。帝生平于德怨之际甚明,若谓厚于苛等三人而薄于信,岂有此理哉!吾故谓信而无子也则已,信而有子,则必侯。信有子而侯,则虽追封不及于信,而不可谓之寡恩矣。或曰:信无子,则存而不论矣;信有子而侯,则《高帝功臣年表》百四十七人中奈何其逸之也?曰:汉世功臣之后有罪失侯者不可胜数。信子或封,未几而国除,则史逸其名矣。且高帝封项伯四人等为射阳侯、桃侯、平皋侯、玄武侯,今年表无玄武侯。张竦为陈崇草奏有曰:公孙戎位在充郎选,由旄头壹明樊哙封二千户。今年表无公孙戎。此皆有罪国除而史逸其名之验也。汉寡恩诚有之,但不可以纪信为证。吾虞夫学者之疏于考索,而果于持论,故详辨之如此。"

② [集解]徐广曰:案《月表》,三年七月,王出荥阳。八月,杀魏豹。而又云四年三月,周苛死。四月,魏豹死。二者不同。项羽杀纪信、周苛、枞公,皆是三年中。[正义]《史记》项羽及高祖纪,《汉书》及《史记》月表皆言三年杀魏豹,而《月表》又言周苛魏豹死,在四年夏四月,表误。[考证]王城韵。[新注]周苛以御史大夫主持荥阳守城事或不确。因为当时在荥阳的汉方高爵位者有王者韩王信和侯者吕泽、张良、孙赤,无论如何也轮不到周苛主事。《功臣表》以周苛之功比辟阳侯,辟阳侯为审食其,其功劳只是与太公、吕后同为楚俘数年。以

此相较，可以窥出周苛之守荥阳的性质。另外，荥阳并非汉王出走后即陷落，表明情况还没严重到汉王必须逃走的程度。

高帝纪 五月，将军纪信曰："事急矣！臣请诳楚，可以间出。"于是陈平夜出女子东门二千余人，楚因四面击之。纪信乃乘王车，黄屋左纛，曰："食尽，汉王降楚。"楚皆呼万岁，之城东观，以故汉王得与数十骑出西门遁。令御史大夫周苛、魏豹、枞公守荥阳。羽见纪信，问："汉王安在？"曰："已出去矣。"羽烧杀信。而周苛、枞公相谓曰："反国之王，难与守城。"因杀魏豹。

相关史料 （汉三年七月临江）王敖薨。（汉）王出荥阳。（汉三年八月）临江王（共）驩始。敖子。（汉）周苛枞公杀魏豹。《秦楚之际月表》。

汉将纪信说汉王曰："事已急矣。请为王诳楚为王。王可以间出。"于是汉王夜出女子荥阳东门，被甲二千人。楚兵四面击之。纪信乘黄屋车，傅左纛，曰："城中食尽，汉王降。"楚军皆呼万岁。汉王亦与数十骑从城西门出，走成皋。项王见纪信，问："汉王安在？"信曰："汉王已出矣。"项王烧杀纪信。《项羽本纪》。

陈平乃夜出女子二千人荥阳城东门。楚因击之。陈平乃与汉王从城西门夜出去。遂入关，收散兵复东。《陈丞相世家》。

汉王四年，楚围汉王荥阳急，汉王遁出去，而使周苛守荥阳城。《张丞相列传》。

（堂阳侯孙赤）以中涓从起沛，以郎入汉，以将军击籍，为惠侯。坐守荥阳降楚免。后复来，以郎击籍。为上党守。《高祖功臣侯者年表》。

汉王之出荥阳，入关收兵，欲复东。袁生说汉王曰①："汉与楚相距荥阳数岁。汉常困。愿君王出武关。项羽必引兵南走②。王深壁令荥阳、成皋间且得休③，使韩信等辑河北赵地连燕、齐④。君王乃复走荥阳，未晚也。如此，则楚所备者多，力分。汉得休复与之战，破楚必矣。"汉王从其计，出军宛叶间⑤，与黥布行收兵。

① 考证 袁生，《汉书》作辕生。

② 考证 颜师古曰：走，谓趋向也。次后亦同。梁玉绳曰：汉以二年五月，屯荥阳，三年五月，出荥阳。连闰计之，首尾才十四月。何言数岁乎。当作岁余为是。上文因有相距岁余之语也。

③ 考证 《御览》引，休下有息字。与《汉书》合。

④ 正义 辑，与集同，谓和合也。

⑤ 正义 宛，于元反。叶，式涉反。宛，邓州县也。叶，汝州县。《水经注》云：本楚惠王封诸梁子兼，号曰叶城，即子高之故邑也。考证 宛，河南南阳府南阳县。叶，南阳府叶县。

高帝纪　汉王出荥阳，至成皋。自成皋入关，收兵欲复东。辕生说汉王曰："汉与楚相距荥阳数岁，汉常困。愿君王出武关，项王必引兵南走，王深壁，令荥阳、成皋间且得休息。使韩信等得辑河北赵地，连燕、齐，君王乃复走荥阳。如此，则楚所备者多，力分。汉得休息，复与之战，破之必矣。"汉王从其计，出军宛、叶间，与黥布行收兵。

项羽闻汉王在宛，果引兵南。汉王坚壁不与战。是时彭越渡睢水，与项声、薛公战下邳①。彭越大破楚军。项羽乃引兵东击彭越。汉王亦引兵北军成皋②。项羽已破走彭越。闻汉王复军成皋，乃复引兵西拔荥阳，诛周苛、枞公，而虏韩王信，遂围成皋。汉王跳③，独与滕公共车，出成皋玉门④，北渡河，驰宿修武，自称使者，晨驰入张耳、韩信壁，而夺之军⑤。乃使张耳北益收兵赵地，使韩信东击齐。汉王得韩信军，则复振。引兵临河，南飨军小修武南，欲复战⑥。郎中郑忠，乃说止汉王，使高垒深堑，勿与战。汉王听其计，使卢绾、刘贾将卒二万人骑数百，渡白马津入楚地⑦。与彭越复击破楚军燕郭西⑧,遂复下梁地十余城⑨。

① 考证 秘阁本,睢下无水字。下邳,江苏徐州府邳州东。

② 考证 成皋,河南开封府汜水县西北。 新注 成皋,今河南荥阳市西北汜水镇。《水经注·河水》:成皋县之故城在伾上,萦带伾,阜绝岸峻。周高四十许丈,城张翕险,崎而不平。《春秋传》曰:制,岩邑也,虢叔死焉。即东虢也。鲁襄公二年七月,晋成公与诸侯会于戚,遂城虎牢,以逼郑求平也。盖修故耳。《穆天子传》曰:天子射鸟猎兽于郑圃,命虞人掠林,有虎在于葭中。天子将至,七萃之士高奔戎,生捕虎而献之天子。命之为柙,畜之东虢。是曰虎牢矣。然则虎牢之名自此始也。秦以为关,汉乃县之。城西北隅有小城,周三里,北面列观,临河,岩岩孤上。景明中,言之寿春,路值兹邑,升眺清远,势尽川陆,羁途游至,有伤深情。河水南对玉门,昔汉祖与滕公潜出,济于是处也。

③ 集解 徐广曰:音逃。 索隐 如淳曰:"跳,走也。"晋灼按,《刘泽传》"跳驱至长安"。《说文》,音徒调反。通俗文云"超通为跳"。 考证 《项羽纪》,跳作逃。朱子文曰:跳当从如淳之音。 新注 《项羽本纪》记此事为汉四年,于理甚当。

④ 集解 徐广曰:《项羽纪》云:北门名玉门。 索隐 夏侯婴为滕令,故曰滕公也。

⑤ 考证 修武,河南怀宁府获嘉县。 新注 河南省修武县。

⑥ 集解 晋灼曰:在大修武城东。 考证 秘阁本,飨作乡,与凌引一本及《汉书》合。颜师古曰:乡读曰向。 新注 《水经注·济水》:修武有小,故称大。小修武在东。汉祖与滕公济自玉门津,而宿小修武者也。

⑦ 集解 苏林曰:绲,音以绳绲结物之绲。 索隐 即黎阳津也。南界东郡白马县。 考证 白马津,河南滑县东。

⑧ 索隐 故南燕国也。在东郡,秦以为县。 考证 河南延津县东。

⑨ 考证 梁玉绳曰:此以下叙事倒乱,几不可读。当云与彭越复击,破楚军燕郭西,遂复下梁地十余城,项羽乃谓海春侯大司马曹咎曰:谨守成皋,若汉挑

战,慎勿与战,无令得东而已。我十五日必定梁地,复从将军。乃行。淮阴已受命东,未渡平原,汉王使郦生往说齐王田广,广叛楚与汉和,共击项羽。四年,韩信用蒯通计,遂袭破齐。齐王烹郦生,东走高密。项羽击陈留、外黄、睢阳下之,闻韩信已举河北兵破齐赵,且欲击楚,则使龙且、周兰往击之。汉果数挑楚军,楚军不出,使人辱之五六日,大司马怒,渡兵汜水。士卒半渡,汉击之,大破楚军,尽得楚国金玉货赂。大司马咎、长史欣,皆自刭汜水上。项羽在睢阳闻海春侯破,乃引兵还。汉军方围锺离眛于荥阳东,项羽至,尽走险阻。楚汉久相持未决,丁壮苦军旅,老弱罢转饷。汉王、项羽相与临广武之间而语。项羽欲与汉王独身挑战。汉王数项羽曰,始与项羽俱受命怀王曰,先入定关中者王之。至病甚因驰入成皋。韩信与战,骑将灌婴击大破楚军杀龙且,齐王广奔彭越。汉王病愈,西入关,至关中兵益出。韩信使人言曰,齐边楚,至立韩信为齐王。项羽闻龙且军破,则恐,使盱台人武涉往说韩信。韩信不听。当此时彭越将兵居梁地,往来苦楚兵,绝其粮食。田横往从之。项羽数击彭越等。

新注 梁氏排比史料未必精当,然其提出来的史料排比之混乱是不容置疑的。

高帝纪 羽闻汉王在宛,果引兵南,汉王坚壁不与战。是月,彭越渡睢,与项声、薛公战下邳,破杀薛公。羽使终公守成皋,而自东击彭越。汉王引兵北,击破终公,复军成皋。

六月,羽已破走彭越,闻汉复军成皋,乃引兵西拔荥阳城,生得周苛。羽谓苛:"为我将,以公为上将军,封三万户。"周苛骂曰:"若不趣降汉,今为虏矣!若非汉王敌也。"羽亨周苛,并杀枞公,而虏韩王信,遂围成皋。汉王跳,独与滕公共车出成皋玉门,北渡河,宿小修武。自称使者,晨驰入张耳、韩信壁而夺之军。乃使张耳北收兵赵地。

秋七月,有星孛于大角。汉王得韩信军,复大振。

八月,临河南乡,军小修武,欲复战。郎中郑忠说止汉王,高垒深堑勿战。汉王听其计,使卢绾、刘贾将卒二万人,骑数百,渡白马津入楚地,佐彭越烧楚积聚,复击破楚军燕郭西,攻下睢阳、外黄十七城。

相关史料 汉王使御史大夫周苛、枞公、魏豹守荥阳。周苛、枞公谋曰:

"反国之王，难与守城。"乃共杀魏豹。楚下荥阳城，生得周苛。项王谓周苛曰："为我将。我以公为上将军，封三万户。"周苛骂曰："若不趣降汉，汉今虏若。若非汉敌也。"项王怒烹周苛，并杀枞公。汉王之出荥阳，南走宛、叶，得九江王布。行收兵，复入保成皋。汉之四年，项王进兵围成皋。汉王逃，独与滕公出成皋北门，渡河走修武，从张耳、韩信军。诸将稍稍得出成皋从汉王。楚遂拔成皋欲西。汉使兵距之巩，令其不得西。是时彭越渡河，击楚东阿。杀楚将军薛公。项王乃自东击彭越。汉王得淮阴侯兵，欲渡河南。郑忠说汉王。乃止壁河内，使刘贾将兵，佐彭越，烧楚积聚。项王东击破之，走彭越。汉王则引兵渡河，复取成皋，军广武，就敖仓食。《项羽本纪》。

汉王令豹守荥阳。楚围之急。周苛遂杀魏豹。 汉王三年，彭越常往来为汉游兵，击楚，绝其后粮于梁地。《魏豹彭越列传》。

（樊哙）以将军守广武。一岁。《樊郦滕灌列传》。

（厌次侯元顷）以都尉守广武。（周苛）坚守荥阳。功比辟阳。苛以御史大夫死事，子成为后，袭侯。《高祖功臣侯者年表》。

三年，汉王出荥阳。韩王信、周苛等守荥阳。及楚败荥阳，信降楚。已而得亡，复归汉。汉复立以为韩王。竟从击破项籍。天下定。 卢绾者，丰人也。与高祖同里。卢绾亲与高祖太上皇相爱。及生男，高祖、卢绾同日生，里中持羊酒贺两家。及高祖、卢绾壮，俱学书，又相爱也。里中嘉两家亲相爱，生子同日，壮又相爱，复贺两家羊酒。高祖为布衣时，有吏事辟匿，卢绾常随出入上下。及高祖初起沛，卢绾以客从。入汉中为将军，常侍中。从东击项籍，以太尉常从，出入卧内，衣被饮食赏赐，群臣莫敢望。虽萧、曹等，特以事见礼，至其亲幸，莫及卢绾。绾封为长安侯。长安，故咸阳也。《韩信卢绾列传》。

楚破荥阳城，欲令周苛将，苛骂曰："若趣降汉王。不然，今为虏矣。"项羽怒亨周苛。于是乃拜周昌为御史大夫。《张丞相列传》。注17

（博成侯冯无择）击项籍。力战奉卫悼武王出荥阳。《惠景间侯者年表》。注18

楚方急围汉王于荥阳。汉王南出之宛、叶间，得黥布，走入成皋。楚又复急围之。六月，汉王出成皋，东渡河，独与滕公俱从张耳军修武。至，宿传舍。晨自称汉使，驰入赵壁。张耳、韩信未起。即其卧内上，夺其印符，以麾召诸将，易置之。信、耳起，乃知汉王来，大惊。汉王夺两人军，即令张耳备守赵地，

拜韩信为相国,收赵兵未发者击齐。《淮阴侯列传》。注19

　　汉三年,汉王与项羽相距京、索之间。上数使使劳苦丞相(萧何)。鲍生谓丞相曰:"王暴衣露盖,数使使劳苦君者,有疑君心也。为君计,莫若遣君子孙昆弟能胜兵者,悉诣军所。上必益信君。"于是何从其计。汉王大说。《萧相国世家》。

　　荆王刘贾者,诸刘,不知其何属,初起时。汉王元年,还定三秦。刘贾为将军定塞地。从东击项籍。汉四年,汉王之败成皋,北渡河,得张耳、韩信军,军修武,深沟高垒。使刘贾将二万人,骑数百,渡白马津,入楚地。烧其积聚,以破其业,无以给项王军食。已而楚兵击刘贾。贾辄壁,不肯与战,而与彭越相保。《荆燕世家》。

　　淮阴已受命东,未渡平原①。汉王使郦生往说齐王田广。广叛楚与汉和,共击项羽。韩信用蒯通计,遂袭破齐。齐王烹郦生,东走高密②。项羽闻韩信已举河北兵,破齐、赵,且欲击楚③,则使龙且、周兰往击之④。韩信与战骑将灌婴击,大破楚军⑤,杀龙且。齐王广奔彭越⑥。当此时,彭越将兵居梁地,往来苦楚兵,绝其粮食⑦。

　　① 考证 淮阴,当作韩信。枫山本,阴字上有侯字。新注 平原,秦县,在今山东平原县西南。

　　② 考证 韩信袭齐,齐烹郦生,事在汉四年。高密,山东莱州府高密县。新注 郦生说汉王,语或不确。

　　③ 考证 赵字当衍。

　　④ 集解 徐广曰:兰,一作"简"。

　　⑤ 考证 此与《项纪》衍一战字。

　　⑥ 考证 陈仁锡曰:《田儋传》,信虏齐王广,田横奔彭越。此纪误。愚按,《淮阴侯传》云,齐王广亡去,此纪非广下脱田横二字,则奔下衍彭越二字。又

按韩信取齐事在汉四年。又按,据《灌婴传》,周兰为灌婴所生得。新注 据《月表》,此段事件均为四年。韩信击齐事件不仅作战的过程不清楚,就是连准确的时间也说不清楚。汉破齐的时间应当在汉四年十一月之后。因为即使韩信在汉三年六月就领刘邦命令准备击齐,但筹措时间长达半年也正常。郦生于汉三年秋谋划游说齐国时,韩信还没有准备好。韩信的准备是在郦生出发游说齐国之后才完成的。

⑦ 考证 秘阁本,糧作粮,十九字与下文复。

高帝纪 九月,羽谓海春侯大司马曹咎曰:"谨守成皋。即汉王欲挑战,慎勿与战,勿令得东而已。我十五日必定梁地,复从将军。"羽引兵东击彭越。

汉王使郦食其说齐王田广,罢守兵与汉和。

四年冬十月,韩信用蒯通计,袭破齐。齐王亨郦生,东走高密。项羽闻韩信破齐,且欲击楚,使龙且救齐。

相关史料 (汉四年十一月)汉将韩信破杀龙且。 赵王张耳薨。汉立之。 汉将韩信击杀(田)广。(汉四年十二月齐)属汉为郡。《秦楚之际月表》。

(高祖二年 赵)都邯郸。注20 (高祖四年)初王张耳元年。《汉兴以来诸侯王年表》。

汉三年十一月注21,复赵王张耳薨,汉立之。《异姓诸侯王年表》。

汉定赵,(张耳)为王。《高祖功臣侯者年表》。

汉立张耳为赵王。《张耳陈馀列传》。

汉三年秋,项羽击汉拔荥阳。汉兵遁保巩、洛。楚人闻淮阴侯破赵,彭越数反梁地,则分兵救之。淮阴方东击齐。注22 汉王数困荥阳、成皋,计欲捐成皋以东,屯巩、洛以拒楚。郦生因曰:"臣闻知天之天者,王事可成。不知天之天者,王事不可成。王者以民人为天,而民人以食为天。夫敖仓,天下转输久矣。臣闻,其下乃有藏粟甚多。楚人拔荥阳,不坚守敖仓,乃引而东,令適卒分守成皋。此乃天所以资汉也。方今楚易取。而汉反郤自夺其便。臣窃以为过矣。且两雄不俱立。楚汉久相持不决。百姓骚动,海内摇荡,农夫释耒,工女下机,天下之心,未有所定也。愿足下急复进兵,收取荥阳,据敖仓之粟,塞成皋之险,杜大行之道,距蜚狐之口,守白马之津,以示诸侯效实形制之势,则天下知所归矣。方今燕、赵已定,唯齐未下。注23 今田广据千里之齐,田间将二十万之众,军于历城。诸田宗彊,负海阻河、济南近楚,人多变诈。足下虽遣数十万师,未可以岁月破也。臣请得奉明诏说齐王,使为汉而称东藩。"上曰:"善。"乃从其画,复守敖仓。而使郦生说齐王曰:"王知天下之所归乎?"王曰:"不知也。"曰:"王知天下之所归,则齐国可得而有也。若不知天下之所归,即齐国未可得保也。"齐王曰:"天下何所归?"曰:"归汉。"曰:"先生何以言之?"曰:"汉王与项王戮力西面击秦。约先入咸阳者王之。汉王先入咸阳。项王负约不与,而王之汉中。项王迁杀义帝。汉王闻之,起蜀汉之兵击三秦,出关而责义帝之处,收天下之兵,立诸侯之后,注24 降城,即以侯其将,得赂,即以分其士,与天下同其利,豪英贤才,皆乐为之用。诸侯之兵,四面而至,蜀汉之粟,方船而下。项王有倍约之名,杀义帝之负。于人之功无所记,于人之罪无所忘。战胜而不得其赏,拔城而不得其封。非项氏莫得用事。为人刻印,刓而不能授。攻城得赂,积而不能赏。天下畔之,贤才怨之,而莫为之用。故天下之士,归于汉王,可坐而策也。夫汉王发蜀汉定三秦,涉西河之外,援上党之兵,下井陉,诛成安君,破北魏,举三十二城。此蚩尤之兵也。非人之力也。天之福也。今已据敖仓之粟,塞成皋之险,守白马之津,杜大行之阪,距蜚狐之口,天下后服者先亡矣。王疾先下汉王,齐国社稷,可得而保也。不下汉王危亡可立而待也。"田广以为然,乃听郦生,罢历下兵守战备,与郦生日纵酒。淮阴侯闻郦生伏轼下齐七十余城,乃夜度兵平原袭齐。齐王田广,闻汉兵至,以为郦生卖己,乃曰:"汝能止汉军,我活汝。不然,我将亨汝。"郦生曰:"举大事不细谨。盛德不辞让。而公不为若更言。"齐王遂烹郦生,引兵东走。《郦生陆贾列传》。

信引兵东,未渡平原,闻汉王使郦食其已说下齐,韩信欲止。范阳辩士蒯通说信曰:"将军受诏击齐。而汉独发间使下齐,宁有诏止将军乎?何以得毋行也?且郦生一士,伏轼掉三寸之舌,下齐七十余城。将军将数万众,岁余乃下赵五十余城。为将数岁,反不如一竖儒之功乎?"于是信然之,从其计,遂渡河。齐已听郦生。即留纵酒,罢备汉守御。信因袭齐历下军,遂至临菑。齐王田广以郦生卖己,乃亨之,而走高密,使使之楚请救。韩信已定临菑,遂东追广至高密西。楚亦使龙且将,号称二十万,救齐。齐王广、龙且并军与信战。未合。人或说龙且曰:"汉兵远斗穷战。其锋不可当。齐、楚自居其地战。兵易败散。不如深壁,令齐王使其信臣招所亡城。亡城闻其王在,楚来救,必反汉。汉兵二千里客居。齐城皆反之,其势无所得食。可无战而降也。"龙且曰:"吾平生知韩信为人。易与耳。且夫救齐,不战而降之,吾何功?今战而胜之,齐之半可得。何为止?"遂战。与信夹潍水陈。韩信乃夜令人为万余囊,满盛沙,壅水上流,引军半渡,击龙且。详不胜,还走。龙且果喜曰:"固知信怯也。"遂追信渡水。信使人决壅囊。水大至。龙且军大半不得渡。即急击杀龙且。龙且水东军散走,齐王广亡去。信遂追北至城阳,皆虏楚卒。《淮阴侯列传》。注25

横定齐三年,汉王使郦生往说下齐王广,及其相国横。横以为然,解其历下军。汉将韩信引兵且东击齐。齐初使华无伤、田解军于历下以距汉。汉使至,乃罢守战备,纵酒,且遣使与汉平。汉将韩信已平赵、燕,用蒯通计,度平原,袭破齐历下军,因入临淄。齐王广、相横,怒以为郦生卖己,而亨郦生。齐王广东走高密,相横走博阳,守相田光走城阳,将军田既军于胶东。楚使龙且救齐。齐王与合军高密。汉将韩信与曹参破杀龙且,虏齐王广。汉将灌婴追得齐守相田光,至博阳。而横闻齐王死,自立为齐王,还击婴。婴败横之军于嬴下。田横亡走梁,归彭越。彭越是时居梁地。中立,且为汉,且为楚。韩信已杀龙且。因令曹参进兵,破杀田既于胶东,使灌婴破杀齐将田吸于千乘。甚矣蒯通之谋。乱齐,骄淮阴。其卒亡此两人。蒯通者,善为长短说,论战国之权变,为八十一首。《田儋列传》。

韩信已破赵为相国,东击齐。参以右丞相属韩信,攻破齐历下军,遂取临菑,还定济北郡,攻著、漯阴、平原、鬲、卢。已而从韩信,击龙且军于上假密,大破之。斩龙且,虏其将军周兰。定齐凡得七十余县,得故齐王广相田光,其守相许章,及故齐胶东将军田既。《曹相国世家》。

三年,(灌婴)以列侯食邑杜平乡。以御史大夫受诏,将郎中骑兵,东属相国韩信,击破齐军于历下。所将卒虏车骑将军华毋伤,及将吏四十六人。降下临菑,得齐守相田光,追齐相横至嬴、博,破其骑。所将卒,斩骑将一人,生得骑将四人,攻下嬴、博,破齐将军田吸于千乘。所将卒,斩吸。东从韩信,攻龙且、留公于高密。卒斩龙且,生得右司马、连尹各一人,楼烦将十人,身得亚将周兰。《樊郦滕灌列传》。

（傅宽）属淮阴,击破齐历下军,击田解。属相国参,残博。益食邑。因定齐地。《傅靳蒯成列传》。

（阳都侯丁复）属悼武王杀龙且彭城。（肥如侯蔡寅）以魏太仆三年初从。以车骑都尉破龙且及彭城。（乐成侯丁礼）以都尉击（项）籍,属灌婴,杀龙且。（高陵侯王周）以都尉破田横、龙且。（中水侯吕马童）以司马击龙且。（昌侯卢卿）以齐将汉王四年从淮阴侯起无盐。（共侯卢罢师）以齐将汉王四年从淮阴侯起临淄。（棘蒲侯陈武）击齐历下军田既。（河阳侯陈涓）击项羽,身得郎将处,功侯。以丞相定齐地。（下相侯冷耳）用兵从击破齐田解军。（戚侯季必）别属丞相韩信,破齐军。（祁侯缯贺）以执盾汉王三年初起从晋阳。以连敖击项籍,汉王败走,贺方将军击楚追骑,以故不得进。汉王顾谓贺,祁子留彭城。注26《高祖功臣侯者年表》。

（壮侯许倩）以楚将汉王三年降起临济。（平都侯刘到）以齐将高祖三年降。《惠景间侯者年表》。

丁酉　西楚三年,汉三年。是岁,赵、代、九江三国亡。二大国,并衡山、临江、燕、齐、韩五小国。共七国。《御批资治通鉴纲目》卷二下。

汉四年

四年,项羽乃谓海春侯大司马曹咎曰:"谨守成皋。若汉挑战,慎勿与战,无令得东而已①。我十五日必定梁地,复从将军。"②乃行,击陈留、外黄、睢阳下之③。汉果数挑楚军。楚军不出。使人辱之五六日。大司马怒,度兵汜水④。士卒半渡。汉击之,大破楚军,尽得楚国金玉货赂。大司马咎、长史欣,皆自刭汜水上⑤。项羽至睢阳⑥,闻海春侯破,乃引兵还⑦。汉军方围锺离眛于荥阳东。项羽至。

尽走险阻。

① [正义]挑,田吊反。下同。

② [考证]项羽东击彭越,《汉书》以为三年九月事。

③ [考证]睢阳,河南归德府商丘县南。

④ [正义]汜,音祀,在成皋故城东。[新注]汜水,在河南省。汜水镇,古称雄镇,是河南省荥阳市辖镇。

⑤ [考证]长史欣,宜作塞王欣。《通鉴》改作司马欣,而不知司马为秦官名也。

⑥ [考证]《项纪》,至作在。

⑦ [考证]秘阁本,闻上有则字。

[高帝纪] 汉果数挑成皋战,楚军不出。使人辱之数日,大司马咎怒,渡兵汜水。士卒半渡,汉击之,大破楚军,尽得楚国金玉货赂。大司马咎、长史欣皆自刭汜水上。汉王引兵渡河,复取成皋,军广武,就敖仓食。

羽下梁地十余城,闻海春侯破,乃引兵还。汉军方围钟离眛于荥阳东,闻羽至,尽走险阻。

[相关史料] 是时彭越复反,下梁地,绝楚粮。项羽乃谓海春侯大司马曹咎等曰:"谨守成皋。则汉欲挑战,慎勿与战。毋令得东而已。我十五日,必诛彭越定梁地,复从将军。"乃东行击陈留、外黄。外黄不下数日。已降。项王怒,悉令男子年十五已上诣城东,欲阬之。外黄令舍人儿年十三。往说项王曰:"彭越彊劫外黄。外黄恐。故且降待大王。大王至,又皆阬之。百姓岂有归心?从此以东梁地十余城,皆恐,莫肯下矣。"项王然其言。乃赦外黄当阬者。东至睢阳。闻之皆争下项王。汉果数挑楚军战。楚军不出。使人辱之五六日。大司马怒渡兵汜水。士卒半渡。汉击之,大破楚军,尽得楚国货赂。大司马咎、长史翳、塞王欣,皆自刭汜水上。大司马咎者,故蕲狱掾,长史欣亦故栎阳狱吏。两人尝有德于项梁。是以项王信任之。当是时,项王在睢阳。闻海

春侯军败,则引兵还。汉军方围锺离眛于荥阳东。项王至。汉军畏楚,尽走险阻。《项羽本纪》。

汉四年冬,项王与汉王相距荥阳,彭越攻下睢阳、外黄十七城。项王闻之,乃使曹咎守成皋,自东收彭越所下城邑,皆复为楚。越将其兵,北走谷城。《魏豹彭越列传》。

(龙侯陈署)以卒从汉王,元年起霸上,以谒者击(项)籍,斩曹咎。(宁陵侯吕臣)破曹咎成皋。(枸侯温疥)以燕将军汉王四年从,破曹咎军。《高祖功臣侯者年表》。

(中邑侯朱通)以中尉破曹咎。《惠景间侯者年表》。

汜水又北迳虎牢城东,汉破司马欣、曹咎于是水之上。《水经注·河水》。

韩信已破齐,使人言曰:"齐边楚①。权轻。不为假王,恐不能安齐。"汉王欲攻之。留侯曰:"不如因而立之,使自为守。"乃遣张良,操印绶,立韩信为齐王②。

① [集解]文颖曰:边,近也。
② [集解]徐广曰:三月。[考证]秘阁本,良作子房。

[相关史料] (汉四年二月)齐王韩信始。汉立之。 (汉)王立(韩)信王齐。 (汉四年三月楚)汉御史周苛入楚。 三月,周苛入楚。(汉四年)四月,(汉)王出荥阳,(魏)豹死。([考证]《高纪集解》徐广引表亦作四年四月魏豹死。《志疑》云:事在三年五月,且表已书之。此六字疑衍。)《秦楚之际月表》。

(汉四年,齐)初王(韩)信元年。故相国。《汉兴以来诸侯王年表》。注1

(高皇帝四年)使韩信别定齐及燕。周苛守荥阳死。 御史大夫汾阴侯周昌。《汉兴以来将相名臣年表》。

汉四年,韩信破齐而欲自立为齐王。汉王怒。张良说汉王。汉王使良授齐王信印。语在淮阴事中。《留侯世家》。

其明年,淮阴侯破齐,自立为齐王,使使言之汉王。汉王大怒而骂。陈平蹑汉王。汉王亦悟,乃厚遇齐使,使张子房卒立信为齐王,封平以户牖乡。用其奇计策,卒灭楚。常以护军中尉从,定燕王臧荼。《陈丞相世家》。

汉四年,遂皆降。平齐。使人言汉王曰:"齐伪诈多变,反覆之国也。南边楚。不为假王以镇之,其势不定。愿为假王便。"当是时,楚方急围汉王于荥阳。韩信使者至。发书。汉王大怒,骂曰:"吾困于此。旦暮望若来佐我。乃欲自立为王!"张良、陈平蹑汉王足,因附耳语曰:"汉方不利。宁能禁信之王乎?不如因而立,善遇之,使自为守。不然,变生。"汉王亦悟。因复骂曰:"大丈夫定诸侯,即为真王耳。何以假为?"乃遣张良,往立信为齐王,徵其兵击楚。《淮阴侯列传》。注2

韩信遂平齐。乞自立为齐假王。汉因而立之。《田儋列传》。

项羽闻龙且军破,则恐,使盱台人武涉往说韩信。韩信不听①。

① 考证《汉书高纪》,韩信请假王齐,在汉王病创驰入成皋之后。

相关史料 项王闻淮阴侯已举河北,破齐、赵,且欲击楚,乃使龙且往击之。淮阴侯与战,骑将灌婴击之,大破楚军,杀龙且。韩信因自立为齐王。项王闻龙且军破则恐,使盱台人武涉往说淮阴侯。淮阴侯弗听。《项羽本纪》。

楚已亡龙且。项王恐,使盱眙人武涉往说齐王信曰:"天下共苦秦久矣。相与戮力击秦。秦已破。计功割地,分土而王之,以休士卒。今汉王复兴兵而东,侵人之分,夺人之地,已破三秦,引兵出关,收诸侯之兵,以东击楚。其意非尽吞天下者不休。其不知厌足,如是甚也。且汉王不可必。身居项王掌握中数矣。项王怜而活之。然得脱,辄倍约,复击项王。其不可亲信如此。今足下虽自以与汉王为厚交,为之尽力用兵,终为之所禽矣。足下所以得须臾至今者,以项王尚存也。当今二王之事,权在足下。足下右投则汉王胜。左投则项王胜。项王今日亡,则次取足下。足下与项王有故。何不反汉,与楚连和,参分天下王之?今释此时而自必于汉以击楚。且为智者固若此乎?"韩信谢曰:"臣事项王,官不过郎中,位不过执戟。言不听,画不用。故倍楚而归汉。汉王授我上将军印,予我数万众,解衣衣我,推食食我,言听计用。故吾得以至于此。夫人深亲信我,我倍之不祥。虽死不易。幸为信谢项王。"武涉已去。齐人蒯通知天下权在韩信,欲为奇策而感动之。以相人说韩信曰:"仆尝受相人之术。"韩信曰:"先生相人何如?"对曰:"贵贱在于骨法。忧喜在于容色。成败在于决断。以此参之,万不失一。"韩信曰:"善。先生相寡人何如?"对曰:"愿少间。"信曰:"左右去矣。"通曰:"相君之面,不过封侯。又危不安。相君之背,贵乃不可言。"韩信曰:"何谓也?"蒯通曰:"天下初发难也,俊雄豪桀,建号一呼,天下之士,云合雾集,鱼鳞杂遝,熛至风起。当此之时,忧在亡秦而已。今楚汉分争,使天下无罪之人,肝胆涂地,父子暴骸骨于中野,不可胜数。楚人起彭城,转斗逐北,至于荥阳,乘利席卷,威震天下。然兵困于京、索之间,迫西山而不能进者,三年于此矣。汉王将数十万之众,距巩、雒,阻山河之险。一日数战,无尺寸之功,折北不救。败荥阳,伤成皋,遂走宛、叶之间。此所谓智勇俱困者也。夫锐气挫于险塞,而粮食竭于内府,百姓罢极怨望,容容无所倚。以臣料之,其势非天下之贤圣,固不能息天下之祸。当今两主之命,县于足下。足下为汉则汉胜,与楚则楚胜。臣愿披腹心,输肝胆,效愚计。恐足下不能用也。诚能听臣之计,莫若两利而俱存之,参分天下,鼎足而居。其势莫敢先动。夫以足下之贤圣,有甲兵之众,据彊齐从燕、赵,出空虚之地,而制其后,因民之欲西乡,为百姓请命,则天下风走而响应矣。孰敢不听?割大弱彊,以立诸侯。诸侯已立,天下服听而归德于齐。案齐之故,有胶、泗之地,怀诸侯之德,深拱揖让,则天下之君王,相率而朝于齐矣。盖闻天与弗取,反受其咎。时至不行,反受其殃。愿足下孰虑之。"韩信曰:"汉王遇我甚厚。载我以其车,衣我以其衣。食我以其食。吾闻之,乘人之车者,载人之患。衣人之衣者,怀人之忧。食人之食者,死人之事。吾岂可以乡利倍义乎?"蒯生曰:"足下自以为善汉王,欲建万世之业。臣窃以为误矣。始常山王、成安君,为布衣时,相与为刎颈之交,后争张黡、陈泽之事,二人相怨。常山王背项王,奉项婴头,而窜逃归于汉王。汉王借兵而东下,杀成安君泜水之南,头足异处,卒为天下笑。此二人相与,天下至驩也。然而卒相禽者,何也?患生于多欲,而人心难测也。今足下欲行忠信以交于汉王,必不能固于二君之相与也。而事多大于张黡、陈泽。故臣以为足下必汉王之不危己,亦误矣。大夫种、范蠡,存亡越,霸句践,立功成名,而身死亡。野兽已尽,而猎狗亨。夫以交友言之,则不如张耳之与成安君者也。以忠信言之,则不过大夫种、范蠡之于句践也。此二人者,足以观矣。

愿足下深虑之。且臣闻勇略震主者身危。而功盖天下者不赏。臣请言大王功略：足下涉西河，虏魏王，禽夏说，引兵下井陉，诛成安君，徇赵胁燕定齐，南摧楚人之兵二十万，东杀龙且，西乡以报。此所谓功无二于天下，而略不世出者也。今足下戴震主之威，挟不赏之功，归楚，楚人不信。归汉，汉人震恐。足下欲持是安归乎？夫势在人臣之位，而有震主之威，名高天下。窃为足下危之。"韩信谢曰："先生且休矣。吾将念之。"后数日，蒯通复说曰："夫听者，事之候也。计者，事之机也。听过计失，而能久安者鲜矣。听不失一二者，不可乱以言。计不失本末者，不可纷以辞。夫随厮养之役者，失万乘之权。守儋石之禄者，阙卿相之位。故知者，决之断也。疑者，事之害也。审豪厘之小计，遗天下之大数，智诚知之，决弗敢行者，百事之祸也。故曰：'猛虎之犹豫，不若蜂虿之致螫。骐骥之踯躅，不如驽马之安步。孟贲之狐疑，不如庸夫之必至也。虽有舜禹之智，吟而不言，不如瘖聋之指麾也。'此言贵能行之。夫功者难成而易败，时者难得而易失也。时乎时，不再来。愿足下详察之。"韩信犹豫不忍倍汉。又自以为功多，汉终不夺我齐。遂谢蒯通。蒯通说不听，已详狂为巫。《淮阴侯列传》。注3

齐地已定。韩信自立为齐王。使（灌）婴别将，击楚将公杲于鲁北，破之。转南破薛郡长。身虏骑将一人。攻博阳前至下相以东南僮、取虑、徐，度淮，尽降其城邑，至广陵。项羽使项声、薛公、郯公复定淮北。婴度淮北，击破项声、郯公下邳，斩薛公，下下邳。《樊郦滕灌列传》。

　　楚、汉久相持，未决。丁壮苦军旅，老弱罢转饟①。汉王、项羽，相与临广武之间而语②。项羽欲与汉王独身挑战。汉王数项羽曰："始与项羽俱受命怀王③。曰'先入定关中者王之'。项羽负约④，王我于蜀汉。罪一。项羽矫杀卿子冠军，而自尊。罪二⑤。项羽已救赵。当还报。而擅劫诸侯兵入关。罪三。怀王约入秦无暴掠。项羽烧秦宫室，掘始皇帝冢，私收其财物。罪四⑥。又彊杀秦降王子婴。罪五。诈阬秦子弟新安二十万，王其将。罪六⑦。项

汉四年

羽皆王诸将善地⑧,而徙逐故主⑨,令臣下争叛逆。罪七。项羽出逐义帝彭城,自都之,夺韩王地,并王梁、楚,多自予。罪八。项羽使人阴弑义帝江南。罪九。夫为人臣而弑其主,杀已降,为政不平,主约不信,天下所不容,大逆无道。罪十也⑩。吾以义兵从诸侯,诛残贼,使刑余罪人击杀项羽。何苦乃与公挑战?"⑪项羽大怒,伏弩射中汉王。汉王伤匈。乃扪足曰:"虏中吾指。"⑫汉王病创卧。张良彊请汉王,起行劳军,以安士卒。毋令楚乘胜于汉。汉王出行军⑬。病甚⑭。因驰入成皋。

① 考证 秘阁本、枫、三本,持作枝。新注《思复堂文集》卷九《国计略》:汉初接秦之敝,丈夫从军旅,老弱转粮饷,作业剧而财匮,自天子不能具钧驷,而将相或乘牛车,齐民无盖藏。高祖于是量吏禄、度官用,以赋于民,田租十五税一。漕转山东粟以给中都官,岁不过数十万石。

② 考证 间,读为涧,说见《项纪》。广武,河南开封府荥泽县。项羽本纪考证《续汉志》注引《西征记》云:有三皇山,或谓三室山。山上有二城,东者曰东广武,西者曰西广武,各在山一头,去二百余步,其间隔深涧,汉祖与项籍语处。张文虎曰:《艺文类聚》引间作涧。《正义》及《续汉志》注引《西征记》《水经济水注》作涧。是也。今本《史记》《汉书》并作间,误。愚按,梁玉绳、周寿昌亦云,当作涧。

③ 考证《汉书高纪》,始上有吾字。

④ 索隐 负,音佩也。

⑤ 集解 徐广曰:卿,一作庆。索隐 韦昭云:"宋义之号。"如淳曰:"卿者,大夫之尊;子者,子男之爵;冠军,人之首也。尊宋义,故加此号。"考证《项纪集解》引文颖云:卿子,时人相褒尊之辞,犹言公子。上将,故言冠军。愚按,文说是。

147

⑥ [考证]秘阁本、枫、三本，私收作收私。

⑦ [考证]秘阁本，二十作廿。李奇曰：章邯等为王。

⑧ [索隐]谓章邯等。[考证]中井积德曰：诸将，指从项羽有功者，申阳、张耳、臧荼、田都等也。愚按，《索隐》当移上文其将下。

⑨ [索隐]谓田市、赵歇、韩广之属。

⑩ [考证]秘阁本，无大字也字。陈仁锡曰：宋本无也字。中井积德曰：羽唯九罪矣。夫为人臣一条，是总计之语。其事皆在前条，难别为一罪。窃疑罪十也三字为衍文，则下文意亦顺。

⑪ [考证]公犹言汝，斥项羽。

⑫ [索隐]扪，摸也。中匈而扪足者，盖以矢初中痛闷，不知所在，故尔。或者中匈而扪足，权以安士卒之心也。[正义]恐士卒坏散，故言中吾足指。[考证]扪足，《索隐》后说是。变起仓猝，而举止泰然如此。汉皇非徒木彊人也。

⑬ [正义]行，寒孟反。

⑭ [索隐]按，《三辅故事》曰："楚汉相距于京索间六年，身被大创十二，矢石通中过者有四。"言汉王病创也。[新注]六年，原文如此。实则不足三年。

相关史料 项王已定东海来西，与汉俱临广武而军。相守数月。当此时，彭越数反梁地，绝楚粮食。项王患之，为高俎，置太公其上，告汉王曰："今不急下，吾烹太公。"汉王曰："吾与项羽俱北面受命怀王。曰'约为兄弟'。吾翁即若翁。必欲烹而翁，则幸分我一桮羹。"项王怒欲杀之。项伯曰："天下事未可知。且为天下者不顾家。虽杀之无益。只益祸耳。"项王从之。楚汉久相持未决。丁壮苦军旅，老弱罢转漕。项王谓汉王曰："天下匈匈数岁者，徒以吾两人耳。愿与汉王挑战决雌雄。毋徒苦天下之民父子为也。"汉王笑谢曰："吾宁斗智。不能斗力。"项王令壮士出挑战。汉有善骑射者楼烦。楚挑战三合。楼烦辄射杀之。项王大怒，乃自被甲持戟挑战。楼烦欲射之。项王瞋目叱之。楼烦目不敢视，手不敢发。遂走还入壁，不敢复出。汉王使人间问之，乃项王也。汉王大惊。于是项王乃即汉王相临广武间而语。汉王数之。项王怒欲一战。汉王不听。项王伏弩射中汉王。汉王伤，走入成皋。《项羽本纪》。

（魏）豹已死。汉王入织室，见薄姬有色，诏内后宫。岁余不得幸。始姬少时，与管夫人、赵子儿相爱。约曰："先贵无相忘。"已而管夫人、赵子儿先幸汉王。汉王坐河南宫成皋台。此两美人相与笑薄姬初时约。汉王闻之问其故。两人具以实告汉王。汉王心惨然怜薄姬。是日召而幸之。薄姬曰："昨暮夜妾梦苍龙据吾腹。"高帝曰："此贵徵也。吾为女遂成之。"一幸生男。是为代王。其后薄姬希见高祖。高祖崩。诸御幸姬戚夫人之属，吕太后怒，皆幽之，不得出宫。而薄姬以希见故得出，从子之代，为代王太后。《外戚世家》。

病愈。西入关至栎阳，存问父老，置酒。枭故塞王欣头栎阳市①。留四日，复如军，军广武。关中兵益出②。

① 索隐 枭，县首于木也。欣自刭于汜水上，令枭之于栎阳者，以旧都故枭以示之也。新注 栎阳，今陕西临潼东北武屯镇附近古城村南。枭故塞王欣头一事，提示故塞王欣未必死于汜水之役。此距战时已达数月，当时未必有这样的尸体保存手段。

② 考证 刘辰翁曰：汲汲入关，留饮四日。父老安心。盖惧传闻之讹也。

高帝纪 羽亦军广武，与汉相守。丁壮苦军旅，老弱罢转饷。汉王、羽相与临广武之间而语。羽欲与汉王独身挑战，汉王数羽曰："吾始与羽俱受命怀王，曰先定关中者王之。羽负约，王我于蜀、汉，罪一也。羽矫杀卿子冠军，自尊，罪二也。羽当以救赵还报，而擅劫诸侯兵入关，罪三也。怀王约，入秦无暴掠，羽烧秦宫室，掘始皇帝冢，收私其财，罪四也。又彊杀秦降王子婴，罪五也。诈坑秦子弟新安二十万，王其将，罪六也。皆王诸将善地，而徙逐故主，令臣下争畔逆。罪七也。出逐义帝彭城，自都之，夺韩王地，并王梁、楚，多自与，罪八也。使人阴杀义帝江南，罪九也。夫为人臣而杀其主，杀其已降，为政不平，主约不信，天下所不容，大逆无道，罪十也。吾以义兵从诸侯诛残贼，使刑余罪人击公，何苦乃与公挑战！"羽大怒，伏弩射中汉王。汉王伤胸，乃扪足曰："虏中吾指。"汉王病创卧，张良强请汉王起行劳军，以安士卒，毋令楚乘胜。汉王出行军，疾甚，因驰入成皋。

十一月,韩信与灌婴击破楚军,杀楚将龙且,追至城阳,虏齐王广。齐相田横自立为齐王,奔彭越。汉立张耳为赵王。

汉王疾瘉,西入关,至栎阳,存问父老,置酒。枭故塞王欣头栎阳市。留四日,复如军,军广武。关中兵益出,而彭越、田横居梁地,往来苦楚兵,绝其粮食。

韩信已破齐,使人言曰:"齐边楚,权轻,不为假王,恐不能安齐。"汉王怒,欲攻之。张良曰:"不如因而立之,使自为守。"春二月,遣张良操印,立韩信为齐王。

秋七月,立黥布为淮南王。

八月,初为算赋。北貉、燕人来致枭骑助汉。汉王下令:军士不幸死者,吏为衣衾棺敛,转送其家。四方归心焉。

相关史料　(汉四年)七月,淮南王英布始,汉立。　(汉)七月,立(黥)布为淮南王。(汉五年)七月,(赵王张)耳薨。谥景王。注4《秦楚之际月表》。

(高祖四年)十月乙丑,初王武王英布元年。　(高祖二年　淮南)都寿春。《汉兴以来诸侯王年表》。

(汉)四年七月,立布为淮南王,与击项籍。《黥布列传》。

九江郡,秦置,高帝四年更名为淮南国。《汉书·地理志》。

(平州侯昭涉掉尾)汉王四年,以燕相从击(项)籍。《高祖功臣侯者年表》。

当此时,彭越将兵居梁地,往来苦楚兵,绝其粮食。田横往从之①。项羽数击彭越等,齐王信又进击楚②。项羽恐,乃与汉王约,中分天下,割鸿沟而西者为汉,鸿沟而东者为楚③。项王归汉王父母妻子。军中皆呼万岁。乃归而别去。

① 考证 刘辰翁曰:越苦楚兵,此汉事将成也。子长重出此语,未必无意。崔适曰:彭越将兵至田横从之,三年重文也。宜删。愚按,崔说为长。

② 考证 秘阁本,齐王下有韩字。全祖望曰:鸿沟之约,因项王兵少食尽,

韩信又进兵击之。项羽之兵少,由龙且二十万众之败;而食尽,则以彭越绝其粮道;皆有可考。韩信进兵,独不详其始末。盖项羽与汉争于荥阳、敖仓之间,虽兵少食尽,尚可支持。而韩信已王齐,故自淮北捣其国都。观《灌婴传》,则其兵攻彭城,又越彭城而南,直渡广陵,纵横蹂躏,项王安得不议和乎。

③ [索隐]应劭云:"在荥阳东南三十里,盖引河东南入淮泗也。"张华云:"一渠东南流,经浚仪,是始皇所凿,引河灌大梁,谓之鸿沟。一渠东经阳武南,为官渡水。"《北征记》云:中牟台下临汴水,是为官渡水也。[考证]鸿沟即河沟。河南开封府中牟县。[新注]《水经注·济水》杜预曰:旃然水出荥阳成皋县东入汳。春秋襄公十八年,楚伐郑,右师涉颍次于旃然,即是水矣。亦谓之鸿沟水。因汉楚分王,指水为断故也。

[高帝纪] 项羽自知少助食尽,韩信又进兵击楚,羽患之。汉遣陆贾说羽,请太公,羽弗听。汉复使侯公说羽,羽乃与汉约,中分天下,割洪沟以西为汉,以东为楚。九月,归太公、吕后,军皆称万岁。乃封侯公为平国将。羽解而东归。汉王欲西归,张良、陈平谏曰:"今汉有天下太半,而诸侯皆附,楚兵罢食尽,此天亡之时,不因其几而遂取之,所谓养虎自遗患也。"汉王从之。

[相关史料] (汉四年九月)太公吕后归自楚。《秦楚之际月表》。
(高皇帝四年)太公自楚归。与楚界洪渠。《汉兴以来将相名臣年表》。
(高祖四年)初王张耳元年。薨。《汉兴以来诸侯王年表》。
四年封张耳,其年薨。明年子敖立。八年,废为宣平侯。《索隐》。
是时汉兵盛食多。项王兵罢食绝。汉遣陆贾说项王请太公。项王弗听。汉王复使侯公往说项王。项王乃与汉约,中分天下,割鸿沟以西者为汉。鸿沟而东者为楚。项王许之,即归汉王父母妻子。军皆呼万岁。汉王乃封侯公为平国君。注5 匿弗肯复见。曰:"此天下辩士,所居倾国。故号为平国君。"项王已约,乃引兵解而东归。汉欲西归。张良、陈平说曰:"汉有天下太半,而诸侯皆附之。楚兵罢食尽,此天亡楚之时也。不如因其饥而遂取之。今释弗击,此所谓'养虎自遗患'也。"汉王听之。《项羽本纪》。注6
渠水于此,有阴沟、鸿沟之称焉。项羽与汉高分王,指是水以为 东西之别。苏秦说魏襄王曰：大王之地，南有鸿沟，是也。故尉氏县有波乡，波亭，鸿沟乡，鸿沟亭，皆藉是水以立称也。今萧县西亦有鸿沟亭，梁国睢阳县东有鸿口亭，先后谈者，亦指此以为楚汉之分王，非也。《水经注·渠水》。

汉五年，张耳薨。谥为景王。子敖嗣立为赵王。高祖长女鲁元公主，为赵王敖后。《张耳陈馀列传》。

赵地已平，汉王以(张)苍为代相，备边寇。已而徙为赵相，相赵王耳。耳卒，相赵王敖。《张丞相列传》。注7

临泗侯吕公，(汉王)四年薨。《外戚恩泽表》。

高祖四年，临泗侯吕公薨。《外戚列传》。

宣曲任氏之先，为督道仓吏。秦之败也，豪杰皆争取金玉，而任氏独窖仓粟。楚汉相距荥阳也。民不得耕种，米石至万，而豪杰金玉，尽归任氏。任氏以此起富。《货殖列传》。

武德舞者，高祖四年，作以象天下，乐已行，武以除乱也。文始舞者，曰本舜招舞也。高祖六年，更名曰文始，以示不相袭也。 孝景采武德舞，以为昭德，以尊大宗庙。至孝宣采昭德舞为盛德，以尊世宗庙。《礼乐志》。

(泗水郡)汉高帝四年改曰沛郡。《水经注·睢水》。

汝南郡，楚之别也。汉高祖四年置。《水经注·汝水》。

(砀郡)汉高帝四年，改曰沛郡，治此(相县)。《水经注·睢水》。

项羽解而东归。汉王欲引而西归，用留侯、陈平计，乃进兵追项羽，至阳夏南止军①。与齐王信、建成侯彭越，期会而击楚军。至固陵不会②。楚击汉军大破之。汉王复入壁，深堑而守之。用张良计。于是韩信、彭越皆往。及刘贾入楚地围寿春③。汉王败固陵④。乃使使者召大司马周殷，举九江兵而迎之⑤。武王行屠城父⑥，随何、刘贾，齐、梁诸侯，皆大会垓下⑦。立武王布为淮南王⑧。

① 考证 阳夏，河南陈州太康县。梁玉绳曰：自此至大会垓下，皆五年冬

事。误在四年也。

② 考证 固陵,河南淮阳县西北。 新注 今河南太康南。韩信、彭越没有爽约。也不存在汉败固陵。固陵与陈基本上是一个地方,汉已在陈取得大胜。其后的垓下围歼战,实为陈下大战的附属部分。本年附注 8 另有解释。

③ 正义 今寿州。 考证 寿春,安徽凤阳府寿州。姚范曰:往下及上,当有黥布二字。《黥布传》,五年布使人入九江,得数县。六年,布与刘贾入九江,诱大司马周殷,殷反楚。《汉书·高帝纪》,汉遣人诱大司马周殷,殷畔楚,以舒屠六,举九江兵迎黥布,布并行屠城父。《荆王刘贾传》,使贾南渡淮围寿春,还至,使人间招楚大司马殷,殷反楚,佐贾举九江,迎英布兵。据诸文,则及上当有黥布,故下文云武王行屠城父也。

④ 集解 晋灼曰:即固始。 新注 晋灼误。固始在灵璧、固镇西南,楚军不得至此。

⑤ 集解 徐广曰:周殷以兵随刘贾。 正义 《汉书》云:汉亦遣人诱楚大司马周殷。殷叛楚,以舒屠六,举九江兵迎黥布。 考证 梁玉绳曰:之字衍。

⑥ 正义 父,音甫,今亳州县。 考证 安徽颍州府亳州东南。姚范曰:黥布之称武王,传及《汉书》不载。愚按,《荆燕世家》云,周殷佐刘贾举九江,迎武王黥布兵,皆会垓下。《汉兴年表》云,初王武王英布。徐孚远曰:黥布称为武王,当是叛楚以后未归汉以前,假为此号,犹项羽自称霸王耶。 新注 《项羽本纪》言以舒屠六。《水经注·泚水》曰:淠水又西北迳马亨城西,又西北迳六安县故城西。县故皋陶国也。夏禹封其少子奉其祀,今县都陂中有大冢。民传曰:公琴者,即皋陶冢也。楚人谓冢为琴矣。汉高帝元年,别为衡山国。五年,属淮南。文帝十六年,复为衡山国,武帝元狩二年,别为六安国。王莽之安风也。《汉书》所谓以舒屠六。

⑦ 集解 徐广曰:七月。 考证 梁玉绳曰:何字衍。随何不过谒者,仅说九江王一见。此时诸侯大会,无缘置身其间也。《史》《汉》各处,元无何字。愚按,上文《集解》云,周殷以兵随刘贾,亦无何字。垓下,安徽凤阳府灵璧县。 项羽本纪集解 徐广曰:"在沛之洨县。洨,下交切。"骃案,应劭曰:"垓音该。"李奇曰:"沛洨县聚邑名也。" 项羽本纪索隐 张揖三苍注云:"垓,堤名,在沛郡。"

项羽本纪正义 按：垓下，是高冈绝岩，今犹高三四丈，其聚邑及堤，在垓之侧，因取名焉。今在亳州真源县东十里，与老君庙相接。洨音户交反。项羽本纪考证 垓下，安徽府灵璧县东南有垓下聚，即高祖围项羽处。新注《水经注·淮水》：洨水又东南流，迳洨县故城北。县有垓下聚，汉高祖破项羽所在也。按，洨县就是今天的安徽省固镇县，真源县就是今天的河南省鹿邑县。固镇县与灵璧曾为一县，可视为一地。则垓下有二说。新注以为，鹿邑之垓下是作战地，灵璧之垓下是项羽最后的驻扎地。战于垓下，则不得再壁于垓下。项羽最后的驻地当年或不叫垓下。

⑧ 考证 梁玉绳曰：布王在四年七月，此误书于四年之末。应在归太公吕后前。

高帝纪　五年冬十月，汉王追项羽至阳夏南，止军，与齐王信、魏相国越期会击楚。至固陵，不会。楚击汉军，大破之，汉王复入壁，深堑而守。谓张良曰："诸侯不从，奈何？"良对曰："楚兵且破，未有分地，其不至固宜。君王能与共天下，可立致也。齐王信之立，非君王意，信亦不自坚。彭越本定梁地，始，君王以魏豹故，拜越为相国。今豹死，越亦望王，而君王不早定。今能取睢阳以北至谷城皆以王彭越，从陈以东傅海与齐王信，信家在楚，其意欲复得故邑。能出捐此地以许两人，使各自为战，则楚易败也。"于是汉王发使使韩信、彭越。至，皆引兵来。

十一月，刘贾入楚地，围寿春。汉亦遣人诱楚大司马周殷。殷畔楚，以舒屠六，举九江兵迎黥布，并行屠城父，随刘贾皆会。

相关史料　（汉四年）其秋汉王追楚至阳夏南。战不利而壁固陵。诸侯期不至。良说汉王。汉王用其计。诸侯皆至。语在项籍事中。《留侯世家》。

汉五年，汉王乃追项王至阳夏南，止军。与淮阴侯韩信、建成侯彭越期，会而击楚军。至固陵。而信、越之兵不会。楚击汉军，大破之。汉王复入壁，深堑而自守。谓张子房曰："诸侯不从约。为之奈何？"对曰："楚兵且破。信、越未有分地。其不至固宜。君王能与共分天下，今可立致也。即不能，事未可知也。君王能自陈以东傅海，尽与韩信。睢阳以北至谷城，以与彭越。使各自为战,则楚易败也。"汉王曰:"善。"于是乃发使者告韩信、彭越曰:"并力击楚。楚破,自陈以东傅海,与齐王。睢阳以北,至谷城,与彭相国。"使者至。韩信、彭越皆报曰:"请今进兵。"韩信乃从齐往。刘贾军从寿春并行,屠城父。至垓下。大司马周殷叛楚,以舒屠六。举九江兵,随刘贾、彭越,皆会垓下诣项王。《项羽本纪》。注8

汉五年秋,注9项王之南走阳夏,彭越复下昌邑旁二十余城,得谷十余万斛,以给汉王食。汉王败,使使召彭越,并力击楚。越曰:"魏地初定,尚畏楚。未可去。"汉王追楚,为项籍所败固陵。乃谓留侯曰:"诸侯兵不从。为之奈何?"留侯曰:"齐王信之立,非君王之意。信亦不自坚。彭越本定梁地,功多。始君王以魏豹故,拜彭越为魏相国。今豹死毋后。且越亦欲王。而君王不早定。与此两国约,即胜楚。睢阳以北至谷城,皆以王彭相国;从陈以东傅海,与齐王信。齐王信家在楚。此其意欲复得故邑。君王能出捐此地许二人,二人今可至。即不能,事未可知也。"于是汉王乃发使使彭越,如留侯策。使者至,彭越乃悉引兵会垓下,遂破楚。《魏豹彭越列传》。

项羽引而东。(樊哙)从高祖击项籍,下阳夏,虏楚周将军卒四千人。围项籍于陈,大破之,屠胡陵。 (郦商)以陇西都尉从击项籍军。五月出钜野,与钟离眛战,疾斗,受梁相国印,益食邑四千户。以梁相国将,从击项羽二岁三月。攻胡陵。 (夏侯婴)复常奉车,从击项籍,追至陈,卒定楚,至鲁。益食兹氏。 (灌婴)击破楚骑於平阳,遂降彭城,虏柱国项佗,降留、薛、沛、鄐、萧、相,攻苦、谯。复得亚将周兰。与汉王会颐乡。从击项籍军于陈下,破之。所将卒斩楼烦将二人,虏骑将八人。赐益食邑二千五百户。《樊郦滕灌列传》。

(靳歙)还击项籍陈下,破之。《傅靳蒯成列传》。注10

汉五年,汉王追项籍至固陵。使刘贾南渡淮围寿春。还至。使人间招楚大司马周殷。周殷反楚,佐刘贾,举九江,迎武王黥布兵,皆会垓下,共击项籍。《荆燕世家》。

汉五年,布使人入九江,得数县。六年,布与刘贾入九江,诱大司马周殷。周殷反楚。遂举九江兵,与汉击楚,破之垓下。《黥布列传》。注11

四年九月,置梁国。初置长沙国。《汉书·异姓诸侯王年表》。

汉五年

　　五年，高祖与诸侯兵共击楚军，与项羽决胜垓下①。淮阴侯将三十万自当之②。孔将军居左，费将军居右，皇帝在后。绛侯、柴将军在皇帝后。项羽之卒，可十万。淮阴先合。不利。卻。孔将军、费将军纵③。楚兵不利。淮阴侯复乘之④，大败垓下⑤。项羽卒闻汉军楚歌⑥，以为汉尽得楚地。项羽乃败而走。是以兵大败。使骑将灌婴追杀项羽东城⑦。斩首八万，遂略定楚地⑧。鲁为楚坚守不下。汉王引诸侯兵北，示鲁父老项羽头。鲁乃降。遂以鲁公号葬项羽谷城⑨。还至定陶，驰入齐王壁夺其军⑩。

①　[考证] 高祖，当作汉王。

②　[考证] 秘阁本，三十作卅。自下有前字。枫山本亦有前字。

③　[正义] 二人，韩信将也。纵兵击项羽也。以"纵"字为绝句。孔将军，蓼侯孔熙。费将军，费侯陈贺也。[高祖功臣侯者年表索隐]（蓼侯孔聚）即汉五年围羽垓下，淮阴侯将四十万自当之。孔将军居左，费将军居右，是也。费将军即下费侯陈贺也。

④　[正义] 复，扶富反。乘犹登也，进也。[新注]《汉书地理志稽疑》卷二：予校地志而叹高帝之兵法，岂项王之突豖所能当也。元年即置渭南、河上诸郡，困章邯于围中，楚救不能飞渡河渭之间矣。二年即因王陵以得楚之南阳，东兵不得窥武关矣。故项王遣兵距汉于阳夏，而阳夏以西入汉矣。义帝之亡也，高帝告诸侯曰，寡人悉发关中兵，收三河士，南浮江汉以下击楚。胡楳磵曰，谓由三河以攻其北，又南下江汉以夹攻之也。及考汉兵之出，未闻有由江汉以下

者。近考《水经注》,则高帝之置长沙、黔中,皆在二年。乃知高帝全师以出彭城,而一旅之乘虚者,已揜二郡之地而有之。所谓南浮江汉之军,史失载之,可以道元书补其缺也。项王弑义帝而不能使诸将守其地,反以资汉,愚矣。况长沙、黔中入汉,则江汉间震动,而共敖辈日不暇给。楚人三面受敌,何以自支,故曰,即地志,而悟张良韩信之兵法,所以佐高帝者精矣。

⑤ 考证 梁玉绳曰:皇帝,当作汉王。淮阴侯,当作齐王信。又是时周勃为将军,其封绛侯在六年。何以不与柴武称将军,而书曰绛侯耶。孔将军、费将军,即《功臣表》蓼侯费侯也。陈贺封费,亦在六年。乃不曰陈将军而曰费将军,非但与孔将军之称姓异,抑且古无以国冠官。 顾炎武曰:费将军陈贺称以爵者,以功臣陈姓者多也。 何焯曰:项王大敌,虽兵少食尽,致死于我,胜负未可知。先合不利者,骄之使惰也;却者,迁延徐退,诱之使疲也;纵则夹击之,使不能前后相救;楚兵横断,故不利也。然后因其乱而以众乘之。项王虽勇,岂能支乎。绛侯、柴将军之兵,则游兵也。当楚人既动,则绕出其后矣。《汉书》无之。 方苞曰:《左传》,车驰卒奔,乘晋军。乘,盖出其不意,而推锋以蹙之也。 新注 垓下之战实为陈下之战的一部分。陈下决战汉已经占压倒性优势,垓下之战充其量是楚军的最后挣扎,且没有深度作战,因最后项羽逃跑时尚有八万人。

⑥ 索隐 应劭云:"今鸡鸣歌也。"颜游秦云:"楚歌犹吴讴也。"按,高祖令戚夫人楚舞,自为楚歌,是楚人之歌声也。 考证 张文虎曰:《汉书》作羽夜闻汉军四面皆楚歌。《项羽本纪》亦作夜,疑此卒字误。汉军下,各本有之字。凌稚隆云:一本无。梁玉绳:云,衍今删。

⑦ 集解 徐广曰:十二月。 考证 东城,安徽凤阳府定远县东南。 项羽本纪正义《括地志》云:九头山在滁州全椒县西北九十六里。《江表传》云:项羽败至乌江,汉兵追羽至此,一日九战,因名。 新注《水经注·淮水》:淮水又北迳莫邪山西。山南有阴陵县故城。汉高祖五年,项羽自垓下从数百骑夜驰渡淮,至阴陵迷失道,左陷大泽。汉令骑将灌婴以五千骑追及之于斯县者也。 淮水又东,池水注之。水出东城县东北,流迳东城县故城南。汉以数千骑追(项)羽,羽帅二十八骑引东城,因四隤山,斩将而去,即此处也。

⑧ 考证 中井积德曰：项羽出走，而余军犹在原处。诸纪传皆不记其战。然此斩首八万者，并余军战死者数之也。不然，从项王出者，唯八百骑已，焉得八万首。 新注 项王溃围而出是楚军惯用的弃军模式，此前的黥布、汉王都有此行为。项王余部或有八万之众，然项王弃军逃，余部或不战而降，则此八万之数当为自汉毁约后整个灭楚最后一役的楚军被歼灭数。

⑨ 考证 谷城，山东泰安府东阿县北。 项羽本纪考证 顾炎武曰：谷城即鲁之小谷非东郡之谷城，曲阜西北有小谷城。愚按，在山东泰安府东阿县东北。《水经·济水注》云，城西北三里有项王之冢，半许毁坏，石碣尚存，题云项王之墓。 项羽本纪集解 《皇览》曰：项羽冢在东郡谷城东，去县十五里。 项羽本纪正义 《括地志》云：项羽墓在济州东阿县东二十七里，谷城西三里。《述征记》：项羽墓在谷城西北三里许，毁坏，有碣石，项王之墓。 新注 《水经·济水注》：《皇览》云，冢去县十五里，谬也。今彭城谷阳城西南又有项羽冢，非也。余按，史迁记鲁为楚守，汉王示羽首，鲁乃降，遂以鲁公礼葬羽于谷城，宁得言彼也。

⑩ 考证 项羽方灭，即驰夺军，汉王未尝一日忘信也。 新注 按，汉王夺齐王军并非紧接于项羽战死。期间降鲁葬项王，亦见从容。

高帝纪　十二月，围羽垓下。羽夜闻汉军四面皆楚歌，知尽得楚地。羽与数百骑走，是以兵大败。灌婴追斩羽东城。

楚地悉定，独鲁不下。汉王引天下兵欲屠之，为其守节礼义之国，乃持羽头示其父兄，鲁乃降。初，怀王封羽为鲁公，及死，鲁又为之坚守，故以鲁公葬羽于谷城。汉王为发丧，哭临而去。封项伯等四人为列侯，赐姓刘氏。诸民略在楚者皆归之。

汉王还至定陶，驰入齐王信壁，夺其军。

相关史料　（汉五年十二月，汉）诛（项）籍。　汉虏骃。《秦楚之际月表》。（高皇帝五年）冬，破楚垓下。杀项籍。《汉兴以来将相名臣年表》。

项王军壁垓下。兵少食尽。汉军及诸侯兵，围之数重。夜闻汉军四面皆楚歌。[注1]项王乃大惊曰:"汉皆已得楚乎?是何楚人之多也?"项王则夜起饮帐中。有美人名虞。常幸从。骏马名骓。常骑之。于是项王乃悲歌忼慨,自为诗曰:"力拔山兮气盖世。时不利兮骓不逝。骓不逝兮可奈何。虞兮虞兮奈若何?"歌数阕。美人和之。项王泣数行下。左右皆泣,莫能仰视。于是项王乃上马骑。麾下壮士骑从者八百余人。直夜溃围南出驰走。[注2]平明汉军乃觉之,令骑将灌婴以五千骑追之。项王渡淮。骑能属者百余人耳。项王至阴陵。迷失道。问一田父。田父绐曰:"左。"左。乃陷大泽中。以故汉追及之。项王乃复引兵而东,至东城。乃有二十八骑。汉骑追者数千人。项王自度不得脱,谓其骑曰:"吾起兵至今八岁矣。身七十余战。所当者破,所击者服,未尝败北,遂霸有天下。然今卒困于此。此天之亡我,非战之罪也。今日固决死。愿为诸君快战,必三胜之。为诸君溃围斩将刈旗,令诸君知天亡我,非战之罪也。"乃分其骑以为四队,四向。汉军围之数重。项王谓其骑曰:"吾为公取彼一将。"令四面骑驰下。期山东为三处。于是项王大呼驰下。汉军皆披靡。遂斩汉一将。是时赤泉侯为骑将追项王。项王瞋目而叱之。赤泉侯人马俱惊,辟易数里。与其骑会为三处。汉军不知项王所在。乃分军为三,复围之。项王乃驰复斩汉一都尉,杀数十百人。复聚其骑,亡其两骑耳。乃谓其骑曰:"何如?"骑皆伏曰:"如大王言。"于是项王乃欲东渡乌江。乌江亭长檥船待。谓项王曰:"江东虽小,地方千里。众数十万人。亦足王也。愿大王急渡。今独臣有船。汉军至无以渡。"项王笑曰:"天之亡我。我何渡为?且籍与江东子弟八千人,渡江而西。今无一人还。纵江东父兄怜而王我,我何面目见之?纵彼不言,籍独不愧于心乎?"乃谓亭长曰:"吾知公长者。吾骑此马五岁。所当无敌,尝一日行千里。不忍杀之。以赐公。"乃令骑皆下马步行,持短兵接战,独籍所杀汉军数百人。项王身亦被十余创。顾见汉骑司马吕马童曰:"若非吾故人乎?"马童面之,指王翳曰:"此项王也。"项王乃曰:"吾闻汉购我头千金邑万户。吾为若德。"乃自刎而死。王翳取其头。余骑相蹂践争项王,相杀者数十人。最其后,郎中骑杨喜,骑司马吕马童,郎中吕胜、杨武,各得其一体。五人共会其体。皆是。故分其地为五:封吕马童为中水侯。封王翳为杜衍侯。封杨喜为赤泉侯。封杨武为吴防侯。封吕胜为涅阳侯。项王已死。楚地皆降汉。独鲁不下。汉乃引天下兵欲屠之。[注3]为其守礼义为主死节,乃持项王头视鲁。鲁父兄乃降。始楚怀王初封项籍为鲁公。及其死,鲁最后下。故以鲁公礼葬项王谷城。汉王为发哀。泣之而去。诸项氏枝属，汉王皆不诛。乃封项伯为射阳侯。桃侯、平皋侯、玄武侯皆项氏。赐姓刘。太史公曰：吾闻之周生。曰："舜目盖重瞳子。"又闻项羽亦重瞳子。羽岂其苗裔邪？何兴之暴也？夫秦失其政，陈涉首难，豪杰蠭起，相与并争，不可胜数。然羽非有尺寸，乘势起陇亩之中，三年遂将五诸侯灭秦。分裂天下而封王侯，政由羽出，号为"霸王"。位虽不终，近古以来未尝有也。及羽背关怀楚，放逐义帝而自立。怨王侯叛己，难矣。自矜功伐，奋其私智而不师古。谓霸王之业，欲以力征经营天下，五年卒亡其国。身死东城，尚不觉寤。而不自责过矣。乃引"天亡我非用兵之罪也"，岂不谬哉？《项羽本纪》。

汉王之困固陵，用张良计，召齐王信。遂将兵会垓下。项羽已破。高祖袭夺齐王军。《淮阴侯列传》。

项籍败垓下去也，(灌)婴以御史大夫受诏，将车骑别追项籍，至东城破之。所将卒五人，共斩项籍。皆赐爵列侯。降左右司马各一人，卒万二千人，尽得其军将吏，下东城，历阳。《樊郦滕灌列传》。

(颖阴侯灌婴)以车骑将军属淮阴，定齐、淮南及下邑，杀项籍。(魏其侯周定)为郎中骑将破籍东城。(涅阳侯吕胜)以郎将击斩项羽。(中水侯吕马童)后共斩项羽。(杜衍侯王翳)从灌婴共斩项羽。(赤泉侯杨喜)属淮阴，后从灌婴共斩项羽。(吴房侯杨武)以都尉斩项羽。(高陵侯王周)追(项)籍至东城。《高祖功臣侯者年表》。

及高皇帝诛项籍，举兵围鲁，鲁中诸儒，尚讲诵，习礼乐，弦歌之音不绝，岂非圣人之遗化，好礼乐之国哉。《儒林列传》。

还守敖仓，追项籍。籍已死，因东定楚地泗川、东海郡。凡得二十二县。还守雒阳、栎阳。赐与颖阳侯共食锺离。《绛侯周勃世家》。

(灌婴)渡江，破吴郡长吴下，得吴守。遂定吴、豫章、会稽郡。还定淮北。凡五十二县。《樊郦滕灌列传》。

亡秦鹿走，伪楚狐鸣。云郁沛谷，剑挺吴城。勋开鲁甸，势合砀兵。卿子无罪，亚父推诚。始救赵歇，终诛子婴。违约王汉，背关怀楚。常迁上游，臣迫故主。灵壁大振，成皋久拒。战非无功，天实不与。嗟彼益代，卒为凶竖。《项羽本纪索隐》述赞。

夫高祖所分巴、蜀、汉中三郡之地，仅四十一县。而项羽所王之九郡，亦足见项氏之强盛。而卒为高祖所灭,太史公所谓非大圣,孰能当此受使而帝者。其信然已。《楚汉诸侯疆域志》卷一。

(信武侯靳歙)以骑都尉定三秦,击项羽。(清阳侯王吸)以将军击项羽。(广平侯薛欧)以将军击项羽锺离眛。(周吕侯吕泽)复发兵佐高祖定天下。(留侯张良)常计谋,平天下。(射阳侯项伯缠)以破羽,缠尝有功。(曲周侯郦商)(绛侯周勃)击项羽。(舞阳侯樊哙)为将军击项籍。(蓼侯孔藂)以都尉击项羽,属韩信。(费侯陈贺)用都尉属韩信击项羽。为将军,定会稽、浙江、湖阳。(隆虑侯周灶)以长铍都尉击项籍。(阳都侯丁复)为大司马破羽军叶。(新阳侯吕清)以汉五年用左令尹初从。(阳义侯灵常)以荆令尹汉王五年初从。击锺离眛及陈公利几破之。(东武侯郭蒙)为将军破籍军。(贳侯吕元)(海阳侯摇毋馀)(芒侯昭)(东茅侯刘钊)(朝阳侯华寄)(猗氏侯陈遬)(清侯空中)(彊侯留胜)(彭侯秦同)以都尉击项羽。(曲成侯蛊逢)以都尉破项羽军陈下。(故市侯阎赤)迁为假相击项羽。(柳丘侯戎赐)以都尉破项籍军。(祁侯缯贺)军执圭,东击羽,急绝其近壁。(高苑侯丙倩)以中尉破籍。(宣曲侯丁义)为郎骑破锺离眛军固陵。(斥丘侯唐厉)为东郡都尉破籍武城。(台侯戴野)以都尉击籍。(高胡侯陈夫乞)以都尉击(项籍)。(平皋侯项它)汉六年以砀郡长初从。(复阳侯陈胥)以右司马击项籍。(深泽侯赵将夜)以赵将汉王三年降,属淮阴侯,定赵齐楚。(柏至侯许温)以中尉击籍。(昌侯卢卿)以齐将汉王四年从淮阴侯起无盐,定齐击籍。(共侯卢罢师)以齐将汉王四年从淮阴侯起临淄,击籍。(安丘侯张说)以司马击籍。(开封侯陶舍)以右司马汉王五年初从。(堂阳侯孙赤)以郎击籍。(祝阿侯高邑,以将军)击籍。(营陵侯刘泽)以郎中击项羽。(汾阳侯靳彊)击项羽,以中尉破锺离眛。(平州侯昭涉掉尾)汉王四年,以燕相从击籍。(阳义侯灵常)以荆令尹汉王五年初从。击锺离眛及陈公利几。(谷陵侯冯谿)以卒从,前二年起柘,击(项)籍。(壮侯许倩)以楚将汉王三年降起临济,以郎中击籍。(纪信侯陈仓)以将军击籍。(甘泉侯王竟)属刘贾。(鄢陵侯朱濞)以都尉击(项)籍。(菌侯张平)击籍。(绛侯周勃)定泗水、东海。(堂邑侯陈婴)项羽死属汉,定豫章、浙江,自立为王庄息,侯,千八百户。《高祖功臣侯者年表》。

(醴陵侯越)以卒吏击项籍。《惠景间侯者年表》。

正月，诸侯及将相，相与共请尊汉王为皇帝。汉王曰："吾闻帝，贤者有也。空言虚语，非所守也。吾不敢当帝位。"群臣皆曰："大王起微细，诛暴逆，平定四海，有功者辄裂地而封为王侯。大王不尊号，皆疑不信。臣等以死守之。"①汉王三让，不得已。曰："诸君必以为便，便国家。"②甲午③，乃即皇帝位汜水之阳④。

① 考证 秘阁本、枫、三本，信作宜。

② 考证 冈白驹曰：诸君之以为便，即是便于国家。愚按，枫、三、南本，不重便字。

③ 集解 徐广曰：二月甲午。考证 梁玉绳曰：案《汉书》是二月甲午。此缺二月两字。

④ 集解 蔡邕曰：上古天子称皇，其次称帝，其次称王。秦承三王之末，为汉驱除，自以德兼三皇五帝，故并以为号。汉高祖受命，功德宜之，因而不改。正义 汜，音敷剑反。《括地志》云："高祖即位坛，在曹州济阴县界。"张晏曰："汜水在济阴界，取其汜爱弘大而润下。"考证 汜水，济渎分流。在山东曹州府曹县北，与定陶县分界。今定陶西北有汉祖坛，高帝即位处。

皇帝曰：义帝无后。齐王韩信习楚风俗。徙为楚王，都下邳①。立建成侯彭越为梁王，都定陶②。故韩王信为韩王，都阳翟③。徙衡山王吴芮为长沙王，都临湘④。番君之将梅鋗有功，从入武关。故德番君⑤。淮南王布、燕王臧荼、赵王敖皆如故⑥。

① 正义 音被悲反，泗州下邳县是，楚王韩信之都。考证《汉书高纪》，春正月，下令曰："楚地已定，义帝亡后，欲存恤楚众，以定其主。齐王信习楚风

俗,更立为楚王。"事在汉王为皇帝前。《月表》亦在五年正月。下邳,江苏徐州府邳州。[新注]《淮阴侯列传》记徙韩信为楚王为正月。当是先迁徙,至此方宣布。

② [正义]曹州济阴县城,是梁王彭越之都。[考证]封彭越亦在正月。[新注]定陶,今山东省菏泽市。另,《汉书》记封彭越为梁王,时间是汉四年九月,就是楚汉和约达成之月。估计至此方为正式策封。

③ [正义]洛州阳翟县,是韩王信之都。[考证]河南开封府禹州。梁玉绳曰:韩信久封韩王,不烦重叙。盖衍文,《汉书》无之。愚按,此纪二年云,立韩太尉信为韩王,而不言都阳翟。即位之后,新有是命,故记。

④ [正义]《括地志》云:潭州长沙县,本汉临湘县,长沙王吴芮都之。芮墓在长沙县北四里。[考证]湖南长沙府长沙县。

⑤ [考证]番君,即吴芮。梅鋗事见上。张文虎曰:旧刻,德作封。

⑥ [考证]秘阁本、枫、三本,敖上有共字。[新注]据《汉书》,分封诸侯王有正月二月二批。

高帝纪 春正月,追尊兄伯号曰武哀侯。下令曰:"楚地已定,义帝亡后,欲存恤楚众,以定其主。齐王信习楚风俗,更立为楚王,王淮北,都下邳。魏相国建城侯彭越勤劳魏民,卑下士卒,常以少击众,数破楚军,其以魏故地王之,号曰梁王,都定陶。"又曰:"兵不得休八年,万民与苦甚,今天下事毕,其赦天下殊死以下。"

于是诸侯上疏曰:"楚王韩信、韩王信、淮南王英布、梁王彭越、故衡山王吴芮、赵王张敖、燕王臧荼昧死再拜言:大王陛下,先时,秦为亡道,天下诛之。大王先得秦王,定关中,于天下功最多。存亡定危,救败继绝,以安万民,功盛德厚。又加惠于诸侯王有功者,使得立社稷。地分已定,而位号比儗,亡上下之分,大王功德之著,于后世不宣。昧死再拜上皇帝尊号。"汉王曰:"寡人闻,帝者贤者有也,虚言亡实之名,非所取也。今诸侯王皆推高寡人,将何以处之哉?"诸侯王皆曰:"大王起于细微,灭乱秦,威动海内。又以辟陋之地,自汉中行威德,诛不义,立有功,平定海内,功臣皆受地食邑,非私之也。大王德施四海,诸侯王不足以道之,居帝位甚实宜,愿大王以幸天下。"汉王曰:"诸侯王幸以为便于天下之民,则可矣。"于是诸侯王及太尉长安侯臣绾等三百人,与博士稷嗣君叔孙通谨择良日二月甲午,上尊号。汉王即皇帝位于氾水之阳。尊王后曰皇后,太子曰皇太子,追尊先媪曰昭灵夫人。

诏曰:"故衡山王吴芮与子二人、兄子一人,从百粤之兵,以佐诸侯,诛暴秦,有大功,诸侯立以为王。项羽侵夺之地,谓之番君。其以长沙、豫章、象郡、桂林、南海立番君芮为长沙王。"又曰:"故粤王亡诸世奉粤祀,秦侵夺其地,使其社稷不得血食。诸侯伐秦,亡诸身帅闽中兵以佐灭秦,项羽废而弗立。今以为闽粤王,王闽中地,勿使失职。"

相关史料　(汉五年正月)齐王韩信徙楚王。(衡山王吴芮)徙王长沙。(临江)属汉为南郡。注4 淮南国。　赵国。　(齐王韩信)徙王楚。(齐)属汉南四郡。(**索隐**汉王更号皇帝。即位于定陶也。杀项籍,天下平。诸侯臣属汉。**考证**杀项籍三字,旧出于十二月。)　燕国。　复置梁国。　韩王信徙王代,都马邑。注5　分临江为长沙国。注6(汉五年二月　衡山)属淮南国。　(汉)二月甲午注7,王更号,即皇帝位于定陶。　梁王彭越始。　衡山王吴芮为长沙王。注8《秦楚之际月表》。

(高皇帝五年)春,(汉王)践皇帝位定陶。《汉兴以来将相名臣年表》。

(高祖五年)齐王信徙为楚王。元年。(梁)初王彭越元年。《汉兴以来诸侯王年表》。

五年,项籍已死。春,立彭越为梁王,都定陶。《魏豹彭越列传》。

(高祖二年　淮南)都寿春。(楚)都彭城。(梁)都淮阳。《汉兴以来诸侯王年表》。注9

昔高祖定天下,功臣非同姓疆土而王者,八国。《惠景间侯者年表》。

汉五年正月,徙齐王信为楚王。都下邳。信至国,召所从食漂母,赐千金。及下乡南昌亭长赐百钱。曰:"公小人也。为德不卒。"召辱己之少年,令出胯下者,以为楚中尉,告诸将相曰:"此壮士也。方辱我时,我宁不能杀之邪?杀之无名。故忍而就于此。"《淮阴侯列传》。注10

布遂剖符为淮南王,都六。九江、庐江、衡山、豫章郡皆属布。《黥布列传》。

闽越王无诸,及越东海王摇者,其先皆越王句践之后也。姓驺氏。秦已并天下,皆废为君长,以其地为闽中郡。及诸侯畔秦,无诸、摇率越归鄱阳令吴芮。所谓鄱君者也。从诸侯灭秦。当是之时,项籍主命,弗王。以故不附楚。汉击项籍。无诸、摇率越人佐汉。汉五年,复立无诸为闽越王,王闽中故地,都东冶。孝惠三年,举高帝时越功曰:"闽君摇功多,其民便附。"乃立摇为东海王,都东瓯。世俗号为东瓯王。《东越列传》。注11

项籍既死,汉王为帝。以(樊)哙坚守战有功,益食八百户。 汉王立为皇帝,赐益(灌)婴邑三千户。《樊郦滕灌列传》。

韩信为齐王,引兵诣陈,与汉王共破项羽。而参留平齐未服者。项籍已死,天下定,汉王为皇帝。韩信徙为楚王,齐为郡。参归汉相印。《曹相国世家》。

秦失其政,诸侯豪桀并起,人人自以为得之者以万数。然卒践天子之位者刘氏也。天下绝望。一矣。高帝封王子弟,地犬牙相制,此所谓磐石之宗也。天下服其彊。二矣。汉兴,除秦苛政,约法令,施德惠,人人自安,难动摇。三矣。夫以吕太后之严,立诸吕为三王,擅权专制,然而太尉以一节入北军,一呼,士皆左袒为刘氏,叛诸吕,卒以灭之。此乃天授非人力也。《孝文本纪》宋昌语。

夫大汉之开元也,奋布衣以登皇位,由数期而创万代,盖六籍所不能谈,前圣靡得言焉。当此之时,功有横而当天,讨有逆而顺民。班固《东都赋》。

自古帝王之兴,曷尝不建辅弼之臣。所与共成天功者乎?汉兴自秦二世元年之秋,楚陈之岁,初以沛公总帅雄俊。三年,然后西灭秦,立汉王之号。五年,东克项羽,即皇帝位。八载而天下乃平,始论功而定封。《高惠高后文功臣表序》。

项籍死,上以锐有功,从入武关,故德(吴)芮,徙为长沙王,都临湘。一年薨,谥曰文王。子成王臣嗣。薨。子哀王回嗣。薨。子共王右嗣。薨。子靖王差嗣。孝文后七年劳累。无子,国除。初,文王芮,高祖贤之。制诏御史:长沙王忠,其定著令。至孝惠、高后时,封芮庶子二人为列侯,传国数世绝。《韩彭英卢吴传》。

天下大定,高祖都雒阳。诸侯皆臣属。故临江王骓,为项羽叛汉①。令卢绾、刘贾围之。不下。数月而降。杀之雒阳。

① 集解 徐广曰：驩，一作尉。 考证 梁玉绳曰：临江之杀，在十二月。《汉书》与《月表》甚明，此误书于二月即帝位后。又临江王之名，徐广云：一作尉，是。《荆燕世家》《卢绾传》及《汉书》纪、表、传，并作尉，惟《月表》误作驩。愚按，项王败死，而鲁人守节不辄下，临江王、燕王、利几相踵叛汉，皆其遗臣。高祖使诸项氏臣名籍，郑君独不奉诏，亦其旧将，亦足以见项王仁而爱人也。秘阁本、枫、三本，叛作破。 新注 所谓临江为项羽叛汉说，可能只是汉吞并临江的借口，而非事实。在整个楚汉战争中，都没有见到临江有什么作为，而到了项羽败死之后，突然冒出个临江叛汉说，显然与事实不符。此前，临江没有助汉之举，就谈不上什么叛与不叛的问题。估计临江在刘项相争时持中立立场。其与衡山一样，没有卷入战争的记录。《荆燕世家》记击临江事，就没有说临江叛，更证明了临江战争的性质是统一而非平叛。临汉之战之时间，《本纪》与《月表》亦有出入。或者临江之战其始为十二月，而及其平定，则为二月后，本纪以其为五月前，当有根据。又共尉之死，《傅靳蒯成列传》言其为靳歙所擒，《韩信卢绾列传》言为卢、刘所破，《荆燕世家》不言刘贾击临江之战绩，《高祖本纪》将此功劳归于卢、刘。实际上，刘、卢二人与之战不下，才需靳歙出马将其擒下。言项王爱人，并不能完全解释项羽死后众人叛汉的现象。

相关史料 汉王因使刘贾将九江兵，与太尉卢绾，西南击临江王共尉。共尉已死，以临江为南郡。《荆燕世家》。

汉五年冬，以破项籍。乃使卢绾别将，与刘贾击临江王共尉，破之。七月还。从击燕王臧荼。臧荼降。《韩信卢绾列传》。

（靳歙）别定江陵。降江陵柱国、大司马以下八人。身得江陵王，生致之雒阳。因定南郡。《傅靳蒯成列传》。

（邔侯黄极中）以故群盗长临江将，已而为汉击临江王及诸侯。《高祖功臣侯者年表》。

五月，兵皆罢归家。诸侯子在关中者，复之十二岁。其归者，复之六岁，食之一岁①。

① 正义 食,音寺。考证 诸侯子,解见上文。

高帝纪 帝乃西都洛阳。夏五月,兵皆罢归家。诏曰:"诸侯子在关中者,复之十二岁,其归者半之。民前或相聚保山泽,不书名数,今天下已定,令各归其县,复故爵田宅,吏以文法教训辨告,勿笞辱。民以饥饿自卖为人奴婢者,皆免为庶人。军吏卒会赦,甚亡罪而亡爵及不满大夫者,皆赐爵为大夫。故大夫以上,赐爵各一级。其七大夫以上,皆令食邑;非七大夫以下,皆复其身及户,勿事。"又曰:"七大夫、公乘以上,皆高爵也。诸侯子及从军归者,甚多高爵,吾数诏吏先与田宅,及所当求于吏者,亟与。爵或人君,上所尊礼,久立吏前,曾不为决,其亡谓也。异日秦民爵公大夫以上,令丞与亢礼。今吾于爵非轻也,吏独安取此!且法以有功劳行田宅,今小吏未尝从军者多满,而有功者顾不得,背公立私,守尉长吏教训甚不善。其令诸吏善遇高爵,称吾意。且廉问,有不如吾诏者,以重论之。"

高祖置酒雒阳南宫①。高祖曰:"列侯诸将,无敢隐朕,皆言其情。吾所以有天下者何,项氏之所以失天下者何?"高起、王陵对曰②:"陛下慢而侮人,项羽仁而爱人。然陛下使人攻城略地,所降下者,因以予之,与天下同利也。项羽妒贤嫉能,有功者害之,贤者疑之。战胜而不予人功,得地而不予人利。此所以失天下也。"③高祖曰:"公知其一,未知其二。夫运筹策帷帐之中,决胜于千里之外,吾不如子房④。镇国家,抚百姓,给馈饷,不绝粮道,吾不如萧何⑤。连百万之军,战必胜,攻必取,吾不如韩信。此三者皆人杰也。吾能用之。此吾所以取天下也。项羽有一范增,而不能用。此其所以为我擒也。"⑥

① 正义 《括地志》云:"南宫,在雒州雒阳县东北二十六里洛阳故城中。

《舆地志》云：秦时已有南北宫。"

② 集解 孟康曰："姓高，名起。"瓒曰："《汉帝年纪》，高帝时有信平侯臣陵、都武侯臣起。魏相丙吉奏事，高帝时奏事有将军臣陵、臣起。" 考证 钱大昭曰：《魏相传》，述高帝时受诏长乐宫者，但有将军陵，无臣起；《汉纪》亦无高起二字，二字当衍文。愚按，臣瓒所引《汉帝年纪》魏相丙吉奏事，今皆不传，无由考之。但对语七十余言，二人一辞，于理所无。高祖亦唯言公，不言公等，钱说近是。

③ 考证 王陵母为项羽所杀，陵怨项羽最深，所以有此言。

④ 考证 梁玉绳曰：《汉书》无策字。《御览》引史作于字。《留侯世家》亦作策。顾炎武曰：汉高帝曰：运筹策帷帐之中，决胜于千里之外，吾不如子房。景帝曰：天下方有急，王孙（窦婴字）宁可以让邪。皆人主呼人臣字也。

⑤ 考证 秘阁本，镇作填，糧作粮。

⑥ 考证 秘阁本，擒作禽。 新注 考虑到刘邦系最大的合伙人吕泽所部构成体量巨大及贡献巨大，高祖都不可能在韩信不在场而吕泽系都在场的情况下做这样的公开讲话。

高帝纪　帝置酒雒阳南宫。上曰："通侯诸将毋敢隐朕，皆言其情。吾所以有天下者何？项氏之所以先天下者何？"高起、王陵对曰："陛下嫚而侮人，项羽仁而敬人。然陛下使人攻城略地，所降下者，因以与之，与天下同利也。项羽妒贤嫉能，有功者害之，贤者疑之，战胜而不与人功，得地而不与人利，此其所以失天下也。"上曰："公知其一，未知其二。夫运筹帷幄之中，决胜千里之外，吾不如子房；填国家，抚百姓，给馈饷，不绝粮道，吾不如萧何；连百万之众，战必胜，攻必取，吾不如韩信。三者皆人杰，吾能用之，此吾所以取天下者也。项羽有一范增而不能用，此所以为我禽也。"群臣说服。

初，田横归彭越。项羽已灭，横惧诛，与宾客亡入海。上恐其久为乱，遣使者赦横，曰："横来，大者王，小者侯；不来，且发兵加诛。"横惧，乘传诣雒阳，未至三十里，自杀。上壮其节，为流涕，发卒二千人，以王礼葬焉。

相关史料 后岁余,汉灭项籍,汉王立为皇帝,以彭越为梁王。田横惧诛。而与其徒属五百余人入海,居岛中。高帝闻之,以为田横兄弟本定齐。齐人贤者多附焉。今在海中不收,后恐为乱。乃使使赦田横罪而召之。田横因谢曰:"臣亨陛下之使郦生。今闻其弟郦商为汉将而贤。臣恐惧不敢奉诏。请为庶人守海岛中。"使还报。高皇帝乃诏卫尉郦商曰:"齐王田横即至,人马从者,敢动摇者,致族夷。"乃复使使持节具,告以诏商状曰:"田横来,大者王,小者乃侯耳。不来,且举兵加诛焉。"田横乃与其客二人,乘传诣雒阳。未至三十里,至尸乡厩置。横谢使者曰:"人臣见天子,当洗沐。"止留。谓其客曰:"横始与汉王俱南面称孤。今汉王为天子,而横乃为亡虏,而北面事之,其耻固已甚矣。且吾亨人之兄,与其弟并肩而事其主。纵彼畏天子之诏不敢动我,我独不愧于心乎?且陛下所以欲见我者,不过欲一见吾面貌耳。今陛下在洛阳,今斩吾头驰三十里间,形容尚未能败。犹可观也。"遂自刭,令客奉其头,从使者驰奏之高帝。高帝曰:"嗟乎!有以也夫!起自布衣,兄弟三人更王。岂不贤乎哉?"为之流涕。而拜其二客为都尉,发卒二千人,以王者礼葬田横。既葬,二客穿其冢旁孔,皆自刭,下从之。高帝闻之,乃大惊,以田横之客皆贤。"吾闻其余尚五百人在海中,使使召之。"至则闻田横死,亦皆自杀。于是乃知田横兄弟能得士也。田横之高节,宾客慕义而从横死。岂非至贤?余因而列焉。不无善画者。莫能图。何哉?《田儋列传》。

田横烹郦生,及田横降,高帝诏卫尉不听为仇。《后汉书·耿弇传》。

齐田横墓,在偃师西十五里。崔豹《古今注》云,薤露蒿里,送哀歌也。出田横门人。横自杀,门人伤之,而作悲歌,言人命如薤上露,易晞灭。至李延年乃分为二曲。《薤露》,送王公贵人;《蒿里》,送士大夫庶人。使挽逝者歌之,俗呼为挽歌。《田儋列传正义》。

郑当时者,字庄,陈人也。其先郑君,尝为项籍将。籍死,已而属汉。高祖令诸故项籍臣名籍,郑君独不奉诏。诏尽拜名籍者为大夫,而逐郑君。《汲郑列传》。

季布者,楚人也。为气任侠,有名于楚。项籍使将兵。数窘汉王。及项羽灭,高祖购求布千金。敢有舍匿,罪及三族。季布匿濮阳周氏。周氏曰:"汉购将军急。迹且至臣家。将军能听臣,臣敢献计。即不能,愿先自刭。"季布许之。乃髡钳季布,衣褐衣,置广柳车中。并与其家僮数十人,之鲁之朱家所卖之。朱家心知是季布。乃买而置之田。诫其子曰:"田事听此奴,必与同食。"朱家乃乘轺车之洛阳,见汝阴侯滕公。滕公留朱家,饮数日。因谓滕公曰:"季布何大罪?而上求之急也。"滕公曰:"布数为项羽窘上。上怨之。故必欲得之。"朱家曰:"君视季布何如人也?"曰:"贤者也。"朱家曰:"臣各为其主用。季布为项籍用。职耳。项氏臣可尽诛邪?今上始得天下。独以己之私怨求一人。何示天下之不广也?且以季布之贤,而汉求之急如此。此不北走胡,即南走越耳。夫忌壮士以资敌国。此伍子胥所以鞭荆平王之墓也。君何不从容为上言邪?"汝阴侯滕公,心知朱家大侠,意季布匿其所,乃许曰:"诺。"待间,果言如朱家指。上乃赦季布。当是时,诸公多季布能摧刚为柔。朱家亦以此名闻当世。季布召见,谢。上拜为郎中。 (季)布母弟丁公为楚将。丁公为项羽逐窘高祖彭城西,短兵接。高祖急顾丁公曰:"两贤岂相戹哉?"于是丁公引兵而还。汉王遂解去。及项王灭,丁公谒见高祖。高祖以丁公徇军中曰:"丁公为项王臣,不忠。使项王失天下者,乃丁公也。"遂斩丁公曰:"使后世为人臣者,无效丁公。" 太史公曰:以项羽之气,而季布以勇显于楚,身屦典军搴旗者数矣。可谓壮士。然至被刑戮,为人奴而不死。何其下也。彼必自负其材,故受辱而不羞,欲有所用,其未足也。故终为汉名将。贤者诚重其死。夫婢妾贱人,感慨而自杀者,非能勇也。其计画无复之耳。栾布哭彭越,趣汤如归者,彼诚知所处,不自重其死。虽往古烈士,何以加哉?《季布栾布列传》。

(曹)参为汉相国,清静极言合道。然百姓离秦之酷后,参与休息无为,故天下俱称其美矣。《曹相国世家赞》。

秦既称帝,患周之败,以为起于处士横议,诸侯力争,四夷交侵,以弱见夺。于是削去五等,堕城销刃,内锄雄俊,外攘胡粤,用壹威权,为万世安。然十余年间,猛敌横发乎不虞,適戍强于五伯。间阎偪于戎狄,响应慘于谤议,奋臂威于甲兵。向秦之禁,适所以资豪杰而速自毙也。是以汉亡尺土之阶,繇一剑之任,五载而成帝业,《书》《传》所记,未尝有焉。何则,古世相革,皆承圣王之烈。今汉独收孤秦之弊。镌金石者难为功,摧枯朽者易为力。其势然也。《异姓诸侯王年表》。

上嫚下暴,惟盗是伐。胜广熛起,梁籍扇烈。赫赫炎炎,遂焚咸阳。宰割诸夏,命立侯王。诛婴放怀,诈虐以亡。述《陈胜项籍传》第一。《汉书·叙传》。

高祖起于布衣之中，奋剑而取天下，不繇唐虞之禅，不阶汤武之王。龙行虎变，率从风云；征乱伐暴，廓清帝宇。八载之间，海内克定，遂何天之衢，登建皇极。上古已来，书籍所载，未尝有也。非雄俊之才、宽明之略、历数所授，神祇所相，安能致功如此。夫帝王之作，必有神人之助。非德无以建业，非命无以定众。或以文昭，或以武兴，或以圣立，或以人崇。焚鱼斩蛇，异功同符，岂非精灵之感哉！书曰：天工人其代之。易曰：汤武革命，顺乎天而应乎人。其斯之谓乎。故观秦项之所亡，察大汉之所兴，得失之验可见于兹矣。太史公曰：夏政忠，政忠之弊野，故殷承之以敬；敬之弊鬼，故周承之以文。以文之弊薄，救薄莫若忠。三王之道，周而复始，周秦之间可谓文弊。秦不改文酷刑。汉承秦弊得天统矣。《汉魏六朝百三名家集》荀悦《高祖赞》。

高祖欲长都雒阳。齐人娄敬说，及留侯劝上入都关中。高祖是日驾入都关中[①]**。六月，大赦天下**[②]**。**

① 考证 周寿昌曰：荀《纪》云：于是上即日车驾西入关治栎阳宫。齐召南曰：栎阳长安，俱是关中。是日决计入关，营造长安宫殿，实则仍居栎阳。故至七年二月，自栎阳徙都长安也。愚按，《项纪》人或说项王曰：关中阻山河四塞，地肥饶，可以霸。《淮阴传》，韩信说汉王曰：项王虽霸天下而臣诸侯，不居关中而都彭城。由是观之，定都关中，以制天下，当时识者所见皆然，不必待娄敬、张良，高祖亦夙知之。是所以即日迁都。

② 考证 行赦施惠，见《越世家》，则春秋之世，既有此事。秦孝文王元年，赦罪人。庄襄王元年，大赦罪人。此即位行赦之权舆乎。汉高祖五年十二月，以破楚天下事大毕，赦天下，殊死以下，奠都长安，六月大赦天下，皆不与即位相涉。十二年四月，高祖崩大赦天下，五月惠帝即位不复赦。惠帝崩，太子立，吕太后临朝，大赦。汉践祚行赦，以此为始。其后孝文即位，亦赦天下。景帝后元年，改元之赦，以此为始。至武帝每改元必赦。高祖二年六月，立太子赦罪人。景帝四年四月，立皇子乐为皇太子，赦天下。此立太子行赦也。武帝元朔元年三月，立皇后卫氏赦天下。此立后行赦也。高祖十年七月，太上皇崩，赦栎阳囚死罪以下。此广太上皇之恩也。惠帝四年三月，皇帝冠，赦天下，此

颂皇帝之庆也。文帝十五年，始郊，赦天下。武帝元鼎五年、天汉元年、后元元年，郊泰畤赦天下。此郊行赦也。武帝元封五年、天汉三年、太始四年，幸太山赦天下。此封禅行赦也。其余克捷丰稔凶歉祥瑞灾异以行赦者甚多。秦昭襄王二十一年，赦罪人迁河东。二十六年，赦罪人迁穰。二十八年，赦罪人迁南阳。秦二世二年，大赦天下，授兵郦山徒，以击周章等。高祖十年，淮南王布反，赦天下死罪以下，皆令从军。武帝元封六年，益州昆明反，赦京师亡命令从军。此皆有所为而行者，与施惠者自异。

高帝纪 戍卒娄敬求见，说上曰："陛下取天下与周异，而都雒阳，不便，不如入关，据秦之固。"上以问张良，良因劝上。是日，车驾西都长安。拜娄敬为奉春君，赐姓刘氏。六月壬辰，大赦天下。

相关史料 （汉五年六月）帝入关。（汉五年七月长沙王吴芮）薨。谥文王。《秦楚之际月表》。

刘敬者，齐人也。汉五年，戍陇西过洛阳。高帝在焉。娄敬脱輓辂，衣其羊裘，见齐人虞将军曰："臣愿见上言便事。"虞将军欲与之鲜衣。娄敬曰："臣衣帛，衣帛见；衣褐，衣褐见。终不敢易衣。"于是虞将军入言上。上召入见，赐食。已而问娄敬。娄敬说曰："陛下都洛阳。岂欲与周室比隆哉？"上曰："然。"娄敬曰："陛下取天下，与周室异。周之先，自后稷、尧封之邰，积德累善，十有余世，公刘避桀居豳。太王以狄伐故去豳，杖马箠居岐，国人争随之。及文王为西伯，断虞、芮之讼，始受命，吕望、伯夷自海滨来归之。武王伐纣。不期而会孟津之上，八百诸侯，皆曰'纣可伐矣'。遂灭殷。成王即位，周公之属傅相焉。乃营成周洛邑。以此为天下之中也。诸侯四方纳贡职，道里均矣。有德则易以王，无德则易以亡。凡居此者，欲令周务以德致人，不欲依阻险，令后世骄奢以虐民也。及周之盛时，天下和洽，四夷乡风，慕义怀德，附离而并事天子。不屯一卒，不战一士，八夷大国之民，莫不宾服效其贡职。及周之衰也，分而为两，天下莫朝。周不能制也。非其德薄也。而形势弱也。今陛下收丰沛，起卒三千人，以之径往，而卷蜀、汉，定三秦，与项羽战荥阳，争成皋之口，大战七十，小战四十，使天下之民肝脑涂地，父子暴骨中野，不可胜数。哭泣之声未绝，伤痍者未起，而欲比隆于成、康之时。臣窃以为不侔也。且夫秦地被山带河,四塞以为固。卒然有急,百万之众可具也。因秦之故资,甚美膏腴之地,此所谓天府者也。陛下入关而都之,山东虽乱,秦之故地可全而有也。夫与人斗,不搤其亢、拊其背,未能全其胜也。今陛下入关而都,案秦之故地,此亦搤天下之亢而拊其背也。"高帝问群臣。群臣皆山东人,争言周王数百年,秦二世即亡,不如都周。上疑未能决。及留侯明言入关便,即日车驾西都关中。于是上曰:"本言都秦地者娄敬。娄者乃刘也。"赐姓刘氏,拜为郎中,号为奉春君。　太史公曰:语曰"千金之裘,非一狐之腋也;台榭之榱,非一木之枝也。三代之际,非一士之智也"。信哉!夫高祖起微细,定海内,谋计用兵,可谓尽之矣。然而刘敬脱輓辂,一说建万世之安,智岂可专邪!叔孙通希世度务,制礼进退,与时变化,卒为汉家儒宗。"大直若诎",道固委蛇,盖谓是乎?《刘敬叔孙通列传》。

　　刘敬说高帝曰:"都关中。"上疑之。左右大臣皆山东人。多劝上都雒阳:"雒阳东有成皋。西有殽、黾。倍河向伊、雒。其固亦足恃。"留侯曰:"雒阳虽有此固,其中小不过数百里。田地薄,四面受敌。此非用武之国也。夫关中左殽、函,右陇、蜀,沃野千里。南有巴蜀之饶。北有胡、苑之利。阻三面而守,独以一面东制诸侯。诸侯安定,河、渭漕輓天下,西给京师,诸侯有变,顺流而下,足以委输。此所谓金城千里,天府之国也。刘敬说是也。"于是高帝即日驾西都关中。留侯从入关。留侯性多病。即道引不食谷。杜门不出岁余。《留侯世家》。

十月,燕王臧荼反,攻下代地①。高祖自将击之。得燕王臧荼②。即立太尉卢绾为燕王。使丞相哙将兵攻代③。

　　① 考证 中井积德曰:十月是七月之讹。《汉书》可证。愚按,《秦楚之际月表》云:八月,帝自将诛燕。盖七月反,八月得之也。代,山西代州。何焯曰:臧荼,项氏所置,又负杀故主之罪,故惧诛最先叛。新注 此前不久,劝汉王为帝者臧荼厕名其间,未必会叛。估计是汉捏造罪名。当时代由陈豨主持,臧荼不敢冒犯。《张丞相列传》记张苍从攻臧荼,或汉之灭燕是从代发起的。

② 考证 秘阁本，无之得二字。王下有得字。

③ 考证《汉书》作平代地。盖讨臧荼余烬也。宋祁曰：哙是时未为丞相。《百官表》，哙未尝为相。周寿昌曰：汉初有丞相虚封，犹后世加衔。《哙传》，哙击陈豨，以将军迁为左丞相，后以相国击卢绾。表均未载。左右丞相之设，在孝惠、高后之时，相国之号，在高帝十一年，而哙先称之，皆虚封也。《郦商传》，迁右丞相，复以丞相将兵击黥布。《傅宽传》，以相国代丞相哙击陈豨。商、宽并未为相，亦未列表。《韩信传》，使为假左丞相，有假字，益可知。新注 樊哙攻代事，或者与日后韩王信之反弄混了。因臧荼更像是受汉攻击迅即覆灭，而不是真的反了。在当时，陈豨所在及韩王信所在，都称作代。

高帝纪 秋七月，燕王臧荼反，上自将征之。

九月，虏荼。诏诸侯王视有功者立以为燕王。荆王臣信等十人皆曰："太尉长安侯卢绾功最多，请立以为燕王。"使丞相哙将兵平代地。

相关史料 （汉五年八月）赵王张敖立。耳子。 八月，帝自将诛燕。长沙成王臣始。芮子。（汉五年九月 楚）王得故项羽将锺离眜，斩之以闻。（燕）反。汉虏荼。（汉五年 后九月）燕王卢绾始。汉太尉。《秦楚之际月表》。

高祖已定天下。诸侯非刘氏而王者七人。欲王卢绾。为群臣觖望。及虏臧荼，乃下诏诸将相列侯，择群臣有功者以为燕王。群臣知上欲王卢绾，皆言曰："太尉长安侯卢绾常从平定天下。功最多。可王燕。"诏许之。汉五年八月，乃立卢绾为燕王。诸侯王得幸，莫如燕王。《韩信卢绾列传》。

以将军从高帝，击反者燕王臧荼，破之易下。所将卒，当驰道为多。赐爵列侯，剖符世世勿绝，食绛八千一百八十户。号绛侯。《绛侯周勃世家》。

（樊哙）从高帝攻反燕王臧荼。虏荼定燕地。 （郦商）项羽既已死，汉王为帝。其秋，燕王臧荼反。商以将军从击荼。战龙脱，先登陷阵，破荼军易下，却敌。迁为右丞相。赐爵列侯，与诸侯剖符，世世勿绝。食邑涿五千户，号曰涿侯。 （夏侯婴）汉王立为帝。其秋，燕王臧荼反。婴以太仆从击荼。 其秋，（灌婴）以车骑将军，从击破燕王臧荼。《樊郦滕灌列传》。

复徙相代王。燕王臧荼反。高祖往击之。苍以代相从攻臧荼。有功。《张丞相列传》。

其秋,利几反①。高祖自将兵击之。利几走。利几者,项氏之将。项氏败,利几为陈公,不随项羽。亡降高祖。高祖侯之颍川。高祖至雒阳,举通侯籍召之②。而利几恐。故反。

① 正义 几,音机。姓名也。项羽之将,为陈县令降汉。高帝徵诸侯,利几恐,故反。

② 集解 如淳曰:得在通侯之籍。新注 利几叛项羽当在楚汉陈下决战之时,投汉始末不详,或汉王以侯颍川诱惑,故临阵倒戈,促成项羽之败。垓下之战只是陈下决战的一个组成部分。

高帝纪 利几反,上自击破之。利几者,项羽将。羽败,利几为陈令,降,上侯之颍川。上至雒阳,举通侯籍召之,而利几恐,反。

后九月,徙诸侯子关中。治长乐宫。

相关史料 汉兴,为其(朝鲜)远,难守,复修辽东故塞,至浿水为界。属燕。《朝鲜列传》。

秦始皇之末,至二世时,日月薄食,山陵沦亡,辰星出于四孟,太白经天而行,无云而雷,枉矢夜光,荧惑袭月。孽火烧宫,野禽戏廷,都门内崩,长人见临洮,石陨于东郡,星孛大角,大角以亡。观孔子之言,考暴秦之异,天命信可畏也。及项籍之败,亦孛大角。汉之入秦,五星聚于东井,得天下之象也。《楚元王传》刘向语。

南越、朝鲜,自全秦时自属为臣子,后且拥兵阻阨,选蠕观望。高祖时,天下新定,人民小安,未可复兴兵。《西汉文纪》卷六陈武等《请征南越朝鲜议》。

汉六年

六年,高祖五日一朝太公。如家人父子礼。太公家令说太公曰:"天无二日,土无二王①。今高祖虽子人主也②。太公虽父人臣也。奈何令人主拜人臣。如此,则威重不行。"后高祖朝。太公拥篲迎门却行③。高祖大惊,下扶太公。太公曰:"帝,人主也。奈何以我乱天下法。"于是,高祖乃尊太公为太上皇④。心善家令言,赐金五百斤⑤。

① 考证《礼记·坊记》子云:天无二日,土无二王。《孟子·万章篇》孔子曰:天无二日,民无二王。

② 考证梁玉绳曰:高祖当依《汉书》作皇帝。

③ 集解李奇曰:为恭也。如今卒持帚者也。正义崔浩曰:拥,抱也。篲,长帚,卒寺之所执也。按拥篲,曲腰持帚。考证《孟荀列传》,邹衍如燕,昭王拥彗先驱。

④ 集解蔡邕曰:不言帝,非天子也。索隐按,蔡邕云:"不言帝,非天子也。"又按本纪,秦始皇追尊庄襄王为太上皇,已有故事矣。盖太上者无上也。皇者德大于帝,欲尊其父,故号曰太上皇也。考证梁玉绳曰:《汉书高纪》,高祖于六年三月,自洛阳归栎阳朝太公。五月尊为太上皇。此书于六年十二月前,误矣。周寿昌曰:古身为天子,父为匹夫,惟舜之瞽瞍,未闻尊号。庄襄为太上皇,是死后追尊。事系创行,因家令一言发之。

⑤ 索隐颜氏按,荀悦云:"故虽天子必有尊也,无父犹设三老,况其存乎?家令之言过矣。"晋刘宝云:"善其发悟己心,因得尊崇父号也。"

汉六年

　　十二月，人有上变事，告楚王信谋反①。上问左右。左右争欲击之。用陈平计，乃伪游云梦②，会诸侯于陈③。楚王信迎。即因执之。是日，大赦天下。田肯贺，④因说高祖曰："陛下得韩信，又治秦中⑤。秦形胜之国⑥。带河山之险，县隔千里，持戟百万，秦得百二焉⑦，地势便利，其以下兵于诸侯，譬犹居高屋之上建瓴水也⑧。夫齐东有琅邪、即墨之饶。南有泰山之固。西有浊河之限⑨。北有勃海之利⑩。地方二千里，持戟百万。县隔千里之外⑪。齐得十二焉⑫。故此东西秦也⑬。非亲子弟，莫可使王齐矣。"⑭高祖曰："善。"赐黄金五百斤。

　　① 考证 梁玉绳曰：《汉高纪》，告反在六年十月，此在十二月者，因会陈执信在十二月，遂并叙之，其实是十月也。新注《荆燕世家》记此事为汉六年春，更妥。或上变事为十二月，执韩信为正月。
　　② 集解 韦昭曰：在南郡华容县。考证 湖南荆州府监利县。
　　③ 考证 河南陈州府。新注 现为河南周口淮阳区。
　　④ 索隐《汉纪》及《汉书》作"宵"，刘显云：相传作"肯"也。考证《索隐》所引刘显之说，见于《颜氏家训·书证篇》。
　　⑤ 集解 如淳曰：时山东人谓关中为秦中。考证 秘阁本、凌一本、《班马异同》，曰下有甚善二字，与《汉书》合。今本脱。
　　⑥ 集解 张晏曰：秦地带山河，得形势之胜便者。索隐 韦昭云：地形险固，故能胜人也。
　　⑦ 集解 应劭曰："河山之险，与诸侯相县隔绝千里也，所以能禽诸侯者，得天下之利百二也。"李斐曰："河山之险，由地势高，顺流而下易，故天下于秦悬隔千里，持戟百万，秦得百二焉。"苏林曰："得百中之二焉。秦地险固，二万人足当诸侯百万人也。"索隐 服虔云："谓函谷关去长安千里为县隔。"按，文以河

山险固形胜,其势如隔千里也。苏林曰:"百二,百中之二,二十万人也。"虞喜云:"百二者,得百之二。言诸侯持戟百万,秦地险固,一倍于天下,故云得百二焉,言倍之也。盖言秦兵当二百万也。'齐得十二'亦如之,故为东西秦,言势相敌,但立文相避,故云十二。言余诸侯十万,齐地形胜,亦倍于他国,当二十万人也。"[考证]秘阁本,无之字。王先谦曰:县隔千里,言河山之阻,千里而遥,非与诸侯县隔也。犹张良云关中沃野千里耳。中井积德曰:百二、十二,并难解,诸说多牵强。百二,盖言二以当百,是五十倍矣。十二,谓二以当十,是五倍矣。顾炎武曰:古人谓倍为二。秦得百二,言百倍也。齐得十二,言十倍也。王启原曰:《墨子经说》,倍为二也。《论语》,二,吾犹不足。言倍于微。愚按,顾、王二说,盖得古义。

⑧ [集解]如淳曰:"瓴,盛水瓶也。居高屋之上,而幡瓴水,言其向下之势易也。建,音蹇。"晋灼曰:"许慎曰瓴,瓮似瓶者。"[考证]《集解》,幡一作翻。

⑨ [集解]晋灼曰:齐西有平原。河水东北过高唐,高唐即平原也。孟津号黄河,故曰浊河。[考证]中井积德曰:浊河即黄河。孟津非齐界。胡三省曰:盖河流浊,故谓之浊河。

⑩ [索隐]崔浩云:勃,旁跌也。旁跌出者,横在济北,故《齐都赋》云"海旁出为勃",名曰勃海郡。

⑪ [索隐]以言齐境阔,不啻千里,故云之外也。

⑫ [集解]应劭曰:"齐得十之二,故齐愍王称东帝,后复归之,卒为秦所灭者,利钝之势异也。"李斐曰:"齐有山河之限,地方二千里,是与天下县隔也。设有持戟百万之众,齐得十中之二焉。百万十分之二,亦二十万也。但文相避耳。故言东西秦,其势亦敌也。"苏林曰:"十二,得十中之二,二十万人当百万。言齐虽固不如秦,二万乃当百万。"

⑬ [考证]胡三省曰:言齐地形胜与秦亢衡也。

⑭ [考证]胡三省曰:韩信兼王齐,盖汉初诸侯王国亦邻郡也。《汉书》表、传无齐为汉郡之文。观田肯贺高祖,以秦齐并言,可见信兼领齐郡,使信即以齐还汉,则高帝必立齐王,不待信之侯矣。全祖望曰:观田肯之贺,不言得楚,而言得齐,又言非亲子弟,莫可使王齐焉。则韩信未尝还齐也。愚按,韩信既更

王楚,何仍保齐乎。《秦楚之间月表》云:淮阴徙王楚,齐属汉。《曹相国世家》亦曰:韩信徙为楚王,齐为郡,可以徵焉。但信以兵取齐,虽移其国,守令多其故将,余威固在,所以有田肯之贺。

后十余日,封韩信为淮阴侯。分其地为二国。高祖曰:"将军刘贾数有功。"以为荆王。王淮东①。弟交为楚王,王淮西。子肥为齐王,王七十余城。民能齐言者皆属齐②。乃论功,与诸列侯剖符行封③。徙韩王信太原④。

① 索隐 乃王吴地,在淮东也。姚察按,虞喜云:"总言吴,别言荆者,以山命国也。今西南有荆山,在阳羡界。贾封吴地,而号荆王,指取此义。"《太康地理志》:"阳羡县,本名荆溪。" 考证《汉书高纪》以故东阳郡、鄣郡、吴郡五十三县,立刘贾为荆王。 新注 韩信为淮阴侯,非当时事。《功臣表》封在四月。

② 集解《汉书音义》曰:此言时民流移,故使齐言者还齐也。 正义 按,言齐国形胜次于秦中,故封子肥七十余城,近齐城邑能齐言者,咸割属齐。亲子故大其都也。孟说恐非。 考证《汉书》以砀郡、薛郡、郯郡三十六县,立弟文信君交为楚王。以胶东、胶西、临淄、济北、博阳、城阳郡七十三县,立子肥为齐王。齐言,孟说是。

③ 考证 梁玉绳曰:《功臣表》及《汉书》封诸侯在十二月,此叙于正月封荆楚诸王之后,非。

④ 索隐 信初都阳翟也。 考证《汉书高纪》,以太原郡三十一县为韩国,徙韩王信都晋阳。愚按,太原,山西太原市。

高帝纪 六年冬十月,令天下县邑城。

人告楚王信谋反,上问左右,左右争欲击之。用陈平计,乃伪游云梦。十二月,会诸侯于陈,楚王信迎谒,因执之。诏曰:"天下既安,豪桀有功者封侯,新立,未能尽图其功。身居军九年,或未习法令,或以其故犯法,大者死刑,吾甚怜之。其赦天下。"田肯贺上曰："甚善,陛下得韩信,又治秦中。秦,形胜之国也,带河阻山,县隔千里,持戟百万,秦得百二焉。地势便利,其以下兵于诸侯,譬犹居高屋之上建瓴水也。夫齐,东有琅邪、即墨之饶,南有泰山之固,西有浊河之限,北有勃海之利,地方二千里,持戟百万,县隔千里之外,齐得十二焉,此东西秦也。非亲子弟,莫可使王齐者。"上曰："善。"赐金五百斤。上还至雒阳,赦韩信,封为淮阴侯。

甲申,始剖符封功臣曹参等为通侯。诏曰："齐,古之建国也,今为郡县,其复以为诸侯。将军刘贾数有大功,及择宽惠修絜者,王齐、荆地。"春正月丙午,韩王信等奏请以故东阳郡、鄣郡、吴郡五十三县立刘贾为荆王;以砀郡、薛郡、郯郡三十六县立弟文信君交为楚王。壬子,以云中、雁门、代郡五十三县立兄宜信侯喜为代王;以胶东、胶西、临淄、济北、博阳、城阳郡七十三县立子肥为齐王;以太原郡三十一县为韩国,徙韩王信都晋阳。

上已封大功臣二十余人,其余争功,未得行封。上居南宫,从复道上见诸将往往耦语,以问张良。良曰："陛下与此属共取天下,今已为天子,而所封皆故人所爱,所诛皆平生仇怨。今军吏计功,以天下为不足用遍封,而恐以过失及诛,故相聚谋反耳。"上曰："为之奈何?"良曰："取上素所不快,计群臣所共知最甚者一人,先封以示群臣。"三月,上置酒,封雍齿,因趣丞相急定功行封。罢酒,群臣皆喜,曰："雍齿且侯,吾属亡患矣!"

上归栎阳,五日一朝太公。太公家令说太公曰："天亡二日,土亡二王。皇帝虽子,人主也;太公虽父,人臣也。奈何令人主拜人臣!如此,则威重不行。"后上朝,太公拥篲,迎门却行。上大惊,下扶太公。太公曰："帝,人主,奈何以我乱天下法!"于是上心善家令言,赐黄金五百斤。夏五月丙午,诏曰："人之至亲,莫亲于父子,故父有天下传归于子,子有天下尊归于父,此人道之极也。前日天下大乱,兵革并起,万民苦殃,朕亲被坚执锐,自帅士卒,犯危难,平暴乱,立诸侯,偃兵息民,天下大安,此皆太公之教训也。诸王、通侯、将军、群卿、大夫已尊朕为皇帝,而太公未有号,今上尊太公曰太上皇。"

相关史料 项王亡将锺离眜家在伊庐。素与信善。项王死后亡归信。汉王怨眜,闻其在楚,诏楚捕眜。信初之国行县邑,陈兵出入。汉六年,人有上书告楚王信反。高帝以陈平计,天子巡狩会诸侯。南方有云梦。发使告诸侯会陈:"吾将游云梦。"实欲袭信。信弗知。高祖且至楚。信欲发兵反。自度无罪。欲谒上。恐见禽。人或说信曰:"斩眛谒上,上必喜,无患。"信见眛计事。眛曰:"汉所以不击取楚,以眛在公所。若欲捕我以自媚于汉,吾今日死,公亦随手亡矣。"乃骂信曰:"公非长者!"卒自刭。信持其首谒高祖于陈。上令武士缚信载后车。信曰:"果若人言。狡兔死,良狗亨。高鸟尽,良弓藏。敌国破,谋臣亡。天下已定。我固当亨!"上曰:"人告公反。"遂械系。信至雒阳。赦信罪,以为淮阴侯。《淮阴侯列传》。注1

汉六年,人有上书告楚王韩信反。高帝问诸将。诸将曰:"亟发兵阬竖子耳。"高帝默然。问陈平。平固辞谢曰:"诸将云何?"上具告之。陈平曰:"人之上书言信反。有知之者乎?"曰:"未有。"曰:"信知之乎?"曰:"不知。"陈平曰:"陛下精兵孰与楚?"上曰:"不能过。"平曰:"陛下将用兵,有能过韩信者乎?"上曰:"莫及也。"平曰:"今兵不如楚精,而将不能及。而举兵攻之,是趣之战也。窃为陛下危之。"注2上曰:"为之奈何?"平曰:"古者天子巡狩会诸侯。南方有云梦。陛下第出伪游云梦,会诸侯于陈。陈,楚之西界。信闻天子以好出游,其势必无事而郊迎谒。谒而陛下因禽之,此特一力士之事耳。"高帝以为然。乃发使告诸侯会陈:"吾将南游云梦。"上因随以行。行未至陈,楚王信果郊迎道中。高帝豫具武士,见信至,即执缚之,载后车。信呼曰:"天下已定。我固当烹。"高帝顾谓信曰:"若毋声。而反明矣。"武士反接之。遂会诸侯于陈,尽定楚地。还至雒阳,赦信以为淮阴侯。而与功臣剖符定封。于是与平剖符,世世勿绝,为户牖侯。平辞曰:"此非臣之功也。"上曰:"吾用先生谋计,战胜剋敌。非功而何?"平曰:"非魏无知,臣安得进?"上曰:"若子可谓不背本矣。"乃复赏魏无知。《陈丞相世家》。

楚元王刘交者,高祖之同母少弟也。字游。高祖兄弟四人。长兄伯。伯蚤卒。始高祖微时,尝辟事,时时与宾客过巨嫂食。嫂厌叔。叔与客来。嫂详为羹尽,栎釜。宾客以故去。已而视釜中,尚有羹。高祖由此怨嫂。及高祖为帝,封昆弟。而伯子独不得封。太上皇以为言。高祖曰:"某非忘封之也。为其母不长者耳。"于是乃封其子信为羹颉侯。而王次兄仲于代。王高祖六年,已禽楚王韩信于陈。乃以弟交为楚王,都彭城。即位二十三年卒,子夷王郢立。《楚元王世家》。注3

悼惠齐悼惠王刘肥者,高祖长庶男也。其母外妇也,曰曹氏。高祖六年,立肥为齐王,食七十城,诸民能齐言者皆予齐王。《齐悼惠王世家》。

汉六年春,会诸侯于陈。废楚王信囚之,分其地为二国。当是时也,高祖子幼,昆弟少,又不贤。欲王同姓以镇天下。乃诏曰:"将军刘贾有功。及择子弟可以为王者。"群臣皆曰:"立刘贾为荆王。"王淮东五十二城。高祖弟交为楚王,王淮西三十六城。因立子肥为齐王。始王昆弟刘氏也。《荆燕世家》。

高帝以长子肥为齐王。而以参为齐相国。以高祖六年,赐爵列侯,与诸侯剖符,世世勿绝,食邑平阳万六百三十户。号曰平阳侯。除前所食邑。《曹相国世家》。

(樊哙)楚王韩信反。哙从至陈,取信定楚。更赐爵列侯,与诸侯剖符,世世勿绝。食舞阳。号为舞阳侯。除前所食。 (夏侯婴)明年,从至陈,取楚王信。更食汝阴,剖符世世勿绝。 (灌婴)明年,从至陈,取楚王信。还剖符,世世勿绝。食颍阴二千五百户,号曰颍阴侯。《樊郦滕灌列传》。

(靳歙)从至陈,取楚王信。剖符世世勿绝。定食四千六百户,号信武侯。《傅靳蒯成列传》。

汉五年,既杀项羽定天下,论功行封。群臣争功,岁余功不决。高祖以萧何功最盛,封为酂侯。所食邑多。功臣皆曰:"臣等身被坚执锐,多者百余战,少者数十合,攻城略地,大小各有差。今萧何未尝有汗马之劳,徒持文墨议论不战。顾反居臣等上。何也?"高帝曰:"诸君知猎乎?"曰:"知之。""知猎狗乎?"曰:"知之。"高帝曰:"夫猎追杀兽兔者狗也。而发踪指示兽处者人也。今诸君徒能得走兽耳。功狗也。至如萧何,发踪指示。功人也。且诸君独以身随我。多者两三人。今萧何举宗数十人皆随我。功不可忘也。"群臣皆莫敢言。列侯毕已受封。及奏位次,皆曰:"平阳侯曹参,身被七十创,攻城略地,功最多,宜第一。"上已桡功臣,多封萧何。至位次,未有以复难之。然心欲何第一。关内侯鄂君进曰:"群臣议皆误。夫曹参虽有野战略地之功,此特一时之事。夫上与楚相距五岁,常失军亡众,逃身遁者数矣。然萧何常从关中遣军补其处,非上所诏令召,而数万众会上之乏绝者数矣。夫汉与楚相守荥阳数年。军无见粮。萧何转漕关中,给食不乏。陛下虽数亡山东,萧何常全关中以待陛下。此万世之功也。今虽亡曹参等百数,何缺于汉?汉得之,不必待以全。奈何欲以一旦之功,而加万世之功哉?萧何第一,曹参次之。"高祖曰:"善。"于是乃令萧何赐带剑履上殿，入朝不趋。上曰："吾闻进贤受上赏。萧何功虽高，得鄂君乃益明。"于是因鄂君故所食关内侯邑，封为安平侯。是日悉封何父子兄弟十余人，皆有食邑。乃益封何二千户。以帝尝繇咸阳时，"何送我独赢奉钱二"也。《萧相国世家》。

汉六年正月，封功臣。良未尝有战斗功。高帝曰："运筹策帷帐中，决胜千里外，子房功也。自择齐三万户。"良曰："始臣起下邳，与上会留。此天以臣授陛下。陛下用臣计，幸而时中。臣愿封留足矣。不敢当三万户。"乃封张良为留侯，与萧何等俱封。六年，上已封大功臣二十余人。其余日夜争功不决。未得行封。上在洛阳南宫。从复道望见诸将往往相与坐沙中语。上曰："此何语？"留侯曰："陛下不知乎？此谋反耳。"上曰："天下属安定。何故反乎？"留侯曰："陛下起布衣，以此属取天下。今陛下为天子，而所封，皆萧、曹故人所亲爱。而所诛者，皆生平所仇怨。今军吏计功，以天下不足遍封。此属畏陛下不能尽封，恐又见疑平生过失及诛，故即相聚谋反耳。"上乃忧曰："为之奈何？"留侯曰："上平生所憎，群臣所共知，谁最甚者？"上曰："雍齿与我故。数尝窘辱我。我欲杀之。为其功多，故不忍。"留侯曰："今急先封雍齿，以示群臣。群臣见雍齿封，则人人自坚矣。"于是上乃置酒，封雍齿为什方侯。而急趣丞相、御史定功行封。群臣罢酒，皆喜曰："雍齿尚为侯，我属无患矣。"《留侯世家》。

（张苍）以六年中。封为北平侯。食邑千二百户。迁为计相。一月，更以列侯为主计，四岁。　（周昌）常从击破项籍。以六年中，与萧曹等俱封。封周昌为汾阴侯。周苛子周成，以父死事，封为高景侯。《张丞相列传》。

汉七年

七年，匈奴攻韩王信马邑①。信因与谋反太原②。白土曼丘臣、王黄立故赵将赵利为王，以反③。高祖自往击之。会天寒，士卒堕指者什二三。遂至平城。匈奴围我平城七日，而后罢去④。令樊哙止定代地。立兄刘仲为代王⑤。

① 正义《搜神记》云："昔秦人筑城于武周塞以备胡，城将成而崩者数矣。有马驰走，周旋反覆，父老异之，因依以筑城，乃不崩，遂名马邑。"《括地志》云："朔州城，汉雁门，即马邑县城也。攻韩信于马邑，即此城。"考证山西朔平府马邑县。新注马邑，即今山西朔县。

② 考证张文虎曰：王柯毛凌本，与下有同字。南宋中统游本，无。梁玉绳曰：韩王之反，此在七年，表在五年。当依信本传，作六年。《汉书》纪、表亦云六年九月。新注韩王信之反，更多的是力不敌匈奴使然，并非真反。

③ 集解徐广曰：在上郡。正义《汉书》云：韩王信之将曼丘臣、王黄，共立故赵后赵利为王。按故赵，六国时赵也。考证白土，陕西榆林府神木县。颜师古曰：姓曼丘，名臣也。梁玉绳曰：信本传云：赵苗裔。《汉书高纪》云：赵后。则将乃后字之讹。

④ 正义《括地志》云："朔州定襄县，本汉平城县。县东北三十里，有白登山，山上有台，名曰白登台。《汉书·匈奴传》云：冒顿围高帝于白登七日，即此也。服虔云：白登，台名，去平城七里。李穆叔《赵记》云：平城东七里有土山，高百余尺，方十余里。亦谓此也。"考证秘阁本，天作大。平城，山西大同府大同县。新注高祖被围平城事，非高祖不敌匈奴，实为轻敌冒进的后果。因此前已大破匈奴，故率先锋部队突出大队之外。

⑤ 考证《汉书高纪》云：六年正月，以云中、雁门、代郡五十三县，立兄宜信侯喜为代王。梁玉绳曰：刘喜之王，在六年正月，与封荆、楚、齐三王同时。此误书于七年二月前也。《吴濞传》同误。新注樊哙止定代地事，或即汉五年定臧荼事。汉五年为误植。

高帝纪　秋九月，匈奴围韩王信于马邑，信降匈奴。

七年冬十月，上自将击韩王信于铜鞮，斩其将。信亡走匈奴，其将曼丘臣、王黄共立故赵后赵利为王，收信散兵，与匈奴共距汉。上从晋阳连战，乘胜逐北，至楼烦，会大寒，士卒堕指者什二三。遂至平城，为匈奴所围，七日，用陈平秘计得出。使樊哙留定代地。

相关史料　秦始皇之时，十五年彗星四见。久者八十日，长或竟天。其后秦遂以兵灭六王，并中国，外攘四夷，死人如乱麻。因以张楚并起，三十年之间，兵相骀藉，不可胜数。自蚩尤以来，未尝若斯也。西项羽救钜鹿，枉矢西流。山东遂合从，诸侯西阬秦人，诛屠咸阳。汉之兴，五星聚于东井。平城之围，月晕参、毕七重。《天官书》。

五年春，遂与剖符为韩王，王颍川。明年春，上以韩信材武，所王北近巩、洛，南迫宛、叶，东有淮阳，皆天下劲兵处。乃诏徙韩王信王太原，以北备御胡。都晋阳。信上书曰："国被边，匈奴数入晋阳。去塞远，请治马邑。"上许之。信乃徙治马邑。秋，匈奴冒顿大围信。信数使使胡求和解。汉发兵救之。疑信数间使，有二心，使人责让信。信恐诛，因与匈奴约，共攻汉，反以马邑降胡，击太原。七年冬，上自往击破信军铜鞮，斩其将王喜。信亡走匈奴，与其将白土人曼丘臣、王黄等，立赵苗裔赵利为王。复收信败散兵，而与信及冒顿谋攻汉。匈奴使左右贤王将万余骑，与王黄等屯广武，以南至晋阳，与汉兵战。汉大破之，追至于离石，复破之。匈奴复聚兵楼烦西北。汉令车骑击破匈奴。匈奴常败走。汉乘胜追北，闻冒顿居代上谷。高皇帝居晋阳。使人视冒顿。还报曰"可击"。上遂至平城。上出白登。匈奴骑围上。上乃使人厚遗阏氏。阏氏说冒顿曰："今得汉地，犹不能居。且两主不相厄。"居七日，胡骑稍引去。时天大雾，汉使人往来。胡不觉。护军中尉陈平言上曰："胡者全兵。请令彊弩傅两矢外向。徐行出围。入平城。"汉救兵亦到。胡骑遂解去。汉亦罢兵归。韩信为匈奴将兵往来击边。《韩信卢绾列传》。

其明年，以护军中尉，从攻反者韩王信于代。卒至平城，为匈奴所围。七日不得食。高帝用陈平奇计，使单于阏氏。围以得开。高帝既出。其计秘，世莫得闻。高帝南过曲逆，上其城，望见其屋室甚大。曰："壮哉县！吾行天下，独见洛阳与是耳。"顾问御史曰:"曲逆户口几何?"对曰:"始秦时三万余户。间者兵数起,多亡匿,今见五千户。"于是乃诏御史,更以陈平为曲逆侯,尽食之,除前所食户牖。《陈丞相世家》。

(樊哙)以将军从高祖,攻反韩王信于代,自霍人以往,至云中。与绛侯等共定之,益食千五百户。 (郦商)以右丞相别定上谷,因攻代,受赵相国印。以右丞相赵相国,别与绛侯等定代雁门,得代丞相程纵、守相郭同、将军已下至六百石十九人。还以将军为太上皇卫一岁七月。 (夏侯婴)以太仆从击代,至武泉、云中。益食千户。因从击韩信军胡骑晋阳旁,大破之。追北至平城,为胡所围七日,不得通。高帝使使厚遗阏氏。冒顿开围一角。高帝出欲驰。婴固徐行,弩皆持满外向。卒得脱。益食婴细阳千户。复以太仆从,击胡骑句注北,大破之。以太仆击胡骑平城南,三陷陈,功为多。赐所夺邑五百户。(灌婴)以车骑将军从击反韩王信于代,至马邑。受诏别降楼烦以北六县,斩代左相,破胡骑于武泉北。复从击韩信胡骑晋阳下。所将卒斩胡白题将一人。受诏并将燕、赵、齐、梁、楚车骑,击破胡骑于硰石。至平城,为胡所围。从还军东垣。《樊郦滕灌列传》。

(靳歙)以骑都尉从击代,攻韩信平城下,还军东垣,有功。迁为车骑将军,并将梁、赵、齐、燕、楚车骑。《傅靳蒯成列传》。

汉七年,韩王信反。高帝自往击之。至晋阳。闻信与匈奴欲共击汉,上大怒,使人使匈奴。匈奴匿其壮士肥牛马,但见老弱及羸畜。使者十辈来。皆言匈奴可击。上使刘敬复往使匈奴。还报曰:"两国相击。此宜夸矜见所长。今臣往,徒见羸瘠老弱。此必欲见短,伏奇兵以争利。愚以为匈奴不可击也。"是时汉兵已逾句注,二十余万兵已业行。上怒骂刘敬曰:"齐虏以口舌得官。今乃妄言沮吾军。"械系敬广武。遂往至平城。匈奴果出奇兵,围高帝白登,七日。然后得解。高帝至广武,赦敬曰:"吾不用公言,以困平城。吾皆已斩前使十辈言可击者矣。"乃封敬二千户,为关内侯,号为建信侯。[注1]高帝罢平城归。韩王信亡入胡。当是时,冒顿为单于,兵彊,控弦三十万,数苦北边。上患之,问刘敬。刘敬曰:"天下初定,士卒罢于兵。未可以武服也。冒顿杀父代立,妻群母,以力为威。未可以仁义说也。独可以计久远子孙为臣耳。然恐陛下不能为。"上曰:"诚可,何为不能?顾为奈何?"刘敬对曰:"陛下诚能以適长公主妻之，厚奉遗之，彼知汉适女送厚，蛮夷必慕以为阏氏。生子必为太子，代单于。何者？贪汉重币。陛下以岁时汉所余、彼所鲜，数问遗，因使辩士风谕以礼节，冒顿在，固为子婿。死，则外孙为单于。岂尝闻外孙敢与大父抗礼者哉？兵可无战，以渐臣也。若陛下不能遣长公主，而令宗室及后宫诈称公主，彼亦知，不肯贵近。无益也。"高帝曰："善。"欲遣长公主。吕后日夜泣，曰："妾唯太子、一女，奈何弃之匈奴？"上竟不能遣长公主。而取家人子，名为长公主，妻单于，使刘敬往结和亲约。《刘敬叔孙通列传》。

头曼不胜秦，北徙十余年。而蒙恬死，诸侯畔秦，中国扰乱，诸秦所徙適戍边者皆复去。于是匈奴得宽，复稍度河南与中国界于故塞。 东胡初轻冒顿，不为备。及冒顿以兵至，击大破，灭东胡王，而虏其民人及畜产。既归，西击走月氏，南并楼烦、白羊河南王。悉复收秦所使蒙恬所夺匈奴地者，与汉关故河南塞，至朝那、肤施，遂侵燕、代。是时汉兵与项羽相距，中国罢于兵革。以故冒顿得自彊，控弦之士三十余万。自淳维以至头曼千有余岁，时大时小，别散分离，尚矣。其世传不可得而次云。然至冒顿，而匈奴最彊大，尽服从北夷，而南与中国为敌国。其世传国官号乃可得而记云。 是时汉初定中国，徙韩王信于代，都马邑。匈奴大攻围马邑，韩王信降匈奴。匈奴得信，因引兵，南逾句注，攻太原，至晋阳下。高帝自将兵往击之。会冬大寒，雨雪，卒之堕指者，十二三。于是冒顿详败走诱汉兵。汉兵逐击冒顿。冒顿匿其精兵，见其羸弱。于是汉悉兵，多步兵，三十二万，北逐之。高帝先至平城。步兵未尽到。冒顿纵精兵四十万骑，围高帝于白登七日。汉兵中外不得相救饷。[注2] 匈奴骑，其西方尽白马，东方尽青駹马，北方尽乌骊马，南方尽骍马。高帝乃使使间厚遗阏氏。阏氏乃谓冒顿曰："两主不相困。今得汉地，而单于终非能居之也。且汉王亦有神。单于察之。"冒顿与韩王信之将王黄、赵利期。而黄、利兵又不来。疑其与汉有谋，亦取阏氏之言，乃解围之一角。于是高帝令士皆持满傅矢外乡，从解角直出，竟与大军合。而冒顿遂引兵而去。汉亦引兵而罢，使刘敬结和亲之约。是后韩王信为匈奴将，及赵利、王黄等，数倍约，侵盗代、云中。《匈奴列传》。

二月，高祖自平城过赵、雒阳至长安①。长乐宫成。丞相已下徙治长安②。

① 考证 刘辰翁曰：洛阳二字衍。 新注 过赵会赵王，可经雒阳回长安。洛阳二字或非衍。

② 索隐 按，《汉仪注》，高祖六年，更名咸阳曰长安。《三辅旧事》，扶风渭城，本咸阳地，高帝为新城，七年属长安也。

高帝纪　十二月，上还过赵，不礼赵王。是月，匈奴攻代，代王喜弃国，自归雒阳，赦为合阳侯。辛卯，立子如意为代王。春，令郎中有罪耐以上，请之。民产子，复勿事二岁。

相关史料　汉七年，高祖从平城过赵。赵王朝夕袒韝蔽，自上食，礼甚卑。有子婿礼。高祖箕踞詈，甚慢易之。赵相贯高、赵午等年六十余。故张耳客也。生平为气。乃怒曰："吾王孱王也！"说王曰："夫天下豪桀并起，能者先立。今王事高祖甚恭。而高祖无礼。请为王杀之。"张敖齧其指出血曰："君何言之误？且先人亡国，赖高祖得复国，德流子孙。秋毫皆高祖力也。愿君无复出口。"贯高、赵午等十余人，皆相谓曰："乃吾等非也。吾王长者，不倍德。且吾等义不辱。今怨高祖辱我王。故欲杀之。何乃汙王为乎？令事成，归王。事败，独身坐耳。"《张耳陈馀列传》。

叔孙通者，薛人也。秦时以文学徵，待诏博士数岁。陈胜起山东。使者以闻。二世召博士诸儒生问曰："楚戍卒攻蕲入陈。于公如何？"博士诸生三十余人前曰："人臣无将。将即反。罪死无赦。愿陛下急发兵击之。"二世怒作色。叔孙通前曰："诸生言皆非也。夫天下合为一家，毁郡县城，铄其兵，示天下不复用。且明主在其上，法令具于下，使人人奉职，四方辐辏。安敢有反者。此特群盗鼠窃狗盗耳。何足置之齿牙间？郡守尉，今捕论。何足忧？"二世喜曰："善。"尽问诸生。诸生或言反，或言盗。于是二世令御史案诸生言反者下吏。非所宜言。诸言盗者，皆罢之。乃赐叔孙通帛二十四、衣一袭，拜为博士。叔孙通已出宫反舍。诸生曰："先生何言之谀也？"通曰："公不知也。我几不脱于虎口。"乃亡去之薛。薛已降楚矣。及项梁之薛，叔孙通从之。败于定陶。从怀王。怀王为义帝徙长沙。叔孙通留事项王。汉二年，汉王从五诸侯入彭城。叔孙通降汉王。汉王败而西。因竟从汉。叔孙通儒服。汉王憎之。乃变其服,服短衣。楚制。汉王喜。叔孙通之降汉,从儒生弟子百馀人。然通无所言进,专言诸故群盗壮士进之。弟子皆窃骂曰:"事先生数岁,幸得从降汉。今不能进臣等,专言大猾,何也?"叔孙通闻之,乃谓曰:"汉王方蒙矢石争天下。诸生宁能斗乎?故先言斩将搴旗之士。诸生且待我,我不忘矣。"汉王拜叔孙通为博士,号稷嗣君。汉五年,已并天下,诸侯共尊汉王为皇帝于定陶。叔孙通就其仪号。高帝悉去秦苛仪,法为简易。群臣饮酒争功,醉或妄呼,拔剑击柱。高帝患之。叔孙通知上益厌之也。说上曰:"夫儒者难与进取,可与守成。臣原徵鲁诸生,与臣弟子共起朝仪。"高帝曰:"得无难乎?"叔孙通曰:"五帝异乐,三王不同礼。礼者,因时世人情为之节文者也。故夏、殷、周之礼,所因损益可知者,谓不相复也。臣原颇采古礼,与秦仪杂就之。"上曰:"可试为之,令易知,度吾所能行为之。"于是叔孙通使徵鲁诸生三十余人。鲁有两生不肯行,曰:"公所事者且十主。皆面谀以得亲贵。今天下初定,死者未葬,伤者未起。又欲起礼乐。礼乐所由起,积德百年而后可兴也。吾不忍为公所为。公所为不合古。吾不行。公往矣。无汙我。"叔孙通笑曰:"若真鄙儒也。不知时变。"遂与所徵三十人西,及上左右为学者,与其弟子百余人,为绵蕞野外。习之月余。叔孙通曰:"上可试观。"上既观,使行礼曰:"吾能为此。"乃令群臣习肄,会十月。汉七年,长乐宫成,诸侯群臣皆朝。十月仪:先平明,谒者治礼,引以次入殿门。廷中,陈车骑,步、卒卫官,设兵张旗志。传言"趋"。殿下,郎中侠陛。陛数百人。功臣列侯,诸将军军吏,以次陈西方东乡;文官丞相以下,陈东方西乡。大行设九宾胪传。于是皇帝辇出房。百官执职传警,引诸侯王以下至吏六百石,以次奉贺。自诸侯王以下,莫不振恐肃敬。至礼毕,复置法酒。诸侍坐殿上,皆伏抑首,以尊卑次起,上寿。觞九行,谒者言"罢酒"。御史执法,举不如仪者,辄引去。竟朝置酒,无敢讙譁失礼者。于是高帝曰:"吾乃今日知为皇帝之贵也。"乃拜叔孙通为太常,赐金五百斤。叔孙通因进曰:"诸弟子儒生,随臣久矣。与臣共为仪。原陛下官之。"高帝悉以为郎。叔孙通出,皆以五百斤金赐诸生。诸生乃皆喜曰:"叔孙生诚圣人也。知当世之要务。"《刘敬叔孙通列传》。

汉八年

八年，高祖东击韩王信余反寇于东垣①。

① 集解《地理志》：东垣，高帝更名曰真定。考证 直隶正定府正定县。

相关史料 以将军从高帝，击反韩王信于代，降下霍人。以前至武泉，击胡骑破之武泉北。转攻韩信军铜鞮破之。还降太原六城。击韩信军胡骑晋阳下破之。下晋阳。后击韩信军于硰石破之。追北八十里，还攻楼烦三城，因击胡骑平城下。所将卒当驰道为多。勃迁为太尉。《绛侯周勃世家》。

萧丞相营作未央宫①。立东阙北阙②。前殿武库太仓。高祖还见宫阙壮，甚怒③。谓萧何曰："天下匈匈，苦战数岁，成败未可知。是何治宫室过度也？"萧何曰："天下方未定。故可因遂就宫室。且夫天子四海为家。非壮丽无以重威。且无令后世有以加也。"高祖乃说④。

① 正义《括地志》云："未央宫，在雍州长安县西北十里长安故城中。"颜师古云："未央殿虽南向，而当上书奏事谒见之徒，皆诣北阙，公车司马亦在北焉。是则以北阙为正门，而又有东门、东阙，至于西南两面，无门阙矣。萧何初立未央宫以厌胜之术，理宜然乎？"按，北阙为正者，盖象秦作前殿，渡渭水属之咸阳，以象天极阁道绝汉抵营室。

② 集解《关中记》曰：东有苍龙阙，北有玄武阙，玄武所谓北阙。索隐 东阙名苍龙，北阙名玄武，无西南二阙者，盖萧何以厌胜之法故不立也。《说文》云："阙，门观也。高三十丈。"秦家旧处皆在渭北，而立东阙北阙，盖取其便也。

③ 考证 秘阁本,壮下有丽字。

④ 考证 梁玉绳曰:《汉高纪》此事在七年二月,《史》作八年,非。中井积德曰:未央宫盖非壮丽太过也。鄫侯酌时宜,略得其当然耳。但泗水亭长特起为天子,未习富贵,视以为过壮也。

高帝纪　二月,至长安。萧何治未央宫,立东阙、北阙、前殿、武库、大仓。上见其壮丽,甚怒,谓何曰:"天下匈匈,劳苦数岁,成败未可知,是何治宫室过度也?"何曰:"天下方未定,故可因以就宫室。且夫天子以四海为家,非令壮丽亡以重威,且亡令后世有以加也。"上说。自栎阳徙都长安。置宗正官以序九族。夏四月,行如雒阳。

高祖之东垣过柏人①。赵相贯高等,谋弑高祖。高祖心动,因不留②。代王刘仲,弃国亡自归雒阳。废以为合阳侯③。

① 正义 《括地志》云:柏人故城,在邢州柏人县西北十二里。汉柏人属赵国。考证 直隶顺德府唐山县。

② 考证 秘阁本,弑作杀。

③ 正义 《括地志》云:郃阳故城,在同州河西县三里。魏文侯十七年,攻秦至郑而还筑,在郃水之阳也。考证 梁玉绳曰:代王弃国归汉,此纪及《功臣表》《将相表》,在八年九月,《诸侯王表》在九年,皆误。当依《汉书高纪》作七年十二月。而合阳应作郃阳,省作合字。此纪及《功臣表》,与《汉书高纪》《王子表》《吴濞传》,并作合阳;《将相表》《吴濞传》《汉书惠纪》,并作郃阳。《水经注》四,亦作郃阳,所谓刘仲城也。《地理志》,郃阳属在冯翊,合阳属平原郡。新注 今陕西合阳。

高帝纪　八年冬,上东击韩信余寇于东垣。还过赵,赵相贯高等耻上不礼其王,阴谋欲弑上。上欲宿,心动,问"县名何?"曰:"柏人。"上曰:"柏人者,迫于人也。"去弗宿。

十一月,令士卒从军死者,为槥归其县,县给衣衾棺葬具,祠以少牢,长吏视葬。十二月,行自东垣至。

春三月,行如雒阳。令吏卒从军至平城及守城邑者皆复终身勿事。爵非公乘以上毋得冠刘氏冠。贾人毋得衣锦、绣、绮、縠、絺、纻、罽,操兵,乘骑马。

秋八月,吏有罪未发觉者,赦之。

九月,行自雒阳至。淮南王、梁王、赵王、楚王皆从。

相关史料 汉八年,上从东垣还过赵。贯高等乃壁人柏人,要之置厕。上过欲宿。心动。问曰:"县名为何?"曰:"柏人。""柏人者,迫于人也。"不宿而去。《张耳陈馀列传》。

汉九年

九年,赵相贯高等事发觉。夷三族①。废赵王敖为宣平侯。是岁徙贵族楚昭、屈、景、怀,齐田氏关中②。

① 考证 张晏曰:父母兄弟妻子也。如淳曰:父族母族妻族也。何焯曰:按《刑法志》《孝文诏》,明指父母妻子及同产为三族。则张说为是。洪亮吉曰:案《张耳传》,贯高曰:今吾三族皆论死。盖当时高坐此罪高祖赦之,明未尝夷三族也。此语失实。

② 考证 姚范曰:徙楚齐贵族,从娄敬策。

未央宫成①。高祖大朝诸侯群臣,置酒未央前殿。高祖奉玉卮②,起为太上皇寿曰:"始大人常以臣无赖③,不能治产业,不如仲力。今某之业所就,孰与仲多?"殿上群臣,皆呼万岁,大笑为乐。

① 考证 梁玉绳曰:未央宫与长乐宫,皆以七年二月成。《汉书高纪》及《三辅黄图》可证。是年特以诸侯王来朝,十月置酒未央宫也。此与《将相表》同误在九年。

② 集解 应劭曰:乡饮酒礼器也,受四升。

③ 集解 晋灼曰:"许慎曰:'赖,利也。'无利入于家也。或曰,江淮之间,谓小儿多狡猾为'无赖'。" 考证 应劭曰:赖者,恃也。周寿昌曰:亡赖,无所恃以资生。如今游手白徒也。《张释之传》尉亡赖,张晏注:材无可恃也。应说是。

高帝纪 九年冬十月,淮南王、梁王、赵王、楚王朝未央宫。置酒前殿,上奉玉卮为太上皇寿,曰:"始大人常以臣亡赖,不能治产业,不如仲力。今某之业所就孰与仲多?"殿上群臣皆称万岁,大笑为乐。

十一月,徙齐、楚大族昭氏、屈氏、景氏、怀氏、田氏五姓关中,与利田宅。

十二月,行如雒阳。

贯高等谋逆发觉,逮捕高等,并捕赵王敖下狱。诏敢有随王,罪三族。郎中田叔、孟舒等十人自髡钳为王家奴,从王就狱。王实不知其谋。

春正月,废赵王敖为宣平侯。徙代王如意为赵王,王赵国。丙寅,前有罪殊死以下皆赦之。

二月,行自雒阳至。贤赵臣田叔、孟舒等十人,召见与语,汉廷臣无能出其右者。上说,尽拜为郡守、诸侯相。

夏六月乙未晦,日有食之。

相关史料 刘敬从匈奴来。因言:"匈奴河南白羊、楼烦王,去长安近者七百里。轻骑一日一夜,可以至秦中。秦中新破,少民,地肥饶,可益实。夫诸侯初起时,非齐诸田,楚昭、屈、景,莫能兴。今陛下虽都关中,实少人。北近胡寇,东有六国之族宗彊。一日有变,陛下亦未得高枕而卧也。臣愿陛下徙齐诸田，楚昭、屈、景、燕、赵、韩、魏后，及豪桀名家居关中，无事，可以备胡；诸侯有变，亦足率以东伐。此彊本弱末之术也。"上曰："善。"乃使刘敬徙所言关中十余万口。　汉九年，高帝徙叔孙通为太子太傅。《刘敬叔孙通列传》。

汉九年，贯高怨家知其谋，乃上变告之。于是上皆并逮捕赵王、贯高等。十余人皆争自刭。贯高独怒，骂曰："谁令公为之？今王实无谋。而并捕王。公等皆死，谁白王不反者？"乃轞车胶致，与王诣长安，治张敖之罪。上乃诏：赵群臣宾客，有敢从王，皆族。贯高与客孟舒等十余人，皆自髡钳，为王家奴，从来。贯高至，对狱曰："独吾属为之。王实不知。"吏治榜笞数千刺剟，身无可击者。终不复言。吕后数言，张王以鲁元公主故，不宜有此。上怒曰："使张敖据天下，岂少而女乎？"不听。廷尉以贯高事辞闻。上曰："壮士。谁知者？以私问之。"中大夫泄公曰："臣之邑子。素知之。此固赵国立名义，不侵，为然诺者也。"上使泄公持节问之。箯舆前。仰视曰："泄公邪？"泄公劳苦如生平驩。与语，问张王果有计谋不。高曰："人情宁不各爱其父母妻子乎？今吾三族，皆以论死。岂以王易吾亲哉？顾为王实不反，独吾等为之。"具道本指所以为者。王不知状。于是泄公入具以报。上乃赦赵王。上贤贯高为人能立然诺，使泄公具告之曰："张王已出。"因赦贯高。贯高喜曰："吾王审出乎？"泄公曰："然。"泄公曰："上多足下，故赦足下。"贯高曰："所以不死，一身无余者，白张王不反也。今王已出。吾责已塞。死不恨矣。且人臣有篡杀之名，何面目复事上哉？纵上不杀我，我不愧于心乎？"乃仰绝肮。遂死。当此之时，名闻天下。张敖已出。以尚鲁元公主故，封为宣平侯。于是上贤张王诸客，以钳奴从张王入关，无不为诸侯相郡守者。及孝惠、高后、文帝、孝景时，张王客子孙，皆得为二千石。《张耳陈馀列传》。

田叔者，赵陉城人也。其先，齐田氏苗裔也。叔喜剑，学黄老术于乐巨公所。叔为人刻廉自喜，喜游诸公。赵人举之赵相赵午，午言之赵王张敖所。赵王以为郎中。数岁，切直廉平。赵王贤之，未及迁。会陈豨反代，汉七年，高祖往诛之。过赵。赵王张敖自持案进食，礼恭甚。高祖箕踞骂之。是时赵相赵午等数十人，皆怒。谓张王曰："王事上，礼备矣。今遇王如是。臣等请为乱。"赵王齧指出血曰："先人失国。微陛下，臣等当虫出。公等奈何言若是？毋复出口矣。"于是贯高等曰："王长者，不倍德。"卒私相与谋弑上。会事发觉。汉下诏，捕赵王及群臣反者。于是赵午等皆自杀，唯贯高就系。是时汉下诏书：

· 194 ·

"赵有敢随王者,罪三族。"唯孟舒、田叔等十余人,赭衣自髡钳,称王家奴随,赵王敖至长安。贯高事明白,赵王敖得出,废为宣平侯。乃进言田叔等十余人。上尽召见,与语。汉廷臣毋能出其右者。上说,尽拜为郡守、诸侯相。《田叔列传》。

太史公曰:秦以前尚略矣,其详靡得而记焉。汉兴,吕娥姁为高祖正后,男为太子。及晚节色衰爱弛,而戚夫人有宠,及高祖崩,吕后夷戚氏,诛赵王,而高祖后宫唯独无宠疏远者得无恙。敖女吕后长女为宣平侯张敖妻,敖女为孝惠皇后。《外戚世家》。

汉十年

十年十月,淮南王黥布、梁王彭越、燕王卢绾、荆王刘贾、楚王刘交、齐王刘肥、长沙王吴芮,皆来朝长乐宫①。春夏无事。

① 正义《括地志》云:秦栎阳故宫,在雍州栎阳县北三十五里,秦献公所造。《三辅黄图》云:高祖都长安,未有宫室,居栎阳宫也。新注《黥布列传》是年无朝长安事。

高帝纪 十年冬十月,淮南王、燕王、荆王、梁王、楚王、齐王、长沙王来朝。

相关史料 (彭越)六年,朝陈。九年,十年,皆来朝长安。《魏豹彭越列传》。

七年,朝陈。八年,朝雒阳。九年,朝长安。《黥布列传》。

七月,太上皇崩栎阳宫。楚王、梁王,皆来送葬①。赦栎阳囚②。更命郦邑曰新丰③。

① 集解《汉书》云：葬万年。正义《括地志》云：汉太上皇陵，在雍州栎阳县北二十五里。《汉书》云：高帝十年，太上皇崩。葬万年县也。
② 考证《汉书》，囚下有死罪以下四字。
③ 正义郦邑，郦，音力知反。《括地志》云："新丰故城在雍州新丰县西南四里，汉新丰宫也。太上皇时凄怆不乐，高祖窃因左右问故，答以平生所好，皆屠贩少年，酤酒卖饼，斗鸡蹴鞠，以此为欢，今皆无此，故不乐。高祖乃作新丰，徙诸故人实之，太上皇乃悦。"按，前于郦邑筑城寺，徙其民实之，未改其名，太上皇崩后，命曰新丰。考证徐中行曰：《西京杂记》，以太上皇思故丰邑，因作新丰，并移旧社，衢巷栋宇，物色惟旧，士女老幼相携路首，各知其室。放牛马鸡鸭于通途，亦竞识其家。匠人胡宽所营也。又《水经注》，汉中洋川，戚夫人所生处。夫人思慕东乡，思慕洋川，帝为驿致长安。然则高祖惯作此伎俩矣。

高帝纪 夏五月，太上皇后崩。秋七月癸卯，太上皇崩，葬万年。赦栎阳囚死罪以下。

八月，令诸侯王皆立太上皇庙于国都。

八月，赵相国陈豨反代地①。上曰："豨尝为吾使，甚有信。代地，吾所急也。故封豨为列侯。以相国守代②。今乃与王黄等劫掠代地。代地吏民，非有罪也。其赦代吏民。"九月，上自东往击之，至邯郸③。上喜曰："豨不南据邯郸而阻漳水。吾知其无能为也。"④闻豨将皆故贾人也，上曰："吾知所以与之。"⑤乃多以金啗豨将。豨将多降者。

① 集解邓展曰：东海人名猪曰豨。考证豨，人名，何必解其义。梁玉绳

曰：豨反，在十年九月。此与《功臣表》作八月，《郦商传》作七月，《傅宽传》作四月，并误。本传及《汉书》可证。至《淮阴侯》及《卢绾传》，以为十一年反，尤误也。豨本传又误作七年。新注 豨本传实作十年九月。次月即汉十一年。

② 集解 徐广曰：豨攻定臧荼有功，封阳夏侯。考证 依文例，当作高祖。下同。

③ 考证 秘阁本，东作陈。凌稚隆曰：宋本作往东。直隶广平府邯郸县。

④ 考证 《陈豨传》，作南据漳水北守邯郸。《汉书高纪》，而作北。皆非是。南自代而言。宋祁曰：漳水不在北。

⑤ 考证 古钞本，闻作问，与《汉书》合。王念孙曰：与，犹敌也。《孙子传》"以君之下驷与彼之上驷"。《淮阴侯传》"吾生平知韩信为人，易与耳"，皆谓敌也。

高帝纪 九月，代相国陈豨反。上曰："豨尝为吾使，甚有信。代地吾所急，故封豨为列侯，以相国守代，今乃与王黄等劫掠代地。吏民非有罪也，能去豨、黄来归者，皆赦之。"上自东，至邯郸。上喜曰："豨不南据邯郸而阻漳水，吾知其亡能为矣。"赵相周昌奏常山二十五城亡其二十城，请诛守、尉。上曰："守、尉反乎？"对曰："不。"上曰："是力不足，亡罪。"上令周昌选赵壮士可令将者，白见四人。上嫚骂曰："竖子能为将乎？"四人惭，皆伏地。上封各千户，以为将。左右谏曰："从入蜀、汉，伐楚，赏未遍行，今封此，何功？"上曰："非汝所知。陈豨反，赵、代地皆豨有。吾以羽檄徵天下兵，未有至者，今计唯独邯郸中兵耳。吾何爱四千户，不以慰赵子弟？"皆曰："善。"又求："乐毅有后乎？"得其孙叔，封之乐乡，号华成君。问豨将，皆故贾人。上曰："吾知与之矣。"乃多以金购豨将，豨将多降。

相关史料 陈豨者，宛朐人也。不知始所以得从。及高祖七年冬，韩王信反，入匈奴。上至平城还。乃封豨为列侯，[注1] 以赵相国将，监代边兵。边兵皆属焉。豨常告归过赵。赵相周昌，见豨宾客随之者千余乘，邯郸官舍皆满。豨所以待宾客，如布衣交，皆出客下。豨还之代。周昌乃求入见。见上，具言豨宾客盛甚，擅兵于外数岁，恐有变。上乃令人覆案豨客居代者财物诸不法事。

多连引豨。豨恐,阴令客通使王黄、曼丘臣所。及高祖十年七月,太上皇崩。使人召豨。豨称病甚。九月,遂与王黄等反,自立为代王,劫略赵、代。上闻,乃赦赵、代吏人,为豨所诖误劫略者,皆赦之。上自往至邯郸。喜曰:"豨不南据漳水,北守邯郸。知其无能为也。"赵相奏斩常山守尉。曰:"常山二十五城。豨反,亡其二十城。"上问曰:"守尉反乎?"对曰:"不反。"上曰:"是力不足也。"赦之。"复以为常山守尉。上问周昌曰:"赵亦有壮士可令将者乎?"对曰:"有四人。"四人谒。上谩骂曰:"竖子能为将乎?"四人惭伏。上封之各千户,以为将。左右谏曰:"从入蜀、汉,伐楚,功未遍行,今此何功而封?"上曰:"非若所知。陈豨反,邯郸以北皆豨有。吾以羽檄徵天下兵,未有至者。今唯独邯郸中兵耳。吾胡爱四千户,不封四人,以慰赵子弟?"皆曰:"善。"于是上曰:"陈豨将谁?"曰:"王黄、曼丘臣。皆故贾人。"上曰:"吾知之矣。"乃各以千金购黄、臣等。《韩信卢绾列传》。

(樊哙)因击陈豨,与曼丘臣军战襄国。破柏人,先登,降定清河、常山凡二十七县,残东垣。迁为左丞相,破得綦毋卬、尹潘军于无终、广昌。破豨别将胡人王黄军于代南。因击韩信军于参合。军所将卒斩韩信。破豨胡骑横谷。斩将军赵既,虏代丞相冯梁、守孙奋、大将王黄、将军太卜、太仆解福等十人,与诸将共定代乡邑七十三。 (郦商)以右丞相击陈豨,残东垣。 (夏侯婴)以太仆击陈豨、黥布军,陷陈卻敌。益食千户,定食汝阴六千九百户,除前所食。 (灌婴)从击陈豨。受诏别攻豨丞相侯敞军曲逆下,破之。卒斩敞及特将五人。降曲逆、卢奴、上曲阳、安国、安平。攻下东垣。《樊郦滕灌列传》。

陈豨反时,(任)敖坚守,封为广阿侯,食千八百户。《张丞相列传》。

居无几何,陈豨反,又与韩信合谋击代。汉使樊哙往击之,复拔代、雁门、云中郡县,不出塞。是时匈奴以汉将众往降,故冒顿常往来侵盗代地。于是汉患之。高帝乃使刘敬奉宗室女公主为单于阏氏。岁奉匈奴絮缯酒米食物各有数,约为昆弟以和亲,冒顿乃少止。《匈奴列传》。

(傅宽)四月,击陈豨。属太尉勃,以相国代丞相哙击豨。一月,徙为代相国,将屯。二岁,为代丞相,将屯。孝惠五年卒。谥为景侯。 (靳歙)别击陈豨丞相敞,破之,因降曲逆。 (周緤)军乍利乍不利。终无离上心。以緤为信武侯,食邑三千三百户。高祖十二年,以緤为蒯成侯,除前所食邑。上欲自击陈豨。鄐成侯泣曰:"始秦攻破天下,未尝自行。今上常自行。是为无人可使者乎?"上以为"爱我",赐入殿门不趋,杀人不死。至孝文五年,缞以寿终。谥为贞侯。太史公曰:阳陵侯傅宽、信武侯靳歙皆高爵,从高祖起山东,攻项籍,诛杀名将,破军降城以十数,未尝困辱,此亦天授也。鄐成侯周缞,操心坚正,身不见疑。上欲有所之,未尝不垂涕。此有伤心者然。可谓笃厚君子矣。《傅靳鄐成列传》。

上欲废太子,立戚夫人子赵王如意。大臣多谏争,未能得坚决者也。吕后恐,不知所为。人或谓吕后曰:"留侯善画计筴,上信用之。"吕后乃使建成侯吕泽劫留侯曰:"君常为上谋臣。今上欲易太子。君安得高枕而卧乎?"留侯曰:"始上数在困急之中。幸用臣筴。今天下安定,以爱欲易太子。骨肉之间,虽臣等百余人何益。"吕泽彊要曰:"为我画计。"留侯曰:"此难以口舌争也。顾上有不能致者,天下有四人。四人者年老矣。皆以为上慢侮人,故逃匿山中,义不为汉臣。然上高此四人。今公诚能无爱金玉璧帛,令太子为书,卑辞安车,因使辩士固请,宜来。来以为客,时时从入朝,令上见之,则必异而问之。问之,上知此四人贤,则一助也。"于是吕后令吕泽使人奉太子书,卑辞厚礼,迎此四人。四人至,客建成侯所。注2《留侯世家》。

(周)昌为人彊力敢直言。自萧、曹等皆卑下之。昌尝燕时入奏事。高帝方拥戚姬。昌还走。高帝逐得,骑周昌项,问曰:"我何如主也?"昌仰曰:"陛下即桀、纣之主也。"于是上笑之。然尤惮周昌。及帝欲废太子,而立戚姬子如意为太子,大臣固争之,莫能得。上以留侯策即止。而周昌廷争之彊。上问其说。昌为人吃。又盛怒曰:"臣口不能言。然臣期期知其不可。陛下虽欲废太子,臣期期不奉诏。"上欣然而笑。既罢。吕后侧耳于其厢听。见周昌,为跪谢曰:"微君,太子几废。"是后戚姬子如意为赵王。年十岁。高祖忧即万岁之后不全也。赵尧年少。为符玺御史。赵人方与公,谓御史大夫周昌曰:"君之史赵尧。年虽少,然奇才也。君必异之。是且代君之位。"周昌笑曰;"尧年少。刀笔吏耳。何能至是乎?"居顷之,赵尧侍高祖。高祖独心不乐,悲歌。群臣不知上之所以然。赵尧进,请问曰:"陛下所为不乐,非为赵王年少,而戚夫人与吕后有卻邪?备万岁之后,而赵王不能自全乎?"高祖曰:"然。吾私忧之,不知所出。"尧曰:"陛下独宜为赵王置贵彊相,及吕后、太子、群臣素所敬惮,乃可。"高祖曰:"然。吾念之欲如是。而群臣谁可者?"尧曰:"御史大夫周昌,其人坚忍质直。且自吕后、太子及大臣，皆素敬惮之。独昌可。"高祖曰："善。"于是乃召周昌谓曰："吾欲固烦公。公彊为我相赵王。"周昌泣曰："臣初起从陛下。陛下独奈何中道而弃之于诸侯乎？"高祖曰："吾极知其左迁。然吾私忧赵王。念非公无可者。公不得已彊行。"于是徙御史大夫周昌为赵相。既行。久之高祖持御史大夫印弄之曰："谁可以为御史大夫者？"孰视赵尧曰："无以易尧。"遂拜赵尧为御史大夫。尧亦前有军功食邑。及以御史大夫从击陈豨有功。封为江邑侯。《张丞相列传》。

孝惠为人仁弱。高祖以为不类我。常欲废太子立戚姬子如意。如意类我。戚姬幸常从上之关东，日夜啼泣，欲立其子代太子。吕后年长，常留守，希见。上益疏。如意立为赵王。后几代太子者数矣。赖大臣争之，及留侯策，太子得毋废。吕后为人刚毅。佐高祖定天下，所诛大臣，多吕后力。吕后兄二人。皆为将。长兄周吕侯死事，注3封其子吕台为郦侯。子产为交侯。次兄吕释之为建成侯。《吕太后本纪》。

汉十一年

十一年，高祖在邯郸。诛豨等未毕。豨将侯敞将万余人游行①，王黄军曲逆②，张春渡河③，击聊城④。汉使将军郭蒙与齐将击，大破之。太尉周勃⑤道太原入⑥，定代地至马邑⑦。马邑不下。即攻残之⑧。

① 考证 王先谦曰：敞，豨丞相也。后为灌婴所斩，见《婴传》。

② 集解 文颖曰：今中山蒲阴是。考证 直隶保定府完县东南。

③ 正义 陈豨将也。又刘伯庄云："彼时聊城，在黄河之东，王莽时干，今浊河西北也。"今在博州西北。《深丘道里记》云："王莽元城人，居近河侧，祖父坟墓为水所冲，引河入深川，此王莽河因枯也。"

④ 集解 徐广曰:在平原。正义《括地志》云:故聊城,在博州聊城县西二十里。春秋时,齐之西界聊摄也。战国时亦为齐地。秦汉皆为东郡之聊城也。考证 山东东昌府聊城县。

⑤ 集解《汉书百官表》曰:"太尉秦官。"应劭曰:"自上安下曰尉,武官悉以为称。"

⑥ 集解 韦昭曰:道犹从。考证 山西太原府。

⑦ 考证 今山西朔平府马邑乡。

⑧ 考证 颜师古曰:残,谓多所杀戮也。

豨将赵利守东垣①。高祖攻之。不下月余。卒骂高祖。高祖怒。城降。令出骂者斩之。不骂者原之。于是乃分赵山北,立子恆以为代王②。都晋阳③。

春,淮阴侯韩信谋反关中。夷三族。

① 考证 直隶正定府正定县。

② 考证 梁玉绳曰:代王之立,在十一年正月。表作三月。是误在后。而此书于冬,又误在前也。钱大昕曰:《高帝纪》,于孝惠不书名。《文帝纪》,于景帝不书名。乃文帝名,再见于《高祖纪》,一见于《吕后纪》,此必后人所加。《景帝纪》,四年立皇子彻为胶东王。七年立胶东王为皇太子,名彻。亦后人所加。愚按,是皆史公失检处,未必后人加之。下文立子恢为梁王、子友淮阳王可证。

③ 集解 如淳曰:《文纪》言都中都。又文帝过太原,复晋阳、中都二岁,似迁都于中都也。考证 梁玉绳曰:《文帝纪》《诸侯王表》《陈豨传》,俱作中都,与此言晋阳不同。《文纪》又言幸太原,复晋阳中都三岁租。疑当时诏都晋阳,而实居中都。亦犹韩王信诏都晋阳,而请居马邑耳。故如淳注以为迁于中都也。

高帝纪 十一年冬，上在邯郸。豨将侯敞将万余人游行，王黄将骑千余军曲逆，张春将卒万余人度河攻聊城。汉将军郭蒙与齐将击，大破之。太尉周勃道太原入定代地，至马邑，马邑不下，攻残之。豨将赵利守东垣，高祖攻之不下。卒骂，上怒。城降，卒骂者斩之。诸县坚守不降反寇者，复租赋三岁。

春正月，淮阴侯韩信谋反长安，夷三族。将军柴武斩韩王信于参合。

上还雒阳。诏曰："代地居常山之北，与夷狄边，赵乃从山南有之，远，数有胡寇，难以为国。颇取山南太原之地益属代，代之云中以西为云中郡，则代受边寇益少矣。王、相国、通侯、吏二千石择可立为代王者。"燕王绾、相国何等三十三人皆曰："子恒贤知温良，请立以为代王，都晋阳。"大赦天下。

二月，诏曰："欲省赋甚。今献未有程，吏或多赋以为献，而诸侯王尤多，民疾之。令诸侯王、通侯常以十月朝献，即郡各以其口数率，人岁六十三钱，以给献费。"又曰："盖闻王者莫高于周文，伯者莫高于齐桓，皆待贤人而成名。今天下贤者智能，岂特古之人乎？患在人主不交故也，士奚由进？今吾以天之灵、贤士大夫定有天下，以为一家，欲其长久，世世奉宗庙亡绝也。贤人已与我共平之矣，而不与吾共安利之，可乎？贤士大夫有肯从我游者，吾能尊显之。布告天下，使明知朕意。御史大夫昌下相国，相国酂侯下诸侯王，御史中执法下郡守，其有意称明德者，必身劝，为之驾，遣诣相国府，署行、义、年。有而弗言，觉，免。年老癃病，勿遣。"

相关史料 汉十一年，陈豨反。高祖自将至邯郸。未罢。淮阴侯谋反关中。吕后用萧何计，诛淮阴侯。语在淮阴事中。上已闻淮阴侯诛，使使拜丞相何为相国，益封五千户，令卒五百人、一都尉为相国卫。[注1]诸君皆贺。召平独吊。召平者故秦东陵侯，秦破为布衣。贫。种瓜于长安城东。瓜美。故世俗谓之"东陵瓜"。从召平以为名也。召平谓相国曰："祸自此始矣。上暴露于外，而君守于中。非被矢石之事。而益君封置卫者，以今者淮阴侯新反于中，疑君心矣。夫置卫卫君，非以宠君也。愿君让封勿受，悉以家私财佐军，则上心说。"相国从其计。高帝乃大喜。《萧相国世家》。

以齐相国击陈豨将张春军破之。《曹相国世家》。

(汉光武帝)赐嚣书曰：昔柴将军云，陛下宽仁，诸侯虽有亡叛而后归，辄复位号，不忍诛也。《资治通鉴》卷四十二。

信知汉王畏恶其能，常称病不朝从。信由此日夜怨望，居常鞅鞅，羞与绛、灌等列。信尝过樊将军哙。哙跪拜送迎，言称臣。曰："大王乃肯临臣。"信出门笑曰："生乃与哙等为伍。"注2 上常从容与信言诸将能不。各有差。上问曰："如我能将几何？"信曰："陛下不过能将十万。"上曰："于君何如？"曰："臣多多而益善耳。"上笑曰："多多益善，何为为我禽？"信曰："陛下不能将兵，而善将将。此乃信之所以为陛下禽也。且陛下所谓天授，非人力也。"陈豨拜为钜鹿守，辞于淮阴侯。淮阴侯挈其手，辟左右，与之步于庭，仰天叹曰："子可与言乎？欲与子有言也。"豨曰："唯将军令之。"淮阴侯曰："公之所居，天下精兵处也。而公，陛下之信幸臣也。人言公之畔，陛下必不信。再至，陛下乃疑矣。三至，必怒而自将。吾为公从中起，天下可图也。"陈豨素知其能也。信之曰："谨奉教。"汉十年，陈豨果反。上自将而往。信病不从。阴使人至豨所曰："弟举兵。吾从此助公。"信乃谋，与家臣夜诈诏赦诸官徒奴，欲发以袭吕后、太子。部署已定，待豨报。其舍人得罪于信。信囚，欲杀之。舍人弟上变，告信欲反状于吕后。吕后欲召。恐其党不就，乃与萧相国谋，诈令人从上所来，言豨已得死。列侯群臣皆贺。相国绐信曰："虽疾彊入贺。"信入。吕后使武士缚信，斩之长乐钟室。信方斩曰："吾悔不用蒯通之计，乃为儿女子所诈。岂非天哉？"遂夷信三族。注3 高祖已从豨军来。至。见信死，且喜且怜之。问信死亦何言。吕后曰："信言恨不用蒯通计。"高祖曰："是齐辩士也。"乃诏齐捕蒯通。蒯通至。上曰："若教淮阴侯反乎？"对曰："然。臣固教之。竖子不用臣之策，故令自夷于此。如彼竖子用臣之计，陛下安得而夷之乎？"上怒曰："亨之！"通曰："嗟乎，冤哉，亨也！"上曰："若教韩信反。何冤？"对曰："秦之纲绝而维弛。山东大扰，异姓并起，英俊乌集。秦失其鹿，天下共逐之。于是高材疾足者先得焉。蹠之狗吠尧。尧非不仁。狗固吠非其主。当是时，臣唯独知韩信。非知陛下也。且天下锐精持锋，欲为陛下所为者甚众。顾力不能耳。又可尽亨之邪？"高帝曰："置之。"乃释通之罪。太史公曰：吾如淮阴。淮阴人为余言。韩信虽为布衣时，其志与众异。其母死。贫无以葬。然乃行营高敞地，令其旁可置万家。余视其母冢良然。假令韩信学道，谦让，不伐己功，不矜其能，则庶几哉，于汉家勋可比周、召、太公之徒，后世血食矣。不务出此，而天下已集，乃谋畔逆。夷灭宗族，不亦宜乎？注4《淮阴侯列传》。

汉十年，信令王黄等说误陈豨。十一年春，故韩王信复与胡骑入居参合，距汉。汉使柴将军击之。遗信书曰："陛下宽仁。诸侯虽有畔亡，而复归，辄复故位号，不诛也。大王所知。今王以败亡走胡。非有大罪。急自归。"韩王信报曰："陛下擢仆起间巷，南面称孤。此仆之幸也。荥阳之事，仆不能死，囚于项籍。此一罪也。及寇攻马邑，仆不能坚守，以城降之。此二罪也。今反为寇将兵，与将军争一旦之命。此三罪也。夫种、蠡无一罪，身死亡。今仆有三罪于陛下。而欲求活于世。此伍子胥所以偾于吴也。今仆亡匿山谷间，旦暮乞贷蛮夷。仆之思归，如痿人不忘起，盲者不忘视也。势不可耳。"遂战。柴将军屠参合，斩韩王信。信之入匈奴，与太子俱。及至颓当城，生子。因名曰颓当。韩太子亦生子。命曰婴。至孝文十四年，颓当及婴率其众降汉。汉封颓当为弓高侯，婴为襄城侯。吴楚军时，弓高侯功冠诸将。传子至孙。孙无子。失侯。婴孙以不敬失侯。颓当孽孙韩嫣贵幸。名富显于当世。其弟说，再封，数称将军。卒。为案道侯。子代，岁余坐法死。后岁余，说孙曾，拜为龙頟侯，续说后。《韩信卢绾列传》。

夏，梁王彭越谋反。废迁蜀。复欲反。遂夷三族。立子恢为梁王，子友为淮阳王①。

① 考证 梁玉绳曰：废越立恢，皆在三月，《汉纪》可据。此与黥布、卢绾传并作夏夷彭越，误也。《史》《汉》诸侯王表，书恢、友以十一年三月立。若越之谋反夷族在夏，安得三月已封恢友为王乎？至《史诸侯王表》，及《汉异姓表》，以越诛在十年，则更误矣。

高帝纪 三月，梁王彭越谋反，夷三族。诏曰："择可以为梁王、淮阳王者。"燕王绾、相国何等请立子恢为梁王，子友为淮阳王。罢东郡，颇益梁；罢颍川郡，颇益淮阳。

夏四月，行自雒阳至。令丰人徙关中者皆复终身。

五月，诏曰："粤人之俗，好相攻击，前时秦徙中县之民南方三郡，使与百粤杂处。会天下诛秦，南海尉它居南方长治之，甚有文理，中县人以故不耗减，粤人相攻击之俗益止,俱赖其力。今立它为南粤王。"使陆贾即授玺、绶。它稽首称臣。

六月,令士卒从入蜀、汉、关中者皆复终身。

相关史料 十年秋,陈豨反代地。高帝自往击,至邯郸,徵兵梁王。梁王称病,使将将兵诣邯郸。高帝怒,使人让梁王。梁王恐,欲自往谢。其将扈辄曰:"王始不往,见让而往。往则为禽矣。不如遂发兵反。"梁王不听称病。梁王怒其太仆,欲斩之。太仆亡走汉,告梁王与扈辄谋反。于是上使使掩梁王。梁王不觉。捕梁王囚之雒阳。有司治。反形已具。请论如法。上赦以为庶人,传处蜀青衣。西至郑。逢吕后从长安来。欲之雒阳,道见彭王。彭王为吕后泣涕,自言无罪。愿处故昌邑。吕后许诺,与俱东至雒阳。吕后白上曰:"彭王壮士。今徙之蜀,此自遗患。不如遂诛之。妾谨与俱来。"于是吕后乃令其舍人告彭越复谋反。廷尉王恬开奏请族之。上乃可。遂夷越宗族。国除。注5《魏豹彭越列传》。

栾布者,梁人也。始梁王彭越为家人时,尝与布游。穷困赁佣于齐,为酒人保。数岁,彭越去之巨野中为盗。而布为人所略卖,为奴于燕,为其家主报仇。燕将臧荼举以为都尉。臧荼后为燕王,以布为将。及臧荼反,汉击燕虏布。梁王彭越闻之,乃言上,请赎布以为梁大夫。使于齐未还。汉召彭越,责以谋反,夷三族。已而枭彭越头于雒阳。下诏曰:"有敢收视者辄捕之。"布从齐还,奏事彭越头下,祠而哭之。吏捕布以闻。上召布,骂曰:"若与彭越反邪?吾禁人勿收。若独祠而哭之。与越反明矣。趣亨之。"方提趣汤。布顾曰:"愿一言而死。"上曰:"何言?"布曰:"方上之困于彭城,败荥阳、成皋间,项王所以不能西,徒以彭王居梁地,与汉合从苦楚也。当是之时,彭王一顾,与楚则汉破,与汉而楚破。且垓下之会,微彭王,项氏不亡。天下已定,彭王剖符受封。亦欲传之万世。今陛下一徵兵于梁,彭王病不行。而陛下疑以为反。反形未见,以苛小案诛灭之,臣恐功臣人人自危也。今彭王已死。臣生不如死。请就亨。"于是上乃释布罪,拜为都尉。《季布栾布列传》。注6

陆贾者,楚人也。以客从高祖定天下。名为有口辩士,居左右,常使诸侯。及高祖时,中国初定。尉他平南越,因王之。高祖使陆贾赐尉他印,为南越王。陆生至。尉他魋结箕倨见陆生。陆生因进说他曰:"足下中国人,亲戚昆弟,坟墓在真定。今足下反天性弃冠带，欲以区区之越，与天子抗衡，为敌国。祸且及身矣。且夫秦失其政，诸侯豪桀并起。唯汉王先入关据咸阳。项羽倍约，自立为西楚霸王，诸侯皆属，可谓至彊。然汉王起巴、蜀，鞭笞天下，劫略诸侯，遂诛项羽灭之，五年之间，海内平定。此非人力，天之所建也。天子闻君王王南越，不助天下诛暴逆，将相欲移兵而诛王。天子怜百姓新劳苦，故且休之，遣臣授君王印，剖符通使。君王宜郊迎，北面称臣。乃欲以新造未集之越，屈彊于此。汉诚闻之，掘烧王先人冢，夷灭宗族，使一偏将将十万众临越，则越杀王降汉，如反覆手耳。"于是尉他乃蹶然起坐，谢陆生曰："居蛮夷中久，殊失礼义。"因问陆生曰："我孰与萧何、曹参、韩信贤？"陆生曰："王似贤。"复曰："我孰与皇帝贤？"陆生曰："皇帝起丰沛，讨暴秦，诛彊楚，为天下兴利除害，继五帝三皇之业，统理中国。中国之人以亿计，地方万里，居天下之膏腴，人众车舆，万物殷富，政由一家。自天地剖泮，未始有也。今王众不过数十万，皆蛮夷，崎岖山海间。譬若汉一郡。王何乃比于汉？"尉他大笑曰："吾不起中国，故王此。使我居中国，何渠不若汉？"乃大说陆生，留与饮数月。曰："越中无足与语。至生来，令我日闻所不闻。"赐陆生橐中装直千金。他送亦千金。陆生卒拜他为南越王，令称臣奉汉约。归报。高祖大悦，拜贾为太中大夫。陆生时时前说称《诗》《书》。高帝骂之曰："乃公居马上而得之。安事《诗》《书》？"陆生曰："居马上得之。宁可以马上治之乎？且汤、武逆取而以顺守之。文武并用，长久之术也。昔者吴王夫差、智伯，极武而亡，秦任刑法不变，卒灭赵氏。乡使秦已并天下，行仁义法先圣，陛下安得而有之？"高帝不怿，而有惭色。乃谓陆生曰："试为我著秦所以失天下，吾所以得之者何，及古成败之国。"陆生乃粗述存亡之徵，凡著十二篇。每奏一篇，高帝未尝不称善。左右呼万岁。号其书曰"新语"。《郦生陆贾列传》。

南越王尉佗者，真定人也。姓赵氏。秦时已并天下，略定扬越，置桂林、南海、象郡，以谪徙民，与越杂处十三岁。佗，秦时用为南海龙川令。至二世时，南海尉任嚣病且死。召龙川令赵佗语曰："闻陈胜等作乱。秦为无道，天下苦之，项羽、刘季、陈胜、吴广等，州郡各共兴军聚众，虎争天下，中国扰乱，未知所安，豪桀畔秦相立。南海僻远。吾恐盗兵侵地至此。吾欲兴兵绝新道，自备，待诸侯变。会病甚。且番禺负山险，阻南海，东西数千里。颇有中国人相辅。此亦一州之主也。可以立国。郡中长吏，无足与言者。故召公告之。"即被佗书，行南海尉事。嚣死。佗即移檄告横浦、阳山、湟谿关曰："盗兵且至。急绝道，聚兵自守。"因稍以法诛秦所置长吏，以其党为假守。秦已破灭。佗即击并桂林、象郡，自立为南越武王。高帝已定天下，为中国劳苦故，释佗弗诛。汉十一年，遣陆贾，因立佗为南越王，与剖符通使，和集百越，毋为南边患害。与长沙接境。高后时，有司请禁南越关市铁器。佗曰："高帝立我，通使物。今高后听谗臣，别异蛮夷，隔绝器物。此必长沙王计也。欲倚中国，击灭南越，而并王之，自为功也。"于是佗乃自尊号为南越武帝，发兵攻长沙边邑，败数县而去焉。高后遣将军隆虑侯灶往击之。会暑湿，士卒大疫，兵不能逾岭。岁余，高后崩，即罢兵。佗因此以兵威边，财物赂遗闽越、西瓯、骆，役属焉。东西万余里。乃乘黄屋左纛，称制，与中国侔。及孝文帝元年，初镇抚天下，使告诸侯四夷从代来即位意，喻盛德焉。乃为佗亲冢在真定，置守邑，岁时奉祀，召其从昆弟，尊官厚赐宠之。诏丞相陈平等，举可使南越者。平言好畤陆贾，先帝时习使南越。乃召贾以为太中大夫，往使。因让佗自立为帝，曾无一介之使报者。陆贾至南越。王甚恐，为书谢。称曰："蛮夷大长老夫臣佗，前日高后隔异南越。窃疑长沙王谗臣。又遥闻高后尽诛佗宗族，掘烧先人冢。以故自弃，犯长沙边境。且南方卑湿，蛮夷中间。其东，闽越千人众，号称王。其西，瓯骆裸国，亦称王。老臣妄窃帝号，聊以自娱。岂敢以闻天王哉。"乃顿首谢。愿长为藩臣奉贡职。于是乃下令国中曰："吾闻两雄不俱立，两贤不并世。皇帝贤天子也。自今以后，去帝制黄屋左纛。"陆贾还报，孝文帝大说。遂至孝景时，称臣，使人朝请。然南越其居国，窃如故号名。其使天子称王，朝命如诸侯。至建元四年卒。《南越列传》。

秋七月，淮南王黥布反。东并荆王刘贾地，北渡淮。楚王交走入薛①。高祖自往击之。立子长为淮南王。

① 考证 山东兖州府滕县。

高帝纪 秋七月，淮南王布反。上问诸将，滕公言故楚令尹薛公有筹策。上召见，薛公言布形势，上善之，封薛公千户。诏王、相国择可立为淮南王者，群臣请立子长为王。上乃发上郡、北地、陇西车骑，巴、蜀材官及中尉卒三万人为皇太子卫，军霸上。布果如薛公言，东击杀荆王刘贾，劫其兵，度淮击楚，楚王交走入薛。上赦天下死罪以下，皆令从军；徵诸侯兵，上自将以击布。

相关史料 十一年，高后诛淮阴侯。布因心恐。夏，汉诛梁王彭越，醢之，盛其醢，遍赐诸侯。至淮南。淮南王方猎，见醢因大恐，阴令人部聚兵，候伺旁郡警急。布所幸姬疾，请就医。医家与中大夫贲赫对门。姬数如医家。贲赫自以为侍中，乃厚馈遗，从姬饮医家。姬侍王，从容语次，誉赫长者也。王怒曰："汝安从知之？"具说状。王疑其与乱。赫恐称病。王愈怒，欲捕赫。赫言变事，乘传诣长安。布使人追。不及。赫至上变，言布谋反有端，可先未发诛也。上读其书，语萧相国。相国曰："布不宜有此。恐仇怨妄诬之。请系赫，使人微验淮南王。"淮南王布见赫以罪亡上变，固已疑其言国阴事。汉使又来，颇有所验。遂族赫家，发兵反。反书闻。上乃赦贲赫，以为将军。上召诸将问曰："布反。为之奈何？"皆曰："发兵击之，阬竖子耳。何能为乎？"汝阴侯滕公召故楚令尹问之。令尹曰："是故当反。"滕公曰："上裂地而王之，疏爵而贵之，南面而立，万乘之主。其反何也？"令尹曰："往年杀彭越，前年杀韩信，此三人者同功一体之人也。自疑祸及身。故反耳。"滕公言之上曰："臣客故楚令尹薛公者，其人有筹筴之计。可问。"上乃召见问薛公。薛公对曰："布反不足怪也。使布出于上计，山东非汉之有也。出于中计，胜败之数，未可知也。出于下计，陛下安枕而卧矣。"上曰："何谓上计？"令尹对曰："东取吴，西取楚，并齐取鲁，传檄燕、赵，固守其所，山东非汉之有也。""何谓中计？""东取吴，西取楚，并韩取魏，据敖庾之粟，塞成皋之口，胜败之数，未可知也。""何谓下计？""东取吴，西取下蔡，归重於越，身归长沙，陛下安枕而卧，汉无事矣。"上曰："是计将安出？"令尹对曰："出下计。"上曰："何谓废上中计而出下计？"令尹曰："布故丽山之徒也。自致万乘之主。此皆为身，不顾后为百姓万世虑者也。故曰出下计。"上曰："善。"封薛公千户。乃立皇子长为淮南王。上遂发兵自将，东击布。《黥布列传》。[注7]

高祖十一年月，淮南王黥布反。立子长为淮南王，王黥布故地，凡四郡（**集解**徐广曰：九江、庐江、衡山、豫章也）。上自将兵击灭布。厉王遂即位。《淮南衡山列传》。

汉十二年

十二年十月,高祖已击布军会甀①,布走。令别将追之。

① 集解 徐广曰:"在蕲县西。"骃案,《汉书音义》曰:"会音侩,保邑名。甀,音直伪反。"索隐 上音鲙,下音丈伪反,地名也。《汉书》作"缶",音作保,非也。考证 钱大昕曰:《汉志》,沛郡有垂乡,高祖破黥布。师古音垂为直惠反。即此会甀也。隶书垂作缶,故《汉书高纪》讹为缶字。

高帝纪 十二年冬十月,上破布军于会缶。布走,令别将追之。

相关史料 汉十一年,黥布反。上病。欲使太子将往击之。四人相谓曰:"凡来者,将以存太子。太子将兵,事危矣。"乃说建成侯曰:"太子将兵,有功,则位不益太子。无功还,则从此受祸矣。且太子所与俱诸将,皆尝与上定天下枭将也。今使太子将之,此无异使羊将狼也。皆不肯为尽力。其无功必矣。臣闻'母爱者子抱'。今戚夫人日夜侍御,赵王如意常抱居前。上曰:'终不使不肖子居爱子之上。'明乎其代太子位必矣。君何不急请吕后,承间为上泣言:'黥布,天下猛将也。善用兵。今诸将皆陛下故等夷。乃令太子将此属,无异使羊将狼,莫肯为用。且使布闻之,则鼓行而西耳。上虽病,彊载辎车,卧而护之,诸将不敢不尽力。上虽苦,为妻子自彊。'"于是,吕泽立夜见吕后。[注1]吕后承间为上泣涕而言,如四人意。上曰:"吾惟竖子固不足遣。而公自行耳。"于是上自将兵而东。群臣居守,皆送至灞上。留侯病。自彊起至曲邮,见上曰:"臣宜从。病甚。楚人剽疾,愿上无与楚人争锋。"因说上曰:"令太子为将军,监关中兵。"上曰:"子房虽病,彊卧而傅太子。"是时叔孙通为太傅。留侯行少傅事。《留侯世家》。

(郦商)又以右丞相从高帝击黥布,攻其前拒,陷两陈,得以破布军。更食曲周五千一百户,除前所食。凡别破军三,降定郡六,县七十三,得丞相、守相、大将各一人,小将二人,二千石已下至六百石十九人。 (灌婴)黥布反。以车骑将军,先出攻布别将于相,破之,斩亚将、楼烦将三人。又进击破布上柱国军,及大司马军。又进破布别将肥诛。婴身生得左司马一人。所将卒斩其小将十人。追北至淮上。益食二千五百户。布已破。高帝归。定令婴食颍阴五千户,除前所食邑。凡从得二千石二人。别破军十六。降城四十六。定国一。郡二。县五十二。得将军二人。柱国、相国各一人。二千石十人。婴自破布归,高帝崩。婴以列侯事孝惠帝及吕太后。《樊郦滕灌列传》。

汉十二年,曲周侯郦商,以丞相将兵击黥布。有功。高祖举列侯功臣,思郦食其。郦食其子疥,数将兵,功未当侯。上以其父故,封疥为高梁侯。后更食武遂。嗣三世。《郦生陆贾列传》。

高祖还归过沛,留置酒沛宫①。悉召故人父老子弟纵酒。发沛中儿得百二十人。教之歌。酒酣②,高祖击筑③,自为歌诗曰:"大风起兮云飞扬。威加海内兮归故乡。安得猛士兮守四方。"④令儿皆和习之。高祖乃起舞,慷慨伤怀,泣数行下。谓沛父兄曰:"游子悲故乡⑤。吾虽都关中,万岁后,吾魂魄犹乐思沛。且朕自沛公以诛暴逆,遂有天下。其以沛为朕汤沐邑,复其民,世世无有所与。"⑥沛父兄诸母故人,日乐饮极驩,道旧故为笑乐十余日。高祖欲去。沛父兄固请留高祖。高祖曰:"吾人众多。父兄不能给。"乃去。沛中空县,皆之邑西献⑦。高祖复留止。张饮三日⑧。沛父兄皆顿首曰:"沛幸得复。丰未复。唯陛下哀怜之。"⑨高祖曰:"丰吾所生长,极不忘耳。吾特为其以雍齿故反我为魏。"沛父兄固请。乃并复丰比沛⑩。于是拜沛侯刘濞为吴王。

① 正义《括地志》云：沛宫故地，在徐州沛县东南二十里一步。

② 集解应劭曰：不醒不醉曰酣。一曰：酣，洽也。考证秘阁本，二十作廿。

③ 集解韦昭曰：筑，古乐，有弦击之，不鼓。正义音竹。应劭云："状似瑟而大，头安弦，以竹击之，故名曰筑。"颜师古云："今筑形似瑟而小细项。"

④ 考证每句韵。李善曰：风起云飞，以喻竞逐而天下乱也。威加四海，言已静也。夫安不忘危，故思猛士以镇之。朱熹曰：大风歌，正楚声也。亦名三侯之章。自千载以来，人主之词未有若是壮丽而奇伟者也。

⑤ 考证游子悲故乡，盖古词。《文选》古诗，浮云蔽白日，游子不顾返。李陵诗，携手上河梁，游子暮何之。颜师古曰：游子，行客也。悲，顾念也。

⑥ 集解《风俗通义》曰：《汉书》注，沛人语初发声，皆言"其"。其者楚言也。高祖始登位，教令言"其"，后以为常耳。考证中井积德曰：其，命令之辞，非发语。且秦代已有是辞，非肇于高祖。俞樾曰：《始皇本纪》，其议帝号。《李斯传》，其以李斯属郎中令赵高案治。则秦诏令已用其字矣。其乃古语。《左传》，其承宁诸侯以退。其委之伯父。春秋语已如此。又按《盘庚》云：其惟致告。《金縢》云：其新迎，则三代之书亦有之矣。颜师古曰：凡言汤沐邑者，谓以其赋税供汤沐之具也。

⑦ 集解如淳曰：献牛酒。考证颜师古曰：之，往也。皆往邑西，竞有所献。故县中空无人。

⑧ 集解张晏曰：张，帷帐。正义音张亮反。考证秘阁本，张作帐。据《正义》，作帐为是。

⑨ 考证《汉书高纪》，未复之复作得。新注复，免除赋税。

⑩ 考证中井积德曰：前年营新丰，诸故人皆徙焉。故此行过沛而不入于丰。赐之复之不急。或以是也。而不出于口者，避少恩之嫌耳。

汉将别击布军洮水南北①，皆大破之。追得斩布鄱阳。

① 集解服虔曰：洮，音皮。徐广曰："洮，音道，在江淮间。"考证胡三省

曰：洮水，即零阳之洮水也。全祖望曰：黥布不当走零阳。顾祖禹曰：震泽之洮湖也。许周生曰：别击者，击布别将之军，非布在洮水也。追得斩布鄱阳。遥接上文布走，令别将追之也。愚按，秘阁本鄱阳作番阳，饶州鄱阳县治。

樊哙别将兵定代。斩陈豨当城①。

① 索隐 代之县名也。 正义 《括地志》云："当城，在朔州定襄县界。《土地十三州》记云：'当城，在高柳东八十里，县当常山，故曰当城。'" 考证 梁玉绳曰：《豨传》，亦言樊哙斩之。而《哙传》不及，则非哙明甚。盖周勃斩之也。《绛侯世家》及《汉书》可证。又世家、《功臣表》及《豨传》皆云斩豨灵丘，此言当城，亦小异。愚按，当城，直隶宣化府蔚州县东。 新注 即今河北蔚县。

高帝纪 上还，过沛，留，置酒沛宫，悉召故人父老子弟佐酒。发沛中儿得百二十人，教之歌。酒酣，上击筑自歌曰："大风起兮云飞扬，威加海内兮归故乡，安得猛士兮守四方。"令儿皆和习之。上乃起舞，忼慨伤怀，泣数行下。谓沛父兄曰："游子悲故乡。吾虽都关中，万岁之后吾魂魄犹思沛。且朕自沛公以诛暴逆，遂有天下，其以沛为朕汤沐邑，复其民，世世无有所与。"沛父老诸母故人日乐饮极欢，道旧故为笑乐。十余日，上欲去，沛父兄固请。上曰："吾人众多，父兄不能给。"乃去。沛中空县皆之邑西献。上留止，张饮三日。沛父兄皆顿首曰："沛幸得复，丰未得，唯陛下哀矜。"上曰："丰者，吾所生长，极不忘耳。吾特以其为雍齿故反我为魏。"沛父兄固请之，乃并复丰，比沛。

汉别将击布军洮水南北，皆大破之，追斩布番阳。

周勃定代，斩陈豨于当城。

诏曰："吴，古之建国也。日者荆王兼有其地，今死亡后。朕欲复立吴王，其议可者。"长沙王臣等言："沛侯濞重厚，请立为吴王。"已拜，上召谓濞曰："汝状有反相。"因拊其背，曰："汉后五十年东南有乱，岂汝邪？然天下同姓一家，汝慎毋反。"濞顿首曰："不敢。"

相关史料 高祖十一年秋，淮南王黥布反，东击荆。荆王贾与战不胜，走富陵,为布军所杀。高祖自击破布。十二年,立沛侯刘濞为吴王。王故荆地。燕王刘泽者,诸刘远属也。高帝三年,泽为郎中。高帝十一年,泽以将军击陈豨,得王黄。为营陵侯。《荆燕世家》。

　　布之初反,谓其将曰:"上老矣。厌兵。必不能来。使诸将。诸将独患淮阴、彭越。今皆已死。余不足畏也。"故遂反。果如薛公筹之。东击荆,荆王刘贾走死富陵。尽劫其兵,渡淮击楚。楚发兵与战徐、僮间。为三军,欲以相救为奇。或说楚将曰:"布善用兵。民素畏之。且兵法,诸侯战其地为散地。今别为三。彼败吾一军,余皆走。安能相救?"不听。布果破其一军,其二军散走。遂西与上兵遇蕲西会甀。布兵精甚。上乃壁庸城,望布军。置陈如项籍军。上恶之。与布相望见,遥谓布曰:"何苦而反?"布曰:"欲为帝耳。"上怒骂之。遂大战。布军败走。渡淮,数止战。不利。与百余人走江南。布故与番君婚。以故长沙哀王使人绐布伪与亡,诱走越。故信而随之番阳。番阳人杀布兹乡民田舍。遂灭黥布。立皇子长为淮南王。封贲赫为期思侯。诸将率多以功封者。太史公曰:英布者,其先岂春秋所见楚灭英、六、皋陶之后哉?身被刑法,何其拔兴之暴也?项氏之所阬杀人以千万数。而布常为首虐,功冠诸侯。用此得王。亦不免于身为世大僇。祸之兴,自爱姬殖,妒媢生患。竟以灭国。《黥布列传》。

　　(靳歙)从击黥布有功。益封,定食五千三百户。凡斩首九十级,虏百三十二人。别破军十四,降城五十九。定郡、国各一,县二十三。得王、柱国各一人。二千石以下至五百石三十九人。高后五年,歙卒,谥为肃侯。《傅靳蒯成列传》。

　　吴王濞者,高帝兄刘仲之子也。高帝已定天下,七年,立刘仲为代王。而匈奴攻代。刘仲不能坚守。弃国亡,间行走雒阳,自归天子。天子为骨肉故,不忍致法。废以为郃阳侯。高帝十一年秋,淮南王英布反。东并荆地,劫其国兵,西度淮击楚。高帝自将往诛之。刘仲子沛侯濞,年二十,有气力,以骑将从,破布军蕲西会甀。布走。荆王刘贾,为布所杀,无后。上患吴、会稽轻悍,无壮王以填之。诸子少。乃立濞于沛,为吴王,王三郡五十三城。已拜授印。高帝召濞相之,谓曰:"若状有反相。"心独悔。业已拜。因拊其背告曰:"汉后五十年东南有乱者。岂若邪?然天下同姓为一家也。慎无反!"濞顿首曰:"不敢。"《吴王濞列传》。

　　汉十二年秋,黥布反。上自将击之。数使使问相国何为。相国为上在军,乃拊循勉力百姓，悉以所有佐军，如陈豨时。客有说相国曰："君灭族不久矣。夫君位为相国，功第一，可复加哉？然君初入关中，得百姓心十余年矣。皆附。君常复孳孳得民和。上所为数问君者，畏君倾动关中。今君胡不多贳田地，贱贳贷以自汙？上心乃安。"于是相国从其计。上乃大说。上罢布军归。民道遮行，上书言相国贱彊买民田宅数千万。上至，相国谒。上笑曰："夫相国乃利民。"民所上书，皆以与相国曰："君自谢民。"相国因为民请曰："长安地狭。上林中多空地弃。愿令民得入田。毋收稾，为禽兽食。"上大怒曰："相国多受贾人财物，乃为请吾苑？"乃下相国廷尉械系之。数日，王卫尉侍。前问曰："相国何大罪？陛下系之暴也。"上曰："吾闻李斯相秦皇帝。有善归主，有恶自与。今相国多受贾竖金，而为民请吾苑，以自媚于民。故系治之。"王卫尉曰："夫职事苟有便于民而请之，真宰相事。陛下奈何乃疑相国受贾人钱乎？且陛下距楚数岁，陈豨、黥布反，陛下自将而往。当是时，相国守关中。摇足则关以西非陛下有也。相国不以此时为利，今乃利贾人之金乎？且秦以不闻其过亡天下。李斯之分过。又何足法哉？陛下何疑宰相之浅也？"高帝不怿。是日，使使持节赦出相国。相国年老，素恭谨。入徒跣谢。高帝曰："相国休矣！相国为民请苑。吾不许，我不过为桀、纣主。而相国为贤相。吾故系相国，欲令百姓闻吾过也。"何素不与曹参相能。及何病，孝惠自临视相国病。因问曰："君即百岁后，谁可代君者？"对曰："知臣莫如主。"孝惠曰："曹参何如？"何顿首曰："帝得之矣。臣死不恨矣。"何置田宅，必居穷处，为家不治垣屋。曰："后世贤，师吾俭。不贤，毋为势家所夺。"孝惠二年，相国何卒，谥为文终侯。后嗣以罪失侯者四世绝。天子辄复求何后，封续酂侯。功臣莫得比焉。太史公曰：萧相国何，于秦时为刀笔吏。碌碌未有奇节。及汉兴，依日月之末光，何谨守管籥。因民之疾奉法，顺流与之更始。淮阴、黥布等皆以诛灭。而何之勋烂焉，位冠群臣，声施后世，与闳夭、散宜生等争烈矣。《萧相国世家》。

黥布反。参以齐相国从悼惠王，将兵车骑十二万人，与高祖会击黥布军，大破之，南至蕲，还定竹邑、相、萧、留。参功，凡下二国，县一百二十二，得王二人，相三人，将军六人，大莫敖、郡守、司马、候、御史各一人。《曹相国世家》。

击陈豨，屠马邑。所将卒斩豨将军乘马絺。击韩信、陈豨、赵利军于楼烦破之。得豨将宋最、雁门守圂，因转攻得云中守遬、丞相箕肆、将勋，定雁门郡十七县，云中郡十二县。因复击豨灵丘破之，斩豨。得豨丞相程纵、将军陈武、都尉高肆,定代郡九县。《绛侯周勃世家》。

十一年冬,汉兵击斩陈豨将侯敞、王黄于曲逆下。破豨将张春于聊城,斩首万余。太尉勃入定太原、代地。十二月,上自击东垣。东垣不下。卒骂上。东垣降。卒骂者斩之,不骂者黥之。更命东垣为真定。王黄、曼丘臣其麾下受购赏之,皆生得。以故陈豨军遂败。上还至洛阳。上曰:"代居常山北,赵乃从山南有之。远。"乃立子恒为代王,都中都。代、雁门皆属代。高祖十二年冬,樊哙军卒追斩豨于灵丘。太史公曰:韩信、卢绾,非素积德累善之世。徼一时权变,以诈力成功。遭汉初定。故得列地南面称孤。内见疑彊大,外倚蛮貊以为援。是以日疏自危。事穷智困,卒赴匈奴。岂不哀哉?陈豨梁人。其少时数称慕魏公子。及将军守边,招致宾客而下士,名声过实。周昌疑之,疵瑕颇起。惧祸及身,邪人进说,遂陷无道。於戏悲夫!夫计之生孰成败于人也深矣!《韩信卢绾列传》。

十一月,高祖自布军至长安。十二月,高祖曰:"秦始皇帝、楚隐王①陈涉②、魏安釐王③、齐缗王④、赵悼襄王⑤,皆绝无后。予守冢各十家。秦皇帝二十家。魏公子无忌五家。"⑥赦代地,吏民为陈豨、赵利所劫掠者,皆赦之。陈豨降将言,豨反时,燕王卢绾,使人之豨所与阴谋。上使辟阳侯迎绾⑦。绾称病。辟阳侯归。具言绾反有端矣⑧。二月,使樊哙、周勃,将兵击燕王绾。赦燕吏民与反者。立皇子建为燕王⑨。

① 索隐 系家作"幽王",名择,负刍之兄。考证 颜师古曰:陈胜也。愚按,《索隐》误。

② 考证 梁玉绳曰:陈涉二字当衍。《汉书》诏词无之。盖诸帝王皆不称名也。愚按,注文搀入。

③ 索隐 史阙名。昭王之子,王假之祖也。

④ 索隐 名地,宣王子,王建祖。

⑤ 索隐 名偃,孝成王丹之子,幽王迁之父也。

⑥ 考证 梁玉绳曰:此言赵悼襄王亦予守冢十家,而《汉书》云五家。疑《汉书》误。中井积德曰:秦皇、陈涉之外,盖以当时冢存者立制也。不然,何特亲此数人矣。其他存者亦有后则不在此例。愚按《陈涉世家》云,为陈涉置守冢三十家,与此异。 新注 魏齐赵三君皆非亡国之君。魏安釐王之后有景湣王、魏王假;齐缗王之后有齐襄王、齐王建;赵悼襄王之后有幽王迁与公子嘉。魏景湣王、魏王假、齐襄王、齐王建、赵幽王迁与公子嘉后人不详,其无存者可怪。

⑦ 正义 审食其也。《括地志》云:辟阳故城,在冀州信都县西三十五里,汉旧县。

⑧ 正义 《方言》云:端,绪也。

⑨ 考证 梁玉绳曰:击绾王建,同在十二年二月中。《诸侯王表》,书燕王建以三月甲午封,误。此与《汉书高纪》《诸侯王表》作二月可据。惟《异姓表》在十一年,则误甚。

高帝纪　十一月,行自淮南还。过鲁,以大牢祠孔子。

十二月,诏曰:"秦皇帝、楚隐王、魏安釐王、齐愍王、赵悼襄王皆绝亡后。其与秦始皇帝守冢二十家,楚、魏、齐各十家,赵及魏公子亡忌各五家,令视其冢,复,亡与它事。"

陈豨降将言豨反时燕王卢绾使人之豨所阴谋。上使辟阳侯审食其迎绾,绾称疾。食其言绾反有端。春二月,使樊哙、周勃将兵击绾。诏曰:"燕王绾与吾有故,爱之如子,闻与陈豨有谋,吾以为亡有,故使人迎绾。绾称疾不来,谋反明矣。燕吏民非有罪也,赐其吏六百石以上爵各一级。与绾居,去来归者,赦之,加爵亦一级。"诏诸侯王议可立为燕王者。长沙王臣等请立子建为燕王。

诏曰:"南武侯织亦粤之世也,立以为南海王。"

三月,诏曰:"吾立为天子,帝有天下,十二年于今矣。与天下之豪士贤大夫共定天下,同安辑之。其有功者上致之王,次为列侯,下乃食邑。而重臣之亲,或为列侯,皆令自置吏,得赋敛,女子公主。为列侯食邑者,皆佩之印,赐大第室。吏二千石,徙之长安,受小第室。入蜀、汉定三秦者,皆世世复。吾于天下贤士功臣,可谓亡负矣。其有不义背天子擅起兵者,与天下共伐诛之。布告天下,使明知朕意。"

相关史料 魏公子无忌者,魏昭王子少子而魏安釐王异母弟也。昭王薨,安釐王即位,封公子为信陵君。 高祖始微少时,数闻公子贤。及即天子位,每过大梁,常祠公子。太史公曰:吾过大梁之墟,求问其所谓夷门。夷门者,城之东门也。天下诸公子亦有喜士者矣,然信陵君之接岩穴隐者,不耻下交,有以也。名冠诸侯,不虚耳。高祖每过之而令民奉祠不绝也。《魏公子列传》。

汉十一年秋,陈豨反代地。高祖如邯郸击豨兵。燕王绾亦击其东北。当是时,陈豨使王黄求救匈奴。燕王绾亦使其臣张胜于匈奴,言豨等军破。张胜至胡。故燕王臧荼子衍出亡在胡。见张胜曰:"公所以重于燕者,以习胡事也。燕所以久存者,以诸侯数反,兵连不决也。今公为燕欲急灭豨等。豨等已尽,次亦至燕。公等亦且为虏矣。公何不令燕且缓陈豨,而与胡和。事宽,得长王燕。即有汉急,可以安国。"张胜以为然。乃私令匈奴助豨等击燕。燕王绾疑张胜与胡反,上书请族张胜。胜还,具道所以为者。燕王寤。乃诈论它人,脱胜家属,使得为匈奴间,而阴使范齐之陈豨所,欲令久亡连兵勿决。汉十二年,东击黥布。豨常将兵居代。汉使樊哙击斩豨。其裨将降,言燕王绾使范齐通计谋于豨所。高祖使使召卢绾。绾称病。上又使辟阳侯审食其、御史大夫赵尧往迎燕王。因验问左右。绾愈恐,闭匿,谓其幸臣曰:"非刘氏而王,独我与长沙耳。往年春,汉族淮阴,夏,诛彭越。皆吕后计。今上病,属任吕后。吕后妇人,专欲以事诛异姓王者,及大功臣。"乃遂称病不行。其左右皆亡匿。语颇泄。辟阳侯闻之,归具报上。上益怒。又得匈奴降者。降者言张胜亡在匈奴,为燕使。于是上曰:"卢绾果反矣。"使樊哙击燕。《韩信卢绾列传》。

后燕王卢绾反,率其党数千人降匈奴,往来苦上谷以东。《匈奴列传》。

(审)食其亦沛人。汉王之败彭城西,楚取太上皇、吕后为质。食其以舍人侍吕后。其后从破项籍为侯。《陈丞相世家》。

燕王卢绾反,勃以相国代樊哙,将击下蓟。得绾大将抵、丞相偃、守陉、太尉弱、御史大夫施。屠浑都。破绾军上兰。复击破绾军沮阳,追至长城,定上谷十二县,右北平十六县,辽西、辽东二十九县,渔阳二十二县。最从高帝,得相国一人,丞相二人,将军二千石各三人。别破军二,下城三,定郡五,县七十九，得丞相、大将各一人。勃为人木彊敦厚。高帝以为可属大事。勃不好文学。每召诸生说士，东乡坐而责之："趣为我语。"其椎少文如此。勃既定燕而归。高祖已崩矣。以列侯事孝惠帝。　　太史公曰：绛侯周勃，始为布衣时，鄙朴人也。才能不过凡庸。及从高祖定天下，在将相位。诸吕欲作乱。勃匡国家难，复之乎正。虽伊尹、周公，何以加哉？《绛侯周勃世家》。

其后常以护军中尉，从攻陈豨及黥布。凡六出奇计，辄益邑。凡六益封。奇计或颇秘，世莫能闻也。高帝从破布军还，病创。徐行至长安。燕王卢绾反。上使樊哙以相国将兵攻之。既行。人有短恶哙者。高帝怒曰："哙见吾病，乃冀我死也。"用陈平谋而召绛侯周勃，受诏床下曰："陈平亟驰传载勃，代哙将。平至军中，即斩哙头。"二人既受诏。驰传未至军。行计之曰："樊哙，帝之故人也。功多。且又乃吕后弟吕媭之夫。有亲且贵。帝以忿怒故欲斩之。则恐后悔。宁囚而致上。上自诛之。"未至军，为坛以节召樊哙。哙受诏。即反接载槛车，传诣长安，而令绛侯勃代将，将兵定燕反县。《陈丞相世家》。

其后燕王卢绾反。哙以相国击卢绾，破其丞相抵蓟南。定燕地。凡县十八，乡邑五十一。益食邑千三百户。定食舞阳五千四百户。从斩首百七十六级。虏二百八十八人。别破军七，下城五，定郡六，县五十二，得丞相一人，将军十二人，二千石已下至三百石十一人。《樊郦滕灌列传》。

汉十二年，上从击破布军归，疾益甚。愈欲易太子。留侯谏。不听。因疾不视事。叔孙太傅。称说引古今，以死争太子。上详许之。犹欲易之。及燕置酒。太子侍。四人从太子。年皆八十有余，须眉皓白，衣冠甚伟。上怪之，问曰："彼何为者？"四人前对，各言名姓。曰东园公，甪里先生，绮里季，夏黄公。上乃大惊曰："吾求公数岁。公辟逃我。今公何自从吾儿游乎？"四人皆曰："陛下轻士善骂。臣等义不受辱。故恐而亡匿。窃闻太子为人，仁孝恭敬爱士，天下莫不延颈欲为太子死者。故臣等来耳。"上曰："烦公。幸卒调护太子。"四人为寿已毕，起去。上目送之。召戚夫人指示四人者曰："我欲易之。彼四人辅之。羽翼已成，难动矣。吕后真而主矣。"戚夫人泣。上曰："为我楚舞。吾为若楚歌。"歌曰："鸿鹄高飞，一举千里。羽翮已就，横绝四海。横绝四海，当可奈何？虽有矰缴，尚安所施？"歌数阕。戚夫人嘘唏流涕。上起去罢酒。竟不易太子者，留侯本招此四人之力也。《留侯世家》。

高祖击布时，为流矢所中，行道病。病甚。吕后迎良医。医入见。高祖问医。医曰："病可治。"于是高祖嫚骂之曰："吾以布衣提三尺剑取天下。此非天命乎？命乃在天。虽扁鹊何益？"①遂不使治病。赐金五十斤罢之。已而吕后问："陛下百岁后，萧相国即死，令谁代之？"②上曰："曹参可。"问其次。上曰："王陵可。然陵少戆。陈平可以助之③。陈平智有余。然难以独任。周勃重厚少文。然安刘氏者必勃也。可令为太尉。"④吕后复问其次。上曰："此后亦非而所知也。"⑤

　　① 考证 秘阁本、枫、三本、凌引一本，作提，各本作持。
　　② 考证《汉书高纪》，问下有曰字。令谁作谁令。秘阁本、枫、三本同。愚按，《庄子齐物论》"吾谁使正之"。《韩非子显学篇》"将谁使定后世之学乎，谁使定儒墨之诚乎"。谁字皆在使字上。
　　③ 考证 秘阁本、枫、三本，然上有也字。
　　④ 考证 秘阁本，难下无以字。
　　⑤ 考证 中井积德曰：是数语，恐有后人所附益也。

　　高帝纪　　上击布时，为流矢所中，行道疾。疾甚，吕后迎良医。医入见，上问医。曰："疾可治。"于是上嫚骂之，曰："吾以布衣提三尺取天下，此非天命乎？命乃在天，虽扁鹊何益？"遂不使治疾，赐黄金五十斤，罢之。吕后问曰："陛下百岁后，萧相国既死，谁令代之？"上曰："曹参可。"问其次，曰："王陵可，然少戆，陈平可以助之。陈平知有余，然难独任。周勃重厚少文，然安刘氏者必勃也，可令为太尉。"吕后复问其次，上曰："此后亦非乃所知也。"

　　卢绾与数千骑居塞下候伺，幸上病愈自入谢。
　　四月甲辰，高祖崩长乐宫①。四日不发丧。吕后与审食其谋曰:"诸将与帝为编户民②。今北面为臣。此常怏怏③。今乃事少主。非尽族是,天下不安。"人或闻之,语郦将军④。郦将军往见审食其曰:"吾闻帝已崩四日。不发丧,欲诛诸将。诚如此,天下危矣。陈平、灌婴,将十万守荥阳,樊哙、周勃,将二十万定燕、代。此闻帝崩,诸将皆诛,必连兵还乡,以攻关中。大臣内叛,诸侯外反,亡可翘足而待也。"⑤审食其入言之。乃以丁未发丧,大赦天下。

　　卢绾闻高祖崩,遂亡入匈奴。

　　① [集解]皇甫谧曰:高祖以秦昭王五十一年生,至汉十二年,年六十二。[考证]《汉书高纪》注引臣瓒云:帝年四十二即位,即位十二年,寿五十三。梁玉绳曰:《御览》八十七引史云:四月甲辰崩于长安宫。时年六十二,在位十二年,葬长陵。今《史记》无之。愚按,秦二世元年,纪《集解》引徐广云,高祖时年四十八,与皇甫说同。据《六国表》,秦昭王五十一年,岁在乙巳,高祖盖以是岁生。秦二世元年九月起兵,时年四十八。五十一年为汉王,五十五即真。以汉十二年岁在丙午崩,寿六十二。瓒说恐非也。张文虎曰:《集解》六十二,各本作六十三,误。依《御览》引改。

　　② [考证]颜师古曰:言列次名籍贯也。愚按,犹言同为匹夫也。

　　③ [考证]《汉书高纪》,此作心。

　　④ [集解]《汉书》曰郦商。

　　⑤ [考证]秘阁本,二十作廿。三条本,诸侯作诸将。《通鉴考异》云:吕后虽暴戾,亦一旦尽诛大臣,又时陈平不在荥阳,樊哙不在代。此恐妄说。今不取。姚范曰:按《陈平传》,平受诏诛樊哙于燕,闻帝崩,驰道还。道逢使者,诏平与灌婴屯荥阳。此高帝诏也。平虽受诏诛樊哙于燕,后乃至宫请宿卫。而郦商所据,则屯荥阳之诏。未知平之即入也。樊哙击陈豨于代,即移击燕。陈平释未诛,固知其存矣。复统燕代兵,何不可。食其亦括约四人前后被诏,据有重兵耳。其事势固诚可袭吕后,讵得《史》《汉》之记为不实哉。

高帝纪 卢绾与数千人居塞下候伺,幸上疾愈,自入谢。夏四月甲辰,帝崩于长乐宫。卢绾闻之,遂亡入匈奴。

吕后与审食其谋曰:"诸将故与帝为编户民,北面为臣,心常鞅鞅,今乃事少主,非尽族是,天下不安。"以故不发丧。人或闻,以语郦商。郦商见审食其曰:"闻帝已崩四日,不发丧,欲诛诸将。诚如此,天下危矣。陈平、灌婴将十万守荥阳,樊哙、周勃将二十万定燕、代,此闻帝崩,诸将皆诛,必连兵还乡,以攻关中。大臣内畔,诸将外反,亡可跷足待也。"审食其入言之,乃以丁未发丧,大赦天下。

相关史料 平行闻高帝崩,平恐吕太后及吕䄂谗怒,乃驰传先去。逢使者。诏平与灌婴屯于荥阳。平受诏,立复驰至宫,哭甚哀。因奏事丧前。吕太后哀之曰:"君劳。出休矣。"平畏谗之就,因固请得宿卫中。太后乃以为郎中令。曰:"傅教孝惠。"是后吕䄂谗乃不得行。樊哙至,则赦复爵邑。 太史公曰:陈丞相平少时,本好黄帝、老子之术。方其割肉俎上之时,其意固已远矣。倾侧扰攘楚、魏之间,卒归高帝。常出奇计,救纷纠之难,振国家之患。及吕后时,事多故矣,然平竟自脱,定宗庙以荣名终,称贤相。岂不善始善终哉!非知谋,孰能当此者乎?《陈丞相世家》。

燕王绾悉将其宫人家属骑数千,居长城下候伺,幸上病愈,自入谢。四月,高祖崩。卢绾遂将其众亡入匈奴。匈奴以为东胡卢王。绾为蛮夷所侵夺,常思复归。居岁余,死胡中。高后时,卢绾妻子亡降汉。会高后病,不能见。舍燕邸。为欲置酒见之。高后竟崩,不得见。卢绾妻亦病死。孝景中六年,卢绾孙他之,以东胡王降。封为亚谷侯。《韩信卢绾列传》。

哙以吕后女弟吕须为妇。生子伉。故其比诸将最亲。先黥布反时,高祖尝病甚。恶见人,卧禁中。诏户者无得入群臣。群臣绛、灌等,莫敢入十余日。哙乃排闼直入。大臣随之。上独枕一宦者卧。哙等见上流涕曰:"始陛下与臣等起丰沛,定天下。何其壮也。今天下已定。又何惫也?且陛下病甚。大臣震恐。不见臣等计事,顾独与一宦者绝乎?且陛下独不见赵高之事乎?"高帝笑而起。其后卢绾反。高帝使哙以相国击燕。是时高帝病甚。人有恶哙党于吕氏。即上一日宫车晏驾,则哙欲以兵尽诛灭戚氏、赵王如意之属。高帝闻之大怒,乃使陈平载绛侯代将,而即军中斩哙。陈平畏吕后,执哙诣长安。至则高祖已崩。吕后释哙，使复爵邑。《樊郦滕灌列传》。

丙寅葬①。己巳立太子②。至太上皇庙③，群臣皆曰："高祖起微细④，拨乱世反之正，平定天下，为汉太祖。功最高。"上尊号为高皇帝⑤。太子袭号为皇帝。孝惠帝也⑥。令郡国诸侯各立高祖庙，以岁时祠。

① 集解 徐广曰：五月。
② 正义 丙寅葬后四日，至己巳即立太子为帝。有本脱"己"字者，妄引《汉书》云"已下"者，非。考证《汉书高纪》云：五月丙寅，葬长陵。已下，太子、群臣皆反至太上皇庙。郑氏注：已下，已下棺也。《惠纪》云：五月丙寅，太子即皇帝位。陈仁锡曰：立字衍文。太子属读。梁玉绳曰：丙寅上缺五月二字。丙寅下衍葬字，而论未葬长陵三字，移此，此盖错简也。已巳立三字，当据《汉书》作已下二字。
③ 正义《三辅黄图》云："太上皇庙在长安城香室南，冯翊府北。"《括地志》云："汉太上皇庙在雍州长安县西北长安故城中酒池之北，高帝庙北。高帝庙亦在故城中也。"
④ 考证 梁玉绳曰：此时群臣方议尊号，何得称高祖。《汉书》作帝是也。
⑤ 考证 俞樾曰：《高祖纪》云，上尊号为高皇帝。《文帝纪》云：上尊号曰孝文皇帝。谓之尊号而不曰谥，盖亦避秦人臣子议君父之嫌也。
⑥ 考证 秘阁本、枫、三本，帝下有是字。

高帝纪 五月丙寅，葬长陵。已下，皇太子、群臣皆反至太上皇庙。群臣曰："帝起细微，拨乱世反之正，平定天下，为汉太祖，功最高。"上尊号曰高皇帝。

初，高祖不修文学，而性明达，好谋，能听，自监门戍卒，见之如旧。初顺民心作三章之约。天下既定，命萧何次律令，韩信申军法，张苍定章程，叔孙通制礼仪,陆贾造《新语》。又与功臣剖符作誓,丹书铁契,金匮石室,藏之宗庙。虽日不暇给,规摹弘远矣。

及孝惠五年,思高祖之悲乐沛,以沛宫为高祖原庙①。高祖所教歌儿百二十人,皆令为吹乐②。后有缺,辄补之。

① 集解 徐广曰:"光武纪云:'上幸丰,祠高祖于原庙。'"骃案,谓"原"者,再也。先既已立庙,今又再立,故谓之原庙。

② 正义 上尺瑞反,下音岳。以前但有歌儿,今加吹乐。考证 秘阁本,二十作廿。

高帝八男:长,庶齐悼惠王肥。次,孝惠①,吕后子。次,戚夫人子赵隐王如意。次,代王恆,已立为孝文帝。薄太后子。次,梁王恢。吕太后时徙为赵共王。次,淮阳王友。吕太后时徙为赵幽王。次,淮南厉王长。次,燕王建。

① 考证 枫、三本,惠下有帝字。梁玉绳曰:恆字当避。

相关史料 高祖十二年四月甲辰,崩长乐宫,太子袭号为帝。是时高祖八子。长男肥,孝惠兄也。异母。肥为齐王。余皆孝惠弟。戚姬子如意为赵王。薄夫人子恆为代王。诸姬子子恢为梁王。子友为淮阳王。子长为淮南王。子建为燕王。高祖弟交为楚王。兄子濞为吴王。非刘氏,功臣番君吴芮子臣为长沙王。吕后最怨戚夫人,及其子赵王。乃令永巷囚戚夫人。而召赵王。使者三反。赵相建平侯周昌谓使者曰:"高帝属臣赵王。赵王年少。窃闻太后怨戚夫人,欲召赵王并诛之。臣不敢遣王。王且亦病。不能奉诏。"吕后大怒,乃使人召赵相。赵相徵至长安。乃使人复召赵王。王来未到。孝惠帝慈仁。知太后怒,自迎赵王霸上。与入宫。自挟与赵王起居饮食。太后欲杀之不得间。孝惠元年十二月,帝晨出射。赵王少。不能蚤起。太后闻其独居,使人持酖饮之。犁明孝惠还。赵王已死。于是乃徙淮阳王友为赵王。　太后遂断戚夫人手足,去眼煇耳,饮瘖药,使居厕中。命曰"人彘"。居数日,乃召孝惠帝,观人彘。孝惠见问,乃知其戚夫人。乃大哭。因病。岁余不能起。使人请太后曰:"此非人所为。臣为太后子,终不能治天下。"孝惠以此日饮为淫乐。不听政。故有病也。二年,楚元王、齐悼惠王皆来朝。十月,孝惠与齐王燕饮太后前。孝惠以为齐王兄。置上坐,如家人之礼。太后怒,乃令酌两卮。酖置前。令齐王起为寿。齐王起。孝惠亦起。取卮欲俱为寿。太后乃恐,自起泛孝惠卮。齐王怪之,因不敢饮,详醉去,问知其酖。　七年秋八月戊寅,孝惠帝崩。(高后)七年正月,太后召赵王友。友以诸吕女为后,弗爱,爱他姬,诸吕女妒,怒去谗之于太后,诬以罪过曰:"吕氏安得王。太后百岁后,吾必击之。"太后怒。以故召赵王。赵王至。置邸不见。令卫围守之。弗与食。其群臣或窃馈。辄捕论之。赵王饿。乃歌曰:"诸吕用事兮,刘氏危。迫胁王侯兮,彊授我妃。我妃既妒兮,诬我以恶。谗女乱国兮,上曾不寤。我无忠臣兮,何故弃国?自决中野兮,苍天举直! 于嗟不可悔兮,宁蚤自财。为王而饿死兮,谁者怜之!吕氏绝理兮,讬天报仇。"丁丑,赵王幽死。以民礼葬之长安民冢次。　二月,徙梁王恢为赵王。吕王产徙为梁王,梁王不之国,为帝太傅。　梁王恢之徙王赵。心怀不乐。太后以吕产女为赵王后,王后从官皆诸吕,擅权微伺赵王。赵王不得自恣。王有所爱姬,王后使人酖杀之。王乃为歌诗四章,令乐人歌之。王悲。六月即自杀。太后闻之,以为王用妇人弃宗庙礼。废其嗣。　秋,太后使使告代王,欲徙王赵。代王谢,原守代边。　九月,燕灵王建薨。有美人子。太后使人杀之。无后。国除。　(高后八年诛诸吕后)诸大臣相与阴谋曰:"少帝及梁、淮阳、常山王,皆非真孝惠子也。吕后以计诈名他人子,杀其母,养后宫,令孝惠子之,立以为后,及诸王,以彊吕氏。今皆已夷灭诸吕,而置所立,即长用事,吾属无类矣。不如视诸王最贤者立之。"或言:"齐悼惠王高帝长子。今其適子为齐王。推本言之,高帝適长孙。可立也。"大臣皆曰:"吕氏以外家恶,而几危宗庙乱功臣。今齐王母家驷钧。驷钧恶人也。即立齐王,则复为吕氏。"欲立淮南王。以为少,母家又恶。乃曰:"代王方今高帝见子,最长,仁孝宽厚。太后家薄氏谨良且立长故顺。以仁孝闻于天下。便。"乃相与共阴使人召代王。代王使人辞谢。再反,然后乘六乘传。后九月晦日己酉,至长安舍代邸。大臣皆往谒,奉天子玺上代王,共尊立为天子。代王数让。群臣固请,然后听。　代王立为天子。二十三年崩。谥为孝文皇帝。《吕太后本纪》。

齐王,孝惠帝兄也。　悼惠王即位十三年,以惠帝六年卒。子襄立,是为哀王。《齐悼惠王世家》。

孝文皇帝(集解《汉书音义》曰:"讳恆。")高祖中子也。高祖十一年春,已破陈豨军,定代地,立为代王,都中都。太后薄氏子。即位十七年。高后八年七月,高后崩。九月,诸吕吕产等,欲为乱以危刘氏。大臣共诛之。谋召立代王,事在吕后语中。《孝文本纪》。

淮南厉王长者,高祖少子也。其母故赵王张敖美人。高祖八年,从东垣过赵。赵王献之美人。厉王母得幸焉。有身。赵王敖弗敢内宫。为筑外宫而舍之。及贯高等谋反,柏人事发觉,并逮治王,尽收捕王母兄弟美人,系之河内。厉王母亦系,告吏曰:"得幸上,有身。"吏以闻上。上方怒赵王,未理厉王母。厉王母弟赵兼,因辟阳侯言吕后。吕后妒。弗肯白。辟阳侯不彊争。及厉王母已生厉王,恚即自杀。吏奉厉王诣上。上悔。令吕后母之。而葬厉王母真定。真定,厉王母之家在焉。父世县也。　厉王蚤失母,常附吕后。孝惠、吕后时,以故得幸无患害。而常心怨辟阳侯,弗敢发。及孝文帝初即位,淮南王自以为最亲,骄蹇,数不奉法。上以亲故,常宽赦之。三年,入朝。甚横。从上入苑囿猎,与上同车。常谓上"大兄"。厉王有材力,力能扛鼎。乃往请辟阳侯。辟阳侯出见之。即自袖铁椎,椎辟阳侯。厉王乃驰走阙下,肉袒谢曰:"臣母不当坐赵事。其时辟阳侯力能得之吕后。弗争。罪一也。赵王如意,子母无罪。吕后杀之。辟阳侯弗争。罪二也。吕后王诸吕,欲以危刘氏。辟阳侯弗争。罪三也。臣谨为天下诛贼臣辟阳侯,报母之仇,谨伏阙下请罪。"孝文伤其志,为亲故,弗治,赦厉王。《淮南衡山列传》。

太史公曰:夏之政忠,忠之敝,小人以野[①]。故殷人承之以敬。敬之敝,小人以鬼[②]。故周人承之以文。文之敝,小人以僿[③]。故救僿莫若以忠[④]。三王之道,若循环[⑤]。终而复始。周秦之间,可谓文敝矣。秦政不改,反酷刑法。岂不缪乎?故汉兴承敝易变,使人不倦。得天统矣[⑥]。朝以十月,车服黄屋左纛。葬长陵⑦。

① 集解 郑玄曰:忠,质厚也。野,少礼节也。

② 集解 郑玄曰:多威仪,如事鬼神。考证 中井积德曰:鬼,尚鬼信機祥也。《集解》如,枫、三本作而。

③ 集解 徐广曰:"一作'薄'。"骃案,《史记音隐》曰:"僿,音西志反。"郑玄曰:"文,尊卑之差也。薄,苟习文法,无悃诚也。"索隐 郑音先代反,邹本作"薄",音扶各反,本一作"僿",而徐广云一作"薄",是本互不同也。然此语本出子思子,见今礼表记,作"薄",故郑玄注云"文,尊卑之差也。薄,苟习文法,不悃诚也"。裴又引《音隐》云"僿,音先志反",僿塞声相近故也。盖僿犹薄之义也。正义 先代反。又音四。僿犹细碎也。言周末世,文细碎鄙薄恶,小人之甚。

④ 集解 郑玄曰:复反始。考证 凌稚隆曰:《白虎通·三教篇》云:三王之有失,故立三教以相指受。夏人之王,教以忠,其失野。救野之失莫如敬。殷人之王,教以敬,其失鬼。救鬼之失,莫如文。周人之王,教以文,其失薄。救薄之失,莫如忠。继周之尚黑,制与夏同。三者如顺连环,周则复始,穷则反本。

⑤ 考证 邹衍作《五德始终传》,史公终而复始之说盖祖其意。

⑥ 正义 夏之政忠,忠之敝,其末世败坏多威仪,若事鬼神。周人承殷为文,其末细碎薄陋文法,无有悃诚。秦人承周不改敝,反成酷法严刑,故汉人承秦苛法,约法三章。反其忠政,使民不倦,得天统矣。故太史公引礼文为此赞者,美高祖能变易秦敝,使百姓安宁。考证 秘阁本,无政字,不作弗。南化本,人作民。中井积德曰:天统,犹言天叙也。谓终始循环之统纪,非三统之统。

⑦ 集解 皇甫谧曰:长陵山,东西广百二十步,高十三丈,在渭水北,去长安城三十五里。正义《括地志》云:长陵在雍州咸阳县东三十里。考证 中井积德曰:车服下,宜有尚赤等语。分明阙语矣。又曰:葬长陵,是纪文之脱错在于此。梁玉绳曰:葬长陵三字错简,当在丙寅句下。愚按,《殷本纪赞》曰:孔子曰:殷路车为善,而色尚白。与此赞遥相应,亦序五德之运也。长陵,陕西长安

府咸阳县东北。赵翼曰：汉初诸臣，惟张良出身最贵，韩相之子也。其次则张苍，秦御史；叔孙通，秦博士。次则萧何，沛主吏掾；曹参，狱掾；任敖，狱吏；周苛，泗水卒史；傅宽，魏骑将；申屠嘉，材官。其余陈平、王陵、陆贾、郦商、郦食其、夏侯婴等皆白徒。樊哙，则屠狗者；周勃，则织簿曲吹箫给丧者；灌婴，则贩缯者；娄敬，则輓车者。一时人才，皆出其中；致身将相，前此所未有也。盖秦汉时为天地一大变局，自古皆封建，诸侯各君其国；卿大夫亦世其家；成例相沿，视为固然。其后积弊日甚，暴君荒主，既虐用其民，无有底止；强臣大族，又篡弑相仍，祸乱不已。再并而为七国，益务战争，肝脑涂地，其势不得不变。而数千年世侯世卿之局，一时亦难遂变。于是先从在下者起，游说则范雎、蔡泽、苏秦、张仪等，徒步而为相；征战则孙膑、白起、乐毅、廉颇、王翦等，白身而为将。此已开后世布衣将相之例。而兼并之力，尚在有国者。天方藉其力以成混一，固不能一旦扫除之，使匹夫而有天下也。于是纵秦皇尽灭六国，以开一统之局。使秦当日施政施仁，与民休息，则祸乱不兴。下虽无世禄之臣，而上犹是继体之主也。惟其威虐毒痛，人人思乱，四海鼎沸，草泽竞奋。于是汉祖以匹夫起事，角群雄而定一尊。其君既起自布衣，其臣亦自多亡命无赖之徒，立功以取将相，此气运成之也。天之变局，至是始定，然楚汉之际，六国各立后，尚有楚怀王心、赵王歇、魏王咎、魏王豹、韩王成、韩王信、齐王田儋、田荣、田广、田安、田市等。即汉所封功臣，亦先裂地王彭、韩等，继分国侯绛、灌等。盖人情习见前世封建故事，不得而遽易之也。乃不数年，而六国诸王皆败灭，汉所封异姓八人，其七人亦皆败灭，则知人情犹狃于故见，而天意已别换新局，故除之易易耳。而是时尚有分封子弟诸国，迨至七国反后，又严诸侯王禁制，除吏皆自天朝，诸侯王惟得食租衣税，又多以事失侯。于是三代世侯世卿之遗法，始荡然净尽，而成后世徵辟选举科目杂流之天下矣。岂非天哉？

【索隐述赞】高祖初起，始自徒中。言从泗上，即号沛公。啸命豪杰，奋发材雄。彤云郁砀，素灵告丰。龙变星聚，蛇分径空。项氏主命，负约弃功。王我巴蜀，实愤于衷。三秦既北，五兵遂东。汜水即位，咸阳筑宫。威加四海，还歌大风。

高帝纪 赞曰：《春秋》晋史蔡墨有言：陶唐氏既衰，其后有刘累，学扰龙，事孔甲，范氏其后也。而大夫范宣子亦曰："祖自虞以上为陶唐氏，在夏为御龙氏，在商为豕韦氏，在周为唐杜氏，晋主夏盟为范氏。"范氏为晋士师，鲁文公世奔秦。后归于晋，其处者为刘氏。刘向云：战国时刘氏自秦获于魏。秦灭魏，迁大梁，都于丰，故周市说雍齿曰："丰，故梁徙也。"是以颂高祖云："汉帝本系，出自唐帝。降及于周，在秦作刘。涉魏而东，遂为丰公。"丰公，盖太上皇父。其迁日浅，坟墓在丰鲜焉。及高祖即位，置祠祀官，则有秦、晋、梁、荆之巫，世祠天地，缀之以祀，岂不信哉？由是推之，汉承尧运，德祚已盛，断蛇著符，旗帜上赤，协于火德，自然之应，得天统矣。

相关史料 高祖有天下，三边外畔，大国之王，虽称蕃辅，臣节未尽。会高祖厌苦军事，亦有萧、张之谋。故偃武一休息，羁縻不备。历至孝文即位，将军陈武等议曰："南越、朝鲜，自全秦时，内属为臣子。后且拥兵阻阸，选蠕观望。高祖时，天下新定，人民小安，未可复兴兵。今陛下仁惠抚百姓，恩泽加海内。宜及士民乐用，征讨逆党，以一封疆。"《律书》。

故所居堂弟子内，后世因庙藏孔子衣冠琴车书，至于汉二百余年不绝。高皇帝过鲁，以太牢祠焉。诸侯卿相至，常先谒然后从政。《孔子世家》。

留侯从上击代，出奇计马邑下。及立萧何相国，所与上从容言天下事甚众，非天下所以存亡。故不著。留侯乃称曰："家世相韩。及韩灭，不爱万金之资，为韩报仇彊秦，天下振动。今以三寸舌，为帝者师，封万户，位列侯。此布衣之极，于良足矣。愿弃人间事，欲从赤松子游耳。"乃学辟谷、道引轻身。会高帝崩，吕后德留侯。乃彊食之曰："人生一世间，如白驹过隙。何至自苦如此乎？"留侯不得已彊听而食。后八年卒。谥为文成侯。子不疑代侯。子房始所见下邳圯上老父与《太公书》者，后十三年从高帝过济北。果见谷城山下黄石，取而葆祠之。留侯死。并葬黄石冢。每上冢伏腊祠黄石。留侯不疑，孝文帝五年，坐不敬国除。太史公曰：学者多言无鬼神。然言有物。至如留侯所见老父予书，亦可怪矣。高祖离困者数矣。而留侯常有功力焉。岂可谓非天乎？上曰："夫运筹策帷帐之中，决胜千里外，吾不如子房。"余以为其人，计魁梧奇伟，至见其图，状貌如妇人好女。盖孔子曰："以貌取人，失之子羽。"留侯亦云。《留侯世家》。

其后二十余年，高帝过赵，问："乐毅有后世乎？"对曰："有乐叔。"高帝封之乐卿，号曰华成君。华成君，乐毅之孙也。《乐毅列传》。

故汉兴,然后诸儒始得修其经艺,讲习大射乡饮之礼。叔孙通作汉礼仪,因为太常,诸生弟子共定者,咸为选首,于是喟然叹兴于学。然尚有干戈,平定四海。孝惠、吕后时,亦未暇遑庠序之事也。《儒林列传》。

南越、朝鲜,自全秦时自属为臣子,后且拥兵阻阨,选蠕观望。高祖时,天下新定,人民小安,未可复兴兵。《西汉文纪》卷六陈武等《请征南越朝鲜议》。

附 注

秦元年前

注1 《秦始皇本纪考证》愚按《秦纪》曰:周缪王以赵城封造父,造父族由此为赵氏,是秦之所以氏赵。《淮南·人间训》:秦王赵政,兼吞天下而亡。《秦始皇本纪·秦二世三年索隐》。吕政者,始皇名政,是吕不韦幸姬有娠,献庄襄王而生始皇,故云吕政。

秦元年

注1 秦二世胡亥非少子。《秦始皇本纪》有两次提及胡亥的年龄,第一次是"二世皇帝元年,年二十一"。第二次为该本纪之末,"二世生十二年而立"。据《秦本纪》,秦始皇死时,年五十一(实则五十岁不到。十三岁继位,在位三十七年)。如果胡亥登基年龄分别按二十一岁或十二岁算的话,那么,秦始皇生胡亥的年龄则为三十岁或三十九岁。其后当有男性子嗣。二世胡亥处置秦始皇后宫女人时称:"先帝后宫非有子者,不宜不宜。皆令从死。"表明秦始皇后宫中有年幼子嗣。陈胜身为社会底层不会清楚宫闱内幕,二世胡亥少子说,当是为举事号召而作。

注2 据《封禅书》,沛公初起线路次第为,先下丰,后下沛。据本纪,立为沛公后又退出沛,据守丰。

注3 据此材料,刘邦隐于山泽间有樊哙相随,后者又交通于城邑间,以使刘邦了解外界动态。

注4 《高祖功臣侯者年表》收入时,以起沛、起丰、起砀、其他为序。

秦二年

注1 李良归章邯当在章邯灭项梁之后。此前章邯战魏楚,不得至赵。李良杀武臣到降章邯,过程应该相当长,赵地历史不清楚。在章邯介入之前,赵地至少存在四种力量,一是王离为首的秦军,二是赵王歇与张耳、陈馀部,三是李良一部,四是武臣余脉如司马卬部。这是可以找到行迹的。找不出行迹的应该还有若干。李良取代武臣之后,在反秦武装中应该势力最大,陈馀若要打败李良绝非易事。估计李良是与秦军作战消耗过大后,才会被得到外援的陈馀击败。陈馀的所谓外援可能是来自齐王田假逃亡势力。

注2 项梁曰:"陈王先首事,战不利。未闻所在。"不实。此前已并黥布军,黥布知陈胜所在。黥布与吕臣合兵前,吕臣葬陈胜。

注3 李斯实死于次年,此时当已下狱,李斯下狱与李由受贬斥之间或有关联,故附史料于此。同理,附《秦始皇本纪》内容于此。《高帝纪补注》引周寿昌曰:《史记·李斯传》二世初立,赵高曰,丞相长男李由为三川守,楚盗陈胜等皆丞相傍县之子,以故,楚盗公行过三川,城守不肯击。又云:及二世案三川之守,至则项梁已击杀之。二年七月具李斯五刑,论腰斩咸阳市。是斯被潜因由。由死又在斯被刑前。

注4 魏豹是否自立难说得很。其或为楚怀王所立,或为项羽所立。而此时间亦不符合《月表》救钜鹿破章邯事。其都平阳为汉元年以后事,非此时。

注5 功臣表记灌婴为从起砀者,与此合,但此为新加入者,似与灌婴特别受重用不投合。

注6 章邯与王离没有隶属关系,不能令王离。此前王离击赵收功甚小,章邯介入后,赵即溃。王离的地位应该高于章邯,所以赵君臣最后固守之钜鹿,王不让章邯染指。

注7 《项羽本纪·馆本史记考证》臣照按,赵王将相皆入钜鹿城,故章邯令王离、涉间围钜鹿。陈馀为将,故北收常山兵数万军钜鹿北。围固非顷刻可合也。馀之得出而收兵固也。叙王与将相,固不得独舍将不言。而馀之军钜鹿北,以为将故,则又不得不重叙也。以为刊落未尽,过矣。

秦三年

注1 有关沛公击王离与魏事，前人多有以为误记。实则不然。章邯和王离是当时秦朝的两支最大的军队，章邯部此前的主要攻击目标是击楚，而王离的主要攻击目标是击赵。其分工如沛公战河南、项羽战河北一般。但不排除两者的防区相互交叉。根据章、王两军的部署，二者之间似有某种默契。章邯击赵，但显然没有直接参与对钜鹿的攻击；而王离部在大河以南阻击援赵楚军也顺理成章。王离职位高于章邯，其所部为秦朝精锐，其在赵地颇不顺手，不能排除其向南寻找战机以期挽回脸面。东郡尉的军队与沛公部交战于成武，成武是东郡的南部疆界。在东郡部队拦截失败后，由王离的野战军继续实施拦截，亦顺理成章。沛公部下众将皆有击王离的战功，而这些战功似乎是司马迁直接从朝廷的功劳薄上摘录下来的，估计此事不会有误。由此可见，当时局面错综复杂，极其混乱。司马迁一支笔也实在不易摆平。沛公部西进前的第一步作战行动基本上是在魏地作战，这与《绛侯周勃世家》中击魏一说相吻合。楚怀王让沛公击魏地，自有其合理因素。沛公在与项梁合军之前，基本上是在魏地作战。与项梁合军后，也大部分时间在魏作战。而援赵楚军的北进路线也是取道魏地，沛公本不是援赵的中坚，让其先行出击其原本熟悉的地区，在适合沛公部队作战特点的同时，又可以减少部队消耗，不影响其下一步战略目标的实现。《考证》引陈梁二说，乃以常理而论，未必能尽得其实。

注2 实则张良以随从身份与刘邦见了景驹。

注3 《韩信卢绾列传》："项梁败死定陶，成奔怀王。"则韩王成又从楚怀王处得到增援，再战韩地。与沛公会合前，韩军作战乏善可陈。

注4 阳都侯丁复之从起身份地点，《汉书》与《史记》有出入。首先，丁复为赵将而不是越将，《汉书》与《史记》材料的出入还不仅于此，从邺不从薛。以赵将从起邺顺理成章，从起薛就不行了，所以班固改赵将为越将。亦表明了《汉书》意改《史记》的痕迹。另外，丁复是以楼烦将入汉的。楼烦为边赵之胡人称呼，楚汉战争中两军都有楼烦将。丁复之楼烦将较能说明其原为赵将的出身。赵非沛公的行军路线，只有一种情况，即刘

部击赵欲渡河部队时,丁复才能加入到沛公军中。沛公部只到白马,并未渡河。但其盟友吕泽军则有可能渡河。项羽救钜鹿时,《张耳陈馀列传》:"当是时,燕、齐、楚闻赵急,皆来救。张敖亦北收代兵得万余人来,皆壁(陈)馀旁,未敢击秦。"则当时有项羽以外的楚军先期抵达。至汉四年,丁复仍属吕泽,则其所从极可能是吕泽部。雍齿可以以赵将的身份重新加入刘邦集团,就不能排除丁复也以赵将的身份加入。邺为今河北临漳西南邺镇东,正当白马(今河南滑县)对岸。故二书的出入,《汉书》误。阳都侯丁复,以赵将从起邺。至霸上,为楼烦将。入汉定三秦。别降翟王。属悼武王杀龙且彭城。为大司马,破(项)羽军叶。拜为将军,忠臣侯。七千八百户。

注5 《曹相国世家》"取宛,虏齮,尽定南阳郡",则南阳守有降、虏二说。本纪记载更多传说色彩,当以世家为准。南阳一战的进程是力克而非说降。联系后来的各秦地纷纷而下的情形,似乎南阳守又是受到册封,从而瓦解了秦人的斗志。是否存在这样一种可能性,即南阳是被攻克的,但为顺利进军计,对外宣称其为归顺。再一个可能就是南阳守有意归降,造成守军的战斗意志减退,而被沛公部攻破。本纪与《月表》称其为降,《曹相国世家》《樊郦滕灌列传》显示为攻克。

注6 "至则围王离"一说恐不确。兵法云十则围之。项羽之兵不如王离多,且王离围钜鹿亦处野外,欲围王离实在是不容易。以秦军在钜鹿周边的态势,项羽的作战必当先切断章王两军的联系。实际情况也正是这样。绝甬道,定要与章邯作战。看来章邯作战不利后,便退到一旁,任楚军与王离部作殊死战。王离的覆灭,章邯有逃脱不了的职责。王离与章邯的关系实在是个谜,王离是后期加入围剿叛乱战事的,其主要的战略目标是讨伐赵地的反秦势力,但在章邯加入击赵前,王离部的战果似不值得一提。而章邯则是朝廷的最锐利爪牙,他加入击赵后立即就攻下赵国都邯郸。但章邯的地位显然应在王离之下。这种战功与实际地位的反差,使得两人在作战一道上貌合神离。至少章邯对王离和覆灭要负责任。王离失败后,章邯就成了秦国在关外军队的最高指挥官。

注7 坐壁上观事不实。当时的情形是,诸侯救兵在钜鹿以北,项羽与秦军的战斗在钜鹿以南,其间相隔一个钜鹿城,诸侯不仅看不到战争场面,而

且也听不到战斗的声音。

注8　史称"燕、齐、楚闻赵急,皆来救",则项羽破秦前的钜鹿下已有三个外国及代地之兵。燕指燕王韩广部将臧荼,齐则非田荣所辖,或为原在赵之田间、田角部,或还有与田安、田都一样的齐国军人,因不满田荣龟缩政策,而擅自出兵的齐军。楚字,前人以为有误,但应该考虑确实有这么一支或几支部队存在,其或是棘蒲侯陈武部,或是破秦东郡之吕泽、王陵部。因为赵将丁复于此年加入刘邦阵营。究竟如何,已不可考。

注9　《李斯列传考证》引林伯桐曰:《始皇本纪》,二世曰,丞相可得见否。阎乐曰,不可。则是二世之死,不得见赵高也。《李斯列传》则曰:赵高入告二世曰,群盗大至。二世恐惧,高即因劫令自杀。则是赵高见二世之死也。此秦之大事,纪与传自相矛盾如此。

注10　《秦始皇本纪考证》引梁玉绳曰:"纪云二十一立,此云十二,盖讹倒耳。纪言二十一者,以逾年改元言之;此言二十者,以始皇崩年言之。"另,《汉书·郊祀志》:而南山巫祠南山秦中。秦中者,二世皇帝也。注引张晏曰:以其强死,魂魄为厉,故祠之。成帝时,匡衡奏罢之。

注11　沛公约和秦将又击之,与项羽约和章邯又击之同。

汉元年

注1　尉佗、章邯之评不确。前者闭关自守,后者力不能敌。

注2　分楚为四、分关中为四国,此即项羽曲解关中之约的举措。

注3　另有守开封不下之秦将赵贲,亦从入关。

注4　此或为沛公的预案或已在执行的行动。

注5　沛公所言不止此,应该有最终的分封结果,即往后项羽范增所阴谋曰:"巴、蜀亦关中地也。"

注6　此传之"暴师霸上,以待大王"及《高祖本纪》《项羽本纪》类似说法,均为刘邦一方统一口径之辞,非事实。

注7　郴,原误作彬。郴为义帝死地,未必为都。《黥布列传》与《刘敬叔孙通列传》均称都长沙。有理。

注8　以上考证本无。按《月表》前已言义帝徙都江南郴,至此仍称其都彭城,当是项羽之国前,未及徙。其所谓都郴事,实为都长沙,但也只是计划

上的,而不是实际上的。至于项羽之都江都,或是义帝未迁时事。今人陈直《史记新证》以为"《秦楚之际月表》,义帝元年二月,项羽都彭城。同月,又都江都(武英殿本,据宋刻)。此条重要史料,细字夹杂在表文内,学者多不注意。仪徵刘毓崧先生有《西楚霸王都江都考》,见《青溪旧屋集》"。按,刘氏文未见,估计项氏之都江都只是一个极其短暂的行为,待义帝迁徙后,其都彭城当无疑问。另,张文虎《校刊史记集解索隐正义札记》卷二称:"各本此格下衍都江都一格。"据此,项羽都江都一事,非孤本抄讹,而是广泛被后人从《史记》中传下来。此事的可能性极大,不当简单视之为传抄错误。估计在义帝迁出之前,项羽在江都或成立了一个建都机构。

注9　所谓都无终一事,当为误。无终地在今天津蓟县,与臧荼所都蓟为一地。绝无二国都一地之理。《汉书注校补》卷二十五曰:"《水经·鲍邱水注》,蓝水迳无终县故城东。注云,秦置右北平郡治此。"则无终为秦右北平郡县,非辽东县。估计韩广拒迁王辽东,于无终被杀。

注10　这个刘邦委屈受封的记载不见于《史记》,应该是当年的一个传说。其与《史记》的区别在于项羽和范增的说法中,《汉书》增加了汉中。不要小看多出这两个字,这就把一个原来不乱的历史搞乱了。早于班固一百多年的司马迁应该是知道这个说法的。之所以他没有采用,显然与此记载未必得当时之实有关。那么司马迁是怎么记的呢?且看《项羽本纪》:"项王、范增疑沛公之有天下,业已讲解,又恶负约,恐诸侯叛之。乃阴谋曰:'巴蜀道险,秦之迁人皆居蜀。'乃曰:'巴、蜀亦关中地也。'故立沛公为汉王,王巴、蜀、汉中,都南郑。而三分关中,王秦降将。以距塞汉王。"《高祖本纪》:"(项羽)负约,更立沛公为汉王,王巴、蜀、汉中,都南郑。"在刘邦经浴血奋战取得的关中支配权面临剥夺的情况下,刘邦本人及其部属欲与项羽力拼,确实有合情合理的成分。但事实上却根本不成立。因为所谓的汉中之封,本就是刘邦自己求得的,不接受乃至意欲动武之举根本无从谈起。所以说,《汉书》记载的这个有鼻子有眼的说法并不可靠。因记载流传甚广,影响深远,故不得不辨。《高帝纪》误同此。

注11　按,《高帝纪》以此事为汉王元年五月前的事,《汉纪》从之。《通鉴》记

为七月后八月前,未为得体。

注12 "皆归逐其主,而自王善地",《考证》引齐召南曰:指田都王临淄,田市王济北;臧荼王燕,司马卬王殷,张耳王常山,皆徙其故王于他处也。不然,(韩)信拜大将在四月,诸侯已各就国罢兵矣,乌知后有田荣杀田都及田市及臧荼杀韩广事乎。新注按,此对话亦属当时传言,未为实录。另外,本纪亦不载登坛拜将事,此事的真伪待考。《水经注·沔水》:"堨水南历堨乡,溪出山东南流迳通关势南。山高百余丈,上有匈奴城,方五里,堑三重。高祖北定三秦,萧何守汉中,欲修北道通关中,故名为通关势。堨水又东迳七女冢,冢夹水罗布如七星,高十余丈,周回数亩。元嘉六年,大水破坟,坟崩出铜,不可称计,得一砖,刻云:项氏伯无子,七女造墎,世人疑是项伯冢。水北有七女池。池东有明月池。状如偃月,皆相通,注谓之张良渠,盖良所开也。堨水迳樊哙台南。台高五六丈,上容百许人。又东南迳大成固北城,乘高势北,临堨水。水北有韩信台,高十余丈,上容百许人。相传,高祖斋七日,置坛设九宾礼,以礼拜信也。"

注13 《史记会注考证·项羽本纪·考证》引梁玉绳曰:"义帝之弑,此与《高(帝)纪》在汉元年四月,而《月表》在二年十月,《黥布传》在元年八月,《汉书》从《月表》,然究未知的在何月。义帝以元年四月自临淮之盱台县徙桂阳之郴,使人趣其行,不及一月可到。英布等追而杀之,则甫及郴即被弑矣。疑四月为是。"造成这种歧见纷呈局面的原因,大概有据项羽发布命令的时间而记者,有据命令最终得到执行的时间而记者。项羽本来是打算在义帝归封的路上完成杀害义帝的,这就是汉元年四月的来由,只因为共、吴二王不奉命而耽搁下来了。但义帝的存在,总是项羽的一个心病,因为义帝不仅是当时名义上的共主,而且其才能在反秦之役中得到充分展示,其才能一旦成为项羽的对立面,将对项羽造成极为不利的局面。另外,义帝死于郴,而非都郴。当是义帝迁往长沙不久,即遭劫杀,南逃至郴,终遇害。义帝之死,实为汉二年十月,因本纪内容,故载于此。

注14 据本纪,田荣助彭越击楚。

注15 按,章邯任命的蜀守之职当属虚设。因当时蜀为汉王封地,雍之势力

不得至此。然此职务之设,亦表明章邯有入侵巴蜀的计划。

注16　中水侯吕马童、吴房侯杨武、高陵侯王周,分别以守将身份加入汉阵营,此数人后为斩项羽者,估计是项羽留在关内的旧部。

注17　居南阳之王陵与安国侯王陵不是同一人。见秦三年定南阳之注码⑮有解,P60。另外,王陵与高祖有旧,虽然有过节,但高祖还是非常呵护这层关系的。

注18　刘贾,高帝从父兄,不知班固何据。另外,刘贾之定塞,与灌婴之定塞,不详以谁为主。估计刘贾定塞之功,是日后为其封王加分而作。

注19　此时汉王未出关,荥阳非在汉势力范围,故此记为误。

注20　此年当数秦王子婴,不数欠妥。沛公于此年十月入秦,时子婴在位,位虽不终,但亦支撑至此时。《纲目》本身也以秦为旧国,不数其王,更无道理。当加:秦王子婴元。今人王云度先生《秦史编年》,亦数秦王子婴元年。另可加代王陈馀元、赵王歇元,因为常山王张耳很有可能是本年被逐,赵歇由陈馀扶持复位,另立陈馀为代王。连同子婴事共叙为,秦、常山皆亡。《月表》称塞、翟降汉,国除。而实际上,汉仍有可能为策略计,继续保留二国的名分。故此二国的存亡似不易定。

汉二年

注1　韩王信都马邑为汉六年事,此年当都阳翟。

注2　殷王卬死,唯见《汉书高纪》,当有所据。

注3　此叙述表明汉未至彭城,项羽便从齐地回师。项羽之破汉彭城一役最能反映项羽的军事才能。当时项羽主力远在彭城以北的齐地,刘邦部肯定会在彭城以北布防。而项羽偏偏没有采取自北向南对彭城进行正面攻击,而是绕到彭城的西面,并选择了清晨这个汉军可能松懈的时间,由西向东对汉实施攻击,一击奏功。刘邦自知才能不及项羽,尽管汉军一举攻克了楚国的老巢,其对项羽的戒备之心始终不会松懈。只是他不曾料到项羽会从意想不到的方向攻击,因此一败涂地。除了未参与此年东进的周勃、郦商,汉军的主要精华均参与下彭城一役,包括张良、陈平、曹参、韩信、灌婴、靳歙等。这些能征惯战之将相,均不能料到项羽会从这样一个不可思议的方位收复彭城,这本身就是一个奇迹。

附 注

注4　王陵之坚守丰于雍,语义未晰,不详其解。《功臣表》的语言或有误,或当作"守丰与雍"乃通。无论丰还是雍,后皆失守。

注5　彭越受封梁相国,非以佐魏豹,而是相当于汉在梁地的代理人。然此史料提到魏豹家世,是否对魏豹回到旧梁地有承诺。如此,则彭越为汉安插在魏豹身边的监控人。

注6　夏侯婴救孝惠鲁元至丰,时为汉守丰者或为王陵,则王陵的救孝惠、元之功或以此为据。此时虏在后,当属情势亟危者。楚将丁公逐汉王,或当其时。

注7　陈馀遣兵助汉的具体事实未见,估计亦未与汉同败彭城。其所谓助汉,可能只局限于为汉壮大声势,而不是直接参与战斗。故当汉败之后,以陈馀为主的赵军得以顺利抽身退步,保持了实力。另外,陈馀之要汉杀张耳,与齐田荣之要楚杀田假等事相类。

注8　此材料使人易产生是韩信出关收降魏、河南、韩、殷诸国。实际上此功劳完全归于刘邦,与韩信似无涉。且齐赵之叛楚,与汉无涉,属各行其是者。此后二国之反汉与楚和,亦无据。因齐与汉从未有联盟,故无所谓反,且齐与楚仇恨之深,和亦不易。另外,韩信破楚京索间,时间在六月前,而本纪记此事在六月后乃至黥布归汉后。则破楚一事是汉王还是韩信,难详。

注9　《考证》曰：三岁当作二岁。吕后入楚在汉二年四月；归也在四年九月。则此所书十月,乃四月之误。一岁乃三岁之误。

注10　彭越此时居河北,《正义》以为其地为"滑州河上"。其归属不详。或属于其或为汉或为楚之骑墙姿态。

注11　张良说刘邦事未必属实。刘邦言其欲捐关以东本非肺腑之言,所谓关以东,即整个函谷关以东。而实际上,刘邦始终坚守在荥阳、成皋一线。而张良对韩信并不了解,此时归汉不久,与韩信甚至根本不认识,居然在刘邦原有阵营中只举他一人。必须指出,直到刘邦败出彭城时,韩信或者还未能独当一面,其才能也就未能得到检验。韩信的军事才能,最初被记在破楚荥阳南。而张、刘说话时,事情还没有发生。何况韩信在破楚荥阳一役中的功绩能否成立,应该没有过硬证据。在此情况下,认定汉王之将唯韩信可以属大事,确实令人难以置信。黥

布是否会叛楚，在当时还是未知数，亦不能将其视为现实必加以考虑。彭越在当时只是新近与刘邦建立了关系，在各方面关系都相当松散的情况下，将一个没有太多渊源的人视为依靠，本身就不合理。其实刘邦部下能战者甚众，曹参、靳歙、灌婴皆是。如果再考虑事迹或受到删节的吕泽部、陈豨部，刘邦的阵营并不缺人。反观项羽，似乎没有值得信赖之人。除项羽本人无人能敌外，其部下非刘邦部下之敌。另外，此说举燕代云云，亦不实。燕到汉定天下时，也只是从汉，非为汉所举。

注 12　按，此三年当从《高祖本纪》作二年。此事件之始当为汉二年，其终，则在汉三年。

注 13　按，此言留项王于齐，不可解。项羽此时已离开齐战场，而淮南即使叛楚，与项氏之战场也当在淮南，而不在齐。

注 14　此言灌婴从击，则击王武等一连串军事行动的指挥当是汉王。而汉王一旦至荥阳，是否会亲率军击诸叛，没有证据。

注 15　汉败彭城后，诸侯叛之。史已确载之分封诸侯姑不论，单就未得封且未明所属者论之，则有王武、程处、柱天侯（史失其姓名）、魏公申徒数人。此数人或原属刘邦，或属于原有封地而与刘邦形成结盟关系，各种可能性均存在。其中魏公申徒或原为楚将，因为称某公者，多为楚封爵号。此数叛汉者，又以王武的势力最为可观。王武的活动范围南自雍丘（即今河南杞县）、外黄（今河南外黄），北至白马（即今河南滑县），西至燕（今河南新郑东），且屡战不能制服。

注 16　朱轸属丁复，虏翟王、雍王，则丁复在定三秦战役中功劳甚大。丁复不属刘邦统辖，是吕泽的部下。《大事记解题》卷八曰：周文数十万之兵至戏下，二世仓皇失措，非章邯，则手就亡矣。所以犹能屈强两岁，皆邯力也。高祖自汉中东出，司马欣、董翳望风稽颡。独邯坚守废丘。攻之逾年不下。至于引水灌之，然后破，此岂脆敌哉。惜其不知所事，身名俱灭。

注 17　黥布归汉为汉三年事，龙且击淮南（实为九江）之初则可能为汉二年事。因为史称龙且击九江数月。黥布与楚之间的攻战当是黥布不利。而《汉书·高帝纪》载黥布事，则未明其与楚战之胜败。此处有追记。

项羽攻下邑事仅见于此,下邑为秦时刘邦所有之砀郡地,刘邦入秦后,有任敖等留守。汉二年,刘邦劫五诸侯击楚,吕泽占据下邑,刘邦彭城失败后,投靠吕泽。此时项羽攻下邑,也不详其得手与否。新注按,楚汉于上年于荥阳相持,楚不利。此败不知与下邑有无关系。项羽释在荥阳之汉王不击而击下邑,则下邑于此时的战略地位相当重要。吕泽后与刘邦均在荥阳与楚相持,或已放弃下邑。另外,黥布归汉的地点亦难以指明,据其畏"楚王杀之"分析,刘邦与黥布会面的地点在荥阳的可能性较大。因为项羽时击下邑,间隔于黥布投刘于荥阳的途中,所以,黥布才不得不丢下部队,只身拜见汉王。项伯收九江兵一事表明,黥布的军队并未被消灭,他丢下部队一事足见其行事鲁莽。而项伯杀黥布妻子,则为吴芮之女,楚杀吴芮之女,则衡山与楚的关系面临破裂。此后未见吴芮在楚汉战争中有何作为,但应该是有倾向性的。

汉三年

注1 《汉书》这段记载可疑之处甚多。首先,灌婴没有参与灭魏之战。其次,项它之步将身份似无大可能。汉二年汉率五诸侯伐楚时,汉将曹参、灌婴败项他于定陶,即为此项它,当时的身份是魏相,估计,此职衔是项羽自王梁楚之地后在旧魏地增设的一个全权代理人。日后刘邦以彭越为梁相国的意思与之相当。魏豹当初与汉共同伐楚,兵败后叛汉,是否能立即得到楚的人力支援,很值得怀疑。而且魏豹的失败为全军覆没式的,日后项他又于汉五年以楚砀郡长的身份降汉,故其人当时在西魏地的可能性极小。第三,魏将冯无择情况可疑。陈直《汉书新证》曰:"秦汉之际,有两冯无择,一为秦将武信侯冯无择,见《史记》(秦)二十八年琅邪台刻题名,及《汉书·冯奉世传》。二为汉博成侯冯无择,吕后元年四月封,文帝四年子冯代嗣侯,见《高惠功臣表》。本文之冯敬,即文帝时官御史大夫者(见于《百官表》及《史记·淮南王传》),亦即贾谊传所称之张相如、冯敬。贾谊政事疏所称之'悍如冯敬',确为秦将冯无择之子。宋祁仅据《功臣表》博成侯冯无择之子名代,因疑冯敬非冯无择之子,实为误解,不知冯敬本为秦将冯无择之子也。冯敬为秦将之子,出于高祖之口,自必灼然可信。冯敬初为魏豹之将,豹败归汉,为史文所

略。班固叙事，特标出秦将二字，亦深恐后人误为汉之博成侯也。"按陈直先生所言甚雄辩，亦有疏漏处。冯无择死后，其子冯代侯，时间非文帝四年，而是吕后四年。此有《史记·惠景间侯者年表》为证。且冯代于吕后八年坐吕氏事诛，国除。其后也从未复国。《汉书》记为文帝四年，乃错排表格之故。第四，所谓韩信请汉王增援兵力东南西北征讨，亦不确，实则是汉王不停地从韩信处调兵。所以但凡与韩信有涉的记载多不实，这段史料亦当如是观。

注2 《曹相国世家》击魏事更详细，且定位于三年。若魏豹之擒在汉二年，而魏地之全定，则肯定延迟到汉三年。如同后来韩信定齐一般，齐王田广已成擒，但齐地之定尚需时日。《高祖功臣侯者年表》中，南安侯宣虎"以河南将军汉王三年降晋阳"；肥如侯蔡寅"以魏太仆三年初从"；祁侯缯贺"以执盾汉王三年初起从晋阳"；则魏地之砥定在汉王三年当无疑问。从来以为击定西魏地是韩信所为，而《曹相国世家》击魏之事要详细得多。则曹参之从韩信，实有辅助考察的意义在焉。而汉代战功簿上，将定魏之功归曹参，也自有其道理。

注3 据《高祖功臣侯者年表》，定西魏、定魏太原，分别有棘丘侯襄与祝阿侯高邑，则定魏一役之功又非韩曹二人可以概尽。另外，祝阿侯高邑"以将军定魏太原，破井陉，属淮阴侯，以瓴度军"。《高祖功臣侯者年表》载高邑"破井陉，属淮阴侯，以瓴度军"，此作战顺序又似先赵后魏。究竟如何，难详。

注4 韩信未必能与郦生对话。此史料可疑。对话提到的人物，没有出现在实际战争的记录中，此或非漏洞，而是编造。

注5 定代之役，《史记》的主要篇章记载甚略，只有《淮阴侯列传》的"汉王遣张耳与信俱，引兵东北击赵、代。后九月，破代兵，擒夏说阏与"，《曹相国世家》的"因从韩信击赵相国夏说军于邬东，大破之，斩夏说"及《功臣表》的"（阳夏侯陈豨）以游击将军别定代"。整个过程的记载就是如此简略，似乎轻而易举，实际情况应该更复杂一点，甚至完全不认可现有记载。先来看看上述史料存在的问题。击代一役在击魏之后展开应该是没有问题的，但从时间上来说，要在汉二年后九月由韩信破代还是有问题的。韩信本传说击赵代，亦表明了一种先后关系，《张耳陈馀列传》

就没有张耳与韩信击代的记录,与韩信传记所说不同。所以张耳之与韩信俱,当为击赵,而与击代无关。代本来就不是封给张耳的,张耳击代,就不那么名正言顺。《张丞相列传》赵地已平,汉王以苍为代相,也提示赵与代的平定是基本同时的事,而且极可能平赵还在平代之前完成。张苍在击赵前,就被汉封为常山守,属于虚封;这个代相,也极可能是在代平定前的虚封。如果根据《功臣表》"阏氏侯冯解敢,以代太尉汉王三年降",则定代时间在汉三年似更合理。

注6 陈馀非战死,据《张丞相列传》,陈馀为张苍所擒。赵王歇也非于此役成擒,《张耳陈馀列传》称"追杀赵王歇襄国"。按《淮阴侯列传》禽赵王歇,则赵王歇属于先擒后杀。

注7 夏说有擒、斩两说。或者是先擒后斩。与赵王歇、陈馀事同。

注8 至于汉使人收韩信精兵诣荥阳事,《樊郦滕灌列传》中灌婴于汉三年前有"北迎相国韩信军于邯郸",《高祖功臣侯者年表》有棘阳侯杜得臣"迎左丞相军"的说法,此后《傅靳蒯成列传》又有蒯成侯"遇淮阴侯兵襄国"之说,诸说或都提示汉收韩信军的具体做法。只是汉二年,韩信部尚未到邯郸,其地点的准确性有疑问。

注9 李左车事迹仅此一见。完全是战国策士之论,未必属实。即使按记录到的陈馀被擒之后,赵地也远没有平定,岂能"案甲休兵",赵且未定,何来"燕必不敢不听从"。赵燕皆未定,就望"齐必从风而服",无稽之甚。况且,最后的平齐模式,完全不符合李氏之论。实际上,楚汉期间与战国颇有类似处。从表面上看,楚强汉弱,汉所能争取到的最好局面,也就是让那些地方诸侯在楚汉相争时两不相帮。因此,无论是李左车的说燕计,还是郦食其的说齐计,都是在一个短暂的时间里稳定住地方势力。最终,还是要通过武力解决。故其人其事,真实性待考。

注10 "楚数使奇兵渡江击赵。"表明在荥阳之外,楚又开辟对汉作战的第二战场。项羽是否至赵,没有明确证据。但从赵重镇失而复得的情况,应该考虑是项羽的手笔。最终赵地战局因汉方势力更强,楚之援军无功而返。根据《功臣表》各将在赵地活动的记录,刘邦似有赴赵作战的迹象。

注11 宣虎以河南将军降汉事,不好理解。河南国已于汉二年并入汉,不当

再有名号。宣虎的事迹为降不为从，则此前其为与汉为敌者。其降汉之地晋阳，时属魏，表明魏亦未于汉二年为汉尽得。是否会有魏豹侵蚀了部分河南疆域，难详。亦有这样一种可能，即，宣虎之为河南将军属于西魏虚授之衔，非实有河南地。考虑到赵对魏的侵占，这个河南将军极可能是赵军。如《高祖功臣侯者年表》之平棘侯执，斩章邯所署蜀守。此蜀守亦虚衔，因为蜀为汉王封地，雍地不得至此。

注12　此材料表明，直到汉三年，代地仍有汉之敌对势力。故史书上所言定代云云，不得以为代地以悉属汉。其为雁门守的时间可能是汉定天下后，亦可能在其前。因为汉王有令，以一郡降者，可封万户。而冯解敢以代太尉降，其功劳不下于以一郡降。故亦可能膺任雁门守之任。

注13　按召欧之定燕、赵，时间不详。亦有可能是汉定天下后，定燕及反叛之赵。但其于汉六年即受封，此事迹可视为楚汉战争时事。

注14　《史记》靳歙击赵事常用"从击"字眼。以其行文惯例，不特别注明从何人，当是从刘邦。以往以为当时刘邦正与项羽相持于荥阳一带，显然不可能抽身击赵。但《傅靳蒯成列传》有"（周緤）东绝甬道，从出度平阴，遇淮阴侯兵襄国"，史称周緤从来没有与刘邦分开过，虽然是夸大其词，则其所从多半是刘邦。此行的目的是从韩信处接受兵源，输送到荥阳前线。《樊郦滕灌列传》记：灌婴"以骑渡河南，送汉王到雒阳。使北迎相国韩信军于邯郸"，与周緤的行动内容相似，正好配成方向相反的一对：周緤是护送刘邦过河北上，灌婴是护送刘邦过河南下。这一往一返，恰好坐实了刘邦在赵的行踪——有前往，有停留，也就有可能直接指挥作战。因此，靳歙所从就是刘邦。考虑到靳歙的战果辉煌，表明靳歙所在战线的汉军赵军规模是决战性质的，主持此线的汉军统帅就是刘邦。

注15　周緤遇韩信事或不在韩信定赵之初。根据周緤本传，言其终无离上心，或者周緤与刘邦同行，也未可知。据《高祖本纪》，汉王与韩信遇事，即与滕公出入其壁夺其军时，被记为汉四年。如周緤从未与汉王分开，则亦参与其事。而史不载周緤，则其不与汉王分开之说，或不确。此所谓遇韩信，实则为汉收韩信之兵至荥阳前线。之所以不直说，汉或在功劳簿上讳言此事。

注 16　此段对话创作色彩过浓,可信度不足。当时已有齐、韩二国为六国之后,魏豹已受汉控制,不存在封的问题。诚如《考证》引王若虚所论:"张良八难,古今以为美谈,窃疑此论甚疏。夫桀纣已灭,然后汤武封其后。而良云,度能制桀之死命,得纣之头,岂封于未灭之前邪。且汤武所以封之者,不绝人之世耳,非以计其利害也。奈何其以项籍之命为比哉。郦生所以说帝者,特欲系众人之心,庶几畔楚而附汉耳,非使封诸项氏也。奈何其以汤武之事势相较哉。汤武虽殊时,事理何异。制死命与得其头,亦何以分列为两节。表商容之闾,释箕子之拘,封比干之墓,此本三事,而并之者,以其一体也。至于倒置干戈,归马放牛,独非一体乎。而复析之为三,何哉。班氏颇见其非,乃并汤武为一,而但云度能制其死命,岂以死命字不属桀纣,而属其后欤。然终与项籍事不类也。"

注 17　周苛守荥阳或不得算大功,周成封于汉九年,其时刘邦欲周昌为赵相,以求自己死后周能保赵王如意不受吕后迫害。或者封周成之举或与这一政治目的有相当之关系,属于对周昌的贿赂,以安其心。但事与愿违,周昌并不能保全如意母子。与周成同等待遇的有郦食其之子郦疥,但后者原本就是汉将,且郦生之功又大于周苛,郦生反秦时下陈留有功,使沛公军获得了大量军需,由此壮大,且召其弟郦商从沛公,兄弟皆为有大功之人。前面说过周苛并非荥阳守军主帅,当时有韩王信、吕泽、孙赤在城中,史有明证,前者为王,后二者为侯,均不可能听命于周苛。故周成之袭封,未必与周苛死有太大关系。只是前人即已如此说,今天也只得如此记而已。

注 18　据冯无择之事迹,当时守荥阳者,未必是周苛、枞公为主。以与汉王亲近言,无人能过吕泽,以当时地位尊崇言,韩王信以诸侯王之尊当无人能及。故周苛事迹不能取信。

注 19　楚汉相持于荥阳成皋、汉王夺韩信军事有记为汉三年,有记为汉四年,现多定于汉三年事。但根据实际情况,应考虑汉四年的可能性。《秦楚之际月表》及《汉兴以来将相名臣年表》均记周苛之死为汉四年。《荆燕世家》亦记刘贾扰梁地为汉四年事。而蒯通说韩信击齐时亦称韩信击赵岁余,以韩信击赵初发时为汉三年冬,当年不得言岁余,岁余则至汉四年。考之于《功臣表》，有几个功臣均为赵将，汉三年从，且有击赵事功。则赵地战事持续到汉四年是合乎情理的。汉四年为楚汉战争的转折点。因前人均认定周苛死及汉王夺韩信军，及发韩信余部击齐为汉三年事，故此事尽管有歧记，但在无过硬材料之前，仍采取从传统说。

注20　汉二年，如果赵都邯郸者，当为赵王歇。张耳汉四年为赵王，二年不得都邯郸。实际上，项羽分封张耳都襄国即信都，后赵王歇因之，未尝都邯郸。襄国为今天的邢台。

注21　《汉书》三年十一月，相当于《史记》四年十一月。汉初以十月为岁首。

注22　据《淮阴侯列传》，韩信未发而郦生说下齐。据此则韩信已发，而郦生尚在做刘邦的工作。此事的前后因果关系，实难确定。郦生说汉王语多不实，或为文学创作。

注23　按，当时未从汉者，尚不止一齐国，临江、衡山均不知其态度取向。只是此二国远离战事，无关楚汉大局。

注24　郦生此说或非实录。刘邦击定三秦事发时，义帝只是受黜，还未被杀，于此被倒为因果。而所谓立诸侯后事本出郦生之计，后因受张良阻挠，未果。齐田本为六国后，非汉立。汉立唯一可以称得上是六国后者，大概就是韩王信了。汉人得战国说士遗风，论说时常常夸大其辞，置事实于不顾。如此例就很典型。郦生自愿说齐，以为齐能为汉之东藩，此说大概是一厢情愿的，不可据以为事实之必然。

注25　韩信各种战事的记载不可信处颇多，定齐破龙且战事亦如之。《功臣表》中，杀龙且之功分属于多人，且有若干与韩信无任何隶属关系者。龙且死地亦另有彭城。究竟如何已不可考。曾国藩有专门论述：《史记》叙韩信破魏豹，以木罂缻渡军；其破龙且，以沙囊壅水；窃尝疑之：魏以大将柏直当韩信，以骑将冯敬当灌婴，以步将项它当曹参，则两军之数，殆亦各不下万人。木罂缻之所渡几何？至多不过二三百人，岂足以制胜乎？沙囊壅水，下可渗漏，旁可横溢，自非兴工严塞，断不能筑成大堰。壅之使下流竟绝，如其河宽盛涨，则塞之固难决之亦复不易；若其小港微流，易壅易决，则决后未必遂不可涉渡也。二者揆之事理，皆不可信。叙兵事者莫善于《史记》，太史公叙兵莫详于《淮阴传》，

而其不足据如此！孟子曰："尽信书，则不如无书。"君子之作事，既征诸古籍，諏诸人言，而又必慎思而明辨之，庶不至冒昧从事耳。

注26　祁侯缯贺事甚突兀。汉败彭城为汉二年，其人加入为汉三年，之后直至决战之前，汉王没有出现在彭城一带，则遭遇追兵一役实不可解。

汉四年

注1　韩信之故相国，实为虚衔，属名誉职务，而非真的行相国事，其性质与曹参之为左丞相、灌婴之为御史大夫同。

注2　此记载或非实录。韩信固然有实力，但其非自身得以立，其主要将领皆是刘邦亲信。曹参、灌婴、孔藂、陈贺等，皆为从刘邦起事者。刘邦之所以屡屡夺韩信军的根据，也就是韩信的原始资本主要是由刘邦提供的。另外，韩信王齐之借口，与当初武臣王赵之借口相同，当时人的思维或即如此。

注3　蒯通说韩信之言或非事实。韩信拒绝武涉游说时，已受刘邦齐王之封。时为汉四年，刘邦此时不当受困于荥阳。也未及在成皋受伤。而韩信是否能于此时背叛汉，亦值得怀疑。韩信在汉军中的供职，类似于受聘。其本身是没有实力的。其所有者，只是个印把子而已，至于部下各将均为刘邦的旧部。又据今人陈直称，《御览》卷六百九十六，引《楚汉春秋》曰："北郭先生献带于淮阴侯曰，牛马人任用，力尽犹不置其革。"据此当时说韩信背汉者，不止蒯通一人也。其说或得当时实情。可参。

注4　按，此五年乃四年之讹，列传同误。张耳之死应当在四年，至少不会迟至五年七月。《高祖本纪》五年二月，皇帝即位，以赵王张敖如故。则其时赵王已非张耳。金陵本《史记汉兴以来诸侯王年表》亦以张耳之薨为四年事。

注5　据明张燧仲和《千百年眼》卷四《侯公碑考》称："侯公说羽事，《汉书》载本末不甚详。高祖以口舌挠之，诚难能矣。然世或恨其太寡恩。宋叶石林有汉金乡侯长君碑云：讳成，字伯盛。山阳防人。汉之兴也，侯公纳策，济太上皇于鸿沟之厄。谥安国君。曾孙辅，封明统侯。光武中兴，玄孙霸，为大司徒，封於陵侯。枝叶繁盛。或家河随，或邑山泽。然后知高祖所以待侯公者，亦不薄，惟不用之而已。汉初群臣未有封侯

者，一时有功，皆旋赐之美名，号曰君，有食邑，如娄敬封奉春君之类是也。"其又曰："《后汉·侯霸传》，河南密人，不言为侯公后，但云族父渊，元帝时宦者，佐石显等领中书，号太常侍。霸以其任为太子舍人。盖史之阙也。汉之遗事，古书无复可见，而得于此，知藏碑不为无补也。"

注6　汉王违约绝非如史料声称是受张、陈唆使。此时汉已占绝对优势，只等迎回汉王家眷后，汉即可发动决战。此前预先部署的种种举措，可以确保汉之胜利。

注7　张苍之代相难解，代地无王，则代相为当地最高军政首长。而自击定代后，当以陈豨为汉在代的最高军政首长。则以张苍为代相，或为化解陈豨功劳的一个手段。

注8　汉在固陵有遭遇大败及取得了大胜的不同记载，实则固陵之战本身就是陈下决战的一个组成部分，结果是汉胜楚败。而且韩信到场了，参加了陈下之战，有《曹相国世家》"韩信为齐王，引兵诣陈"的记录为证。刘邦的违约是有预谋的，汉在约和过程中已经部署决战，封黥布、允诺彭越为梁王，调动灌婴到苦县，韩信也赶到，陈公利几恰到好处变节，都不是临时仓促间能办到的，决非像史料所说是听了张良陈平计而临时决定毁约的。如果是临时决定，韩信不到场是正常的，因为时间上不允许一支大部队几百上千里路能短时间赶到。韩信的兵力移动，且早早到位，很可能是借履行和约之名，行预先埋伏之实。韩信所到达位置，正好与汉在陈下取得的大胜相吻合。张良计里韩信的封地更像日后的楚王，而不是齐王。如果以此地封齐王韩信的话，则彭越的地盘包含在韩信的地盘中。

注9　《魏豹彭越列传·考证》：枫三本，五年作四年为是。汉用秦正，以冬十月为岁首。故冬在前，而秋在后。或云，汉五年三字为衍。

注10　诸汉军破楚陈下记载，已表明陈下战事为决战性质。则之后的决胜垓下，更多的是文学性记载，而非楚汉之关键性战役。

注11　黥布没有参加楚汉决战，只是参加了最后对项羽的合围。故所会地点不在鹿邑之垓下，而在灵璧或固镇之垓下。

汉五年

注1　四面楚歌云云，或非史实，而更像小说。在当时而言，楚汉同枝，汉军唱

楚歌不足为奇,不值得项王大惊小怪。

注2　后世文人根据项羽、虞姬故事敷演出《霸王别姬》剧作,以为虞、项之别,在虞姬殉情后。此事《史记》《汉书》均不见,不可信。根据项羽出逃的行军路线及虞姬墓葬位置,虞之死,当在逃亡途中。周骋曾作《霸王别姬解》一文有辩,其曰,今安徽定远,距项羽突围之垓下(今安徽灵璧东南)路程不近。如虞姬自刎于垓下,项羽携其尸身突围于情于理不合。所以,虞姬或厕身于八百余壮士之中。那么,虞项又于何时别离的呢?据《项羽本纪》,项羽渡过淮河后,从者仅百余人,"至阴陵(《括地志》云定远县西北)迷失道,问一田父,田父绐曰:左。左,乃陷大泽中","项王乃复引兵而东,至东城,乃有二十八骑"。可以肯定,虞姬不在二十八人中。东城在定远县东南五十里,距虞姬墓葬又间隔一段路程。看来,虞、项失散的最有可能地点为大泽之中。也就是说,在项羽渡淮后的从者百八人中,仍有虞姬在内。项羽一行由北南下,田父所绐之左,正是向东。陷于大泽之后,虞姬未能跟上项羽。她和多数人一样,仍按田父指示的方向东行,最终死在日后的墓葬附近。而其死亡形式,又不为人所能断定。另,据俞樾《茶香室丛钞》卷四《项王妾》:"国朝陈锡路《黄嬭(妳)馀话》云:唐傅奕考核《道德经》众本,有项羽妾本,齐武平五年,彭城人开项羽妾冢得之。羽美人之见幸者,人知有虞耳,乃复有耽嗜玄虚,整理铅椠如此一侍儿,亦是大奇。"按此项羽妾或与虞为一人。又,上书卷二十《项羽刀》曰:"梁陶弘景《刀剑录》云:董卓少时,耕野,得一刀,无文字,四面隐起作山云文,剚玉如泥。及卓贵,示五官郎将蔡邕,邕曰:此项羽之刀也。"清人朱彝尊引道士言曰:"去此祠三十里,即阴陵故道,有虞姬墓,墓前有祠,村氓祈子者,率祷祠下,必插花以识之。"(《曝书亭集》卷六十八)可见霸王祠及虞姬墓均距乌江不远。又据《丹铅续录卷》十一《虞美人草》引《贾氏谈录》云:"褒斜谷中有虞美人草,状如鸡冠,花叶相对。《益州草木记》云,雅州名山县出虞美人草,唱虞美人由,应拍而舞。《酉阳杂俎》云,舞草出雅州。《益州方物图赞》,虞作娛。唐人旧曲云:帐中草草军情变,月下旌旗乱揽衣。推枕怆离情。远风吹下楚歌声。正三更,乌骓欲上重相顾。艳态花无主。手中莲锷凛秋霜。九泉归去是,仙乡恨茫茫。"

注3 所谓楚地皆降,引天下兵至鲁的说法或不确切。首先楚地至此未必尽降。吴、浙之下,当为稍后的事;其次,引天下兵至鲁亦不可能。除开灌婴、陈婴、陈贺等人平浙地外,燕、赵、衡山、临江皆有自己的军队,至少衡山、临江未参加对楚决战。《樊郦滕灌列传》灌婴引兵平吴郡,定会稽、豫章郡;《绛侯周勃世家》周勃定泗川郡;《傅靳蒯成列传》靳歙定临江国;以上诸事皆在项羽死后,但未必在鲁降之前。依刘邦葬项羽事,鲁降汉时间当为项羽死后不久。

注4 临江之战之时间,《本纪》与《月表》亦有出入。或者临江之战其始为十二月,而及其平定,则为二月后,本纪以其为五月前,当有根据。言项王爱人,并不能完全解释项羽死后众人叛汉的现象。刘邦起草莽而得天下,不服气者众,原本是情理之中的事。汉六年,刘邦行分封,众部下恐不能遍封,纷纷聚沙地中相与谋,张良以为其欲反,理由是"陛下起布衣,以此属取天下;今陛下为天子,而所封皆故人所亲爱;所诛皆生平所仇怨。今军吏计功,以天下不足遍封;此属畏陛下不能尽封,恐又见疑平生过失及诛,故相聚谋反耳"。日后黥布之反,亦明言"欲为帝耳",虽为临阵时的戏言,却表明反叛并非什么了不得的事。刘邦于汉八年击韩王信馀反寇于东垣回长安,见萧何作宫阙甚伟,怒曰:天下匈匈,苦战数岁,成败未可知,是何治宫室过度也。其时为汉统一后三年,尚不能定于一尊。那么,天下将定未定之初,即使临江王共尉反汉,亦属情理之中,不得归咎于因怀项羽之德而反。

注5 韩王信之都,在《史记》中颇为混乱,其原因可能是韩地的易手过多的关系。韩王成都阳翟,实在未到任,而韩王郑昌都阳城,时间又很短。韩王信应该沿用前二人之都,可他本人又随汉王作战,并于汉三年于荥阳被俘,估计其地亦有易主的情况。至汉五年天下定,汉以其都颍川,时隔不久,又迁其为代王,都马邑。这种频繁的变更,使得记载难厘定其都所的具体时间和地点。故其都有阳翟(《高祖本纪》)、马邑(《秦楚之际月表》)、颍川(《韩信卢绾列传》)三说。

注6 此言分临江为长沙国之事,或不确。汉定临江,以其为南郡,未有分与长沙国事。何况汉五年二月,临江尚未平定,更不得以其地予吴芮。或

者汉于此时以临江之地虚与长沙。待日后以临江为南郡,则原许诺之地不给长沙。

注7　汉王称帝时间为二月,而群臣及诸侯王之劝进在正月。估计此正月亦是到了月底,故经过汉王再三推辞之后,时间就进入二月了。此中情况《汉书·高帝纪》较能说明。

注8　汉以吴芮为长沙王,实则以义帝之故地封之。则在以韩信为义帝守祀之外,又以故楚旧臣吴芮守其封地。故义帝祠在汉延绵不绝香火。

注9　《诸侯王年表》所云诸国之都,非当时之都,而是后世之都。故韩信、彭越、黥布之都,均与之无涉。

注10　韩信三故人经历战事均在世,实属罕见,真实性可疑。

注11　据俞樾《春在堂随笔》卷二载,"福建南台,有闽越王驺无诸庙。庚午之春,余至闽,因往观焉。庙在山上,前殿祀王,后殿并祀夫人。夫人居左,而王右之,以汉制尚右也。其后有钓龙台、钓龙井,云是王故迹。泉水甘洌,瀹茗颇佳。其巅有榕阴山馆,凭栏俯视,海外帆樯,历历可数,亦壮观也。前殿两庑,从祀者四,曰白马王,曰吴岩王,曰显惠将军,曰协惠将军,皆不知何人。嘉庆间碑称,两王皆无诸之孙,白马王即繇君丑,吴岩王即吴阳。其说尚可采。而又以白马王谓即白马三郎。余按白马三郎,乃五代时闽王王审知也。以为无诸之孙,谬矣。又称白马王有射桑溪恶鳝事,因有射鳝尊王之称,荒诞益甚。余谓无诸建国于兹,允宜庙食。以《史》《汉》《闽越传》考之,无诸之后有闽越王郢、闽越王馀善,皆以背汉不善其终,非祀典所宜及。惟繇君丑,是无诸孙,以郢等首恶不预谋,立为越繇王,奉闽越祀。其后又有繇王居股,以杀馀善自归,封东成侯。又有越衍侯吴阳、越建成侯敖,俱以杀馀善功,吴阳封卯石侯,敖封开陵侯。此四人者,于从祀为宜。又有东越将多军降汉,封无锡侯,亦可在从祀之列。此外若吞汉将军驺力,及史失其名之徇北将军,皆叛臣之党,不得与于此矣。闽俗尚鬼,祀典多不经。余悯无诸之庙,而从祀诸人,陋俚无据,因书所见如此。"《曝书亭集》卷六十九《东瓯王庙碑》:"豪杰之士往往起破家亡国之余,流离琐尾,极人情所不堪。卒自奋于当世。论者徒矜其勋伐之隆,至心迹之微隐而不彰者多

矣。张良之于韩，田横之于齐，卒从诸侯灭秦。要其志，期于报仇雪耻而已。若夫封留王齐，岂以是为荣哉？予读史至秦楚之际，有感东海王之事。其报仇雪耻，无异良、横之所为，而终王其故土，守越之宗祀以不废，则又良与横衔悲饮恨而不能致者，王克致之，可不谓难焉。惜未有推明其心者，而仅以赵佗、梅鋗之属视之也。岁在癸卯，予游永嘉，乃得谒王之庙于县治之东，华盖山之下。庙久不治，言之知县事汉阳王君世显修葺之。王君许诺，以予之将归也，先事请予文纪之石。按史，王勾践之后，国覆于楚。至秦郡县天下，废为君长，及诸侯畔秦，王率越从鄱君入关，灭秦。汉击楚，王率越佐汉灭楚。高帝封王于越，以奉越后。惠帝二年，举高帝时越功曰：闽君摇功多，其民便附，乃立为东海王。都东瓯，世俗号东瓯王。庙之所由名也。汉制，非刘氏不王。其初，异姓王者八国。卒就诛灭。王与长沙王芮、闽越王无诸独终始得全，非以忠谨然与。司马迁谓王入关时，项籍主命，弗王，故不附楚。是亦未推王之心者。盖王之国，楚实覆之。项氏虽非楚后，而世为楚将。安知覆越者之非项氏也。然则王之不附楚而佐汉也，明矣。方其丧国于楚，废于秦版图，入丞相府，越人终保而不散。以疮痍未起之众，驰数千里，犯强虎狼秦。及汉军垓下，黥布、信、越期会不进，而王之用命若蹈汤火，盖国耻未雪，王之心有不忍一日怀安者。是可谓豪杰之士矣。"

汉六年

注1　据《月表》，锺离眛之死在上年九月，非汉六年事。"信欲发兵反"，推测之辞，无据。

注2　《陈丞相世家》说汉不如楚兵精，不确。韩信从齐迁楚，不当带全部武装力量，楚军只能在当地招募，而且规模不会太大。则汉不如楚，实为项羽时代，与韩信无涉。

注3　《索隐》曰："《汉书》作同父，以明异母也。"《高帝纪》"十年夏五月，太上皇后崩"太上皇后，非高祖母，当为刘交母。高祖母早卒，于汉五年"二月甲午，追尊先媪曰昭灵夫人"。入楚为人质，亦是刘交之母。

汉七年

注1　刘敬之封侯,不见《功臣表》。此传之广武,与《韩信卢绾列传》广武同,与楚汉相持之广武为两地。

注2　据《匈奴列传》,平城之围有高祖率小股部队轻进之失。

汉十年

注1　据《功臣表》,陈豨从起、为侯,次第清楚。至霸上即为侯,破臧荼又再次封侯。非平城事后封。

注2　建成侯乃吕释之而非吕泽。吕泽已于汉八年死事。

注3　《集解》徐广曰:名泽,高祖八年卒,谥令武侯。追谥曰悼武王。《考证》引梁玉绳曰:吕泽封侯三年而卒,非死事。中井积德曰:死事,盖战殁也,其谥悼,亦见其不终于牖下。洪亮吉曰:考《高纪》八年,高祖击韩王信余寇于东垣,则泽当于此时死。

汉十一年

注1　据《汉兴以来将相名臣年表》,萧何任相国是汉九年的事,则萧何之升迁与韩信案无关。一事为假,事事无据。所以刘邦为此给萧何增加的一切待遇,如一都尉为相国卫,都是靠不住的。

注2　现有史料中,樊哙从未隶属过韩信。故此记载更像是传说而非事实。

注3　《韩信卢绾列传》记:豨以"赵相国将监赵代边兵,边兵皆属"。《高祖功臣侯者年表》记:"十年八月豨以赵相国将兵守代"而反。则陈豨是赵相国,赵代两国武装力量的总指挥,而非钜鹿守。韩信说陈豨为"陛下之信幸臣也",表明陈豨与刘邦的关系牢固,被刘邦剥夺王位后心怀怨气的韩信,不当与陈豨预谋造反之事。陈豨之反也并非与韩信预谋的结果,而是起于周昌告发的偶发事件。故此,整个韩信之反的文本全然不可信。

注4　一直以来刘邦被定为杀韩信的主谋,只是由吕后代劳而已。然卢绾、彭越、黥布之传,均归咎于吕后。刘邦确实没有杀韩信的必要,因为韩信的生存状态对刘邦是无害的。此事发生在刘邦欲更换太子之后,可以

视之为刘吕两家斗法的内容。吕后通过此举可以削弱刘邦势力，为日后吕氏争权取得有利地位。详细剖析可参见菜九段《重审韩信罪案/千古谁识诛淮阴》http：//bbs.daqi.com/bbs_editor/05/1111241944.html

注5　彭越之诛亦为吕后主导。

注6　栾布言彭越在灭楚之功虽有夸大成分，但汉之胜楚确实是合天下之力。

注7　故楚令尹不详何人，其言不实。韩信、彭越之死及黥布之反均为当年事，被分为三年（往年、前年、今年），黥布采用之下策基本上照着黥布的失败过程描写，且黥布反时并没有吴。无论吴楚均在淮南东面，不可能东取吴，西取楚。

汉十二年

注1　吕泽误。当为吕释之。据《功臣表》，吕泽已于汉八年死事。如意此年至少八九岁，不可能抱在手里。所以此史料为文学创作。

附 录

1. 汉高之文*

（网友）及至诱惑辑录。

帝姓刘氏，讳邦，字季，沛丰邑中阳里人。初为泗上亭长，秦二世元年起兵，称沛公。明年，楚怀王以为砀郡长，封武安侯。以子婴元年西入关，项羽立为汉王，都南郑。以汉五年破项羽，即皇帝位，都长安。在位十二年，谥曰高皇帝，庙号太祖，亦曰高祖。有《传》十三篇。（《汉志》在儒家，本注曰："高祖与大臣述古语及诏策也。"）

○书帛射城上与沛父老（秦二世元年九月）

天下同苦秦久矣。今父老虽为沛令守，诸侯并起，今屠沛。沛今共诛令，择可立立之，以应诸侯，即室家完。不然，父子俱屠，无为也。（《汉书·高纪》上）

○入关告谕（汉元年十一月）

父老苦秦苛法久矣。诽谤者族，耦语者弃市。吾与诸侯约，先入关者王之，吾当王关中。与父老约，法三章耳。杀人者死，伤人及盗抵罪。馀悉除去秦法，吏民皆安堵如故。凡吾所以来，为父兄除害，非有所侵暴，毋恐。且吾所以军霸上，待诸侯至而定要束耳。（《汉书·高纪》上）

○发使告诸侯（二年三月）

天下共立义帝，北面事之。今项羽放杀义帝江南，大逆无道。寡人亲为发丧，兵皆缟素。悉发关中兵，收三河士，南浮江汉以下，愿从诸侯王击楚之杀义帝者。（《汉书·高纪》上）

○重祠诏（二年）

吾甚重祠而敬祭。今上帝之祭，及山川诸神当祠者，各以其时礼祠之如

---

* 原始地址：刘邦吧_百度贴吧 http://tieba.baidu.com/p/194033546？pn=1 新注按，今对其次序，按可以确认的年代，以时间先后为序，做一定调整。

故。(《汉书·郊祀志》上)

○数项羽十罪(四年十月)

吾始与羽俱受命怀王曰："先定关中者王之。"羽负约，王我於蜀汉，罪一也。羽矫杀卿子冠军，自尊，罪二也。羽当以救赵还报，而擅劫诸侯兵入关，罪三也。怀王约入秦无暴掠，羽烧秦宫室，掘始皇帝冢，收私其财，罪四也。又强杀秦降王子婴，罪五也。诈坑秦子弟新安二十万，王其将，罪六也。皆王诸将善地，而徙逐故主，令臣下争叛逆，罪七也。出逐义帝彭城，自都之，夺韩王地，并王梁楚，多自与，罪八也。使人阴杀义帝江南，罪九也。夫为人臣而杀其已降，为政不平，主约不信，天下所不容，大逆无道，罪十也。吾以义兵从诸侯诛残贼，使刑徐罪人击公，何苦乃与公挑战。(《汉书·高纪》上)

○下令恤军士死者(四年七月)

军士不幸死者，吏为衣衾棺敛，转送其家。(《汉书·高纪》上)

○下令立韩信为楚王彭越为梁王(五年正月)

楚地已定，义帝亡后，欲存恤楚众，以定其主。齐王信习楚风俗，更立为楚王，王淮北，都下邳。魏相国建成侯彭越，勤劳魏民，卑下士卒，常以少击众，数破楚军，其以魏故地王之，号曰梁王，都定陶。(《汉书·高纪》下)

○下令赦天下(五年正月)

兵不得休八年，万民与苦甚。今天下事毕，其赦天下殊死已下。(《汉书·高纪》下)

○答诸侯王韩信等上尊号(五年二月)

寡人闻帝者贤者有也。虚言无实之名，非所取也。今诸侯王皆推高寡人，将何以处之哉？(《汉书·高纪》下)

诸侯王幸以为便于天下之民，则可矣。(同上)

○立吴芮为长沙王诏(五年二月)

故衡山王吴芮，与子二人兄子一人，从百粤之兵，以佐诸侯诛暴秦，有大功，诸侯立以为王。项羽侵夺之地，谓之番君。其以长沙、豫章、象郡、桂林、南海立番君芮为长沙王。(《汉书·高纪》下)

制诏御史，长沙王忠，其定著令。(《汉书·吴芮传》)

○以亡诸为闽粤王诏(五年二月)

故粤王亡诸，世奉粤祀，秦侵夺其地，使其社稷不得血食。诸侯伐秦，亡诸

身帅闽中兵以佐灭秦,项羽废而弗立。今以为闽粤王,王闽中地,勿使失职。(《汉书·高纪》下)

○罢兵赐复诏(五年五月)

诸侯子在关中者,复之十二岁,其归者半之。民前或相聚保山泽,不书名数。天下已定,令各归其县,复故爵田宅。吏以文法教训辨告,勿笞辱。民以饥饿自卖为人奴婢者,皆免为庶人。军吏卒会赦,其亡罪而亡爵及不满大夫者,皆赐爵为大夫,故大夫以上赐爵各一级,其七大夫以上皆令食邑,非七大夫以下皆复其身及户,勿事。(《汉书·高纪》下)

七大夫、公乘以上,皆高爵也。诸侯子及从军归者,甚多高爵。吾数诏吏,先与田宅,及所当求於吏者,亟与。爵或人君,上所尊礼,久立吏前,曾不为决,甚亡谓也。异日秦民爵公大夫以上,令丞与亢礼。今吾於爵非轻也,吏独安取此?且法以有功劳行田宅,今小吏未尝从军者多满,而有功者顾不得,背公立私,守尉长吏教训甚不善。其令诸吏善遇高爵,称吾意,且廉问。有不如吾诏者,以重论之。(同上)

○诏卫尉郦商(五年五月)

齐王田横即至,人马从者敢摇动者,致族夷。(《史记·田儋传》《汉书·田儋传》)

○赦诏(六年十二月)

天下既安,豪杰有功者封侯。新立,未能尽图其功。身居军九年,或未习法令,或以其故犯法,大者死刑,吾甚怜之。其赦天下。(《汉书·高纪》下)

○择立齐王荆王诏(六年十二月)

齐,古之建国也。今为郡县,其复以为诸侯。将军刘贾,数有大功,及择宽惠修絜者,王齐、荆地。(《汉书·高纪》下,又见《荆王刘贾传》)

○封爵誓(六年十二月)

使黄河如带,泰山若厉,国以永存,爰及苗裔。(《汉书·高惠高后文功臣表》,又《三国志·周瑜传》引作"如砺",馀皆同。)

○丹书铁券

使黄河如带,泰山如砺,汉有宗庙,尔无绝世。(《太平御览》五百九十八又六百三十三,《困学纪闻》十二引陆贾《楚汉春秋》:高帝初封侯者,皆赐丹书铁券曰。)

○又与群臣刑白马而盟

非刘氏不王，若有亡功非上所置而侯者，天下共诛之。（□□□□□□□□）

非刘氏而王者，天下共击之。（《汉书·王陵传》：高皇帝刑白马而盟云云。又见《史记·吕后纪》，无"者"字。又见《汉书·外戚传》）

非刘氏不得王，非有功不得侯。不如约，天下共击之。（《汉书·周勃传》，案《书抄》八十一引《汉书》云："黄河如带，泰山如砺，其国永存，爰及苗裔。申以丹书之信，重以白马之盟。"）

○上太公尊号诏（六年五月）

人之至亲，莫亲於父子，故父有天下，传归於子；子有天下，尊归於父，此人道之极也。前日天下大乱，兵革并起，万民苦殃，朕亲被坚执锐，自帅士卒，犯危难，平暴乱，立诸侯，偃兵息民，天下大安，此皆太公之教训也。诸王、通侯将军、群卿、大夫已尊朕为皇帝，而太公未有号。今上尊太公曰太上皇。（《汉书·高纪》下）

○赐韩王信书（六年九月）

专死不勇，专生不任。寇攻马邑，君王力不足以坚守乎？安危存亡之地，此二者，朕所以责於君王。（《汉书·韩王信传》：上赐信书责让之。）

○疑狱诏（七年）

制诏御史：狱之疑者，吏或不敢决，有罪者久而不论，无罪者久系不决。自今以来，县道官狱疑者，各谳所属二千石官，二千石官以其罪名当报之。所不能决者，皆移廷尉，廷尉亦当报之。廷尉所不能决，谨具为奏，传所当比律令以闻。（《汉书·刑法志》）

○复吏卒限制衣冠令（八年三月）

吏卒从军至平城及守城邑者，皆复终身勿事。爵非公乘以上，毋得冠刘氏冠。贾人毋得衣锦绣绮縠絺纻罽，操兵，乘骑马。（《汉书·高纪》下）

○立灵星祠诏（八年）

制诏御史，其令郡国县立灵星祠，常以岁时祠以牛。（《史记·封禅书》《汉书·郊祀志》上）

○捕赵王张敖诏（八年）

赵有敢随王者，罪三族。（《史记·田叔传》）

○择立代王诏(十一年正月)

代地居常山之北,与夷狄边,赵乃从山南有之,远,数有胡寇,难以为国。颇取山南太原之地益属代,代之云中以西为云中郡,则代受边寇益少矣。王、相国、通侯、吏二千石择可立为代王者。(《汉书·高纪》下)

○定口赋诏(十一年二月)

欲省赋甚,今献未有程,吏或多赋以为献,而诸侯王尤多,民疾之。令诸侯王、通侯,常以十月朝献,及郡各以其口数率,人岁六十三钱,以给献费。(《汉书·高纪》下)

○求贤诏(十一年二月)

盖闻王者莫高於周文,伯者莫高於齐桓,皆待贤人而成名。今天下贤者智能岂特古之人乎?患在人主不交故也,士奚由进?今吾以天之灵,贤士大夫定有天下,以为一家,欲其长久世世奉宗庙亡绝也。贤人以与我共平之矣,而不与吾共安利之,可乎?贤士大夫有肯从我游者,吾能尊显之。布告天下,使明知朕意,御史大夫昌下相国,相国酂侯下诸侯王,御史中执法下郡守,其有意称明德者,必身劝为之驾,遣诣相国府,署行义年,有而弗言,觉,免。年老癃病勿遣。(《汉书·高纪》下)

○择立梁王淮阳王诏(十一年三月)

择可以为梁王、淮阳王者。(《汉书·高纪》下)

○立赵它为南粤王诏(十一年五月)

粤人之俗,好相攻击。前时秦徙中县之民南方三郡,使与百粤杂处。会天下诛秦,南海尉它居南方长治之,甚有文理,中县人以故不耗减,粤人相攻击之俗益止,俱赖其力。今立它为南粤王。(《汉书·高纪》下)

○择立吴王诏(十二年十月)

吴,古之建国也。日者荆王兼有其地,今死亡后,朕欲复立吴王,其议可者。(《汉书·高纪》下)

○置秦皇楚王陈胜等守冢诏(十二年十二月)

秦皇帝、楚隐王、魏安釐王、齐愍王、赵悼襄王皆绝亡后,其与秦始皇帝守冢二十家,楚、魏、齐各十家,赵及魏公子亡忌各五家,令视其冢,复亡与它事。(《汉书·高纪》下)

○议立燕王诏(十二年二月)

燕王绾与吾有故,爱之如子。闻与陈豨有谋,吾以为亡有,故使人迎绾。绾称疾不来,谋反明矣。燕吏民非有罪也,赐其吏六百石以上爵各一级。与绾居去来归者赦之,加爵亦一级。诏诸侯王议可立为燕王者。(《汉书·高纪》下)

○立南武侯织为南海王诏(十二年二月)

南武侯织,亦粤之世也。立以为南海王。(《汉书·高纪》下)

○布告天下诏(十二年三月)

吾立为天子,帝有天下,十二年於今矣。与天下之豪士贤大夫共定天下,同安辑之。其有功者,上致之王,次为列侯,下乃食邑;而重臣之亲,或为列侯,皆令自置吏,得赋敛;女子公主,为列侯食邑者,皆佩之印,赐大第室;吏二千石,徙之长安,受小第室,入蜀汉定三秦者,皆世世复。吾於天下贤士功臣,可谓亡负矣。其有不义,背天子擅起兵者,与天下共伐诛之。布告天下,使明知朕意。(《汉书·高纪》下)

○手敕太子

吾遭乱世,当秦禁学,自喜,谓读书无益。洎践祚以来,时方省书,乃使人知作者之意,追思昔所行,多不是。(《古文苑》)

尧舜不以天下与子而与他人,此非为不惜天下,但子不中立耳。人有好牛马尚惜,况天下耶?吾以尔是元子,早有立意。群臣咸称汝友四皓,吾所不能致,而为汝来,为可任大事也。命定汝为嗣。(同上)

吾生不学书,但读书问字而遂知耳。以此故不大工,然亦足自辞解。今视汝书,犹不如吾。汝可勤学习。每上疏,宜自书,弗使人也。(同上)

汝见萧、曹、张、陈诸公侯,吾同时人,倍年於汝者,皆下拜,并语於汝诸弟。(同上)

吾得疾遂困,以如意母子相累,其馀诸儿皆自足立,哀此儿犹小也。(同上)

○夷三族令

当三族者,皆先黥劓,斩左右止,笞杀之,枭其首,菹其骨肉於市。其诽谤詈诅者,又先断舌。(《汉书·刑法志》:汉兴,约法三章,然其大辟尚有夷三族之令,故谓之具五刑,彭越、韩信之属皆受此诛。)

○所述书天子所服第八

(案此即《艺文志》儒家所载高祖《传》十三篇之一也)

大谒者臣章受诏长乐宫,曰:"令群臣议天子所服,以安治天下。"相国臣何,御史大夫臣昌,谨与将军臣陵、太子太傅臣通等议:春夏秋冬天子所服,当法天地之数,中得人和。故自天子王侯有土之君,下及兆民,能法天地、顺四时,以治国家,身亡祸殃,年寿永究,是奉宗庙安天下之大礼也。臣请法之。中谒者赵尧举春,李舜举夏、汤举秋,贡禹举冬。(师古曰:高帝时自有一贡禹也。")四人各职一时。大谒者襄章奏。制曰"可"。(《汉书·魏相传》:相表奏引高皇帝所述书《天子所服第八》。)

2. 秦楚之际月表序

太史公读秦、楚之际曰:初作难,发于陈涉。虐戾灭秦,自项氏。拨乱诛暴,平定海内,卒践帝祚,成于汉家。五年之间,号令三嬗。自生民以来,未始有受命若斯之亟也。昔虞、夏之兴,积善累功数十年,德洽百姓,摄行政事,考之于天,然后在位。汤、武之王,乃由契、后稷修仁行义十余世,不期而会孟津八百诸侯。犹以为未可。其后乃放弑。秦起襄公,章于文、缪。献、孝之后,稍以蚕食六国。百有余载,至始皇。乃能并冠带之伦。以德若彼,用力如此。盖一统若斯之难也。秦既称帝。患兵革不休,以有诸侯也。于是无尺土之封,堕坏名城,销锋镝,鉏豪桀,维万世之安。然王迹之兴,起于闾巷,合从讨伐,轶于三代。乡秦之禁,适足以资贤者,为驱除难耳。故愤发其所为天下雄。安在无土不王?此乃传之所谓大圣乎?岂非天哉?岂非天哉?非大圣,孰能当此受命而帝者乎?

3. 汉兴以来诸侯王年表序

太史公曰:殷以前尚矣。周封五等,公,侯,伯,子,男。然封伯禽、康叔于鲁、卫。地各四百里。亲亲之义,褒有德也。太公于齐,兼五侯地。尊勤劳也。武王、成、康所封数百。而同姓五十五。地,上不过百里,下三十里,以辅卫王室。管、蔡、康叔、曹、郑,或过或损。厉、幽之后,王室缺,侯伯彊国兴焉。天子微弗能正。非德不纯。形势弱也。汉兴序二等。高祖末年,非刘氏而王者,若无功上所不置而侯者,天下共诛之。高祖子弟同姓,为王者九国。唯独长沙异姓。而功臣侯者百有余人。自雁门、太原以东至辽阳,为燕、代国。常山以南,大行左转,度河、济、阿、甄以东薄海,为齐、赵国。自陈以西,南至九疑,东带江、淮、穀、泗,薄会稽,为梁、楚、淮南、长沙国。皆外接于胡、越。而内地北距山以东,尽诸侯地。大者或五六郡,连城数十,置百官,宫观僭于天子。汉独有三河、东郡、颍川、南阳。自江陵以西至蜀,北自云中至陇西,与内史凡十五郡。而公主列侯,颇食邑其中。何者? 天下初定,骨肉同姓少,故广彊庶孽,以镇抚四海,用承卫天子也。汉定百年之间,亲属益疏,诸侯或骄奢,忕邪臣计谋为淫乱。大者叛逆,小者不轨于法,以危其命,殒身亡国。天子观于上古,然后加惠,使诸侯得推恩分子弟国邑。故齐分为七,赵分为六,梁分为五,淮南分三。及天子支庶子为王,王子支庶为侯,百有余焉。吴楚时,前后诸侯,或以適削地。是以燕、代无北边郡,吴、淮南、长沙无南边郡,齐、赵、梁、楚支郡名山陂海,咸纳于汉。诸侯稍微,大国不过十余城,小侯不过数十里。上足以奉贡职,下足以供养祭祀,以蕃辅京师。而汉郡八九十,形错诸侯间,犬牙相临。秉其阨塞地利,彊本幹弱枝叶之势也。尊卑明,而万事各得其所矣。臣迁谨记高祖以来至太初诸侯,谱其下益损之时,令时世得览。形势虽彊,要之以仁义为本。

4. 高祖功臣侯者年表序

太史公曰:古者人臣功有五品。以德立宗庙定社稷曰勋。以言曰劳。用力曰功。明其等曰伐。积日曰阅。封爵之誓曰:"使河如带,泰山若厉,国以永宁,爰及苗裔。"始未尝不欲固其根本。而枝叶稍陵夷衰微也。余读高祖侯功臣,察其首封所以失之者,曰:异哉所闻! 书曰"协和万国"。迁于夏商,或数千岁。盖周封八百。幽、厉之后,见于《春秋》。《尚书》有唐、虞之侯伯。历三代千有余载。自全以蕃卫天子。岂非笃于仁义奉上法哉? 汉兴,功臣受封者百有余人。天下初定。故大城名都散亡,户口可得而数者十二三。是以大侯不过万家。小者五六百户。后数世,民咸归乡里,户益息,萧、曹、绛、灌之属,或至四万,小侯自倍。富厚如之。子孙骄溢,忘其先淫嬖。至太初,百年之间,见侯五。余皆坐法陨命亡国耗矣。罔亦少密焉。然皆身无兢兢于当世之禁云。居今之世,志古之道。所以自镜也。未必尽同帝王者,各殊礼而异务。要以成功为统纪。岂可绲乎? 观所以得尊宠,及所以废辱,亦当世得失之林也。何必旧闻? 于是谨其终始,表见其文。颇有所不尽本末。著其明,疑者阙之。后有君子,欲推而列之,得以览焉。

5. 高惠高后文功臣表序

自古帝王之兴,曷尝不建辅弼之臣所与共成天功者乎！汉兴自秦二世元年之秋,楚陈之岁,初以沛公总帅雄俊,三年然后西灭秦,立汉王之号,五年东克项羽,即皇帝位。八载而天下乃平,始论功而定封。迄十二年,侯者百四十有三人。时大城名都民人散亡,户口可得而数裁什二三,是以大侯不过万家,小者五六百户。封爵之誓曰:"使黄河如带,泰山若厉,国以永存,爰及苗裔。"于是申以丹书之信,重以白马之盟,又作十八侯之位次。高后二年,复诏丞相陈平尽差列侯之功,录弟下竟,臧诸宗庙,副在有司。始未尝不欲固根本,而枝叶稍落也。

6. 外戚恩泽侯表序

自古受命及中兴之君,必兴灭继绝,修废举逸,然后天下归仁,四方之政行焉。传称武王克殷,追存贤圣,至乎不及下车。世代虽殊,其揆一也。高帝拨乱诛暴,庶事草创,日不暇给,然犹修祀六国,求聘四皓,过魏则宠无忌之墓,适赵则封乐毅之后。及其行赏而授位也,爵以功为先后,官用能为次序。后嗣共己遵业,旧臣继踵居位。至乎孝武,元功宿将略尽。会上亦兴文学,进拔幽隐,公孙弘自海濒而登宰相,于是宠以列侯之爵。又畴咨前代,询问耆老,初得周后,复加爵、邑。自是之后,宰相毕侯矣。元、成之间,晚得殷世,以备宾位。

汉兴,外戚与定天下,侯者二人。故誓曰:"非刘氏不王,若有亡功非上所置而侯者,天下共诛之。"是以高后欲王诸吕,王陵廷争;孝景将侯王氏,修侯犯色。卒用废黜。是后薄昭、窦婴、上官、卫、霍之侯,以功受爵。其余后父据《春秋》褒纪之义,帝舅缘《大雅》申伯之意,浸广博矣。是以别而叙之。

7. 太史公自序（节选）

始皇既立,并兼六国。销锋铸鐻,维偃干革。尊号称帝,矜武任力。二世受运,子婴降虏。作始皇本纪。第六。

秦失其道,豪桀并扰。项梁业之,子羽接之。杀庆救赵,诸侯立之。诛婴背怀,天下非之。作项羽本纪。第七。

子羽暴虐，汉行功德。愤发蜀汉，还定三秦。诛籍业帝，天下惟宁。改制易俗。作高祖本纪。第八。

秦既暴虐，楚人发难。项氏遂乱，汉乃扶义，征伐八年之间，天下三嬗。事繁变众。故详著秦楚之际月表。第四。

汉兴已来，至于太初百年。诸侯废立分削，谱纪不明。有司靡踵，彊弱之原云以世。作汉兴已来诸侯年表。第五。

维高祖元功，辅臣股肱，剖符而爵，泽流苗裔。忘其昭穆，或杀身陨国。作高祖功臣侯者年表。第六。

国有贤相良将，民之师表也。维见汉兴以来将相名臣年表，贤者记其治，不贤者彰其事。作汉兴以来将相名臣年表。第十。

桀、纣失其道，而汤、武作。周失其道，而春秋作。秦失其政，而陈涉发迹，诸侯作难，风起云蒸，卒亡秦族。天下之端，自涉发难。作陈涉世家。第十八。

成皋之台，薄氏始基。诎意适代，厥崇诸窦。栗姬偩贵，王氏乃遂。陈后太骄，卒尊子夫。嘉夫德若斯，作外戚世家。第十九。

汉既谲谋，禽信于陈。越、荆剽轻，乃封弟交为楚王。爰都彭城，以彊淮、泗，为汉宗藩。戊溺于邪，礼复绍之。嘉游辅祖。作楚元王世家。第二十。

维祖师旅，刘贾是与。为布所袭，丧其荆、吴。营陵激吕，乃王琅邪。怵午信齐，往而不归。遂西入关，遭立孝文，获复王燕。天下未集，贾、泽以族为汉藩辅。作荆燕世家。第二十一。

天下已平，亲属既寡，悼惠先壮，实镇东土。哀王擅兴，发怒诸吕。驷钧暴戾，京师弗许。厉之内淫，祸成主父。嘉肥股肱，作齐悼惠王世家。第二十二。

楚人围我荥阳，相守三年。萧何填抚山西，推计踵兵，给粮食不绝。使百姓爱汉，不乐为楚。作萧相国世家。第二十三。

与信定魏，破赵拔齐，遂弱楚人，续何相国。不变不革，黎庶攸宁。嘉参不伐功矜能，作曹相国世家。第二十四。

运筹帷幄之中，制胜于无形。子房计谋其事，无知名，无勇功，图难于易，为大于细。作留侯世家。第二十五。

六奇既用，诸侯宾从于汉。吕氏之事，平为本谋。终安宗庙定社稷。作陈丞相世家。第二十六。

诸吕为从，谋弱京师。而勃反经合于权。吴、楚之兵，亚夫驻于昌邑，以戹齐、赵,而出委以梁。作绛侯世家。第二十七。

能明其画,因时推秦,遂得意于海内,斯为谋首。作李斯列传。第二十七。

为秦开地益众,北靡匈奴,据河为塞,因山为固,建榆中。作蒙恬列传。第二十八。

填赵塞常山,以广河内,弱楚权,明汉王之信于天下。作张耳陈馀列传。第二十九。

收西河上党之兵,从至彭城。越之侵掠梁地,以苦项羽。作魏豹彭越列传。第三十。

以淮南叛楚归汉。汉用得大司马殷,卒破子羽于垓下。作黥布列传。第三十一。

楚人迫我京索,而信拔魏、赵,定燕、齐,使汉三分天下有其二,以灭项籍。作淮阴侯列传。第三十二。

楚、汉相距巩洛,而韩信为填颍川,卢绾绝籍粮饷。作韩信卢绾列传。第三十三。

诸侯畔项王,唯齐连子羽城阳。汉得以间遂入彭城。作田儋列传。第三十四。

攻城野战,获功归报。哙、商有力焉。非独鞭策,又与之脱难。作樊郦列传。第三十五。

汉既初定,文理未明。苍为主计,整齐度量,序律历。作张丞相列传。第三十六。

结言通使,约怀诸侯。诸侯咸亲,归汉为藩辅。作郦生陆贾列传。第三十七。

欲详知秦、楚之事,维周緤常从高祖,平定诸侯。作傅靳蒯成列传。第三十八。

徙彊族都关中,和约匈奴;明朝廷礼,次宗庙仪法。作刘敬叔孙通列传。第三十九。

能摧刚作柔,卒为列臣;栾公不劫于势而倍死。作季布栾布列传。第四十。

自三代以来,匈奴常为中国患害。欲知彊弱之时,设备征讨。作匈奴列传。第五十。

维我汉继五帝末流,接三代统业。周道废,秦拨去古文,焚灭诗书。故明堂石室,金匮玉版,图籍散乱。于是汉兴,萧何次律令,韩信申军法,张苍为章程,叔孙通定礼仪,则文学彬彬稍进,诗书往往间出矣。自曹参荐盖公言黄老,而贾生、晁错明申、商,公孙弘以儒显,百年之间,天下遗文古事,靡不毕集太史公。

8. 秦楚之际诸侯王(《文献通考·封建考》)

秦楚之际起兵自立者凡六国

楚　陈胜,阳城人。为闾左戍屯长,屯大泽乡。二世元年七月,起兵于蕲,据陈自立为王,号张楚。至二年十二月兵败,其御庄贾杀陈王以降。自起兵至亡凡六月,秦以十月为岁首,二年十二月,乃建亥之三月也。襄彊,陈涉既起兵,令符离人葛婴徇地。时楚兵数千人为聚者,不可胜数。婴至东城,立彊为楚。后闻陈王已立,因杀襄彊。景驹,陈王初立时,陈人秦嘉等皆特起,将兵围东海(今海州),自为大司马。二世二年正月,嘉闻陈王兵破出走,乃立景驹为楚王,引兵之方与(兖州县)。三月,项梁击秦嘉,嘉军败,死。景驹走,死梁地。义帝,秦二世二年三月,范增说项梁立楚后,梁求得楚怀王孙心于民间,六月,立以为楚怀王,都盱眙。汉王九年正月,项羽尊怀王为义帝,徙于江南,都郴。二年,项羽密使九江、衡山、临江王击义帝,杀之江中。自立至弑,凡二年零四月。

赵　武臣,陈人。为陈王将军,将兵徇赵,下赵七十余城,二世八月,自立为赵王。二年十一月,其将李良袭邯郸,杀赵王。自立至亡,凡五月。赵王歇,李良既杀武臣,张耳、陈馀收赵散兵击良,败之。二世二年春正月,耳、馀立歇为赵王。汉元年,项羽徙歇为代王,以张耳为常山王,分赵为二。陈馀击耳,耳败走归汉,迎赵王于代,复为赵王。汉三年,韩信、张耳击赵,禽王歇。自立至亡,凡三年零九月。

燕　韩广,赵人,为赵王武臣将兵徇燕。二世元年九月至蓟,自立为燕王。汉王元年正月,项羽分燕为二,徙广为辽东王,都无终;以臧荼为燕王。广不肯徙,臧荼杀广,并其地。自立至亡,凡二年零十一月。

齐　田儋,故齐王族。二世元年九月,陈王令将周市徇地至狄,儋因杀狄令,自立为齐王,发兵击周市。市还。二年六月,章邯击魏,儋救魏,邯大破齐、魏军,杀儋。田荣收儋余兵走东阿。齐人入故齐王建弟假为王,荣逐假立儋子市为王。汉王元年正月,项羽分齐为三,徙市为胶东王,都即墨。六月,田荣杀市而自立,并取三齐之地。二年,项王北击齐,齐王荣战败死。项王复立田假为齐王,荣弟横立荣子广为王,攻田假。假走死,横复定三齐之地。四年,韩信袭破齐,虏王广。自儋至广凡四传,共六年。

魏　甯陵君咎本魏公子。在陈。二世元年九月,陈王将周市徇地至魏。魏地已定,乃迎咎于陈,立为魏王。二年六月,章邯击破魏,咎自杀。其弟豹亡走楚,楚怀王与豹兵,复徇魏地。九月,豹自立为王,都平阳。汉王元年正月,项羽自取梁地,徙豹为西魏王,王河东。二年八月,韩信击魏虏豹。凡二传四年。

韩　横阳君成本,韩诸公子。二世二年六月,项梁已立楚怀王,张良说梁立韩后,谓成最贤,乃立为韩王,西略韩地得数城。汉王元年十月,从项羽略地入关。二年,羽分韩为河南,令韩王成因故都都阳翟。羽以韩王成无功,故不遣之国,与俱至彭城,废以为穰侯,已又杀之。自立至亡凡三年。

项王所立诸侯王凡十四国

楚　汉元年正月,项羽分天下,王诸将,自立为西楚霸王,王梁、楚地九郡,都彭城。五年十二月,汉灭之。自立至灭凡四年。

雍　秦将章邯降项羽,羽立为雍王,王咸阳以西,都废邱。汉二年二月,汉王取雍地,杀邯。自立至亡凡一年零五月。

塞　秦长史司马欣故为栎阳狱掾,尝有德于项梁,故羽立为塞王,王咸阳以东至河,都栎阳。汉元年八月,汉王袭雍,遣诸将略地,塞王欣降。自立至亡凡七月。

翟　秦都尉董翳本劝章邯降楚,故羽立翳为翟王,王上郡,都高奴。汉元年八月,汉王遣兵至咸阳,翟王翳降。自立至亡凡七月。

河南　瑕邱申阳者,张耳嬖臣也。先下河南郡,迎楚河上,故羽分韩地立申阳为河南王,都洛阳。汉二年十月,河南王申阳降汉,为河南郡。自立至亡凡九月。

殷　赵将司马卬定河南,数有功,故羽立卬为殷王,王河内,都朝歌。二年春三月,汉王自临晋渡河,取魏,将兵从。下河内,房殷王卬,置河内郡。自立至亡凡十四月。

常山　羽以赵相张耳素贤,从入关,故立耳为常山王,王赵地,治襄国。汉二年十月,陈馀以赵兵与齐共袭常山王张耳。败走归汉。自立至败凡九月(后汉以耳为赵王)。

九江　当阳君黥布为楚将,常冠军,故羽立布为九江王,都六。汉三年十一月,使谒者随何说布叛楚,间行归汉。楚收九江兵,杀布妻子。自立至归汉凡一年零十月。

衡山　番君吴芮率百越佐诸侯,又从入关,故羽立芮为衡山王,都邾。项籍死,高祖以芮将梅鋗有功,从入武关,故德芮,徙为长沙王,都临湘。二年薨,谥文王。成王臣　哀王回　共王例　靖王差,孝文后七年薨,无子国除,凡五传共五十年。

临江　义帝柱国共敖将兵击南郡,功多,故羽立敖为临江王,都江陵。汉三年八月薨,子尉嗣。五年,汉既定天下,尉不降,遣卢绾、刘贾击虏尉。凡再传共五年。

燕　燕将臧荼从楚救赵,因从入关,故羽立荼为燕王,都蓟。五年,汉既诛项籍,荼反,使卢绾、刘贾击荼取燕。自立至亡凡五年。

齐　齐将田都从楚救赵,因从入关,故羽立都为齐王,都临菑。五月,田荣发兵距击田都,都亡走楚。荣取齐地为王。自立至亡凡五月。

济北　羽方渡河救赵,田安下济北数城,引其兵降羽,故立安为济北王,都博阳。六月,田荣遣彭越击杀安,并其地。自立至亡凡六月。

韩　项羽既杀韩王成,以故吴令郑昌为韩王。时汉元年八月也。二年十月,汉以韩襄王孙信为韩太尉,将兵略韩地,击韩王昌于阳城,昌降。自立至亡凡三月。

9. 西汉异姓诸侯王(《文献通考·封建考》)

高帝所立异姓诸侯王凡八国

韩　二年,汉既取韩王昌地,十一月,立韩襄王孙信为韩王,常将韩兵从汉王。五年,与信剖符王颍川。六年,更以太原郡为韩国,徙信以备胡,信请治马邑，从之。秋，匈奴入寇，信以马邑降匈奴。七年，上自击破之，信亡走匈奴。自立至亡凡五年。

赵　常山王张耳为陈馀所击，败走归汉。四年十一月，立耳为赵王。五年薨，谥景王。子敖嗣。九年，坐贯高反，降为宣平侯。凡再传六年。

淮南　九江王英布叛楚归汉，楚收其兵，取其地。四年七月，立布为淮南王，都六。十一年夏谋反，兵败灭。自立至亡凡八年。

齐　韩信既取齐，请为假王。四年春二月，立信为齐王。五年，平项籍，徙信为楚王，都下邳。六年，人言信谋反，执之，降为淮阴侯。复坐诛。自立至执凡二年。

梁　彭越为梁相国，定梁地。汉五年，以睢阳以北至穀城封越为梁王，都定陶。十一年，人告越反，废为庶人。后诛之。自立至亡凡六年。

燕　卢绾从击项籍，籍亡，击燕王臧荼，破之。五年九月，立绾为燕王，十二年，绾反，亡入匈奴。自立至亡凡七年。

闽越　汉五年，以闽越王无诸身帅闽中兵以佐灭秦，封为闽越王，王闽中地，传郢、丑、馀善。武帝元封元年，馀善反，汉遣兵诛之，取其地。自受汉封至亡凡四传九十二年。

南粤　汉十一年，遣陆贾立南海尉赵佗为南粤王，与剖符通使，使和辑百粤。传胡、婴齐、兴、建德。武帝元鼎六年，粤相吕嘉以粤反，汉遣兵击灭之。自受汉封至亡，凡五传八十五年。

汉初，诸侯王其颠末，见于太史公《秦楚之际月表》及班孟坚《异姓诸侯王表》。然有自立者，陈涉、武臣之徒是也；有为项王所立者，三秦、常山、九江之类是也；有高帝所立者，韩、彭之徒是也；有吕后所立者，禄、产及所名孝惠子是也。楚一也而有陈涉焉，有襄彊、景驹焉，有怀王焉，有项羽焉，有韩信焉。盖八年之间，楚凡五易姓也。赵一也而有武臣焉，有赵歇焉，有张耳焉，有吕禄焉，盖二十九年之间，赵凡四易姓也。燕一也而有韩广焉，有臧荼焉，有卢绾焉，有吕通焉，盖三十年之间，燕凡四易姓也。韩一也而有韩成焉，有郑昌焉，有韩信焉，盖四年之间，韩凡三易姓也。马、班二表只以各国谱其年世，而于其受封之异，易姓之殊，稍欠分别。故今叙秦、楚之际所立者六国，项王所立者十四国，高帝所立者八国，吕后所立者八国，而于五楚、四燕、四赵、三韩，叙其受封之本而各稽其兴废之岁月焉。又有亡而复封者，如张耳，项羽初封为常山王，后失国，汉再封为赵王；英布，项羽初封为九江王，后失国，汉再封为淮南王。盖人同而国异，凡再受封，故亦分而二之。至吴芮之自衡山王为长沙王，韩信之自齐王为楚王，则元未尝失国，再封不过迁徙，故不复再著云。

　　汉兴，设爵二等，曰王曰侯。皇子而封为王者，其实古诸侯也，故谓之诸侯王。王子封为侯者，谓之诸侯。群臣异姓以功封之，谓之彻侯。大者不过万家，小者五六百户，以为差降。古分土而无分民，自汉始分民，而诸王国皆连城数十，逾于古制。其诸侯功德优盛，朝廷所敬异，有赐特进者，其位在三公下；其次，列侯有功德，天子命为诸侯者，谓之朝侯，其位次九卿下。皆平冕文衣，侍祠郊庙。其称侍祠侯者，但侍祠而无朝位。其非朝侯、侍祠，而以下土小民，或以肺腑宿亲若公主子孙，或奉先侯坟墓在京师者，亦随时见会，谓之猥诸侯。凡诸王侯，皆金玺盭绶（古者印玺通名，今则尊卑有别。《汉旧仪》云："诸侯王金印，黄金橐驼钮，文曰玺，谓刻曰某王之玺，赤地绶。列侯黄金印，龟钮，文曰某侯之印，紫绶。"）。掌治其国。王常冠远游冠，绶五采而多朱。自称曰寡人，教曰令。凡诸侯王官，其傅为太傅，相为丞相。又有御史大夫、诸卿，皆秩二千石，百官皆如汉朝。汉朝惟为置丞相，其御史大夫以下皆自置之。及七国作乱之后，景帝惩之，遂令诸侯王不得治民，令内史治之。改丞相曰相，省御史大夫、廷尉、少府、宗正、博士官。武帝改汉内史、中尉、郎中令之名（内史为京兆尹，中尉为执金吾，郎中令为光禄勋），而王国如故，员职皆不得自置。又令诸王得推恩封子弟为列侯，于是齐分为七，赵分为六，梁分为五，淮南分为三。又令诸侯十月献酎金，不如法者，国除。其县邑皆别属他郡。千户置家丞，不欲者听。作左官之律，附益之法。自后诸侯王唯得衣食租税。至成帝绥和元年，省内史，更令相治民（大司空何武奏罢内史，相如太守，中尉如都尉，参职。是后中尉争权，与王相奏，常不和），太傅但曰傅（《史记》："梁孝王，景帝母弟，窦太后少子。筑东苑，方三百余里。为复道，自宫连属于平台四十余里。赐天子旌旗，千乘万骑，拟于天子，出跸入警。招延四方豪杰，山东游士莫不至焉。"又曰："河间献王，景帝子也。好儒学，被服造次必于儒者，山东诸儒多从之游。"）。汉初，论功封列侯者，凡百四十有三人（萧何为冠）。外戚与定天下者二人。凡列侯，金印紫绶，大者食县，小者食乡、亭，得臣所食吏民。凡皇帝之女为公主。皆列侯尚之(周制,王姬下嫁于诸侯,以同姓诸侯主之。公者,诸侯之尊称,故谓之公主。后汉荀爽上疏曰:"汉承秦法,设尚主之仪,以妻制夫,以卑临尊者,宜改尚主之制,以称乾坤之性。")。王国有傅(掌辅导王,初曰太傅,后除"太"字。《史记》曰:"贾谊为梁怀王太傅,王堕马死,无后。贾生自伤为傅无状,哭泣岁余亦死。")、相(主统众官。后省内史,而相理民如郡太守。《史记》曰:"曹参相齐,闻胶西有盖公,善治著黄老言,乃厚请之。盖公曰:'治道贵清净,清净民自定。'参用其术,齐国安集。及入为汉相,属其后相言:'以齐狱市为寄,慎勿扰也。夫狱市者,所并容也,今若扰之,奸人安所容乎?吾是以先之也。'"又曰:"石庆为齐相,举国皆慕其家行,不言而齐国大治,为立石相社也。")、内史(治国民)、中尉(掌武事)、郎中令(秩于石,墨绶)、仆(本曰太仆,改曰仆,墨绶)、文学(《宋志》云:"前汉王国已置文学。")、大司农、卫士长、太仓长(齐善医淳于意为之)。列侯国亦有相(改所食国令长为之。汉初,侯王有丞相,兼有相国。按《史记》,周勃破燕王卢绾,得相国一人,丞相二人。景帝省之),余略与王国同。公主有公令、门尉,其有赐重封者(张晏曰:"重封,益禄也。"臣瓒曰:"增封。"颜师古曰:"重封,谓加二号耳。")。成帝鸿嘉三年,诏七大夫以上皆令食邑(秦本制,列侯乃得食邑。七大夫即公大夫),非七大夫以下皆复其身及户勿事(一户之内皆不徭赋)。是岁,又令吏民得买爵,贾级千钱。

(见中华书局 1986 年影印商务印书馆万有文库本 2096~2104 页)